普通高等教育"十一五"国家级规划教材

普通高等院校新闻与传播学精品规划教材

新闻报道策划

第三版

赵振宇　著

武汉大学出版社

图书在版编目(CIP)数据

新闻报道策划 / 赵振宇著. -- 3 版. -- 武汉：武汉大学出版社，
2024.8(2025.8 重印). -- 普通高等院校新闻与传播学精品规划教材.
ISBN 978-7-307-24501-3

Ⅰ. G212

中国国家版本馆 CIP 数据核字第 2024KM3377 号

责任编辑:胡国民　　　　责任校对:汪欣怡　　　　版式设计:马　佳

出版发行：**武汉大学出版社**　（430072　武昌　珞珈山）

（电子邮箱：cbs22@whu.edu.cn　网址：www.wdp.com.cn）

印刷:湖北金海印务有限公司

开本:787×1092　1/16　印张:21　字数:498 千字　插页:3

版次:2008 年 5 月第 1 版　　2015 年 11 月第 2 版
　　2024 年 8 月第 3 版　　2025 年 8 月第 3 版第 2 次印刷

ISBN 978-7-307-24501-3　　定价:56.00 元

作者简介

　　赵振宇，华中科技大学新闻与信息传播学院二级教授，国务院政府特殊津贴专家、马克思主义理论研究和建设工程重点教材《新闻评论》首席专家、中国故事创意传播研究院智库专家。曾任华中科技大学新闻评论研究中心主任、博士生导师，武汉市人民政府参事。此前担任《长江日报》评论理论部主任，《文化报》总编辑、高级编辑。在报社工作期间，有多篇作品获全国好新闻奖、湖北好新闻奖一等奖、特别奖。组织的策划报道和理论宣传多次受到中宣部的表彰，有的被总结后在全国推广。

　　2001年调入大学后成立华中科技大学新闻评论团、开办新闻评论方向班、成立评论研究中心，帮助媒体实施评论记者工作机制，这些举措均为全国首创。先后荣获华中科技大学教学名师、华中学者、"宝钢教育奖"优秀教师奖等荣誉和奖励。撰写的《新闻报道策划》和《现代新闻评论（第二版）》两书入选普通高等教育"十一五"国家级规划教材；讲授的"社会进程中的公民表达"课程入选教育部视频公开课；主持的《新闻评论人才培养创新体系的构建与实施》获教育部颁发的高等教育国家级教学成果二等奖。

　　自1984年起开始研究奖励问题，在国内首先提出"建立中国特色奖励学"，先后出版《奖励的科学与艺术》等5部专著。20世纪90年代开始研究程序理论，受到中央领导肯定。2005年主持完成国家社会科学基金政治学项目《政治文明进程中的程序化建设研究》，已出版《程序的监督与监督的程序》。2014年主持完成国家社会科学基金重点项目"应对突发事件舆论引导系统构建"，已出版《应对突发事件：舆论引导系统论》。

　　2019年11月出版《讲好真话》（华中科技大学出版社），入选湖北省社会公益出版专项资金奖励项目。

　　教学之余，还应邀在国内外大学、媒体、机关、企业作政治学、公共管理学和新闻传播学专题讲座。

目　录

第一章
新闻报道策划概述

新闻报道策划是新闻传播的主体运用信息传播的各种手段，为广大受众提供最佳新闻信息的一种创造性新闻传播活动。随着受众的需求日益增多和丰富，随着媒体的竞争日趋激烈和市场化，新闻单位实施新闻报道策划将会越来越常见。为此，回顾新闻界关于策划理论的发展过程，把握新闻工作者在策划过程中的正确位置和作用是十分必要的。自20世纪90年代以来，我国的新闻学界和业界关于"新闻策划"的争论已经有30多年的时间了。争论的焦点就是"新闻"能否策划。由于"新闻"的含义十分丰富，不同的人对它有不同的理解，在不同的场合它有不同的表示，于是，由新闻定义引起的关于新闻从业人员所进行的策划的争论就会不停止地进行下去。回顾多年来关于"新闻策划"的争论，求大同存小异，共同促进我国新闻事业的发展，是争论双方或多方一致的目标。

一、"新闻策划"发展历史回顾

自20世纪90年代以来，中国新闻界就已经开始关注、研究和实施新闻策划了。但是，由于人们对"新闻"一词的理解不同，对"新闻策划"也产生了争论。因为"新闻"一词可以从多种角度和层次来加以阐释，如由甘惜分教授主编的《新闻学大辞典》对"新闻"的解释就分为以下六个方面：一是指"人类特有的信息交流活动"。二是指"新闻媒介向广大受众传播的最新重要信息"。他将这种新闻概括为：客观世界已经和正在发生的事实；对广大受众具有较为普遍的重要意义的事实；最新的事实；真实可靠的事实。三是指"消息"这种新闻体裁。四是"泛指消息、通讯、特写中的各种题材，如国内新闻、国际新闻、地方新闻、政治新闻、经济新闻、体育新闻等"。五是指"新闻媒介报道事实的全部体裁"。六是"关于新闻的定义"，对定义又具体介绍了十多种。① 查阅1996年由冯健主编的《中国新闻实用大辞典》和1998年由邱沛篁等主编的《新闻传播百科全书》，两书中关于"新闻"的解释大多没有超过前书的范围。正因为对"新闻"的理解不一致，所以对"新闻策划"提法的认识也不尽统一。

1994年5月14—18日，中国地市报研究会在河南省平顶山市召开了首届全国地市报"报纸策划"研讨会。来自中国地市报研究会及新华社、人民日报社等首都新闻界的50多位代表参加了这次研讨会。研讨会就地市党报的总体策划、编辑策划、采访策划、重点报道策划、专版专栏策划、版式版面策划以及地市党报走向市场的策划等进行了研讨。大会

① 甘惜芬.新闻学大词典[M].郑州：河南人民出版社，1993：1.

对报纸策划中的一些主要问题取得了共识：作为党报，策划时要把社会效益放在第一位；报纸策划必须处理好总体策划与局部策划的关系；报纸策划必须贴近实际、贴近群众、贴近生活，要融指导性、知识性、趣味性、可读性、服务性为一体，为经济建设服务，为人民服务；报纸策划必须增强整体策划意识和参与意识，发挥集体智慧，努力提高报纸质量，办出自己的特色，办出自己的风格。①

1996 年 8 月下旬，中国人民大学新闻学院开办了"96 新闻业务编辑策划高级研讨班"。研讨班邀请了部分中央级新闻单位的专家学者介绍经验、阐释理论，全国省、地、市新闻单位的总编辑、部门负责人 150 多人参加了研讨。此次研讨会形成了以下一些意见：报纸策划——总编的任务之一；重点报道策划——报纸的有力武器；策划——编辑面临的挑战；策划——使评论充满个性；读者调查——新闻策划的基础，等等。

1996 年和 1997 年，上海《新闻记者》和四川《新闻界》几乎同时对新闻策划这一课题展开了讨论，持续了一年多的时间，而且十分激烈。

对"新闻策划"提反对意见的不少，如一部分人认为新闻根本就不能策划。这部分人认为，新闻策划是在新闻事件发生之前，由记者参与规划设计促成事件发生并予以报道的一种行为，这是一种先有记者行为、后有新闻事实报道的模式，是与新闻传播观念背道而驰的。他们认为，新闻媒介不是慈善机构，不是点子公司，更不是商业机构。对新闻记者来说，他的本职工作应该是发现线索、采集新闻、组织报道等。记者的职业道德和社会使命要求他以严格的自律，树立良好的社会形象。如果一味地参加策划活动，难免为名利所左右，那么在本职工作中应体现的客观性、公正性就难以保证。所以他们认为，新闻报道根本就不能策划，凡是策划出来的也不能称为新闻；广告是可以策划的，唯独新闻不允许策划。他们认为，"策划新闻"同"造假新闻"是同义语。事实在先，新闻在后，这是铁的法则，先后顺序不能颠倒。倘若事件没有发生或尚未发生，你就主观臆断地编造出一条新闻，这就是地地道道的假新闻；"新闻策划"是一个含混的概念，它究竟是指新闻报道工作的策划，还是指新闻事件的策划？此论者把新闻策划分为两类：一类是编辑部内对版面、栏目、专题、采访的设计、谋划；另一类是把新闻事件作为策划的对象和内容。对于第一类策划，并无不可；对于第二类策划，却有防止的必要，特别要防止新闻策划与商业策划联姻，因为商业策划混淆了商业活动和新闻活动的界限。新闻媒体不应该参与这一类策划；提倡新闻策划会导致有偿新闻的产生，会使部分新闻流于广告化。这又是一种意见，还有许多……

与此同时，对新闻策划持赞同意见的也不少。赞同新闻策划者认为，新闻策划不是"制造新闻"或"信息策划"，也不是"大造舆论"或"宣传攻势"。新闻策划应具有多层面的含义：就某一重要事件或新闻热点组织专题报道或系列报道是新闻策划；确立某一时期的报道主题、报道思路是新闻策划；组织各种形式的探讨和评论是新闻策划；设计媒体以何种特色来吸引受众的"形象包装"是一种策划。甚至有时新闻媒介自身或与其他企业事业单位联手组织的一系列活动也可以列入新闻策划的范畴。在他们看来，新闻策划是提高新

---

① 参阅《中国地市报人》1994 年第 6 期。

闻宣传的法宝。新闻策划是一种视角新、立意高、开拓深、介入及时的战役性、系列性、话题性并能形成新闻强势的新闻报道的谋划和组织过程。匠心独运的新闻策划，能使新闻的报道质量明显提高，进而大大增强新闻竞争力。当今的新闻竞争实质上是新闻策划力的较量。新闻策划的产生、发展为新闻业注入了生机和活力，同时，也向传统的重采轻编的观念、做法和机制发起了挑战。

争论没有结果，自然也不会有结果。但是，关于新闻策划的理论研究和实践仍在积极地进行着。

2001 年 6 月，华中科技大学新闻学院举办了"新世纪首届新闻策划学术研讨会"。来自全国部分新闻院系、科研院所和新闻实务单位的代表相聚一起，又进行了深入的研讨。

"新闻报道离不开策划"，来自《楚天都市报》《华西都市报》《中国青年报》《北京青年报》等单位的代表以自己的成功实践说明了这一观点。"关于新闻策划定义的界定"，是学者们议论较多的一个问题，大部分代表认为，"新闻策划"是个多义词，既可指报道策划，也可指新闻事件的策划，极易引起歧义和误解，应该摒弃这个不太科学的概念，提倡使用"报道策划"或"传播策划"。"关于新闻策划的层次"，来自中国人民大学、北京广播学院、中国新闻工作者协会和华中科技大学的教授们从不同的视角提出了自己的看法。"关于新闻策划的教学和实践"，来自中国社会科学院新闻传播研究所、中国人民大学、武汉大学、湖北大学、南昌大学、上海文新集团等单位的代表介绍了各自的情况，提出新闻策划应有度，学校开课宜慎重。

2008 年 9 月 28—29 日，由华中科技大学新闻学院、江西师范大学传播学院和江西省传播学会主办的"第二届全国新闻策划学术研讨会"在江西南昌召开。来自高校和媒体 20 多家单位，共计 60 余人参加了学术研讨会。会议就新闻策划的实践、教学以及新闻院系教学改革等方面进行了广泛而富有见地的讨论。

在这次学术研讨会上，学术界及实务界大多认同新闻操作中新闻策划的必要性，虽对新闻策划的定义"仁者见仁，智者见智"，但大家对新闻策划必须坚守新闻的客观、真实、公正的原则有着广泛的一致意见。会议还对新闻策划的教学实践活动进行了探讨，但不少人对新闻策划走向大学课堂持审慎态度。

新闻报道策划课具体采取何种方式进入以及进入之后如何把握等细节问题便摆在与会专家的面前。当务之急是要进一步面向实践，培养高水平的策划人才；要进一步整合教学内容，提炼课程特色；要进一步强调掌握策划思想和思维方式的重要性以及进一步培养学生的人文关怀意识和素养。

针对在新闻实践中，"新闻报道策划"经常被异化为新闻炒作、媒介事件，甚至假新闻，从而影响新闻报道的真实性和公信力，为人所诟病的现象，2007 年《中国记者》在第12 期组织专题研讨，解析新形势下的新闻报道策划，梳理新闻策划的历史、发展阶段，以及未来趋势；分析新闻报道策划的准则和要求；剖析当前媒体的新闻报道策划出现的问题、产生的原因和预防措施；展示媒体进行报道策划的初衷，以及媒体如何把握新闻报道策划对于事件的干预度，并且保证它的干预不影响事件的发展方向；探讨新闻媒体客观真实地报道新闻与报道策划对于新闻媒体社会角色行使的影响；评价一些媒体以自我为中心的策划方式；总结媒体新闻策划系统的运作方式；探讨重大战略性宣传报道让党和人民都满意的方式。

随着媒体竞争的加剧，普通百姓的媒介话语权争夺开始转化为媒体话语权的竞争。在现代媒介多元化、表达方式多样化的今天，仅仅拥有在媒体上进行表达的权利不足以构成完整的媒介话语权。此外，媒体本身也成为社会中普通的一员，它自身的话语权也受到挑战。在目前的媒介竞争背景之下，新闻策划是增强媒体话语权的关键。媒体话语权的来源主要有：媒介渠道霸权、媒介采写霸权、拥有社会评价标准、受众刻板成见，情感固执、负面新闻。

新闻院系学生的一个核心竞争力就是新闻报道策划。在长期的教学实践以及与新闻院系学生的交流中，通过与新闻实务界沟通，学界发现新闻专业学生较为缺乏核心竞争力，即没有拥有自己独特的东西，新闻教学实践面临的不再是"新闻无学"的问题，而是新闻专业无核心竞争力的问题。即在新闻岗位中，这些学生往往不能将自我与其他专业的学生区别开来。由于传统新闻专业的培养模式大多注重对一般新闻采写能力的培养，在社会传播渠道众多、受众需要细分化、受众媒介素养明显提高的情况下，传统新闻专业学生所具有的核心竞争力便黯然失色。

提高学生的核心竞争力，需要加强对学生新闻报道策划能力的培养。这种能力来源于学生在新闻操作实践中对各种新闻信息处理方式的经验总结，来源于深厚的新闻知识的积淀。新闻策划受到媒体和大学的重视，这是时代发展的需要。新闻策划出现的问题多多，这需要媒体和大学的实践者、教学者和研究者们携起手来，以社会的视角和需要研究并发展新闻策划理论，以新闻策划的理论与实践说明并服务于社会。这是新闻人的神圣职责。

进入全媒体时代，舆论生态、媒体格局、传播方式发生深刻变化。围绕党和政府的重大决策、战略部署创新主题报道，提升舆论引导力，是主流媒体必须担负的政治任务，也是看家本领、核心竞争力所在。主题宣传作为重大新闻实践活动，几乎包括新闻宣传的所有流程和各个环节。如何有效破解传统重大主题报道贴近性不强、融合力度不够、主流声音不响等问题，持续做强主流舆论，切实担当新时代新闻舆论工作职责使命；如何把"权威、原创、深度"等优势充分有效激发出来，扩大主流价值影响力版图；如何让主流声音借助移动传播直抵各类用户终端，牢牢占据舆论引导、思想引领、文化传承、服务人民的传播制高点……这些问题都需要深入探究和解答。为此，2020 年第 10 期(上)《新闻战线》在《前沿关注》栏目中特别推出《全媒体时代重大主题报道策划的改进与创新》专题，邀请了《辽宁日报》《河南日报》《海南日报》《甘肃日报》《长江日报》《澎湃新闻》和清华大学、重庆大学、华中科技大学的业务领军人物及专家学者共同展开探讨，以期为主流媒体改进和创新主题策划提供借鉴和启发，为进一步做好重大主题报道尤其是为建党 100 周年报道激发潜能、凝聚共识。在这次讨论中，笔者应邀撰写了《新闻报道策划：融媒体时代的新气象》。

除了学术研讨，不少新闻院系已经将新闻策划这门课列入大学本科和硕士研究生的教程。不仅如此，许多高等院校硕士、博士研究生招生考试中也有了关于新闻策划方面的试题，这反映出我国新闻院校特别是高层次学生培养中对此课题的重视。

二、对新闻报道策划的界定和认识

综观 30 年来我国新闻界对"新闻策划"这一论题的争论和实践，可以发现，学界和实务界的意见是比较分明的，即学界大多数学者不同意使用"新闻策划"的提法，认为此提法有"造假新闻"之嫌，他们一般同意提"新闻传播策划"或"新闻报道策划"；而实务界的同志们对此却并不赞同，不仅嘴上喊着"新闻策划"，在行动中干着"新闻策划"，而且在自己的规划和机构设置中大量地使用着"新闻策划"，有"新闻策划中心""新闻策划机制"和"新闻策划奖励"……自然，他们的前提也是很明确的：实施的"新闻策划"是新闻单位里面关于新闻报道的策划，而不是"造假新闻"！有的报社总编辑对此说得更明白："'新闻策划'主要是指新闻活动的策划，更确切一点讲，是新闻报道宣传活动的策划。'新闻策划'不过是新闻界一种简明扼要的提法。"[①]为了避免概念不清引起的麻烦，为了减少因概念宽泛而引起的争论，本书采用"新闻报道策划"的提法，并对于这一提法进行定义或文字表述：新闻报道策划是新闻传播的主体，遵循事物发展和新闻传播的基本规律，围绕一定的目标，对已占有的信息进行去伪存真、去粗取精、由此及彼、由表及里的分析和研究，着眼现实，发掘已知，预测未来，制定和实施相应的政策和策略，以求最佳效果的创造性策划活动。

提出这个定义或表述基于以下考虑：

第一，新闻报道策划是整个策划属概念中的一种，在"策划"前面冠以"新闻报道"，以有别于其他如经济策划、军事策划、商业策划、文化策划、体育策划等。

第二，新闻报道策划既然属于策划活动中的一种，那么，关于策划的一般属性和要求，新闻报道策划都应具有且必须遵守。

第三，新闻报道策划的基本前提是必须遵循事物发展的基本规律尤其是新闻传播的基本规律，这是新闻报道策划与其他策划活动的根本区别——新闻传播者步入社会，深入实践，一切所作所为必须符合客观事物发展的规律，不可越俎代庖或随意扭曲；策划者在进行新闻传播时必须遵循新闻传播规律，遵纪守法，遵守新闻工作者的职业道德，具有新闻人的职业担当，在实际操作中，讲究传播技巧。

第四，新闻报道策划是人们的主观意识作用于客观现实的一种行为表现——只有充分发挥人的主观能动性，才能创造性地搞好新闻报道策划；同时，必须防止由于人的主观意识违背客观事物发展的过程和结果，干预客观事实，以避免捏造假新闻或使新闻失实。

第五，新闻报道策划是着眼现实、面向未来的活动。在这个活动的过程中，必须大量收集和掌握各种信息材料(包括过去的和现在的、自己的和他人的、中国的和外国的、成功的和失败的)进行科学的分析和研究，提出大胆的预测和假想——这是一项有一定风险的创造性工作。因此，增强人们的风险意识，建立科学的评价体制和宽松的思想环境是十

---

① 秦绍德. 关于"新闻策划"的几点浅见[J]. 新闻记者，1997(9)：15.

分重要的。

第六，新闻报道策划是一种有目标并追求最佳效果的策划活动。以最小的投入去获取最大的社会效益和经济效益应是策划者的行动起点和最终检验标准，策划者的一切策划方案都不能违背这个大方向。

在上述"新闻报道策划"的定义中，关键词有：事物发展规律、新闻传播规律、最佳效果、创造性——这就是我们对新闻报道策划的一般也是较为科学的认识。笔者以为，将"新闻策划"改为"新闻报道策划"，不仅仅是增加了两个字，而是这样表述更加科学严谨；同时，对于新闻实务单位的同志来说，他们在使用"新闻策划"一词时也不必受到指责。对于一种约定俗成的东西，我们也不一定强求将其更改过来，实际上强求也是无效的。只要我们都认真把握策划的实质，对于学界和业界双方都是有好处的。

进行新闻报道策划一般来说有两种方式，一是新闻事件发生后，新闻工作者赶赴现场，进行报道策划，推出最受大众欢迎的报道。这种组织报道，只要符合新闻报道的一般规律，人们是不会有多大意见的；现在出现问题和对此有颇多意见的是另一种报道，即新闻工作者参与正在发生或还没发生的事件之中，以自己的主观努力促其圆满和完善，尔后予以报道。对此，笔者以为不仅是可行的，而且也是一种重要的策划形式，只要实施时按"新闻报道策划"定义的要求办事即可。

人们为什么会对前一种策划持认同态度呢？因为，客观的事件发生在前，人们的主观报道在后，符合新闻报道的规律；而后一种策划，却是人们的主观策划在前，策划后产生事实，待事实产生后再进行报道。一般认为，这就是在"制造新闻"！对此，要做具体分析。

我们常说，历史是人民创造的。那么，组成历史的无数事实、事件、创造和举措，也是可以创造和需要创造的。那么，对这些人们先前创造的事实，予以报道，这样的"制造新闻"也是可以和需要的。从广泛的意义上来说，人们的报道都是人们的主观意识活动。世界每时每刻都在发生着事件，问题是，我们能够发现的新闻事实有多少，我们能够报道的新闻有多少，我们能够报道好、报道成功的新闻又有多少？我们为什么只能发现那么一些，还有许多的事实我们发现不了呢？我们为什么在发现的事实中，真正报道成功并很有影响力的只占很少一部分呢？说到底，还是客观事物发展过程中的环境问题、报道机制问题和我们报道者的主观水平、专业素质和传播手段问题。传播者个人和群体的素质如何，主观能动性发挥得如何，对于传播效果的好坏关系极大。正是在这个意义上，我们需要加强对新闻报道策划的研究和实践。根据目前在策划理论和实践中存在的问题，我们有必要正确认识新闻报道策划中记者的参与作用，这也是新闻工作者以新闻采访和报道参与创造历史的一种专业表现。

(一) 时代的发展对新闻工作者提出了新的要求

人们对新闻工作者参与事件后的报道策划有异议，关键在于对新闻工作者参与事件中的行为提出了质疑。所谓记者，其职责在于记录、报道，其他的事则不属于记者的工作范畴。我国出版的各类书籍有对"记者"的解释——

《辞海》的解释是，记者即新闻记者，特指新闻事业机关中从事采访工作的专业人员。有时也是从事编辑、采访、评论工作的新闻工作者的统称。①

《新闻学大辞典》的解释是，新闻机构中专门从事采写新闻报道的专门人员。狭义的记者为外勤记者。19世纪，中国随着近代报刊的产生，"记者"的概念才得以逐步确立，随之逐渐形成一种职业。在中国，记者曾被称作"访员""访事""通讯员"。②

蓝鸿文指出，记者的主要职责有三项，一是采写新闻报道，二是反映情况，三是做群众工作。③

不论关于记者的解释有多少种，其基本职责大体上是相同的，即进行采访和报道工作。作为一种专门的职业，这样的界定基本上是正确的，也是必要的——只有具备明确的职业特征才能有明确的角色意识，在从事这一工作时才有明确的工作指向；只有明确了自己的工作责任才能敬业爱岗，把自己的本职工作做好。对于一切正在从事和向往从事这项职业的人来说，都应加强这方面的业务学习和培训，提高新闻工作者的思想和业务等方面的素质。但是，由于工作的特殊性，记者在完成好记录报道的同时，在有可能的条件下，参与社会的各种活动，遵循事物发展的基本规律，促其完善和圆满；在此基础上再进行报道，是可行的，有时还是必需的。此举不仅在当代中国新闻界，而且在国外很早以前就有了。

1846年4月—1847年9月的美国对墨西哥的战争，是美国记者大量全面报道的第一场国际战争。这次报道"较此以前世界各处任何战争的报道远为丰富，现代战地通讯也滥觞于此"④。在这次战争中，不少美国记者深入战场，尤其是距前线最近的新奥尔良当地报纸最为活跃。新奥尔良《匹克融报》记者肯达尔是一个冒险家，战争一开始即投入泰勒军团。他曾参加蒙特勒会战，亲夺一面墨西哥旗帜作战利品。他所写的战地急讯，对军事行动记述正确，并加入写实性描述与人生趣味。《三角洲报》记者弗利纳也是一位冒险家，曾充当公文信差，在蒙特勒战役中亲自杀死一名墨西哥军官。"在这里，早期记者参与新闻事件的特点表现得十分突出。"⑤在这里，新闻记者已经不单纯是在战场之外观察和记录历史，而是参与其中为了国家的利益贡献自己的人生。

1869年，美国纽约先驱报社社长小贝尔内特派著名记者史坦利前往非洲，寻找失踪的传教士利文斯通。在非洲，史坦利穿越原始丛林，当过部落首领的俘虏，出生入死，经过两年的艰苦跋涉，终于在1871年10月找到了利文斯通，使这次探险采访成为传奇式的佳话。⑥

记者的参与不仅表现在保卫国家利益和突发事件中，而且他们也根据读者的需要和自

① 夏征农，陈至立. 辞海：第六版缩印本[M]. 上海：上海辞书出版社，2010：853.
② 甘惜分. 新闻学大词典[M]. 郑州：河南人民出版社，1993：140.
③ 蓝鸿文. 新闻采访学[M]. 北京：中国人民大学出版社，1984：38.
④ [美]弗兰克·路德穆特. 美国新闻事业史（全二册）[M]. 罗篁，张逢沛，译. 台北：台湾教育行政部门，1960：216.
⑤ 刘明华. 西方新闻采访与写作[M]. 北京：中国人民大学出版社，1993：13，16.
⑥ 刘明华. 西方新闻采访与写作[M]. 北京：中国人民大学出版社，1993：13，16.

己的能力，一边制造新闻报道赖以存在的事实，一边予以报道，从而扩大本报在读者中的影响。如 1889 年，《纽约世界报》22 岁的女记者布莱在普利策的指挥之下，从纽约出发，试与凡尔纳小说《八十天环游地球》的主人公福格比高低，坐车、乘船、骑马、骑骡，利用一切交通工具，用了 72 天 6 小时 11 分 14 秒的速度，绕地球一周，引起轰动。布莱也因此称为"奇技记者"①。

上述报道都是在报社主持人精心策划下进行的。虽然在报道的事件中都有记者的参与，但是，这些参与都是符合事物发展的一般规律，没有人为地去生造或扭曲、或夸大、或缩小；对事件发生后的报道也是符合新闻报道的规律，而且有了记者的参与，他们对报道对象有更深切的感知，写出的报道也就更生动、深刻，从而也更有效地吸引读者、打动读者、争取读者，由此扩大了报纸的声誉和发行量。

当然，在中外新闻史上都有过这样的情况：新闻记者由于违背了事物发展和新闻报道的一般规律，在参与活动中，不恰当地夸大了人的主观能动性，按参与者的主观意志去改变既成的客观事实，从而造出虚假的新闻报道。比如，外国领导人到我国一家大工厂参观，发现工厂的污水处理池里面有一群鸭子在上面游戏，都说，这污水处理得太好了，Very good，Very good！记者拍照，报道了外国政要的称赞。这个消息发了以后，有人向总理告状，说这是假的，说这个水是有气味的，鸭子根本不能在里面存活，外国人来的时候抱进去，外国人走了捞出来，因为时间太长鸭子就要被熏死。这显然是一起人为组织的虚假事件，据此报道的新闻自然也就成为假新闻了。如果记者知道此事或参与其间进行了策划并予以报道，则行为是完全错误并要受到谴责的，因为这是在"制造假新闻"。

我们之所以反对这样的策划，是因为这种行为本身就违反了"新闻报道策划"的定义要求，即不符合事物发展的规律和新闻报道的规律，自然也就不算"新闻报道策划"，更谈不上成功的策划了。因为在策划实践中出现这样或那样的问题就否定记者参与的新闻报道策划是没有道理的，但是，对新闻报道策划中存在的问题加强研究，不断提高参与者的自身素质，这是十分必要的。

我们已经进入一个瞬息万变、突飞猛进的新时代，在这个时代，政治、经济、文化的发展对新闻媒体提出了越来越多的要求，媒体之间的竞争使传媒的负责人担负着越来越多的责任，受众需求的多样性和广泛性对新闻工作者提出了越来越多的希望。所有这一切都对我们的新闻传播单位和新闻从业人员提出了新的任务，即在完成传统意义上的本职工作外，在有可能的条件下，有选择地、适时地参与一些社会活动或事件，在此基础上搞好我们的新闻报道。

(二) 记者以不同的方式创造历史

我们常说，人民创造历史。在创造历史的人群和进程中，就包括百万人数的新闻工作者在内。新闻工作者创造历史是以两种不同的方式来实现的：一种是记者职业所需要的最基本要求，即用自己的笔、镜头、话筒、摄像机、网络等手段来真实地记录历史、反映历

---

① 刘明华. 西方新闻采访与写作[M]. 北京：中国人民大学出版社，1993：13，16.

史，以满足受众知识、思想、情趣、休闲等方面的需要。在中外新闻史上，记载着许许多多叱咤风云的精英人物。人们永远不会忘记他们在记录和传播中国及世界的文明历史中作出的杰出贡献。另一种则是新闻工作者以职业者的形象公开地参与或以特殊身份隐蔽地深入某一事件和活动，遵循客观事物发生发展的基本规律要求，与事件和活动的参与者一起促使事物向着策划者的旨意行进。由于有了记者的参与，该项活动得以圆满完成；在事件发生发展的过程中，由于记者的努力，使记者的旨意和事件者的意愿基本相符；由于有了新闻工作者的参与策划，可以更多地发现新闻，可以更好地报道新闻，从而使传媒自身水平不断提高。

新闻工作者凭借文字、声音、视频和多媒体等媒介，担负着"访员""访事"的角色，由于职业的特性，从某种意义上来说他们还是社会工作者。他们每天要在社会中生活，要与不同的社会成员接触。特殊的知识结构和工作方式使他们发挥着智囊团的作用——参与政府的决策咨询，参与企业的规划发展，参与社区的文明建设，参与整个人群素质提高的活动。他们有选择地在那些适于做、可以做，又能够做得好的事业中发挥着他们的聪明才智；同时，他们没有忘记自己的职责，将其参与的事件有选择地予以报道策划，使其为更多的受众所感知，从而更好地发挥新闻传播的作用。新闻工作者以自己特有的工作方式参与历史活动，创造着历史。历史在记录这些重大事件时，同样不能忘记新闻工作者的功劳！在经济建设中，有因记者的牵线搭桥促使当地经济发展繁荣，而以参与记者的名字命名某某地的；在捐资助学中，有因新闻扶贫建立希望小学，而以新闻单位的名字命名学校的；在特大抗洪救灾活动中，在各种惩治犯罪见义勇为等突发事件中，在抗击新冠疫情的战斗中，都可以看到当代新闻工作者的身影，他们与各行各业、广大人民群众一道谱写着一曲曲新时代的奋进颂歌。

新闻工作者在参与事件中策划报道，是新的时代新的形势对新闻传媒提出的新任务。为完成好这一重任，必须加强对参与者各方面素质的培养和训练，这是一项长期而艰巨的任务。

综上所述，新闻报道策划包括两个方面的内容，既包括新闻事件发生后的报道策划，也包括符合事物发展规律的新闻事件的策划。当然，在新闻报道策划中，大量的还是在新闻事件发生后对于如何报道的策划，搞好报道策划仍是新闻单位的一项经常性的重要的任务。同时，为了促成新闻和报道的实现，提前加强具有创造性的事件参与，也日益重要。

三、新闻报道策划的几种类型

新闻报道策划的成果是面向广大受众的，他们是否需要、是否接受、是否喜爱，是决定我们策划报道成功与否的关键；不同类型、不同层次和不同地域的媒体面对广大受众的选择，谁比谁做得更快一点、更新一点、更好一点，是媒体竞争对策划者提出的要求；各媒体由于传统和现实的发展大多形成了自己的特点或特长，如何在竞争中展现自己特有的风采，是策划者克敌制胜的一大法宝。新闻报道策划就是围绕满足受众需求、战胜竞争对手、展现自家所长这样三个既有联系又有侧重的方面展开的。

(一)满足受众需求的策划

受众的需求是多种多样的,而且,随着时代的发展,这种需求也越来越高、越来越苛刻。对于受众日益增长的接受信息传播的要求,新闻工作者只有经过精心的策划才能拿出满足广大受众口味的新闻佳作来。

受众的要求是多方面的,不同的受众有不同的要求。策划者既要满足广大受众大致相同的要求,有时还必须满足特殊受众或小众的特殊要求。只讲大众,不讲小众,只讲一般,不讲特殊,我们的策划可能只会停留在一般的水平上,要想争取更多的受众,要想在竞争中取胜,则非常困难。

1995年世界各国首脑会议《哥本哈根宣言》中称"当今世界以人为中心,人民是可持续发展的中心课题",它不仅是社会发展的终极目标,同时也应该是新闻传播事业中一项重要内容。

2021年7月10日,《全民科学素质行动规划纲要(2021—2035年)》指出:科学素质是国民素质的重要组成部分,是社会文明进步的基础。公民具备科学素质是指崇尚科学精神,树立科学思想,掌握基本科学方法,了解必要科技知识,并具有应用其分析判断事物和解决实际问题的能力。提升科学素质,对于公民树立科学的世界观和方法论,对于增强国家自主创新能力和文化软实力、建设社会主义现代化强国,具有十分重要的意义。

2021年9月9日,《国家人权行动计划(2021—2025年)》发布。该行动计划称,在向第二个百年奋斗目标进军的第一个五年里,将促进全体人民的自由全面共同发展作为人权事业发展的总目标。坚持以人民为中心,将满足人民对人权保障的新需求作为奋斗方向。坚持人民主体地位,坚持发展为了人民,发展依靠人民,发展成果由人民共享,增强人民的获得感、幸福感、安全感。

2022年10月16日,中国共产党第二十次全国代表大会在北京召开,大会的主题是:高举中国特色社会主义伟大旗帜,全面贯彻习近平新时代中国特色社会主义思想,弘扬伟大建党精神,自信自强、守正创新,踔厉奋发、勇毅前行,为全面建设社会主义现代化国家、全面推进中华民族伟大复兴而团结奋斗。

时代发展提出了新要求,随着时代的发展与进步,新闻媒体将会越来越多地参与一些策划活动,搞好报道,以体现本媒体的人文关怀。

(二)战胜竞争对手的策划

新闻传媒的服务对象是广大受众,广大受众也是最后决定新闻传媒生存和发展的关键力量。这些都是新闻报道策划者时刻不可忘却的根本所在。但是,在新闻报道策划的实践中有好多时候是在与对手的竞争、比较中来展现自己,来比较谁比谁更好更强。于是,新闻报道策划者在面向广大受众服务的基点上,又不得不考虑此时此刻自己的朋友和对手是如何策划的。在服务基点不变的前提下,有些策划就是针对对手而实施和调整的。

在与对手的竞争中,策划方案的产生和调整主要表现在时间、内容和表现技巧三个方面。

第一是时间。我们进行的是新闻传播的策划，所谓"新"是题中之义。而"新"最突出地表现在时效性上，一条别人早就报道了的新闻，你再去报道，无论怎样去施展技巧，其新奇感都是大大不如别人的。这种报道推出去，一般来说是很难超过对手的。所以，对于新闻从业人员来说，"时间就是生命"，是策划的重中之重。

第二是内容。新闻不仅仅表现在时效性上，还表现在报道给受众的信息量上。一条消息虽然发得很早，但是文中空空如也、干瘪无味，则无法得到受众肯定。新闻的"新"还必须表现在内容的新奇有趣上。新闻工作者不仅要比对手早一点抢到新闻，而且在新闻的表现上要超过对手，使自己的报道内容更丰富、更有趣、更吸引人。要达此目的，记者和编辑人员需在发现新闻和认识新闻上比对手技高一筹。要在一般人们不易发现新闻处发现新闻，要在发现新闻后发掘新闻中含金量高的"富矿"。

第三是表现技巧。一桌美味佳肴除了质高量足、材料有特色外，还需要厨师有高超的手艺，新闻报道策划也是如此。在与对手的竞争中，不可能事事都是自己抢先，在落后于人的情况下，如何后发制人，这是策划者需要认真研究的。在新闻报道中，一般来说，"后"总是要打败仗的；而"后"发制人，"后"来者居上，是需要很多条件的。比如说，自己落后了，能否在报道的深度上超过对手？而深度是什么？它是对一个事件材料有比较全面的掌握，对事物发展规律和本质有比较深刻的认识，以及在这个基础上自己能够运用比较熟练的表现手法(因报纸、广播、电视、网络的新媒体的不同而有不同的要求)来完成报道。在这里，笔者用了三个"比较"，一个是资料的比较，一个是认识的比较，一个是手法的比较，这说明要超过对手是十分困难的，但如果我们比对手多这么一点或那么一点就有可能取胜。当然，如果策划时能有较多的胜出，那自然是大好事了。比如说，受众喜欢生动活泼的报道，我们在对事物深刻认识的基础上能否用大众熟悉的语言、画面和声音等形式表现出来，让其更易接受？再比如，网络媒体的出现使更多的人愿意在大众传播媒体上发表意见、展示自己，那么，对于传统媒体来说，我们如何拓展更广泛的空间、利用更多的形式满足受众的需求，让更多的人参与报道？诸如此类的问题，都是策划者在与对手的较量中需要认真思考的，即要从自己的实际出发作出最佳选择。

(三)展现自家所长的策划

媒体都是在相互比较、相互借鉴中成长壮大的，所谓取人之长补己之短，不同媒体之间的相互学习是少不了的；但是，也不要忘了自己的所长，扬己之长有时也是策划取胜的一个高招。

新闻报道策划是一种高智力的运动。策划者的眼睛不仅要看到受众、看到对手，同时也要看到自己。要从媒体发展的历史、报道的经历、所在的位置、队伍的结构和素质以及资金、信息、情报等多方面考虑，选择一项或几项作为自己的特色和强项，并找好充分展示特色和强项的报道结合点，做好策划。在一个新闻单位，有的优势是比较明显的，有的是一般化的，对此，策划者要有一个正确认识和精心培养的问题。明显的优势不常用也会退化，带有发展趋势的新鲜萌芽，用心呵护也会成长壮大。事在人为，策划者心里要有一本明白账；优势也是有时间和空间性的。此时此地你有优势，到了彼时彼地，优势可能就是别人的了；此报道，你有优势，彼报道，可能别人比你强。有了优势，孤芳自赏，不去很好地发挥，没有优势，自暴自弃，不去用心发掘，到头来都是做不出好的可持续发展的策划报道的。只有在为受众服务、在与同行竞争、在展现自身优势的新闻报道策划实践中，新闻从业者的素质才能得到提高，新闻报道的水平才能得到提高。

四、新闻报道策划的积极作用

(一)有利于开发人力资源

新闻单位是传播新闻信息的地方，同时它也是培养人才的地方。新闻报道本身就是一项挑战性很强的工作，要求新闻工作者有广泛的生活阅历、深厚的理论功底、渊博的文史知识、熟练的社交能力等。在新闻报道策划中，对这种素质的要求就更高了；而且，在策划的实践中，它能使记者编辑们更快地适应和提高。新闻报道策划是一项综合性的全方位的智力活动，要求参与者多方配合，要求参与者具备创造性思维，要求参与者掌握多种传播手段和表现技巧。一般来说，策划对人们的时间要求是很苛刻的。在这种情况下，策划方案的制定者和实施者在考虑方案时就应该了解自己的部属，了解他们各自的特点，何时需要鼓励，何时需要帮助，何时需要提醒，何时需要鞭策。可以这么说，一次成功的报道策划，就是一次人才培养和训练的过程。多次成功的策划实践会让一个新闻单位形成可持续发展的人才梯队的培养基地。

新闻工作重在实践，要成为一名优秀的记者，就必须在实践中不断地探索和积累，不断地总结和提高。其中，如果有领导、资深新闻工作者的指点和帮助，将大大加快这一进程，取得事半功倍的效果。

(二)有利于获得最大效益

投入和产出是经济学的概念，以最小的投入获得最大的产出叫作高效益。搞新闻报道策划也要讲究高效益。新闻报道策划的一个直接目的就是要多出精品、多出佳作，这已经成为新闻界的共识。有的报社作出了具体规定、采取了具体措施，并已经结出了硕果。他们实行策划项目责任制，在碰到重大采访时，会成立一个项目小组，由战线记者、首席记者、版面主编等组成，小组有时由一个副总编牵头，有时则是由部门主任或首席记者、主编挂帅；项目小组可跨部门运作，由小组负责人调度各部记者；采访结束后，向总编辑提交方案，确定版面；项目完成得好，会有不菲的奖励，月度评好稿时也会有体现。这是一种先进的机制，有利于打破条块分割，能极大地推动生产力，值得相关媒体去完善它，并形成一种固定的制度。

为了获得最大效益，在突发性事件报道中，要关注社会各界迫切需要了解事件详情的心理，因而要先考虑报道的时效性。编辑部要根据自身的能力和覆盖面，选取观察的制高点。应站在世界和全国的高度对社会热点和焦点问题进行梳理，合理调整人力布局和采访重点，力争先发制人。当然由于突发性事件的不可预测性，也需要考虑后发制人的策略。

一般而言，能称得上突发性事件的，往往会因为"突如其来"格外引人注目，因此一定会有重大的影响。

在重大战役性报道中，要关注社会各界了解全局影响的需要，策划时首先考虑报道的深度。一般而言，能称得上重大战役性报道的，往往是全社会公认的新闻事件，各种媒体要抽调精兵强将全力以赴。对于这类报道，其竞争的实质是报道深度的竞争。所谓深度报道的竞争，说到底就是思想观念的竞争，是理论素质的竞争。谁能透过现象看本质，谁能把别人没看清或看清了说不清的东西说清楚了说明白了，说得广大受众都理解了信服了，谁的报道就更受欢迎。

在日常报道中，要关注社会各界对新鲜事物的态度，研究报道的创新问题。日常报道的策划往往被忽视。其实，能否在"平淡"中出奇制胜，策划的作用十分重要。2021年11月7日，第三十一届中国新闻奖揭晓，由湖南广播电视台芒果云客户端创作的H5作品《一张照片背后的这七年》，荣获创意互动一等奖。这件作品之所以能够荣获大奖，与其独特创意密不可分。创意的关键点，就是以H5的形式，通过2013年11月3日习近平总书记与十八洞村村民座谈的现场照片，讲述七年来村里的巨大变化，反映脱贫攻坚的伟大成就。2020年是脱贫攻坚的决战决胜之年，为此，主创团队提前策划，团队成员在9月底来到十八洞村，开始实地采访。他们深入老百姓的日常生活，真正和他们打成一片，找到与照片引发的相关故事。照片现场见证了"精准扶贫"首次提出历史性时刻的村民们，他们的生活在这7年里发生了什么变化？接着他们又采用创意互动H5的形式，更加直观、精准地讲述照片里每个人7年里工作生活。正是这种前方和后方的整体互动，他们找到绝佳的报道创意，写出不负时代的经典作品。①

(三)有利于挖掘新闻资源

人们常说，"新闻是易碎品"。为什么呢？就是因为新闻赖以生存的客观事实是千变万化、稍纵即逝的。新闻要求又新又不能重复，一个新闻事实或由头用完了也就算完了，不允许保存或复制。这是对一般新闻报道而言的，新闻报道策划则不然。一般来说，新闻报道策划是多人的集体创作，它体现了集体的智慧，能够在不引人注目的新闻线索群中发掘"价值昂贵的珍宝"和"带着露珠的鲜花"。新闻报道策划能够有效地开拓并利用新闻资源，不仅可以使人敏锐地看到眼前发生的事实，而且可以使人敏锐地回忆过去发生的历史，科学地预测未来，探寻过去、现在和未来之间的发展趋势。

(四)有利于提高管理水平

随着市场经济的发展，随着我国步入世界大家庭的共同体，对媒体自身的组织建设管理水平要求也越来越高了。新闻报道策划是一项全方位的系统工程，它既包括一篇稿件的策划，也包括一组报道的策划，同时也包括整个媒体的形象宣传、队伍建设、机构设置、

---

① 牟鹏民. 践行"四力"抓"活鱼"，扎根生活找创意——《一张照片背后的这七年》采写手记[J]. 中国记者，2021(12)：122.

经济发展、对外交往等方面的问题。这是一个十分复杂的管理系统。市场的竞争、同行的挑战，已经不允许我们按照过去的老传统、计划经济的行政管理方式来组织运作了。

首先，它要求我们学习和掌握国际规则，按照国际惯例来思考和处理问题。如国外一些大媒体十分重视编辑部的指挥作用，有很多报道不署名。我们在提倡培养名记者、名编辑、名评论员的同时，也要学习外国同行的经验，以更好地发挥整体的作用。

其次，它要求我们按照市场经济运行的规律办事。很长一段时间以来，我们的新闻媒体是按照行政机关的模式来设置和运行的。新闻单位的各个部门与政府机关的各部门相对应，新闻单位的报道向政府负责任，新闻媒体的发行量或收视收看率靠行政命令来提高，新闻单位的财政收入靠政府来补贴，等等。在这种模式下，新闻报道和整个新闻单位的运行必然没有活力，也不会受到大众的欢迎。新闻报道策划，突破了行政计划的控制，能完全从传媒自身的个性和特长出发，以调动参与者的积极性；一些大的报道还要求整个单位的诸多方面予以配合，形成合力；有些涉及全局性的策划，还要求与新闻单位以外的诸多部门协调和争取它们的支持，等等。所有这一切都能够提高媒体管理者的管理水平，提高他们认识形势的能力，提高他们组织队伍的能力，提高他们协调关系的能力，提高他们随机应变的能力。在实践中学习，在策划中锻炼，这是提高媒体管理水平的重要途径之一。

五、新闻报道策划中存在的主要问题

当今中国，正处于社会转型期，社会问题此起彼伏，不和谐现象屡屡发生。在这种形态下，人们对信息的渴求呈现出多样化的趋势，这对媒体来说可谓巨大的挑战。众所周知，在中国的媒介生态环境之下，媒体的责任本应该是坚持正确的舆论导向，满足人民日益增长的精神文化需求，最终促进国家和社会的不断发展。而虚假新闻、低俗色情等报道则严重违背了新闻媒体本该坚持的操守，不仅会损害新闻媒体的公信力，还会对社会产生极大危害。因此，杜绝不良报道策划，揭示公众新闻事件的本来面目，并在此基础上对公众予以正确积极的引导，是当前迫切需要解决的问题。

(一)不良报道策划的界定及其类型

真实性乃是新闻的生命，若要规避不良报道，就必须以尊重客观事实为前提。对此，我们很有必要来认清不良报道的含义及类型。

通俗地讲，"不良"也就是不好的意思。不良报道策划，就是内容不佳、传播效果不好的新闻报道策划，是与建设性报道策划、优秀新闻报道策划背道而驰的。不良新闻报道策划不仅没有起到促进社会和谐的作用，反倒给社会造成了巨大的负面影响。另外，就其行为本身来说，不良报道策划不仅违背伦理道德，有时候甚至是违法的，给受害人带来了不良的影响。

总体上来说，所谓"不良报道策划"，是指媒体违背基本的新闻伦理，甚至是触犯国家相关法律法规，在狭隘利益观的驱使下为了迎合受众的信息需求而给当事人、社会和广大人民群众造成了负面影响的新闻报道策划。互联网的普及以及新兴媒体的兴起为信息的传播提供了更高的平台，随着媒体之间竞争的加剧，信息传播更呈现出同质化的趋势，为了抢夺信息源，迎合部分受众的"多元化"需求，致使部分媒体从业人员缺乏职业操守，从而进行不良报道策划，其内容基本上是围绕着虚假新闻以及低俗新闻而展开的。不良报道策划大体上有以下几种类型——

1. 虚假新闻报道策划

世界上自有新闻之日起，假新闻就相伴相随，可谓无孔不入，令人防不胜防。在西方，专门刊登小道消息的小报自不必言，就连以严肃著称的名牌大报也未能幸免。如1980年，《华盛顿邮报》黑人女记者珍妮特·库克曾报道过一个8岁儿童染上毒瘾的故事，该报道因生动感人而获普利策奖，但随后被揭露出整篇报道全是编造的。2003年，有着150多年历史、号称"世界上最有声誉和影响的报纸"的《纽约时报》更是曝出惊天丑闻，该报记者杰森·布莱尔被揭露杜撰了36篇新闻报道。①

真实性是新闻的第一要义，新闻必须基于事实，徐宝璜曾言："新闻者，确实者也，凡不确实者，均非真正新闻。"②从表面上来看，"假"就是不真实的意思，"假新闻"，顾名思义也就是不真实的新闻，虚构出的"新闻事实"。随着科技的发展和社会节奏的加快，虚假新闻不断出现，而且越来越不容易被察觉，使得广大受众难辨真伪。《新闻记者》基本上每年会评出"十大假新闻"，而刊登虚假新闻的媒体又以都市报居多。党报虽然以严谨务实著称，但是仍因为部分记者专业素养较低，缺乏基本常识，再加上编辑把关不严等原因，也会出现虚假新闻。

2. 低俗新闻报道策划

低俗新闻报道策划是媒体从业人员片面迎合部分受众的低俗趣味，为追求新闻点击量而进行的报道策划。这种行为放弃了基本的职业操守，违背了新闻伦理道德规范。低俗新闻报道策划主要是将名人隐私、暴力凶杀、色情、金钱、重大灾难报道等负面事件放大，以渲染细节、追求感官刺激、吸引眼球为目的，并在此基础上获取经济利益。

低俗新闻报道策划主要表现在以下几个方面：

（1）娱乐新闻报道策划。娱乐新闻报道策划在整个新闻报道策划当中是很有必要的，能满足受众对于娱乐新闻信息的需要，是新闻工作所不可或缺的。但是，不能毫无顾忌地对名人进行报道，更不能侵害名人的合法权益。名人也是普通人，有自己的喜怒哀乐与悲欢离合。公众对娱乐信息虽有消费需求，但却是短暂的、不能持久的，更何况对名人悲情信息的追踪未必会给公众带来快乐。因此，娱乐媒体为了片面追求新闻点击率，吸引公众眼球而进行毫无底线的报道，其实完全没有必要。

（2）暴力新闻报道策划。暴力新闻报道策划是指采用新闻报道的方式对新近发生的暴力事件进行报道策划。暴力新闻本身就具有很强的吸引力，这是其他类型的新闻所无法比拟的。在这种语境下，媒体对相关的暴力事件进行报道就有很大的市场。当然，媒体对暴力事件的报道可以引起人们的警示，这不仅是对受众知情权的尊重，更能在某种程度上激

---

① 廖向东. 假新闻的社会危害性及根源分析[J]. 浙江传媒学院学报, 2006(2): 13-14, 24.

② 徐宝璜. 论新闻学[C]//黄天鹏. 新闻学论文集. 上海: 上海光华书局, 1930: 9.

发起人们的反暴力共识。所以，它是具有积极意义的。但是，部分媒体单纯为了吸引受众眼球，提升信息点击量，有选择性地进行信息传播，甚至过度夸大暴力事件本身，给社会造成巨大的负面影响。例如，刊登车祸现场高清照片，对暴力犯罪情节进行过度渲染，完整报道惨不忍睹的灾害现场。暴力新闻信息的过度泛滥不仅影响受众的心情，而且对公众尤其是青少年的行为也有着潜移默化的不良影响，甚至对整个社会的和谐进程都具有负面的影响，值得我们警惕与反思。

（3）色情新闻报道策划。色情新闻也叫"黄色新闻"，其概念其实来自普利策和赫斯特的竞争，普利策的《纽约世界报》和赫斯特的《纽约新闻报》为争夺报业市场，采用煽情、渲染、夸张的手法报道新闻事件。这一概念传入中国之后不断演变，现在一般用来指淫秽色情新闻。

色情新闻报道策划更倾向于在新闻报道过程当中断章取义，过度渲染信息内容，并配发图片以带来视觉冲击，从而吸引公众眼球，获取点击量。色情新闻不断充斥公众的眼球，是媒体在利益的驱使下为了片面追求经济效益而忽视社会责任的结果，不仅不利于社会风气的净化，更对青少年的健康成长产生了不良的影响。在这种语境下，媒体以及相关部门必须负起责任，在新闻的采编过程中一定要勇于承担社会责任，做好把关人，从而净化媒介生态环境，促进社会主义精神文明建设。

（4）猎奇新闻报道策划。单从字面意思我们就可以看出，所谓猎奇新闻报道策划，是指将奇闻逸事作为由头而进行的新闻报道策划，其内容呈现的是反常性与特异性。当然，媒体对猎奇新闻进行报道策划，在让公众增长见识的基础上获取点击量，增强该媒体的影响力是很有必要的，但是这并不等同于媒体可以歪曲新闻事实，甚至人为捏造新闻事件来吸引受众关注。在进行相关报道的过程当中，媒体从业人员对信息不加核实，单凭以能否吸引受众为标准来进行报道，甚至凭借自己的主观臆断来猜测新闻事实，都必须加以禁止。

(二)不良报道策划的社会危害

不良报道策划会对社会产生很多负面的影响，如虚假新闻、低俗新闻等报道策划不仅损害了有关各方的利益，更是透支了媒体本身的公信力，进而影响着媒体从业人员的形象。总体来说，不良报道策划的负面影响主要表现在以下几个方面：

1. 误导公众舆论，侵害公众利益

舆论是民意表达的一种方式，其作为政治正义的一个内在组成部分，是公民依法行使参与权与监督权的一种形式。媒体与舆论紧密相关。媒体要反映舆论，反映真正的民意，维护公众利益。如果不良报道策划误导了公众舆论，势必带来负面影响，混淆视听，误导公众，严重时还会危及社会稳定。从某种意义上来说，不良报道策划本身就是对公民知情权的践踏，其造成的结果肯定误导公众，损害公众利益，误导舆论导向。比如20世纪90年代发生的长城非法集资案中，沈太福与新闻界部分失德的媒体从业人员狼狈为奸，炮制虚假报道，从而误导了公众。

2. 报道内容相关各方利益受损

不良报道策划不仅会损害当事人的利益，同时也会危及相关行业以及相关人员的切身利益。某媒体曾发表一篇题为《男子拒绝手术签字致使孕妇死亡》的报道：一名孕妇因难产生命垂危被其丈夫送进医院，丈夫拒绝在医院的剖宫产手术书上面签字。医院几十名医生、护士束手无策，在抢救了 3 个小时后，医生宣布孕妇抢救无效死亡。对此，网友则纷纷谴责当事人精神偏执、顽固、愚昧。记者在事后的采访手记中写道：当我们以人道的名义谴责该丈夫和医院的时候，又为满足自己的窥探欲而不断消费别人的痛苦，这是否同样违背了人道主义精神呢？是的，无论我们的愤怒出自什么，不可忽视的是，事件的最后，议论者都会渐渐淡忘，而唯有事件的主角，或许才是最最痛苦难以释怀的人——他失去了爱人，失去了整个世界。所以，这则新闻虽然传递了信息，但是却缺乏人文关怀，对当事人私生活领域进行无限制的挖掘，严重侵害了当事人的利益，给当事人造成了巨大的心灵创伤。

因此，不良报道策划若仅仅是为了获取信息，吸引公众眼球而毫无底线地进行报道，所造成的负面影响将是巨大的。不仅给当事人造成了正常生活的困扰和不便，且其所造成的心灵创伤更是不易恢复的。

3. 透支媒体公信力，影响媒体人形象

所谓媒体公信力，是指媒介报道信息的可信度在受众中产生的影响力，是媒体内在品格的综合反映。马克思认为："人民的信任是报刊赖以生存的条件，没有这种条件，报刊就会完全萎靡不振。"[1]媒体的社会公信力可以说是整个社会信仰体系的基石，如果所有的媒体丧失了社会公信力，社会信仰体系必将坍塌，整个社会将陷入极度的混乱。[2] 所以，从某种意义上说，媒体的公信力是一种隐性的资产，一旦透支，其所造成的负面影响不仅仅是针对媒体以及媒体从业人员自身而言的，更关乎整个社会的信仰。

媒体应该在维系社会道德、保障公民知情权、促进社会和谐等方面发挥积极的作用。这一点毋庸赘述。但是如若媒体在进行报道时扮演了破坏者的角色，虽然获取了短期的经济利益，但却失去了更为重要的东西——媒体的公信力。如果受众对一个媒体所传递的信息不再信任，那么这个媒体基本上也就失去了存在的价值，这将是一种毁灭性的打击。因此，媒体一定要拒绝不良报道策划，等到公信力透支之时再反思怎样做好新闻报道策划，那就真的追悔莫及了。

(三) 多方联动，规避不良策划

随着网络以及新媒体的兴起与普及，客观上使得新闻媒体的竞争越来越激烈，媒体要想获得有利的地位，就必须发挥主观能动性。媒体在报道中做好新闻策划，实施科学策划，规避不良策划。

1. 媒体加强自律，捍卫职业操守

事物的发展是由内外因共同作用形成的，内因是根本，外因是条件。内因决定着事物的根本属性，外因推动事物的发展，所以，加强媒体自律，捍卫新闻人应该持有的操守是

① 《马克思恩格斯全集》(第 1 卷)［M］. 北京：人民出版社，1956：234.
② 廖向东. 假新闻的社会危害性及其根源分析［J］. 浙江传媒学院院报，2006(1)：13-14, 24.

规避不良策划的首要前提。

新闻职业是神圣的，新闻从业人员不仅仅是人民的代言人，更是历史的记录者和真理的捍卫者。在中国特殊的媒介生态环境中，媒体应该是党和政府的喉舌，新闻从业人员依法享有采访权和报道权，但是却不能将其扭曲为一种个人权利。所以，媒体的报道必须经得起历史和人民的检验。当然，媒体从业人员也并不是万能的，并不是在什么方面都是专家式的人物。对于一些难辨真伪的信息，或许我们不应该去苛责记者不去核实，因为一些信息的隐蔽性使得记者也没有意识去核实，但是我们不能将这当作拒绝信息核实的借口。对于一些技术层面或者专业知识层面上的信息则需要在不断加强自身学习的基础上，本着新闻人所应具备的求实精神，去探究事物的真相，将其还原给公众。也只有这样，才能够最大限度地规避不良报道策划。

2. 注重人文关怀，拒绝视觉扭曲

所谓人文关怀，即在于尊重人的人格、尊严、思想和情感；肯定人的价值和主体性，以人为目的；关怀个体的自我实现与自由，追求人性的完善，实现人的最大发展。

我国媒体需要强调人文关怀。其一，我国媒体在新闻传播上存在着程式化、片面性的历史传统，普通民众的生存状态和精神现状容易被忽视；其二，在我国，媒体作为党和政府的喉舌，需更加关注普通民众的需求。改革开放以来，我国经济取得了飞速发展，整个社会更加崇尚经济利益、消费主义和物质主义。所以，在这种语境下，更需要我们的媒体增加人文关怀，关注普通民众。

然而，一些媒体为了吸引受众眼球却不择手段，尤其以暴力新闻、娱乐新闻以及灾难新闻的报道策划最为突出。为了追求传播效果，吸引公众眼球，有的报纸居然以娱乐的背景来做灾难性新闻报道策划。然而，对于受害者的亲人来说，即便那些媒体对外立刻作了致歉，其所造成的心理创伤并非一朝一夕就能抚平。作为公器的媒体在报道灾难事件时应具备最基本的人性关怀，具备对生命最起码的敬畏。

对于灾难性报道策划，绝不能过多地纠缠在画面细节上而引起不必要的痛苦；对于电视而言，不应该过多地在痛苦和受难的景象上拖延时间，而应该把这样的镜头缩短，把拍摄角度放大。切不可单纯为了追求传播效果，而把受害者血淋淋的镜头放大，更应该把镜头从受害者身上挪开以显示尊重，这些都是基本的人文关怀。

3. 弥补制度漏洞，规避不良策划

要规避不良报道策划，单靠媒体行业的自律还不够，必须制定联动机制，各方一道来对新闻行业进行规范。首先，要制定社会舆论对新闻行业的评价机制，将其内化为一种舆论监督；其次，还需要相关部门完善法律法规，在制度层面上规避不良报道策划。

一套完整、严密、无懈可击且可操作性较强的规章制度对规范新闻报道策划来说是十分重要的，不仅包括不良报道策划追责制度，还需明确所有相关人员的责任。除不良报道策划实施者应承担责任外，把关不严的值班编辑也需要承担责任。而且，媒体应该公开举报电话，勇于接受外界的监督，媒体内部还需要建立监管机构，从而内外联动，共同制止不良报道策划的生成与传播。

我国也不乏相关法律法规，原国家新闻出版总署曾先后出台《报刊刊载虚假、失实报道处理办法》《报刊管理暂行规定》《广播电视管理条例》《互联网内容管理办法》等法规，已经将一些失范行为列入行政处罚之列。《新闻采编人员从业管理规定（试行）》第一条就明文规定：新闻采编人员要坚持真实、全面、客观、公正的原则，确保新闻事件准确，要认真核实消息来源，杜绝虚假不实报道。随着时代的发展，上述法规还在不断地修订和发展。虽然我们有很多规范媒体从业人员的法律法规，但是现实生活中违背新闻法或新闻职业伦理的事件仍旧接连不断地发生，这足以说明国家的相关政策还需进一步完善落实。所以，只有建立相关制度规范，并且推进相关政策扎实落地，才能在真正意义上起到规范新闻从业人员行为的作用。

◎ **思考题**

1. 如何理解新闻报道策划定义中的关键词？
2. 什么是新闻报道策划的可行性原则？其内容是什么？
3. 新闻策划与新闻炒作有什么区别？

◎ **实践题**

1. 如何建立更加科学有效的新闻报道策划机制？
2. 以自己的一篇成功报道为例，写写学习新闻策划理论后的心得体会。

第二章
新闻报道策划的前提、原则、素质

新闻报道策划是一项复杂的系统工程。在实施这个工程前必须弄清楚我们进行报道策划的基本前提是什么，即为什么要策划这个报道或活动，其目的和意义何在；在策划这个报道或活动时，我们有哪些可供选择的基本条件，这些条件能否保证我们顺利有效地实施这次策划；实施策划的人员素质需要从哪些方面提高……参与策划的组织者和实施者只有搞清楚了这几个问题，才可能把策划进行到底，取得预期的策划效果。

正因为新闻报道策划是一个复杂的过程，它有一个从起点到终点的运行轨迹。为了更深刻地理解和认识这一过程，策划者做判断时所依据的前提是非常重要的。这种前提就是策划者在许多可能的行动中，选择某一特定行动的判断准则或评价依据。从最高的理性境界来说，策划者的判断可以理解为从策划前提引申出来的结论。为了搞好新闻报道策划活动，认识和掌握策划的基本前提是很有必要的。

一、新闻报道策划前提

(一) 价值前提

新闻报道策划是新闻报道主体运用新闻传播的各种手段，以求获得最佳传播效果的创造性活动。为达此目的，策划者要做许多准备工作。但是，有一条必须先搞清楚，即这次策划活动、这次策划报道该不该进行、能不能进行，进行这次策划活动和报道的意义是什么，能否达到，等等，所有这一切都是策划者事先应该弄明白的。这就是我们进行新闻报道策划所要求的价值前提或者说是理论根据。尽管我们的策划者大多是经验丰富的行家里手，但是，在我们行动前，对它的活动意义还是要做一番价值判断的，正如管理大师西蒙博士所说，价值前提不能以客观的事实证明是或非，也不能以经验或推理证明其正确性。① 价值前提大致包括以下几个方面的内容：

1. 目标价值

(1)目标的分类。

目标有总目标和分目标两类。总目标是任何新闻报道策划都必须考虑的，它的制定决定着各个分目标的实现好坏。一般来说，总目标应包括以下几个方面的内容：符合新闻规律，具有良好宣传效果；具有良好的导向性，给人们和社会以正确的舆论导向；给人们以

---

① 贾建国，崔建平. 决策的艺术与科学[M]. 北京：改革出版社，1992：22，23.

美的享受，给受众以新的震撼。成功的新闻报道策划必须给人们带来更多的美的享受——以它有效的内容和形式组合；给受众以新的震撼——以前所未见的内容和形式展示。这里除了内容的选择外，更多的是强调策划报道的形式美和形式新。

从时间上看总目标是长期目标，此外还有中期目标和短期目标。长期目标是带战略性的，在比较长的时期里面起作用；中期和短期目标是长期目标的具体化，两者都具有策略性的特点。长期目标是中期目标和短期目标实现的依据，正是由于长期目标的确立，才使人们在从事中期目标和短期目标工作时有了明确的方向；而中期和短期目标则是实现长期目标的阶梯和手段。只有一个个中期和短期目标的实现，长期目标才可能最终实现；中期和短期目标的确立，必须符合、服从于长期目标的要求；同时，长期目标的确立，又必须从阶段和局部所可能提供的条件出发，考虑中期和短期的实际情况。

（2）目标的作用。

恩格斯讲过这样的话："……在社会历史领域内进行活动的，是具有意识的、经过思虑或凭借激情行动的、追求某种目的的人；任何事情的发生都不是没有自觉的意图，没有预期的目的的。"[1]目标是一个矢量，具有方向性，如果方向错了，人们干劲越大，效率越高，损失越大；反之，方向正确，工作效率越高，工作成效就越大。盲目的行动是不可能取得良好效果的，所以，在新闻报道策划前问一问"为什么""干什么""达到什么目的"是十分重要的。

目标可以使人们的行动协调——群体的行动常常带有分散性，而分散的行动是不可能形成合力的。目标可以鼓舞人们的行动——人们要做成一项事业常常要经历千辛万苦，其间出现泄气、埋怨、发牢骚在所难免。只要大家明确了行动的目标，就可以化消极为积极，一鼓作气，到达胜利的彼岸。

目标是行动的方向，又是检验策划成功与否的标尺。确立目标的过程也是新闻报道策划的过程。

（3）目标的把握。

在确立策划方案的目标时有两点是需要注意的：

目标必须明确具体、有约束性。目标是人们努力的方向，在用文字表述时务必准确清楚，如时间、地点、数量、效果等都应该加以确定。同时，为使目标可以衡量，必须规定目标的约束条件或边界条件。美国学者杜拉克认为："边界条件说明得越简明、清楚，决策的有效性和达到目的的可能性也就越大。相反，如果在边界条件的判断上有任何严重欠缺之处，则所作的决策不论看起来如何高明，几乎可以肯定是无效的。"[2]所谓"边界条件"就是要弄清楚"解决这个问题的最低要求是什么"这一问题。对新闻报道策划来说也是这样，在制定策划方案时，不仅要求用语明确具体，还要指出本方案的最低要求是什么。只要达到了最低要求，我们就可以说这次策划基本成功了；否则，就是失败的。

目标包括必须完成的和希望完成的两部分。只有确立了"必须完成"的内容，才符合

① 马克思恩格斯全集(第 28 卷)[M]. 北京：人民出版社，2018：356.
② [美]彼得·F. 杜拉克. 有效的管理者[M]. 吴军，译. 北京：求实出版社，1985：139.

上面强调的"边界条件"的要求，人们才有拼搏奋斗的方向；确立了"希望完成"的内容，人们才不会在成绩面前沾沾自喜、固步自封，而是不停止地前进。

区分这两类目标的作用在于：一是一开始就有助于人们认识和淘汰那些不可能采纳的方案；二是不至于在决策时忘记某些基本要求；三是可能会发现已有的各种备选方案，没有一种是满意的，从而广开思路，想出更好的方案来。

在确定方案时，"必须完成"的目标是最重要的，凡是不能满足这种目标要求的方案，不管它的文字多么优美，都不在考虑之列；"希望完成"的目标是鼓舞人心的，但这毕竟是人们的一种良好愿望，它是人们努力的方向，却不是人们确定方案的基础。在确定方案时，将不同的要素按轻重缓急排列，突出"必须完成"的目标并配以切实可行的措施，确保这一目标的实现；同时列出"希望完成"的目标内容，在有可能的情况下，尽可能多地实现"希望完成"目标的内容。这样进行区别，可以使人们在完成自己任务时有一个明确的层次目标。

2. 导向价值

新闻报道是一种舆论引导，它总要表明报道者对某一人物、某一事件、某一现象、某一活动的意见和态度，一经刊播就会对社会、对人们的舆论导向产生作用。在新闻报道中坚持正确的舆论导向，是我们每一个新闻工作者在进行任何一项新闻报道策划时必须时刻记住的。所谓正确的舆论导向，就是要造成有利于进一步改革开放，建立社会主义市场经济体制，发展社会生产力的舆论；有利于加强社会主义精神文明建设和民主法治建设的舆论；有利于鼓舞和激励人们为国家富强、人民幸福和社会进步而艰苦创业、开拓创新的舆论；有利于人们分清是非，坚持真善美，抵制假恶丑的舆论；有利于国家统一、民族团结、人民心情舒畅、社会政治稳定的舆论。

在舆论引导中要特别注意人们最关心、最不解的热点难点疑点问题，也就是我们经常说的"急难愁盼"问题。一般来说，这些也是改革的难点和政府工作的重点。做好这方面的引导工作，对于针砭时弊、弘扬正气，对于排除人们的疑虑、提高认识，对于化解政府与老百姓之间的矛盾、增强团结，对于解决工作中的难题、出谋划策都是有好处的。舆论引导是一项政策性、原则性、艺术性都很强的新闻宣传工作，需要策划者审时度势，认真对待。

导向价值是我们进行新闻报道策划时首要考虑的基本前提。导向错了，即使参与者吃了苦，报道也很有艺术性，这样的策划也是失败的。

新闻报道策划的导向价值包含两个方面的内容：一是新闻价值，二是宣传价值。

所谓新闻价值，是指新闻报道赖以存在的新闻事实中可能给人们带来的新的信息的分量。这种信息量表现在它的新奇性、时效性、重要性、启迪性等方面。一篇报道的新闻价值越大，它的导向价值也就越大。所以，我们在考虑新闻报道策划时，必须遵循新闻规律，按新闻规律办事，只有这样才可能取得新闻报道策划的最大效益。

宣传即传播者阐述某种观点和思想、意见和建议，以期说服、引导和鼓舞受众，最终达到传者目的或目标的活动方式。衡量这种活动效果优劣程度的尺度即宣传价值。宣传可以对社会起到服务、控制、协调等作用。尽管社会宣传的方式和途径有多种，但是在目前的形势下，新闻仍是一种强有力的宣传工具和手段。在新闻报道策划时，必须考虑它的社会宣传效果，效果好了，导向就正确了；反之，导向就出现偏差。

新闻价值与宣传价值既有联系又有区别。有的新闻报道从新闻价值上来说是完全可以发表的，但从社会宣传效果来说又是不宜发表的，那么，这样的报道就不能发表；有的报道从宣传效果上来说是很好的，但从新闻价值上来说，它的"含金量"太小，这样的报道发表了效果也不会好。选择既有新闻价值又有宣传价值的报道予以发表才能体现导向价值；如果新闻价值与宣传价值发生矛盾，必须以宣传价值为主来决定报道的发表与否和如何发表，这是不能动摇的。

3. 服务价值

新闻报道策划的服务价值表现在以下几个方面：

(1)方针政策服务。中国特色社会主义的现代化建设，是在党和政府的科学领导组织下进行的，党和政府的各项方针政策对于各个地区、企业、单位和团体、个人的影响至关重要。因为这些方针政策的出台或变化会直接、间接地影响人们的政治、经济、文化、家庭生活。

(2)思想观念服务。党的二十大报告指出，我们要坚持中国特色社会主义不动摇，紧跟时代步伐，顺应实践发展，以满腔热忱对待一切新生事物，不断拓展认识的广度和深度，敢于说前人没有说过的新话，敢于干前人没有干过的事情，以新的理论指导新的实践。解放思想是一项伴随社会自然和人类发展的长期艰巨的历史任务。我们的每一项成果、每一步胜利，都是解放思想、实事求是的结果。只有人们的思想观念转变了，心理承受力提高了，一切改革措施才能到位，才能取得预期的效果。

(3)科学知识服务。党的二十大报告强调，必须坚持科技是第一生产力、人才是第一资源、创新是第一动力。当今时代，不同国家之间的竞争很重要一个因素就是科学技术力量的对比。随着经济的发展，学知识、学技术之风在经过一阵曲折的低潮之后又呈现出勃勃向上的生机。与此相应，新闻报道策划推出的一些有关科学技术方面的报道很受广大读者的欢迎。

(4)生活消费服务。经济的发展促使人们的生活消费随之发生变化，既包括物质生活上的变化，也包括精神生活上的变化。随着人们生活水平的提高，服饰文化、饮食文化、居室文化、旅游文化越来越成为人们议论的话题。如双休日作息时间制度的实施，人们对休闲方面的需求也越来越多。这一切都要求新闻报道的策划者把它们纳入自己的议事日程。我们的策划只有为读者考虑得越广泛、越仔细、越体贴，策划的价值才会越高，才会更受读者的欢迎。

在考虑新闻报道策划服务价值时需处理好以下几个方面的关系：

第一，广泛性与特殊性。新闻报道策划首先要着眼于广大读者，从最广泛读者的利益和需要出发，策划选题，组织稿件，安排版面，这就是群众观点。策划者如果仅从自己的兴趣或需要出发，采编稿件，自以为得意，却恰恰是读者不需要或不喜欢看的东西，这就脱离了群众。现在不少报纸经常在报上开展"读者调查""读者来信"等活动，征求读者的意见，根据大多数读者的要求不断改进和调整内容及版面。同时，报纸也有必要提供为特殊读者服务的内容。如老年婚姻问题，两地分居问题，大龄高级知识分子婚恋问题，残疾人的读书、就业问题，癌症病人的治疗和护理问题，等等。这类问题在群众中可能是少数，但是，他们的亲戚朋友关心，不少读者也爱看，而且解决以上问题有利于整个社会的安定。

第二，权威性与多样性。随着社会信息量骤增，网络上的信息鱼龙混杂、真假难辨，作为个体的人已经很难独立地对一切信息提出自己的鲜明观点并在实践中运用这些观点。他们需要有权威的信息来源，借此来了解和帮助自己判断各种复杂的情况。策划者应该很好地担负起这一职责，认真地采编有权威性的服务信息，为广大读者服务。这是问题的一方面。另一方面，随着人们读报观念的更新，不少读者对信息有自己的选择和理解，他们已经不满足于一家之言，还需要对相似或相反的信息进行比较。"百花齐放，百家争鸣"是繁荣社会科学文化事业的基本方针，也是策划者应掌握的一条基本原则。特别是在人们的衣食住行、吃喝玩乐、卫生保健等生活服务上，更不应搞"一言堂"，在坚持主旋律的前提下，应提倡多样化，以满足不同人群、不同层次、不同方面的需要，求得服务功能的最佳效应。

第三，通俗性与高雅性。这里讲的是普及与提高的关系。现在媒体存在一个普遍问题，即知识渊博的专家们习惯从理性出发，从宏观处着眼，运用抽象逻辑思维的方式看问题。他们对报纸上刊登的事件性、动态性的消息报道不大感兴趣。文化水准较低的工人群众则往往从现实出发，从感性出发，从身边耳闻目睹的事件出发，他们多运用形象思维的方式、简单的二元评价的方式来考虑问题。用一句办报人的行话来概括：现在报纸上不少文章是"专家们嫌太浅，工人们又看不懂"。既然如此，如何谈办报效果，如何谈服务质量？策划者寻找专家和工人的共同点、结合部，处理好"情"和"理"的关系便取得了普及与提高的统一。将"情"融于"理"，把"理"寓于"情"，"情""理"融于一体，办报人就争取到了最广泛的读者群。

第四，现实性与超前性。现实是人们生存和发展的基础，离开了活生生的社会现实和人们的生活实际，服务也就是一句空话。现实的改革开放、现代化建设和市场经济，为人们提供了无限广阔的表现舞台；同时，随着我国经济的发展和社会的转型，我国社会上涌现出数不清的以前未曾遇到过的新情况、新问题，在互联网上尤其突出。策划报道必须关心群众现实的衣食住行、生老病死、柴米油盐、喜怒哀乐。新闻报道只有深入社会，深入群众，接近现实，反映现实，才可能发挥报纸的服务功能和指导功能。现实与未来紧密相连，明天即将成为今天，为了使未来的今天更美好，在现实的今天里规划明天、展望明天，做点超前研究、超前服务是很有必要的。

第五，批评性与建设性。新闻媒体具有舆论监督功能，这种功能表现在以下两个方面：一是批评，二是建设。对坏的事件、坏的现象需要揭露和批评，但同时需要对在进行中存在的问题持积极建设性的态度，帮助、改进和完善新生事物。开辟批评专栏是一个办法，但是，有的问题一味批评可能越说"火"越大，不利于问题的解决，此刻，可以用提建议的方式达到批评的目的。例如，武汉广播电视台推出《电视问政》节目，并迅速受到社会各界的关注和好评。这是全国首次推出电视问政节目，开创了新闻媒体舆论监督的新潮流。十多年来，武汉《电视问政》已成为具有全国影响的电视节目品牌，也是武汉城市的一张名片，先后两度荣获业界最高奖——中国新闻奖。节目组将武汉市各部门的一把手请到演播室，接受市民代表的提问和质询，有些部门负责人在现场汗如雨下、如坐针毡，不得不就一些棘手的问题和行业痼疾做出答复。这档节目的策划就充分体现出批评建设的价值。

4. 艺术价值

所谓艺术价值，就是报道刊播的形式所体现的和谐之美给受众带来的震撼和美的享受。一篇报道、一个栏目、一幅版面，没有好的传播形式，结果会事倍功半或前功尽弃。

美化形式从总体上来说，就是要追求一种和谐之美。这种和谐之美表现在形式和内容的协调、主题和表述的协调、观点和事例的协调、报道或节目前后呼应协调、标题和文章的协调、文章和版面的协调、声音和画面的协调，等等。新闻作为对客体的一种反映，它不仅要反映美，而且反映的形式要体现美。

新闻的美包括真实美、朴素美、色彩美、语言美等。

真实美，是新闻美的旋律的基调。真实是新闻的生命，如果新闻不真实，就改变了新闻的规律性，就失去了新闻美的旋律的基调。

朴素美，是新闻美的本色。只有朴素才能准确反映事物的本质特征。新闻不需要"浓妆艳抹"，而需要"清水出芙蓉，天然去雕饰"。

色彩美，是新闻美的壮色。新闻强调本色以求朴素美，但这并不意味着不需要敷彩着色，加以烘托。新闻不能像小说那样摹情状物，铺陈张扬，而应该是"浓绿万枝红一点，动人春色不宜多"。

语言美，是新闻美的旋律中的音符。语言运用如何，是文章成败的关键一环。它不仅将影响一篇报道的社会效果，而且将影响社会生活。[1]

新闻的美还可分为两类，一是形式美，一是本质美。形式美，主要指新闻的结构、体裁、文字以及标题、版面或节目等形态；本质美，主要指新闻所反映诸事物的规律性和所揭示的社会精神面貌以及所产生的社会效果，等等。上面讲的色彩美和语言美属于形式美的范畴。形式美和本质美是辩证统一的，两者缺一不可。如果只追求形式美，而忽视本质美，就不能反映事物的真相，不能揭示事物的规律性，不能让受众获得真谛。如果只追求本质美，而忘记了它的形式；枯燥干瘪的东西是不能吸引人的，不能吸引人的东西怎么能让人读下去、看下去、听下去并从中把握规律呢？在新闻报道策划时，这是我们必须考虑的问题。

综上所述，在价值前提里，目标决定策划的方向，导向是基础，服务是根本，而艺术是实现上述目标的途径。四位一体，相互联系，各负其责，各有侧重，这是我们在进行策划时应把握的基本原则。

---

① 何光先. 现代新闻学[M]. 昆明：云南教育出版社，1989：455.

(二)事实前提

美国管理学家西蒙教授认为,事实前提包括以下两个方面的内容:第一,有助于处理各种情况的熟练技术和知识;第二,有关在特定场合应用熟练技术的情报。为了说明这两种事实前提在决策中的作用,西蒙通过森林看守员的工作进行了扼要说明。森林看守员是受过处理森林火灾的技术(包括技能与知识)训练的,但他在能够防止真正的火灾之前,必须获知:何处发生火灾,火灾有多大,风向及气候情况如何,以及其他有关情况。

新闻报道策划的事实前提大致可分为这么两类,一类是可以报道和需要报道策划的基本事实,包括人物、事件、时间、地点、原因等因素,就是我们通常所说的新闻要素;一类是要进行这些报道的基本方式和方法,包括采访传播工具等。

1. 新鲜新奇是首要的事实前提

新闻媒介必须以最快的速度把人们想知道的事实报道出来,否则它就失去了快速报道的优势。从人们的接受心理来看,人们比较容易接受最新的信息。在一系列的论点中,那些对听众来说比较新的论点会对他们产生较强的说服影响,这个规律叫作"新奇律"。这就是人们在新闻报道策划中常常求新的一个理论根据。

新闻报道策划关注的"新"大致上有以下几类:新近产生的事物、新近消亡的事物、新近发现的事物、新近变动的事物等。

不论是新近发生的事实还是新近发现的事实,我们在确定策划选题时都要从受众市场的需求来判断。一般来说,可以考虑以下几个方面的因素:

(1)受到这一事件影响的人数。不论是自然事件还是社会事件,会或多或少地影响一部分人或大多数人。那么,我们在选择报道事件时,涉及的人越多,越是策划者应先考虑的选题。例如2021年河南特大暴雨事件,一个城市的人乃至全国人民都在关注,这会涉及不少人的切身利益,选择这样的话题做文章,就会受到读者的欢迎。当然,在这种灾难性事件的报道上,一定要关注读者情绪和心情,不能只为了获取而拿受害者的苦难来博眼球。

(2)关心这一事件的人数。有些事件影响的人数可能并不多,但由于事件的恶劣或特殊,关心的人们很多,这样的事件也应予考虑报道。如恶性车祸事故、多胞胎平安降临人间等。

(3)和大众利害关系的密切程度。生死存亡是这种关系的最高表现,其他涉及人们生活、享受和发展的事件也是人们普遍关心的。如环境污染问题、售假打假问题、社会治安问题等。现在不少媒体推出了"与读者同行""为你打听""疑点探访"等栏目。尤其是在新冠疫情暴发后,各地官方媒体的微信公众号推出每日新冠疫情通报的内容,帮助用户了解所在地的确诊病例和病例活动轨迹。此类话题之所以受到受众的广泛关注,就在于这些报道反映的内容与人民群众的生活、利益,甚至是生命安全关系密切,能够满足人们一定程度的需要。

(4)促进社会进步的作用。新闻报道作为一种社会舆论,总要对社会的发展和进步起到一定的积极作用。作用越大,新闻报道的价值就越大,策划就越有意义。有些报道今天看来作用不大，但它预示了一种方向，代表着一种趋势，这样的事物也必须关注。

最后，在决定对某一事实是否予以报道时，还必须考虑它的宣传效果。这是由我们的新闻传媒性质所决定的。对于宣传效果把握不定的事实，一定要慎之又慎，或放一段时间，或请示有关部门，千万不要草率行事；对于有可读性、有卖点但是宣传效果不好的报道，则坚决不能发表。如要宣传这方面的内容，就要避开这些不利因素，找一些有效事例进行报道。这样，既配合了中心工作，又没有违背真实性原则。

2. 真实可信是基本的事实前提

新闻事实真实可信要求构成新闻的要素如时间、地点、人物、事件、因果等都必须真实可信。这里说的是全部要素，而不是一个或一部分，也就是说，凡是新闻涉及的每个事实都必须是完全真实可信的。

新闻所反映的事实的环境、条件和过程等都要求真实；新闻报道中所用的背景材料、数字等要绝对准确；新闻报道的事实必须是本质真实。任何事物都是相互联系的，有历史上的(纵向)有全局上的(横向)，如果在一定的时间和空间上没有反映其本质，哪怕具体事件再真实，这篇报道也是失败的。

新闻的诸多要素可以分成两部分，一部分称为显性要素，包括时间、地点、人物和事件，这些是大家都可以看到的；另一部分称为隐性要素，包括原因、结果和意义，它是隐藏在事物后面的决定性因素。

作为新闻报道策划者，对这些基本要素要有清晰的认识：

(1)显性要素正确是基本前提。显性要素都是直白可见的，任何一个要素都不能有差错，一个因素出了问题，可能会影响整个报道的成败。这个问题看似很简单，以为只要记者到了现场就不会有差错，其实不然。心理学教材上有这样一个例子：某日，在德国举行一次心理学大会，突然有一名男子闯入会场，后面紧跟着一位持枪者，两人在会场中央打了起来，一人放了一枪后两人又跑出会场，前后20秒钟。这是事先安排的一场把戏。事后主持人要求与会者把刚刚发生的情节如实地写下来。这些当事人都到了现场，但记叙得却不一样。当时写好的材料有40份，重要之处出现差错在2成以下的只有1份；2~4成的有14份；4~5成的有12份；5成以上的有13份；另外，在40份材料中，捏造细节占1成的有24份，1成以上的有10份，1成以下的仅有6份。这些都是训练有素的心理学家，结果不是在重要情节上发生差错，就是无中生有增加了一些细节。所以对于我们记者来说，即便是到了现场，如果不作细心认真的采访，也会出现闪失。除此，策划者还要把几个要素之间的关系弄清楚，即为什么在这个时间、这个地点会出现这个人和这个事，好多报道如果离开了某一时刻某一空间就不成其为新闻或不成其为可读性很强的新闻。

(2)隐性要素说的是原因、结果和意义。它是隐藏在显性要素后面的需要我们去研究、分析和探索的不明确因素，而这些因素又常常是我们新闻报道策划的出发点和落脚点。

2019年11月13日，《中国青年报》报道了这样一篇作品《活在表格里的牛》，记者在宁夏西海固地区发现了这样一种现象：村里少数人家，虚报冒领了扶贫款项——用虚假的养牛数量套取国家补贴。这样一种现象，显性要素展现了村民不愿养牛、更愿意采取相对简单的方式来骗取国家津贴。而隐性的因素则是反映了村民落后的致富观和某些地方"数字脱贫"的表面文章等问题。如果仅仅是批评村民骗取津贴这个显性事实,那么这篇新闻的立意和价值就远远不够了。这篇报道通过翔实的细节记录了村民套取津贴的行为和想法,对"数字脱贫"等荒腔走板现象提出了批评,为读者提示了脱贫攻坚不仅是物质上的脱贫、精神上的脱贫同样重要这个重要话题。由此,该作品获得第三十届中国新闻奖一等奖。①

有些事实,由于我们认识不清或有偏见、或看问题的角度不同、或看问题的立场各异,等等,会对相同的"明白事实"作出不同的结论。

随着报道的深化,不论是受众还是传者都想探究事物背后的深层次原因和意义。对于记者和编辑来说,能够胜任本职工作或优于他人的一个重要条件,就在于他能够比别人更好地认识和把握事实的本质,或者说他的理性认识比别人更胜一筹。这不仅有利于搞好深度报道,也有利于进行一般的纪实报道。新闻报道策划是一种高智力投入的行为,策划是否成功,是否比别人更高一筹,不仅仅表现在记者是否比别人多吃苦多跑路,更重要的是记者是否多动了一些脑筋,对新闻事实背后的东西是否比别人认识得更多一些、更深一些。

(3)把握好显性要素与隐性要素的关系。列宁曾经讲过这样的话:"在社会现象方面,没有比胡乱抽出一些个别事实和玩弄实例更普遍更站不住脚的方法了……如果不是从全部总和、不是从联系中去掌握事实,而是片面和随便挑出来的,那么事实就只能是一种儿戏,甚至连儿戏也不如。"②如何理解列宁的话,用以指导我们的新闻报道策划呢?

要进行策划性的报道,必须以事实为根据,而要根据充足,最好是掌握其"全部总和",而这在一般情况下又是不可能或不必要的;仅根据掌握的几件事实,要作出正确的判断,容易产生像"儿戏"一样的"没有任何意义或者完全起相反的作用"。于是,策划者处在两难的境地。如何才能"左右逢源",实现"柳暗花明又一村"呢?关键在于从现象中把握事实的本质,从联系中揭示真谛。

我们在分析显性要素与隐性要素之间的关系时,首先,要核实事实的真实性。只有事实本身是真实的,且在反映隐性要素时也是真实的,这样的事实才能为策划者所用。对于那些第二手、第三手的材料,一定要严格甄别,没有把握的材料宁可信其无,也不要侥幸信其有;对于自己采访掌握的材料也不要过于自信,特别不要带着框框去找事实。一旦在写作中发现所用材料与本主题相悖,就一定要删除。

其次,根据隐性要素的需要,选择能够表现和说明隐性要素的真实事实。记者在采访中常常会接触许多事实,有些还很有趣味。但是,有些材料只能充当趣闻的角色,根本不能反映隐性要素,有时有的素材还可能冲淡主题或与主题相悖。这样的事实就不能选用,我们一定要选择那些既能反映主题、又有可读性的素材。

再次,对显性要素和隐性要素两者之间的内在联系作独立的深入的符合真实事实的科学判断,揭示其内在的真正意义。我们说策划是一种思维活动,就在于它是人的主体对已

---

① 参见第三十届中国新闻奖一等奖获奖作品目录,http://www.zgjx.cn/2020zgxwjjx/jx1dj.htm.

② 列宁全集(第23卷)[M]. 北京:人民出版社,1963:279.

掌握的客体作一种主观的思考、分析和判断。

正确的策划来源于正确的决心，正确的决心来源于正确的判断，正确的判断来源于详尽的采访调查和对已经掌握材料的去粗取精、去伪存真、由此及彼、由表及里的思考。面对事实和判断，不能凭主观的想象，不能凭一时的热情，不能凭死的书本，而需要正确的理论，需要热烈而镇定的情绪、紧张而有秩序的工作，等等。这些都是马克思主义的基本原理，也是新闻报道策划的理论武器。如果说，隐性要素是新闻报道策划的出发点和落脚点的话，那么，处理好显性要素与隐性要素之间的关系，就是我们达到此目的的桥梁和纽带，如有不慎就可能功亏一篑，策划者对此必须审慎从事。

3. 新奇角度是有效的事实前提

（1）观察角度。对新闻事实从不同的角度去观察，得到的结果不一样：有的可能生动，有的可能平淡；有的可能细腻，有的可能粗犷；有的可能真实，有的可能虚假；有的可能丰富多彩，有的可能简单划一。观察角度不同，得出的主题和表现的效果也可能不同。而要获得最佳的策划效果，必须追寻最佳的观察角度。一般来说，观察角度有以下几种：正向角度方法、逆向角度方法、侧向角度方法、纵向角度方法、横向角度方法等。

（2）写作角度。从写作的切入角度来说，可以从七要素中的某一要素入手，如可以先交代时间、地点，也可以先介绍人物、事件，还可以从该事件的意义入手；可以按照事件发生的时间顺序来写，也可以从事件发生的结果或中途来写，同样可以从事件的原因、结果或意义上来写。如何选择切入点，应考虑以下几点：一是记者对某一切入点最熟悉，最容易发挥他的写作才能；二是从这一角度入手，最能有效地表现该报道事件；三是从这一角度入手，最能吸引读者；四是别人很少用和没想到用的切入角度。

有人在介绍欧美记者写作技巧时谈到他们的长处——

选择最能切中要害的角度；选择最能引起人们兴趣的角度；选择读者知识水平最容易接受的角度；选择读者最关心的角度；选择时空距离最接近读者的角度；选择最富有人情味的角度。[1] 虽然中西方新闻工作者的立场、观点和世界观不尽相同，但他们在新闻实践中的技巧却是值得我们学习借鉴的。

4. 准备充分是必备的事实前提

（1）信息准备。信息准备包括两方面的内容，一是采访线索的来源，二是表现方式的资料收集，二者缺一不可。

为了建立畅通的信息渠道，除了记者个人的努力，媒体的努力也不可或缺。不少媒体大动脑筋，有的媒体开通了新闻热线，有的媒体还有偿征集线索；新闻报道策划除了要有畅通的信息渠道，还必须掌握其他媒体的报道手法。成功的策划者需要选择一个既符合主题、又使读者感觉新奇的表现方式，要想点子高人一筹，必须在表现形式上出"奇"。

为了有效地掌握已往和他人信息，资料的收集和储备是十分重要的。作为后来者，要想出新，要想超过前人，要想越过同辈，对前人和同辈的所作所为所书所言都不甚了了，恐怕难负此任。这里说的出新出彩，并不是大学问家的专利，我们每个人都可以有所作

---

① 李湛军. 当代记者论稿［M］. 合肥：中国科学技术大学出版社，1987：266，270.

为；但是，要出新出彩，不掌握反映前人和同辈成果的资料是万万不行的。这是我们在策划前就应该优先考虑的。

（2）人员准备。对于策划的领导者来说，不仅要了解整个报道的内容和报道方式，还要对参与策划者的情况有所了解，到时候用起来得心应手；一个重大选题的报道，往往要涉及很多方面，会有许多变化，最后形成什么样的模式，都要向参与者说清楚，以便让他们"胸怀全局"地进行某一方面的工作；根据报道涉及的不同方面的轻重缓急难易程度，调配不同的人员，并随时掌握他们的情况，以便补充和加强。对于报道中容易忽视或容易出毛病的地方，要提前打招呼，提醒参与者注意，以减少损失。总之，新闻报道策划的领导者既是指挥员又是战斗员，既管事，更管人。

对于参与者来说，要明了自己参加此次策划活动的意义，思想先行，行动才能有效；要明确自己参与的一部分工作在整个报道中的位置，发挥自己的主观能动性，作为参与者，每个人都是新闻报道策划这个大系统中的一部分，既要分工明确，又要积极主动，既要有效地表现自己，发挥自己的作用，更要服从和服务于策划主题和整体。

（3）设备准备。新闻报道的设备这里主要指报道和传播的工具，如文字记者的笔、采访本，摄影记者的摄影器材，广播记者的录音器材，电视记者的摄像器材以及报社、电台和电视台的印刷、发射、转播和交通工具等设备。马克思指出："劳动资料不仅是人类劳动力发展的测量器，而且是劳动借以进行的社会关系的指示器。"①生产工具延长了劳动者的器官，是人们认识和改造自然的武器，同时，新的工具的使用也促使人们的素质不断提高。这是人类社会发展的基本规律，新闻工作也不例外。

最早的新闻工作只有一支笔和一张纸，随着时代的发展，记者开始使用电脑写作，工具也增加了数码相机、微型摄像机、录音机等，印刷和播放设备也有了新的变化，交通工具和通信联络装备有了新的发展。这一切都为新闻报道的策划和新闻事业的发展提供了良好的基础。2022年北京冬奥会是史上首个核心系统100%上云的奥运会。赛事成绩、赛事转播、信息发布、运动员抵离、医疗、食宿、交通等信息系统迁移到阿里云上，且通过"奥运转播云"来做全球转播，这是百年奥运史上的一次历史性工程。这项"转播云"技术给因疫情无法到场的媒体记者带来了便利。过去，传统的转播模式要求各个电视台提前运输卫星转播车、在现场搭建网络专线，并且还需要专人维护此类设备。2022年北京冬奥会的云上转播让全球的电视台在云端就能接收到直播信号。此外，该技术还提供了播放器、短视频处理平台等视频处理功能，方便媒体进行远程直播、精彩回放、制作特效视频和内容集锦。②

综上所述，新闻报道策划必须注重价值前提和事实前提；价值前提和事实前提都有各自的内涵，不可混淆；价值前提和事实前提是相互联系不可分割的整体，两者有着辩证关系，在新闻报道策划中要把握好。

---

① 马克思恩格斯全集(第23卷)[M]. 北京：人民出版社，1972：204.
② 来源：微信公众号"新京报传媒研究"，《全球首次"云上奥运"！北京冬奥会"云转播"意味着什么？》，https://mp.weixin.qq.com/s/SwpxYQBTTOIRv6ONz1AeOg，2022-12-23。

二、新闻报道策划原则

策划原则是策划活动过程中所必须遵循的客观规律，它是策划实践经验的概括和总结。新闻报道策划作为策划的一种，经过近些年的实践摸索，也逐渐形成自身特有的策划规律，科学地认识和把握这些规律，对于提升策划水平，提高报道效果大有好处。新闻报道策划原则大致包括时效原则、机变原则、整体原则、审美原则等基本原则。

(一)时效原则

所谓时效，就是指时机和效果两者的关系。在策划中，策划方案的价值随着时间的推移与条件的改变而变化。时效性原则要求在策划过程中把握好时机，重视整体效果，尤其要处理好时机和效果之间的关系。

时机问题历来是策划者或战略家所考虑的要事。能否把握时机，如何把握时机，是策划者在策划前必须优先考虑的前提。

1. 及时性是把握时机的首要内容

要及时，则必须做到：新闻根据一旦成立，就应立即报道。新闻是新近发生的事实的报道，但新近发生或变动的事实并不全是新闻，这要看它能否构成新闻的本体(回答这件事为什么成为新闻)和新闻的根据(回答这件事什么时候成为新闻)；而新闻根据的成立又要因事而异，也可能在事实变动时成立，也可能在事实变动后成立，还可能在事实变动的过程中成立。掌握后者比掌握前两种情况的难度更大。因为要准确、及时地把握事实在变动过程中新闻根据是否成立的情况，以便及时报道，作者就必须熟悉变动着的事物，了解变动着的事物的进程和方向，并及时作出正确的判断。① 在新闻报道中，既不能无中生有，也不能作"合理想象"，但是，可以而且必须根据已经掌握的事实进行科学的预测。"预"则快，这是对新闻从业人员的一种高要求。

2. 新闻除了要"快"，还要注意"适时"

适时，是一个综合指标，它涉及新闻报道和报道后的诸多因素，如报道所反映的事实是否全面展开，此刻表现的是否为最佳状态，记者掌握的情况是否完全真实；又如，报道后受众能否接受，领导是否满意，是否有利于稳定，是否有利于问题解决，等等。只有对这些综合因素进行整体研究，权衡利弊，才能作出是否发表、如何发表的决定。贸然抢先是不可取的，但是，一味求稳也不是新闻工作者的品格。该出手时就出手，问题就在于如何把握好这个"该"字，这是要动一番脑筋的。

当然，重时机也不是说策划活动越快越好。一方面，策划效果的好坏与时间的长短有关；另一方面，实施效果还与策划时机是否成熟有关，只有当时机成熟时，策划方案的实施才能取得最佳效益。

可见，对于时机，不仅要抢，还在于把握。策划者要善于把握时机，高瞻远瞩地全面

① 何光先. 十年新闻写作变革[M]. 北京：中国新闻出版社，1989：345.

分析利弊得失，适时而动。对时机的把握直接关系到战果的大小，在新闻报道策划中，应当充分考虑政策、社会环境、文化心理、自身能力大小及事情发展的阶段等因素的影响，在全面衡量分析的基础上相时而动。

(二)机变原则

事物都是在不断运动发展变化的，一成不变的事是没有的，一切都按计划完全实现的事也是不多的。所谓机变性，就是随机应变。它是指在策划进程中及时准确地掌握对象及其环境变化的信息，以其发展的调研预测为依据，调整策划目标并修正策划方案。实践表明，策划不能一成不变，要有调适性。古人讲，时移则势异，势异则情变，情变则法不同，就是这个道理。新闻是对不断运动中的事件进行反映，主观随着客观的变化而变化，这是新闻报道策划者应当时刻牢记在心的一条基本原则。

2020年，新华社记者采写的作品《"燃灯校长"送1600多名女孩出深山》获得第三十一届中国新闻奖一等奖，该作品一时成为同题材报道的"镇版刷屏"之作。但这件作品的采访并没有想象的那样一帆风顺。当记者到达华坪女高采访张桂梅时，就被泼了一盆冷水：张桂梅以自己最近事务繁忙为由，拒绝了新华社记者的采访。面对不接受采访的对象，采访记者反而愈发兴奋，笃定她背后一定有许多精彩的故事可挖。记者打破常规，提出先不采访张桂梅，只是跟着她在校园里转转。但也正是这种别样的"采访"方式，让记者捕捉到了大量真实而感人的细节。例如通过观察张桂梅的工作生活流程，了解到她身体健康状况不佳，这也让记者进一步了解到张桂梅在病危时要求政府预支丧葬费给学生用的故事，这一故事后来也成为稿件中最催人泪下的片段。面对被采访对象的拒绝，记者不是选择放弃，而是灵活应对，采取第三者观察的方式记录了张桂梅生活和工作的大量细节，反而为稿件的写作提供了生动而丰富的写作素材。①

美国哈佛企业管理丛书编纂委员会曾把"策划"表述为"一种连续不断的循环"。任何策划都是处于高度的机动状态，所以，策划者应从思想深处建立起自觉的机变策划的观念。

随机应变的"机"是多种多样的：有天时，有地利，有人物，有事件，有情况，有态势……策划者要力求全面地掌握被报道对象的各种变化；应变者的"变"也是千姿百态的：可以迎难而上，可以另找新路，可以寻求支援，可以等待时机，可以顺水推舟，可以推倒重来，策划者需要在短时间内急中生智，作出快速反应。一般来说要注意以下几点：

1. 应变要讲究科学

当策划在短时间里发生变化后，最紧迫的是时间问题。如何在短时间里做出科学的决策来，是需要策划者慎重考虑的。为了科学性而贻误时机将得不偿失；为了抢时间而不顾科学性则后患无穷。正确的原则是，根据所处理问题的性质，确定必须采取行动的时间界限，然后在不失时机的前提下，尽量使决策符合科学性的要求。

2. 应变要与长远目标一致

新闻报道策划是由多个系统组成的，某一个或几个组成部分发生变化时，采取应急措

---

① 来源：中国记协网，http://www.zgjx.cn/2022-09/14/c_1310662559.htm，2022-09-14。

施必须和长远目标相一致。这也是一对矛盾。正确的做法是，在应付事变做出必要的权宜措施时要考虑到原策划目标的要求，尽可能做到与战略目标的方向一致，如有偏离时，也要尽量减少对今后实现原目标的障碍。对一些反映社会问题的选题，必须优先考虑这一选题是否为政策所允许，文章提出的问题政府部门能否较快较好地解决。作为一名新闻工作者，体察民情，为人民分忧，为群众排难，是十分应该的，但要有一个度。在很多情况下往往"欲速则不达"，为什么？就是因为我们考虑处理问题超越了一定的时间和空间。根据新闻工作"只能帮忙，不能添乱"的原则，选题必须符合现行的有关政策，必须适宜政府现行的工作范围、工作能力、工作水平和工作效率。只凭一时的激情，只求一时的快活，只想一时的轰轰烈烈，这种策划报道是不可取的。

3. 应变要以当前利益为主

马克思指出："人们奋斗所争取的一切，都同他们的利益相关。"①可见，利益是激励人们为发现客观世界而自觉活动的客观动因。在市场竞争日趋白热化的今天，利益则更是如高悬在媒体头上的达摩克利斯之剑，时刻彰显着巨大的威力。说到底，新闻报道策划的最终目标和实质就是谋求利益。

兼顾当前与长远的利益关系，是一切新闻报道策划都应把握的基本原则。但是，不同的策划侧重点不同。对于战略策划要注重长远利益，而对于应变措施要侧重于当前利益。当两者发生矛盾时，首先要保证当前的利益，必要时可以有限制地牺牲某些适量的长远利益。如不这样，当前的工作就无法进行，长远的利益也就无法得到保证。但是，应变绝不是无限制地牺牲长远利益，那样，即使把当前的危机解决了，长远的利益也损光了，那又有什么意义呢？策划者要站在战略的高度，以理性的思考和智慧的眼光从更高的层次和更深远的意义上看待和衡量策划活动的社会效益和经济效益，使二者合理地衔接，相互促成，相得益彰。

4. 应变要先"治标"后"治本"

需要应变的问题一般来说是紧迫的、无序的和突发的。由于时间紧迫，所以应变的第一要义只能是"治标"，即采取一些临时措施解决危机，使工作恢复到一种正常状态。当危机解除后，就要考虑制定相应稳定的制度来解决"治本"的问题。如果不能从根本上解决突然出现的问题，让"治标"成为一种常态，那就是我们的策划出了大错，需要重新反思策划方案。

为了防患于未然，应变突发事件，策划者在制订计划时，一般来说要留有余地，收放自如；多准备几个预案，即使改变计划也不惊慌；在企盼最佳效益时，要有出现最差结果的心理准备；在整个新闻报道策划体系里，要有充足的信息储备和信息反馈，随时分析形势，准备一定的应变措施；要储备一定的后备力量包括人力、物力和财力等。应变是一种闪烁着才能、机智、胆略之光的高超艺术，需要一个人具备广博的知识、卓越的见识、乐观的性格，这一切都需要人们在从事新闻报道策划的实践中不断地学习和锻炼，对于领导者来说尤为重要。

---

① 马克思恩格斯全集(第1卷)[M]. 北京：人民出版社，1956：82.

(三) 整体性原则

整体性原则应包括以下三个方面的内容:

第一,在整个策划活动中,要注意各个部分的有序性和科学性,即讲求策划活动的程序性,以求产生最佳的整体效益。如北宋时期的"丁谓工程"就是整体优化的优秀范例。北宋真宗时期(998—1022),由于皇城失火,整个宫殿被化为灰烬。皇帝敕令一个叫丁谓的大臣负责皇城的修复工程。丁谓为了完成这项工程,先在旧址前面挖了一条沟渠,把挖出的土方作为烧砖的原料,然后再把开封的汴水引入渠内,形成一条运送木材沙石的航道,当新的皇宫竣工之后,他再把通往渠内的汴水切断,用剩下的土方废物填入沟渠中。丁谓在这里把挖渠和修宫殿两个不同的工程作为一个整体来考虑,有效地安排了不同工程的先后次序,收到了最佳效益。新闻报道策划也该如此,即根据选题的轻重缓急、人员的素质情况,在组织报道中做到心中有数,有条不紊地展开。

第二,注意发挥各子系统相互配合的最佳整体效益。古希腊哲学家亚里士多德曾说过:整体大于部分之和。要达此目的,关键在于要运用系统论的观点组织好各单元或子系统,调节好各单元或子系统之间的关系。在新闻报道策划中,除了参与报道各要素的有序性,还必须注意相互之间的配合与协作。比如,在奖励分配中,当人们相互依赖性高的时候,宜采取奖励差距较小的分配方法;当人们相互依赖性低的时候,宜采取奖励差距较大的分配方法。这样就能促使系统内各个单元或子系统的团结和调动其积极性,新闻的策划才能收到最佳效益。①

第三,充分调动大家的积极性,集思广益,产生最佳策划方案。最常用的是群体决策法,大家畅所欲言,在无拘无束的自由气氛下碰撞出灵感的火花。一般来说,群体策划这种针对目标和问题的群体行为方式,要求策划者具有跨学科、跨部门协同作战的现代意识,并在思想砥砺中发挥其创造性,在相互激励中集思广益。事实表明,群体策划在实践中往往更具有科学性、合理性、可行性和操作性,策划方案的实施也能取得更大的成果和更高的效率。

群体策划包括两方面的内容,一是媒体本身的智力资源,即充分挖掘"内脑";二是社会上的智力资源,即"外脑"。特别是在某些领域没有自己独立的"内脑"的情况下,更应充分尊重"外脑"。一般来说,需要"二脑"的紧密配合,优势互补,但有时也可根据需要侧重某一方面。

(四) 审美原则

马克思曾经说过:"动物只生产动物,而人却在生产整个自然界;动物的产品直接联系到它的肉体,而人却自由地对待他的产品;动物只按照它所属的那个物种的标准和需要去制造,而人却知道按照每个物种的标准来生产,而且知道怎样把本身固有的(内在的)标准运用到对象上来制造,因此,人还按美的规律来制造。"②马克思的话深刻地揭示了具有社会属性的人并不是机械地、盲目地应对自然界,而是在长期的社会实践中培养出人特

---

① 赵振宇. 神奇的杠杆——激励理论与方法[M]. 武汉:湖北人民出版社,2001:262.

② 马克思恩格斯全集(第42卷)[M]. 北京:人民出版社,1972:155.

有的属性：审美性。在新闻报道策划的诸原则中，审美性原则实际上是一种"渗透性原则"，它渗透于新闻报道策划活动的方方面面，大到主题的选择，小到标题的设计、词语的斟酌，都应折射出"审美"的光辉。

具体来说，新闻报道策划的审美原则应从以下几个方面考虑：

1. 内容美

媒体既要宣传贯彻党的路线、方针、政策，也要反映群众的呼声、愿望、社会生活的热点，贴近群众，贴近社会，为群众所喜闻乐见。但这并不等于对社会潮流、时尚一味迎合，随波逐流，特别是盲目迎合和追随群众中某些不健康的情趣，这会使新闻走向庸俗和低级趣味，破坏美感和道德感。捷克著名作家米兰·昆德拉对此深恶痛绝，他说："为了讨好大众，引人注目，大众传播的美学必然要跟媚俗同流，在大众传播无所不在的影响下，我们的美感和道德感也媚俗起来。"①因此，在策划新闻选题及具体内容时，要注意维护道德准则，传播自身审美观念，通过对真善美的歌颂、对假恶丑的批判，使读者从真人真事真情真景中体悟到一种精神、一种生命观照。唯有如此，才能真正取得长期的经济效益和社会效益。

2. 情感美

好的新闻作品往往是读者与作者之间心与心的交流。优秀的新闻作品常常使读者的心灵受到震撼，这种震撼包含着一种审美快感。作者找到了一个与读者心灵共鸣的契合点，这个契合点就是人类共同的情感。这里所说的"情感"，是人类的真情实感，是作品与受众产生的共鸣，是一种自然而然的流露，而绝非我们所常见的"煽情"。"煽情"是一种以内容、编排等手段来"煽"起受众一时的激情的报道手法，它实质上是一种不健康的新闻走向，是我们在新闻报道策划时要坚决杜绝的。在策划报道中，情感的投入与理性的思索是新闻报道策划必须协调好的关系。

3. 语言美

语言是人类交流沟通的工具。不可否认的是，媒介话语在当今已成为我们时代最主要的叙事形式，已成为我们生活的符号环境的主流。传播学中含义结构论认为，大众传播媒介在表现和描述现实的情况时，赋予词语、符号一定的含义，从而影响受众对现实的思考，进而影响受众的行为方式。② 媒介语言是多维度的，它既可以是报纸的文字符号，也可以是广播的声音符号，还可以是电视常用的画面语言符号。策划者在组织语言表现思想时要注意选用清新的格调、适当的语言。可以说，语言搭建起来的大山充满着无限的诱惑，作为"守山人"的媒体要懂得欣赏，懂得建造，让偶然路过或者常居此山的人感到一丝美意，唯此，才能保证新闻作品持久的魅力。

4. 形式美

任何好的、美的内容，如果没有好的、美的形式去表现，也是很难达到目的的。而好的、美的内容对于报纸来说，就是报纸的门面。老报人徐铸成先生在他的《新闻艺术》一

---

① ［捷］米兰·昆德拉. 生命不能承受之轻·序［M］. 北京：时代文艺出版社，2001.
② 申凡，戚海龙. 当代传播学［M］. 武汉：华中理工大学出版社，2000：155.

书中说过，"一个版面，好比一桌酒席，要搭配得当。不能象（像）蹩脚的厨师，端上来的菜都是一个味道"①。范敬宜同志在《人民日报版面备要·序》中指出："版面，是一门学问，一种艺术，当然，更是一种政治。"②

版面，可以说是报纸整个新闻过程的最后"大盘点"。所以有人说，版面是报纸的形象，是报纸的整体语言。不管新闻内容策划得如何精彩，读者接触到报纸的第一感受就是版面是否精美。在版式设计中既要注意图文并茂，多姿多彩，错落有致；又要注意标题、字号、图片、空白的相得益彰；还要发挥饰题、字形、花边、网底等的装饰作用，创造出或者有阳刚之美，或者有柔雅之风的版面，使版面整体形成视觉冲击力，以增强传播效果。除了报纸，广播、电视和网站在媒体竞争的市场中都在想方设法变换手段以新的形式美来争取受众。有时，同一个题材由于表现形式的不同，表达的效果完全不一样。在这种情况下，美的形式倒成了策划者首要考虑的问题了。

我们处于一个伟大的改革时代，这是一个波澜壮阔、改天换地的时代，也是一个姹紫嫣红、气象万千的时代。在这样的时代里，美的事物纷至沓来，美的观念日新月异，美的理想催人奋进，美的情感惊天动地，我们的新闻从业人员应该主动地、细心地、有效地去发现美、捕捉美、表现美。

三、新闻报道策划素质

新闻报道策划是一种创造性的劳动，是建立在事实基础上的。它要求策划者出新求异，涉足别人未曾涉足的领域，报道别人未曾报道的内容，选用别人未曾选用的主题，采取别人未曾采取的形式；它要求超前预测，未雨绸缪，对将要发生和已经发生的事进行未来报道的设计；它要求熟悉各种政策法规，按照社会发展规律和新闻报道规律，制定一定的目标和实施措施，保证策划方案的实现；它要求参与策划的各个方面做到科学有序，调动参与者的积极性，产生最佳的报道效果，等等。为达此目的，必须不断努力提高新闻策划人的修养。

（一）提高责任意识

所谓责任意识，就是记者的报道要具有强烈的责任感、使命感，对整个社会负责。而对社会负责就是对最广大的人民群众负责，对代表最广大人民意志和利益的党负责。新闻工作者是传播思想和信息的特殊人群，他们所从事的传播工作，最重要的功能就是促进社会文明进步。所以，他们应该是人类社会基本道德的维护者和监督者，应该具有献身维护人类社会正义、推动社会进步的使命感。他们应不盲从社会潮流，不迎合低级趣味，富贵不能淫，威武不能屈，以高尚的品质、独立的精神和正确的思想使社会公众受益于他们所从事的事业。他们应深入生活、体察生活，但绝不能沉溺于生活，而是永远保持着超越于

---

① 徐铸成. 新闻艺术［M］. 北京：知识出版社，1985：184.

② 人民日报编辑部. 人民日报版面备要［M］. 北京：人民日报出版社，1997：序 1.

生活之上的理念和思索。新闻岗位绝非他们谋一己私利之"近水楼台"，而是一股挟其行万里路、吃万般苦、不得"真经"不罢休的神圣力量，使他们从生活中吸取营养而又加倍地报偿社会。新闻工作，将成为一个守望与捍卫人民利益的神圣岗位。

我们的一切报道都是为大众服务的，不允许有个人或小团体的私利。虽然也有媒体在报道后说自己是为了"公共利益"，但这绝不能只由新闻工作者说了算，而应由全社会来监督来评价。当今社会缤纷多彩也变幻莫测，很吸引人也偶尔让人无奈。媒介的社会责任要求记者摆正自己的位置，承担起新闻工作者应尽的职责，同时，又不滥用手中的权力。这就要求新闻记者要具有较高的道德水准和社会责任感，努力避免报道策划在道德层面上产生负面效应。

追求新闻最大值不能以损害公共利益为代价。在市场经济发展的过程中，新旧体制的交替必然会带来人们思想和价值观的变化，利益追求也呈现多元化的趋势。近年来，国内的新闻媒体为了应对日趋激烈的竞争市场，纷纷高举改革的大旗，把追求新闻最大值放在重要的位置，并视为媒体的生命线。当然，这一举措本身并没有什么错，因为没有新闻最大值，就没有阅读率或收视率，也就必然会影响到媒体的生存与发展。但是，在高阅读率或高收视率的刺激下，一些新闻工作者认为，市场经济下就得追求经济利益的最大化，却忽视了市场经济客观上要求把追求自身利益与对方的利益结合起来。而新闻媒体作为党的喉舌，作为联系群众的纽带，在新闻策划过程中，任何人、任何时候都不能忘记追求新闻最大值不能以损害公共利益为代价；否则，最终的苦果只有自己吞。我国著名记者范长江认为，记者在精神上应当念念于职业的神圣，一管笔除了服务于国家人民的公共利益，不容曲用。

新闻策划要体现人文关怀，而从受众的心理角度来说，人文关怀是现代受众的深层次需要。美国传播学者施拉姆认为，受众收看、收听新闻"是为了获得新闻所提供的或早或迟的补偿"，这种补偿分为即时性补偿和延时性补偿。前者主要满足受众对信息的需求和好奇心理，而后者是一些关系个人生存、发展的重要内容。对于受众来讲，后者对其心理的作用更持久、体验更深刻、更弥足珍贵。

新闻报道活动是人类最主要的文化报道方式，始终处在社会文化最敏感的部位，对社会文化的变迁具有极强的敏感性；它并不是要简单地见证、记录社会历史发展进程的层面，而是要实现缔造人类精神文化的根本任务。正因为如此，媒体的见证和记录，不可避免地需要体现这个时代的价值标准与道德认同，媒体不可避免地要成为这个时代进步精神的弘扬者和积淀载体。从这个意义上说，新闻报道活动与人文精神相契合，同样受到人文精神的制约。从文化的角度肯定人的主体性、人的意义和存在的价值，是新闻报道的"魂"。因此，在新闻策划的过程中，新闻策划人应该注重体现新闻报道的人文关怀。

（二）遵循新闻规律

新闻策划者的社会责任，一定要体现在遵循新闻规律上，即只有这样才能制定和实施相应的政策和策略，以求得最佳效果。

1. 真实性与新闻策划

新闻报道的真实性，决定新闻策划必须以新闻的真实为第一原则。真实性，即指新闻报道必须反映事物原貌。从根本上来说，新闻的本源是事实，事实是第一性的，反映事实的新闻报道是第二性的，有了事实，才有新闻，也就是说，事实在先，新闻在后。新闻策划必须以客观新闻是否存在为前提条件，虽然在具体的新闻报道中可以发挥主观能动性，但总体上应该是一种客观的、被动的、"第二性"的行为，是新近发生的事实的报道。

2. 客观性与新闻策划

新闻的客观性是指新闻事实不依人的主观意志而改变的基本特性，报道者在从事新闻报道时，要尊重事实，要如实地反映事实的本来面目。① 为何新闻策划要以新闻的客观性为基础呢？新闻报道的目的在于将事实的真相告诉受众，为人们正确地认识世界、改造世界提供认知工具。新闻报道的客观性，不仅要求新闻的内容要客观，对客观事物的报道要符合事物的本来面目，而且要求新闻报道的表达形式也要客观，力戒主观臆断。

(三) 讲求科学方法

新闻策划是实践工作，但它又以深刻的理论指导为前提。新闻事业的日益发展变化，要求新闻报道策划者不断开拓新视野，发展新观念，进入新境界，这一切都离不开深厚的理论根底。

策划者要时刻把问号装在自己脑子里，不停地思考、不停地比较。在具体策划中，我们还可以不断地向自己发问，如这样的选题换一种方式行不行？增加一部分行不行？减少一部分行不行？合并一部分行不行？暂缓一下行不行？提前一下行不行？等等。

1. 由表及里，剖析新闻背后的变化与趋势

新闻工作者不应只满足于简单地报道新闻事实本身，而要努力做到剖析新闻背后的变化与趋势，其关键是坚持运用马克思主义新闻价值观去观察社会、分析问题，在社会现实的风云变幻中分辨主流与支流。

2. 随着事物的变化而相应改变策略方案

事物总是不断变化的，而新闻策划也应伴随事物的变化而调整。策划不是可以一次到位的，在报道过程中策划者必须随时接受实施中的信息反馈，据此调整原来的策划方案。所以，新闻报道策划在实施之前应拟定设计方案；在报道实施过程中报道策划仍然与报道同步推进，一方面接受反馈，另一方面修正方案直至报道结束。在报道进行过程中，常常会出现前期报道策划中没有预料到的情况，如报道个体发生变化、报道的外部条件发生变化、受众对报道的态度发生变化等，这就需要策划者在报道实施过程中适时调整方案。

3. 在事物发展过程中抓住典型

任何事件的发生都不是孤立的，而是与相关的方方面面发生这样或那样的联系。在纷繁的线索中，策划者应该保持清醒理智的头脑，从众多线索中的关键之处下手，以典型为突破口进行策划报道。

4. 掌握科学技术，防患于未然

现代科学技术的发展，为我们的新闻传播带来了极大的快捷与方便。但是，有时现代

---

① 吴飞. 也谈新闻的客观性[EB/OL]. [2023-10-28]. http://media.szu.edu.cn/Article/ShowArticle.asp? ArticleID=3438.

科学技术在关键时刻无法运用，让一切精心的策划都成为泡影。这就要求策划者熟练掌握各项技术，随时运用各种先进的科学技术来应对各类突发事件。

(四)发挥创造精神

新闻策划是一种创造性的智力活动。为何新闻策划人需要创造精神呢？首先，没有创意，没有卓越的构思，只能是一种常规、平庸的计划。其次，人们对新闻报道活动进行种种策划，基本目的之一在于谋求新闻资源的最优配置，从而使新闻事实中蕴含的新闻价值得到更充分的展示。因此，没有创造精神是不可能达到新闻价值的最大值的。再次，新闻报道策划的另一个基本目的是对隐性新闻资源进行积极主动而富有价值的开发。这种对隐性新闻资源的开发至少必须具备两个前提条件，一是要有超越一般人的新闻眼光，在未被别人关注的领域发现新闻线索抑或潜在的新闻生长点，并能准确地判断出它的新闻价值；二是能别出心裁，别具匠心，采用新的形式、新的手段、新的途径展开报道活动，以激发受众的接受兴趣，形成较大的冲击力和影响力。这两个前提条件的实现都需要创造精神的驱动。循规蹈矩，满足于过去怎么做，现在就怎么做；人家怎么做，自己就怎么做的人，是难以产生这样的策划构想的。①

朱熙勇，1996 年毕业于华中科技大学，《楚天都市报》原摄影部主任，现为湖北日报视觉中心主任记者。曾先后荣获《武汉晚报》《湖北日报》十佳新闻工作者和十大标兵。

2011 年作品《中国式的水上瑜伽》和 2013 年作品《安放在胶囊公寓里的青春》分别获得第七届、第九届国际新闻摄影比赛(华赛)金奖。有10 件新闻摄影作品获湖北新闻奖一等奖，在《中国记者》《中国摄影报》等各级刊物上发表新闻摄影论文 10篇，曾任 2022 年第三十二届中国新闻奖新闻摄影作品初评评委。

2022 年 4 月 7 日，《湖北日报》，朱熙勇作品

---

① 蔡惠福. 创新：新闻报道策划之魂[J]. 新闻与成才，2001(10)：4-6.

(五)加强自主学习

新闻人要提高策划水准和技巧，必须加强自主学习，不断提高理论和实践能力。为此，要加强自主学习、提升自主学习效率。

1. 时代和使命是大前提

2019年1月25日，习近平总书记在主持中共中央政治局第十二次集体学习时指出："全媒体不断发展，出现了全程媒体、全息媒体、全员媒体、全效媒体，信息无处不在、无所不及、无人不用，导致舆论生态、媒体格局、传播方式发生深刻变化，新闻舆论工作面临新的挑战。"①"四全媒体"时代，不主动求生存，不仅会被同行超越，还可能被"跨界者"秒杀。

对新闻工作者而言，不仅要"铁肩担道义，妙手著文章"，还要"高举旗帜、引领导向，围绕中心、服务大局，团结人民、鼓舞士气，成风化人、凝心聚力，澄清谬误、明辨是非，联接中外、沟通世界"。要更好地履职尽责、勇毅前行，需要在理论上、笔头上、口才上或其他专长上有"几把刷子"，真正成为让人信服的行家里手。这些离不开对媒体领域新事物、新技术的探索，也需要更灵活、更弹性、更广范围和视野的自主学习。

2. 动机和目标是驱动力

今天，终身学习观念深入人心，知识盲区不断扩大。作为知识复合型行业，新闻行业对从业者的要求越来越高。很多传统媒体的老记者、老编辑现在也学习拿起手机、摄像机录音频、拍视频，学习如何更广泛生动地在抖音、快手、B站进行传播。每一位新闻行业的从业者，无论编辑、记者还是主持人、评论员，都要把学习变成一种习惯、一种生活方式，不断激发内在学习动力，树立自主学习目标，并利用一切时间进行"充电"。有媒体人说他每天强迫自己写3000~5000字，保持对新鲜事物的敏感度和求知欲，才能跟上时代和行业发展的脚步。要从确立自主学习的小目标做起，能写一篇时政评论，会用一个新媒体技术制作软件，学会拍摄照片、视频的一两个小技巧，能设计一套全媒体多元化传播方案……这些都是看得见的进步。

3. 设计和规划是关键点

自主学习的目标实现离不开精心的设计和规划，要注意以下三点：一是突出问题意识。应从问题着手，着力解决认识上的困惑，知识的学习和积累应讲究循序渐进，这样才能日计有余、岁计也足。二是形成策略，有针对性地进行自主学习。学习无人机拍摄与学习写时政评论，就是完全不同的学习策略。前者更强调动作和技术的熟练，需要反复进行实地练习；后者则更需多看、记忆和理解，更强调悟性和思维的缜密。三是找到符合自身客观情况的学习方式。找到自己最能接受的自学方式，实现学习效果的最大化。

4. 管理和激励是"催化剂"

有了目标和路径规划，自主学习面临的又一核心问题就是如何进行自我管理、自我激

---

① 习近平. 习近平谈治国理政(第三卷)[M]. 北京：外文出版社，2020：317.

励，这是保持可持续学习、终身学习的前提条件。自我管理涉及时间效率、进度、环境等多项内容。

在自主学习的时间管理方面，由于特殊的工作性质，碎片化自主学习时间的利用尤为重要，通过碎片化写作训练、阅读训练、记忆训练等，逐渐形成抓住一切时间充电、节约时间、有效利用时间的习惯。

在环境管理方面，新闻工作者要学会营造最佳学习环境，包括物理环境和社会环境，尽可能挖掘和利用有利因素，因地制宜地促进学习。如，有时候可以在咖啡厅或者茶室进行学习、创作；有时候"头脑风暴"或群体式新闻业务讨论的学习环境更适合，有时候独处安静轻松的学习环境则更适合。

自我激励是新闻工作者持续自主学习的"燃料"和"驱动器"。新闻理想、职业目标、价值实现等，都可以成为自我激励的原动力。要发挥精神和榜样的引导力量，形成较强的自我暗示，尤其要学会"放下"和"舍得"，充分认识学习的复杂性，不求全责备，多给自己鼓劲打气。要学会放弃自己不擅长的自主学习领域，把自主学习和外部刚性培训结合起来，将正向激励的效用最大化。

5. 评估和反馈是"加速器"

一个优秀的新闻工作者，要学会对自己的学习成果进行自我评估并重视外部反馈，逐渐形成满足感、成就感和荣誉感。如，通过自主学习后策划制作的一个融媒体产品，或得到的第一个"10万+"稿件，可能并不是很完美、很成熟，但需要看到积极的方面，在此基础上勇敢面对问题与不足，分析原因并找出改进路径。同时，要正确看待外部的评价、反馈甚至批评、质疑，不能因外界因素削弱学习的积极性。

需要特别指出的是，新闻工作者要学会借助一些工具，进行学习成果的评估，看到"量的进步"和"质的提升"，感受实实在在的进步，并从中汲取经验、获得启迪，把评估反馈结果作为下一步自主学习新的起点和新的动力。

这里提出的是对新闻人的要求，对于新闻策划者来说，尤其适用和重要。①

◎ 思考题

1. 新闻报道策划的两个基本前提是什么？
2. 如何把握好新闻报道策划中的显性要素与隐性要素的关系？
3. 如何认识和处理新闻价值与宣传价值两者之间的关系？
4. 新闻策划人如何提高社会责任意识？

◎ 实践题

1. 请为新学期开学设计一个系列报道策划预案。
2. 运用本章所学知识，结合自己的媒体实践，谈谈提高策划者素质的重要意义。

---

① 刘烨. 顺应融合发展趋势，提高效率提升能力——有关新闻工作者加强自主学习的几点思考[J]. 新闻战线，2020(13)：102-103.

第三章
典型人物报道策划

典型人物报道一直是主流媒体新闻报道的重要内容，记录着以人为核心的事件，以深刻地、集中地、鲜明地反映事物本质为特征。典型人物报道策划旨在突出典型人物的标杆意义和示范作用，引导社会的主流价值观念。随着新闻事业发展和改革的不断深入，传统的宣传报道方式在新形势下发生了改变，典型人物报道要用正确的理念和科学的方法进行策划。

2022 年 1 月，极目新闻全媒体推出"溶溶妈妈 传声天使"系列报道，全网超 4000 万网友关注，纷纷称赞"溶溶妈妈"人美心更美。这组报道在选题、采写、传播等方面守正创新，是主流媒体在新媒体时代创新典型人物报道的一次有力尝试。

武汉市江夏区"90 后"特教老师李虹葭作为一名"传声天使"，在 13 年的时间里，先后为 400 多位来自全国各地的听障孩子(俗称"天线宝宝")量身制订康复计划，帮助他们发声说话、回归社会。因她的小名和网名都叫溶溶，身边的人都亲切地称她为李溶溶、溶溶老师或者溶溶妈妈。2022 年 1 月 6 日，《楚天都市报》极目新闻发布了《不顾家人反对从事特教工作，13 年不放弃一个听障孩子，她用爱为 400 多个"天线宝宝"传声》新闻，介绍了"溶溶妈妈"李虹葭的故事后引发超四千万读者的关注点赞。

截至 1 月 7 日下午，极目新闻官方微博设置"90 后教师让 400 个天线宝宝开口说话"话题，引发了 3259 万网友关注讨论，央视时代楷模发布厅、《中国教育报》《湖北

2022 年 1 月 6 日《楚天都市报》报道李溶溶版面

日报》等全国 54 家媒体官方微博纷纷转载极目新闻报道。极目新闻官方抖音平台发布后，超 700 万网友关注，有近 12 万网友点赞。读者们纷纷留言评论："人美心灵更美。""天使在人间。""好喜欢她，她真的是上天派来的天使，有爱心、耐心，每个宝宝都是她的孩子。""天使来帮助'天线宝宝'了，向天使致敬。"

第一，选题需要把握时代主题，从典型人物中以小见大。在过去的典型人物报道中，很多是"高高在上"的人物形象，而真实鲜活的"普通人"较为欠缺。现今，典型人物的主体更多地走向基层普通民众。"溶溶妈妈　传声天使"系列报道通过对看似平凡的"小人物"——李溶溶的观察、思考和传播，从细节和小事中让受众从中感受到担当、坚守、奉献等育人精神，起到了成风化人、凝心聚力的作用。

第二，走近被采访对象，获得最佳的报道素材和内容。为达到最佳效果，极目新闻报道团队用一周的时间，在武汉市江夏区小葵花康复中心进行贴身采访，与特教老师李溶溶及其助教、康复中心孩子的家长们面对面聊天，消除其陌生感，让采访对象打开心扉。

第三，在报道呈现方式上，极目新闻运用了多种手段。2022 年 1 月 6 日，这组报道首先在极目新闻报纸和微博等平台率先发力造势，推出文字、图片和视频报道《13 年来不放弃一个听障孩子，她用爱为 400 多个"天线宝宝"传声》。同日，报道团队前往武汉市江夏区小葵花康复中心进行现场直播，通过抖音等平台向受众直观展现"溶溶妈妈"的工作情况。7 日和 8 日，极目新闻报纸和客户端接连发布《她用爱为"天线宝宝"传声，三千万网友点赞，"溶溶妈妈"说遇见孩子才是她的幸运》《全网超四千万网友关注，纷纷称赞"溶溶妈妈"人美心更美》《网友称赞"溶溶妈妈"人美心更美，她真是上天派来的天使》等追踪新闻报道，引起了社会广泛关注和讨论。

一、正确认识典型人物报道

(一) 典型人物报道的定义与特点

典型人物报道指对那些具有鲜明个性特点的，揭示出社会关系发展的某些规律性和本质方面的人物进行的重点而集中的新闻报道，典型人物之所以典型，是因为其身上具有凸显时代精神的特质和思想，通过对典型人物事迹的剖析，能发挥榜样的作用，带动全局。

典型人物报道具有以下几个特点：第一，先进性。先进性是典型人物报道最显著的特点。典型人物的先进性与时俱进，反映了这个时代的需求。第二，教育性。典型人物报道是一定历史条件的产物，典型人物之所以可以成为典型，是因为其体现了党的理论、方针、政策、伦理道德和立场态度，满足了国家和时代的需要。所以，它有强烈生动的教育指导作用。这里的教育是指典型人物报道的创作者希望用其笔下的人物和事件来打动读者，发挥典型人物的标杆意义和示范作用，促进人们追随效仿，引导人们践行社会的主流价值观。第三，新闻性。典型人物报道本质上作为新闻报道，必须遵循新闻规律，它必须是现实中真实的、新鲜的、突出的人与事件。这是典型人物报道与文学典型相区分的根本属性。

(二)典型人物报道的意义

1. 典型人物报道是时代发展的需要

作为正面报道最高表现形式的典型报道是我们时代的产物，也是我们国家新闻的重要特征。在中国革命的各个历史过程中，这种特殊的报道形式起到了独特的发动群众、打击敌人、解放祖国、建设祖国、规范社会道德的巨大作用。特别是进入新时期以来，先进典型人物的报道越来越多，作用越来越大。近年来，《人民日报》等主流媒体发表了许多先进人物报道，如郑培民、许振超、任长霞、黄大发、黄大年、廖俊波、张超、邹碧华、兰辉、张桂梅等时代楷模的感人事迹在社会广泛传播。广大干部群众以他们为榜样，把他们的优秀品质和高尚精神视为最宝贵的精神财富进而传承下去。典型人物报道作为新闻报道的一种重要形式，在促进社会和谐发展中发挥着重要的作用。

2. 典型人物报道有助于社会主义精神文明建设

当下社会处于转型的重要阶段，价值观念多元化，人们需要积极向上的主流意识的引领，需要用先进的观念排除落后意识的干扰，需要一种正确而理性的价值体系帮助分清是非，冲破价值判断的迷惘，走出价值选择的误区。2013 年 12 月 23 日，新华社播发了中共中央办公厅印发的《关于培育和践行社会主义核心价值观的意见》，将 24 字核心价值观分成 3 个层面：富强、民主、文明、和谐——国家层面的价值目标；自由、平等、公正、法治——社会层面的价值取向；爱国、敬业、诚信、友善——公民个人层面的价值准则。

2022 年 10 月 16 日，党的二十大报告再次强调：广泛践行社会主义核心价值观。社会主义核心价值观是凝聚人心、汇聚民力的强大力量。因此，弘扬以伟大建党精神为源头的中国共产党人精神谱系，用好红色资源，深入开展社会主义核心价值观宣传教育，深化爱国主义、集体主义、社会主义教育，着力培养担当民族复兴大任的时代新人，是搞好典型人物报道的重要指引。

新闻报道是推动社会文明进步的重要力量，肩负着传播先进文化的使命与责任，对社会价值体系的构建和人们思想观念的形成、改变具有非常重要的作用。其中，典型人物报道在传播现代意识、先进观念和核心价值观方面的强势作用尤为明显，它对人们的思想、工作和生活所产生的影响广泛而深远。

先进典型人物，是时代的楷模，是学习的榜样。他们的事迹，深深地影响着人们的行为取向；他们的精神品格，潜移默化地融入传统文化的血脉，成为一个民族、一个国家最值得珍视的宝贵精神财富，为中华民族的伟大复兴、国家的繁荣富强，提供了取之不尽、用之不竭的精神源泉。先进典型人物报道是时代精神的产物，更是时代精神真实、鲜活、生动的写照。典型人物报道的重要价值就在于为社会发展确立航标、为先进思想提供先导、为社会群体树立榜样、为人生道路明确坐标、为行为举止塑造道德楷模。典型报道的目的是让先进人物产生示范效应，形成崇尚先进、学习先进、争当先进的良好社会氛围。

3. 典型人物报道契合政府与受众双重需要

随着时代的不断变化发展，在市场经济快速发展的过程中，诚信缺失、道德滑坡、社会责任感缺乏等社会问题层出不穷，影响了社会的和谐稳定。一方面，政府作为公共社会的管理者，希望媒体所报道的典型人物能促使社会问题、社会矛盾的解决；另一方面，广大民众期望从媒体的报道中获得有益于自身问题解决的信息，满足自身需求。

新闻工作者和媒体要用问题意识挖掘典型，在政府与受众之间找到契合点，既要满足政府工作的需要，又要符合受众的需求。一方面，典型人物报道将典型人物所体现的主流价值渗透到公众心中，这些典型人物形成广泛的示范效应和引领作用，成为传播社会主义核心价值观的有效载体。将公众典型提升为政府典型，可以为政府工作服务。另一方面，在某种程度上，通过典型人物报道策划产生的广泛而显著的社会效果，由此形成的社会爱心与关怀往往可以帮助报道对象解决部分现实困境。

(三)典型人物报道存在的问题和不足

在过去的几十年中，我国的典型人物报道曾发挥了巨大的鼓舞、激励作用，以至于今天人们仍然非常重视典型人物报道。但不可否认的是，传统典型人物报道的一些弊端和缺陷，也日渐暴露出来。一方面，过去宣传式、灌输式的典型人物报道已经很难走进受众内心；对典型人物的报道的应季性较强，往往要选择比较重要的时段节点，形式感的体现比较强而内容并无创新。① 另一方面，对典型人物的报道还有千篇一律的弊端，没有形成人物的各自特色；在网络化时代，记者为呈现人物光环或抢发新闻，导致部分报道出现严重的新闻失实现象。

长期以来，我国的典型人物宣传报道是在行政命令下的程式化运作，已经形成了一套固定模式。传统的典型人物报道是配合政治，对受众进行自上而下的单面灌输的传播方式，违背了新闻报道和受众之间的互动规律。斯图亚特·霍尔曾提出一种有关编码/译码的理论，认为受众对媒介文化产品的解释，与他们在社会结构中的地位和立场相对应，有三种基本方式，即：以接受占统治地位的意识形态为特征的"占统治地位"的解释；以与占统治地位的意识形态反其道而行之为特征的"对抗式"解释；大体上按照占统治地位的意识形态进行解释，但却加以一定修正以使之有利于反映自身立场和利益的"协商而定"的解释。② 当新闻报道与受众的既有经验系统或心理需求不相符时，受众便倾向于采取"对抗式"解读方式，进而影响报道效果的实现。如果不能回避典型人物报道自身缺陷与误区，容易使受众产生厌烦甚至排斥心理。

那么典型人物报道容易陷入哪些误区呢？

1. 政治功利色彩过于浓厚

由于强烈的政治宣传色彩与教化意图，传统的典型人物报道呈现出极强的政治功利性与泛政治化及泛意识形态化倾向，媒体习惯为典型人物戴高帽，突出人物对集体、社会和国家无私付出、任劳任怨的奉献精神。宏大的政治话语、闪光的思想境界，有时甚至根据宣传的需要人为进行拔高，把典型人物打造成"雕像"，高高在上，空洞说教，没有亲切感。例如 2022 年 9 月对四川省"抗疫夫妻"的报道，记者为表现夫妻两人积极投身抗疫工

---

① 王晓霞. 新时代新闻媒体如何做好典型人物报道[J]. 新闻传播，2022(17)：80-81.

② 张国良. 20 世纪传播学经典文本[M]. 上海：复旦大学出版社，2003：421-422.

作时写道："因为防疫工作岗位有限，妻子专门趁任务分配时悄悄把家里的网线断了，用手机网络抢先报名，这才抢在丈夫面前领到任务。"写群众反映时："大家都说，有这样的党员家庭在我们身边，增强了防疫必胜的信心。"这类话语缺乏人文关怀，一味突出政治文化心理与意识形态。这种现象在具有全国性影响的重大典型人物报道中屡见不鲜。

2. 细节报道常有失实

2020年，官方媒体在于某×事件中报道"翻车"引起轩然大波。2020年2月19日，于某×从南通出发"蹭"救援物资车到达武汉，开展抗疫支援活动；3月，于某×火线入党。4月，不少中央和地方媒体发文宣传于某×"最美女护士"的抗疫事迹。后于某×被指证婚内"征婚"、学历造假、失信债务以及非医疗系统内部人员等问题。事后有媒体评论说，在某种程度上，她的"事迹"是为投受众之所好，根据某种叙事框架去"打磨"的。个人讲故事时夸大一下，记者采访时诱导一下，通讯员拔高一下，地方包装时美化一下，热衷于渲染的自媒体标题党再助攻一下，完美人设就出来了。从某种程度上说，这个人设不仅是个人"讲"出来的，更是"美容师"们的共谋。①

程度不同的细节报道失实还经常出现在典型人物报道中，2020年7月13日，河北日报抖音号发布视频"南昌赣江大堤管涌，15名党员率先跳水封堵"，配发了几名身穿救生服的人奋勇跃入水中的视频。但第二日就被辟谣，原视频中的内容是6月份恩施州消防救援支队在进行救援培训，而实际上是东部战区空军雷达某旅70余名官兵经过连续12个小时的夜战，将险情地段的泡泉眼成功封堵，保证了大堤的安全。②

为了提升典型人物的光辉形象，在许多细节上过度溢美，夸张处理，报道给人感觉言过其实甚至"人为拔高"，使读者对真实性产生怀疑，也给典型人物本身带来困扰。实践已经表明，依靠弄虚作假来扩大报道的效果与影响力，其结果往往会适得其反。失实报道很容易让受众产生疑心与戒心，对新闻报道的真实性产生怀疑甚至抵触心理，从而影响媒体的公信力与权威性。

3. 模式化多，缺少个性

典型人物报道容易陷入模式化误区，主要表现为典型形象千人一面、毫无特色，没有吸引力。多年来，典型人物报道已经形成一套公式：先进＝"奉献、牺牲"＋"亏待家人"＋"几十年如一日"＋"最后累倒在自己的工作岗位上"。说到如何奉献，就是"忍着身上巨大的疼痛也要把公事办完"；说到如何"亏待家人"，就是"妻子、孩子皆抛于脑后"；说到对典型的评价，也总会有一位群众"潸然泪下"地说："他是我们的好××……"这种模式化的报道在今天还是随处可见。在这样的程序化框架内，媒体推出的先进人物形象十分相似。僵化、模式化后的人物报道就沦为没有营养的原则性表达与叙述：看似冠冕堂皇，实

---

① https://www.cn-healthcare.com/articlewm/20201019/content-1154273.html.
② https://www.163.com/dy/article/FHQUA87C05421TS3.html.

则陈词滥调，苍白空泛且"假大空"。① 典型人物报道长期以来模式化的操作，容易使受众心生厌倦，从而影响其报道的传播效果。

4. 回避缺点，营造光环

媒体有时为了使典型人物形象更加高大、感召力更加强大，经常故意回避人物缺点，营造光环效应，把人物塑造成十全十美的圣人。正如有学者指出："用单纯的批评或单纯的表扬来表现一个人、一项工作或一件事物，往往显得太简单化，容易出现片面化、绝对化的错误。"②在对一些取得了重大成就的典型人物进行报道的时候，记者如果忘了"平视"被采访对象，"仰视"人物，自然会使报道的对象"走向神坛"，导致人物本身的一些缺点被忽略。记者在报道时往往试图尽力去塑造一个完美的英雄形象，但这种"神像式"的扁平人物同样是不可取的。③ "金无足赤，人无完人"，完美无缺的人根本不可能存在。典型人物报道应该在报道中尽可能多侧面、多层次地展现立体式的"典型"形象，要避免绝对化的报道。典型人物报道中是否需要写人物的缺点、弱点、失误，这要服从于报道的主题和报道的实际需要，不能人为淡化甚至掩盖缺点。

二、典型人物报道的策划原则

(一)坚持客观性，保证典型人物的生命力

新闻报道策划必须以新闻事实为依据，绝不能凭空想象，捕风捉影。所以典型人物报道必须坚持"用事实说话"。有的典型人物报道之所以给人以虚假、空洞、夸大的印象，大多是由报道的话语主体突出了"说话"，却把"事实"放在一边而导致的。事实上，赞美式、歌颂式、评价式的话语越多，与新闻内在精神的要求就背离得越远，受众对典型报道就越是不买账。记者应该用生动鲜活的事实来展现报道人物的精神境界，让受众在接受事实信息中感悟、体验、认同典型人物报道的思想内涵。典型人物报道应该用事实说话，让受众自己去体味并得出结论，这样才能使思想性和真实性相统一。

一组优秀的典型人物报道，之所以能蕴含强烈的教育意义和感染力量，重要原因之一就在于它表现的是真人真事，是人们看得见、摸得着、学得到的榜样。所以哪怕只有很微小的一点虚构，其后果也将是灾难性的。因为读者一旦知道有假便会对整组策划产生怀疑，这将是一种可怕的"信任危机"。坚持客观性原则，是典型人物报道策划的生命力所在。列宁曾经指出："我们需要的是完整的和真实的情报。而真实性不应当依它该为谁服务而变化。"④

---

① 步长磊. 浅谈新闻报道模式化的表现与对策[J]. 戏剧之家，2016(19)：265-266.

② 孙旭培. 试论新闻写作模式的改革——兼谈多运用立体化的、多侧面的报道形式[J]. 新闻通讯，1988(3)：2.

③ 奚源. 正面典型人物报道的误区与创新[J]. 传播力研究，2018, 2(15)：204.

④ 列宁全集(第10卷)[M]. 北京：人民出版社，1979：457-458.

2018 年 2 月 12 日,《人民日报》一篇新春走基层的文章《"穷中穷"的村子人均收入一年涨了两千　这个第一书记,用了啥法子?》获得社会广泛关注与好评。记者在汇报了"扶贫干部进村来"的选题后,发现各地都有类似选题,且其他人的新闻点更多、料也更足。一番斟酌后,记者还是决定亲自前往"西海固"采访后再确定题目。为突出第一书记"王元明"的作用,记者在写初稿时几乎全部围绕王元明自身来展开写作,导致整篇作品现场感差,真实感尚缺。编辑指出这个问题后,记者仔细琢磨决定将一路上的所见所闻和村子村民的精气神变化作为主体。这时,一些有意思的细节为记者写事实提供了重大帮助:因为村子是后进村,原来老支书面对镇上的领导说话硬不起来,头抬不起来,现在争项

《人民日报》,2018 年 2 月 13 日头版

目敢跑到镇领导那里拍胸脯;在严寒的冬天,村部广场上年轻人在满头大汗地进行着篮球赛……这些真实可感的细节,不仅展现了村干部的作风转变、村里人的精神面貌焕然一新,更从侧面展现了王元明对村子的进步做出的努力,反而使得王元明点子多、作风硬的第一书记形象跃然纸上。①

(二) 坚持群众性,增强典型人物的亲和力

"群众办报"是党的新闻事业的优良传统。坚持群众性原则,是党的新闻事业的本质要求。典型人物报道要树立"以人为本"的新闻理念,实施人性化报道策略,更加深入地认识和理解典型报道的报道对象和受众。社会主义新闻事业的本质特征是为群众服务。典型人物报道要从群众中来、到群众中去,让受众与报道产生互动效应,这样才能更好地发挥典型人物报道应有的功效。

---

① 费伟伟. 增强四力专题解读[M]. 北京:人民日报出版社,2019:223-224.

在新时代，我国典型人物报道的最显著变化，就是普通百姓中的优秀人物越来越成为媒体关注的焦点。2022 年 1 月 24 日，《长江日报》特稿版面刊登了一篇小人物的典型报道。报道对象黎成林是武汉一名普通的护工，他 16 年、5800 多个日夜、24 小时陪床，用拉二胡的方式照顾一名病人。黎成林其实并不能完全称得上一个楷模式的人物，但老黎拒绝他人高薪，做到了 16 年来只照顾一人，把病人当成朋友。他是一名普通的护工，但老黎对病人的悉心照料与独特陪伴，让他的经历变得难能可贵也更加感人。记者对老黎的介绍并未求全、求完美，而是展现了他最有意义、最有价值的一面。①

报道护工老黎的报纸版面

近年来，回乡扶贫的大学生、爱心助学的山村教师、做人厚道的农民工等"小人物"，在中国新闻奖获奖作品中不断涌现，极大地拓展了新时代典型人物报道的领域。

关注"小人物"命运，从普通人身上发掘核心价值观。新时代的典型人物报道，与传统的先进人物报道相比，主题更显宽泛，更加关注平凡人物身上的时代精神，其报道内涵更加凸显人文关怀。典型人物报道要善于从平凡岗位的普通人身上，从"小人物"的命运中敏锐捕捉人性的光辉；要于平凡之中见伟岸、于垄亩之间树丰碑。

典型人物报道要以平民化的视角报道典型，多报道平民化典型，增强典型人物的亲和力，使受众感觉典型人物可亲、可信、可近。在报道中应该做到不粉饰、不拔高，用群众喜闻乐见的形式，真实地反映平民典型的各种侧面，质朴而客观，让时代楷模可敬可亲，可信可学。平民视角的优势正在于，不仅说服力强、感化力强，更可以让受众感受到，原

---

① 张维纳. 每天一场专属"音乐会"陪伴植物人 护工老黎的 16 年坚持[J]. 长江日报，2022-01-24.

来英雄原本跟他们一样普通，大家经过努力也是可以成为模范的。

2021年2月7日，新华社发布了一篇聚焦坚守在春运一线铁路职工的走基层报道《地下八米的守护者》，该报道在记者的深入采访和挖掘后，最终成为一篇反响很好的稿件。记者在得知"济南西站的马里奥叔叔"这个选题后，就开始了解和关注铁路维修工人这类人群。在采访过程中，为追求更加真实、感人的细节，记者请求下井人员携带便携拍摄设备拍摄下被采访对象工作时的具体环境，在观察范继文工作的状态后，记者发现范继文常年在阴暗的井下工作，而用光束摸索着在憋闷的地下井内修理是修理工的工作常态。正是这样艰苦的环境让记者注意到维修工人的辛苦，于是记者决定将这部分视频通过融合媒体的方式展示出来，大大提升了报道的震撼力。除了工作环境的记录与介绍，记者着重关注被采访对象范继文这样的老铁路人的工作情怀，把重点放在他们几十年如一日默默奉献的精神上：铁路工人只为了春运安全，却从不追求任何回报的奉献精神。铁路工这份职业虽然平凡普通，但记者对铁路工人工作环境和工作态度的介绍更让人理解这份职业的艰辛，传递出维修工人们对工作的热爱和自豪，让越来越多的人看到平凡生活中的"守路"英雄。记者对铁路维修工的报道，展现出平凡的铁路工人在职业岗位上默默付出、始终如一的耀眼光辉，致敬了每一个平凡岗位上辛勤工作的劳动者，也向社会展示：任何一位坚守岗位、踏实肯干的劳动者都是平凡生活中的模范。①

范继文在井下检修(来源：微信公众号"中国记者"作品《地下八米的守护与温情》，https://mp.weixin.qq.com/s/1jBCdgJA5dVpOpmlZZXi_w)

对于策划者来说，贴近生活、贴近实际是必须坚持的原则。所谓贴近生活，就是时刻关注民生和社会生活；所谓贴近实际，就是要在复杂多变的社会进程中抓住主要矛盾，反

---

① 邵鲁文. 地下八米的守护与温情[J]. 中国记者，2021(5)：72-73.

映社会的发展变化以及变化中存在的问题。新华社对铁路工人的报道，正是抓住了贴近群众、贴近生活、贴近实际的原则，生活中并没有那么多像影视剧中刻画的轰轰烈烈的大英雄，在平凡岗位中默默奉献的铁路工人，他们的守路精神更加贴合群众生活见闻，自然能令观众感到亲切。

(三) 坚持先进性，发挥典型人物的感染力

先进性是典型人物的前提条件，也是报道策划的精神内核。典型人物报道的先进性，代表先进的生产力，代表社会的前进方向。进行典型人物报道策划，要增强大局意识，把握时代特点，反映时代精神，增强现实针对性和感染力。这样的典型才更具现实意义和历史意义。没有先进性，不反映时代精神，不体现时代特征，不具有时代高度，就不能真正发挥典型的表率、示范和引导作用。

在典型人物报道策划过程中，媒体应该及时发现、充分挖掘思想进步、符合社会认同、体现现实需要、反映群众意愿的先进典型，社会需要与时代精神相适应的典型人物来弘扬时代精神，发挥鼓励示范作用。

2021 年 7 月 20 日，共青团中央在微信公众号发文《36 年，"当代愚公"在悬崖上开了一条"生命渠"》，介绍全国劳动模范、"七一勋章"获得者黄大发的故事。该报道情感真挚、语言动人，获得了良好的传播效果，黄大发也被网民评价为"时代的楷模"。作品介绍了黄大发 35 年来始终围绕为草王坝村村民开掘水渠这份初心，从相隔三座山挖通 30 多公里的长渠，到"小老头"再当小学生学习水利技术，黄大发带领村民通水脱贫的心从未改变。记者带领读者了解大发渠通渠的全过程，水渠从无到有，黄大发的坚持带给了村民希望，也把草王坝村的村民紧紧地团结在一起，黄大发和村民的坚守感人至深，引起了全国的广泛关注。①

黄大发

① 微信公众号"共青团中央"，https://mp.weixin.qq.com/s? __biz = MzA3NTE5MzQzMA = = &mid = 2655794243&idx = 1&sn = 5d0cc2d1dd8cc4a5c610f7ddb52543b9&chksm = 84ccd97ab3bb506cdf7d04c93fa4500 253e5aa4764ec29d1c4ea70806d9900efae3b9fd91b0c&scene = 0&xtrack = 1#rd。

该报道的背后展现了黄大发作为脱贫攻坚代表人物的坚守和奋进，"当代愚公"为带领村民脱贫，数十年如一日地守护石渠、开凿水渠，体现了当代中国人民勤劳质朴追求美好生活的品质，也展现了广大劳动人民在脱贫攻坚路上作出的卓越贡献。该系列报道取得了完美的社会效果和较大的报道影响力，这足以说明，只有坚持先进性和时代性的典型人物报道策划才是符合受众与时代需求的，才能发扬典型人物的感染力，具有震撼人心的力量。对丑恶的穷追不舍，是媒体的责任，而对真善美的挖掘则是媒体的坚守和能力。

生动、鲜活的典型人物报道，来源于生活，同时也离不开记者的专业精神。那些优秀新闻作品的出现，再次证明这样一个道理：只有"三贴近"，才能出好新闻、出精品。

三、典型人物报道策划技巧

(一)典型人物报道策划角度选择

在当今媒体的激烈竞争中，有的媒体的报道策划能够事半功倍，取得良好的报道效果；而有的却事倍功半，效果平平。面对同一事件，不同媒体的报道策划产生的效果也是不同的。之所以会产生如此大的差别，角度的选择在其中起到重要的作用。

在"盲人摸象"的故事中，摸到象尾的人说大象像一根绳子，摸到象身的人说大象像一面墙，摸到象腿的人说大象像一根柱子，摸到象耳的人则说大象像一把大蒲扇。他们都是从不同的侧面说明大象的一个方面，从不同的角度得出不同的结论。角度，指观察、分析事物的着眼点，它是立意、构思的出发点。知名记者艾丰把选取新闻角度比喻为"探矿"："新闻价值在事实内的蕴藏是不均匀的，有各种不同的'矿床'，选择好的角度，就是为了便于记者更迅速、更顺利地开采这些价值……如果说美术、摄影的角度是为了美的价值，那么，新闻角度的选择，在于追求新闻价值。"[1]因此，在典型人物报道策划中，新闻传播者要积极全面搜索新闻素材，进行合理分析与深度挖掘，找准最佳视点，把握新闻价值。

1. 审时度势，提炼主题

典型人物往往是在一定时代背景下，具有独特的时代意义的、标杆式的人物，挖掘典型人物，首先要从当时的时代、国家、社会背景入手，审时度势，挖掘人物最能体现时代精神和社会意义的一面。

例如，广西优秀选调生扎根基层、勇于奉献的精神被"广西新闻频道"微信公众号集纳相关内容并合推送，推文被《人民日报》、央视新闻等中央媒体主微信号原文引用，全网点击量24小时突破1000万。该专题集纳了记者半个月的深入采访内容，真实生动地还原了一个反哺故土、扎根泥泞、将青春直至生命献给脱贫攻坚事业的基层优秀青年党员形象，感人至深，充满正能量。该专题荣获国家广电总局2019年季度推优优秀作品，其中电视新闻作品《"时代楷模"黄文秀 风雨兼程新长征 初心无悔永芳华》获得第三十届中国

---

① 艾丰. 新闻采访方法论[M]. 北京：人民日报出版社，1996：128.

新闻奖一等奖。

2019 年 6 月 16 日晚至 17 日凌晨，百色市凌云县山洪暴发冲毁公路，多人伤亡失联，广西广播电视台 18 日早派出记者赶赴现场报道灾情，当晚记者确认，广西优秀选调生、乐业县新化镇百坭村第一书记黄文秀在事故中遇难。广西广播电视台以高度新闻敏感决定增派记者赶往百色。三组记者中一组继续跟进搜救进展，一组赶往乐业县百坭村，一组联系文秀的家人和同事。其中一组记者在第一时间获得文秀遇难当晚在家庭群留下的最后一条信息和被洪水围困进退两难的视频。一组记者不顾山体滑坡道路塌方危险步行进入百坭村，率先拍摄到文秀驻村日记的内容，采访到她对口帮扶的贫困户。随后的十多天，记者全程跟进事件进展，辗转乐业、田阳、百色、南宁、北京等地，采访了黄文秀的老师、同学、好友、同事、村民等，挖掘整理了 50 多个故事片段。7 月 1 日晚，央视《新闻联播》播出习近平总书记对黄文秀先进事迹作出重要指示和中宣部追授黄文秀"时代楷模"称号的重磅消息，仅仅一天后，长达 24 分 12 秒的电视新闻专题就在广西广播电视台新闻频道《新闻在线》栏目推出。

广西广播电视新闻频道电视新闻专题【"时代楷模"黄文秀】作品截图

广西广播电视台对于黄文秀报道的采访历时半个多月，最终形成了一组电视新闻专题的报道，该专题在习近平总书记作出重要指示和追授"时代楷模"的第二天完整播出，并以"时代楷模"追授现场作为新闻切入点，具有很强的时效性，对于电视长专题来说十分难能可贵。该系列作品以"时代楷模"授予现场切入人物追忆，从不幸殉职、人们追思，到她驻村工作点滴，再到她的成长背景，脉络清晰，结构完整，真实全面展现了一个懂得感恩、热爱家乡、热爱人民，无私奉献的青年"第一书记"形象，为"不忘初心、牢记使命"主题教育树立了光辉榜样，为决胜全面小康、决战脱贫攻坚提供了强大精神动力。

每个时代都需要典型，发现并推广这样的典型是新闻人的责任。记者应该以新闻的敏锐和智慧发现故事，以新闻的手段和视角评述事实，让事件在有利于社会和大众的轨道上完善和发展。记者首先应具备两项基本素质:第一,现代社会需要腿长的记者,所谓腿长就是能跑新闻。在国外,对新闻敏感性有这样的说法:"敏感来自勤奋""懒人当不了记者"。第二,需要有成熟思想的记者,技能当然很重要,但更重要的是思想,只有具备较高的思想意识,才能发掘出感人的、彰显主流价值的典型人物。

2. 见微知著,以小见大

现实生活中的人和事内含着社会现象和本质的统一,但一些不显眼的形式和现象往往被人们忽视,殊不知其中可能包含"大新闻"。记者就是要见微知著,从平凡之中看出不平凡,从寻常之中看出不寻常。生活中常常有这样的情况,有些小事往往不为人注意,但只要你经过一番细心观察,把它同周围的客观事实联系起来,往往就会发现隐藏在小事之后的重大内容,揭示其深刻的社会意义。

在媒体竞争日趋激烈的今天,人们不难发现,不少新闻似曾相识,但就同一新闻事件的报道,不同的报纸又各有所长。这种新闻报道的"无声竞争",实际上考验的是记者对新闻价值的挖掘,体现的是媒体创新思维并反映了从业人员的综合素质。能否迅速推断某一新闻事实在观众中可能引起的反响程度,既决定于记者对正在变动的客观事物新闻价值判断能力,也决定于记者对这一新闻事实的预见能力。

《陕西日报》,2021 年 12 月 22 日头版

在宏大的时代叙事中,一颗水滴可以折射出太阳的光辉。2020 年 12 月 22 日,以鲜活的小人物故事折射波澜壮阔的"中国式反贫困"成就的通讯《杨叔的脱贫日记》登上了《陕西日报》头版头条,并配发新闻图片和评论员文章《写在人民心里的战贫篇章》。杨叔的"日记摘抄"在群众新闻客户端连载 19 期,阅读量逾百万次。央视网、腾讯新闻、新浪新闻、手机网易、澎湃新闻、西部网等网络平台纷纷转载。

在一次跟随扶贫人员走访脱贫户的过程中,《陕西日报》记者发现宝鸡市硖石镇车辙村 73 岁的杨思笃老人家里,有 14 本用各式本子记录的日记。征得老人同意后,记者翻开阅读,这些日记跨越几十年,记录了这个农民家庭的变迁,尤其是近 5 年他和帮扶干部共同努力,战胜贫困的经过。工整的字迹中有对美好生活的感慨,更有对党和国家的感激,一字一句,让人动容:"人常说,吃够了要知道擦碗，请结束对我家的帮扶，改扶别人。""这么好的时代，我还想多活几年。"记者张辰回忆当初获得这个新闻线索时的场景，历历在目，也就是因为这几页日记，张辰"嗅"出了其中蕴含的新闻价值。这篇报道采写历时半年，真正做到了精益求精。为了尽可能多地获取新闻素材，记者先后六次驱车到杨叔家了解情况。白天，记者陪杨叔上山察看树苗长势；傍晚回到家，又和杨叔坐在炕上，听他讲自己的脱贫故事。

这篇报道是脱贫攻坚大背景下的一个小典型，同时这个小典型又折射出新时代脱贫攻坚的伟大成就。在脱贫攻坚的报道中，单讲脱贫成绩是枯燥的，只有生动鲜活的故事更能打动人心。在这篇报道中，一位善良的老人、一群有责任心的帮扶干部形象跃然纸上，他们的故事展现了中国共产党的坚强领导和亿万中国人民向贫困宣战的坚定决心。

3. 到新闻源头，关注"现场"

近年来，《钱江晚报》的人物报道多次登上《人民日报》、新华社等央媒公众号，多条视频在朋友圈掀起转发热潮，多个热词登上微博热搜。他们的体会是，离现场越近，越能抓到新鲜的"活鱼"。只有深入"现场"，努力挖掘素材，才能讲好故事。

2020年，《钱江晚报》得知受疫情影响，"海空卫士"王伟烈士的父母无法来到杭州安贤陵园扫墓。清明节前夕，《钱江晚报》记者特地来到烈士墓前，送上祭奠鲜花。扫墓时，记者发现王伟烈士墓前摆放有一架歼20模型，这是群众对烈士的告慰。这一细节在《钱江晚报》新媒体平台刊登后，随即得到全网转发，话题"#王伟

2021年4月1日，《钱江晚报》推出纪念烈士王伟牺牲20周年报道

烈士墓前有人送来歼20模型#"登上微博热搜榜第一。英雄从未被忘记，强军强国的决心也从未改变，大道理通过小切口来叙述，在日常新闻中也能获取大能量。

2021年4月1日是王伟牺牲20周年，《钱江晚报》提前半个月策划安排，与王伟父母、公墓通讯员保持密切联系。在纪念日来临前，公墓通讯员及时提供线索，在王伟烈士墓前拍下了一张穿着军装的年轻人敬礼的照片，还发现了一封手写信。钱江晚报微博账号刊发后，得到海量转发，通过一条留言，记者迅速锁定当事人的大学同学，寻找并独家采访写信的上海交大学生，进行了两代"空军"的初心对话。

这3篇独家报道得到全网大量转载。"#有位海军在王伟烈士墓前留了一封信#"话题在微博创下600多万阅读量，"#在王伟烈士墓前留信的人找到了#"话题阅读量破1.1亿。《钱江晚报》两年追踪，多条热搜，并没有高深的秘诀，唯有人人都知道的"现场"二

字。在移动优先和媒体融合的大背景下，主流媒体报道正能量人物故事，既要以内容建设为根本，以先进技术为支撑，又要采用人民群众喜闻乐见的话语方式、适合网络传播的表现形式，到新闻源头去发现、去报道。全力奏响主流媒体传播最强音。①

4. 头脑风暴，深度挖掘

涉深水者捕大鱼。要想写出价值较高、不同凡响的新闻作品，除记者自身必须具备较强的新闻敏感和高超的写作技巧外，关键还在于必须深入挖掘，捕捉新闻点。只有对时代精神高度把握，对主流价值准确判断，才能透过纷繁复杂的事实表面，探视最有价值的新闻落脚点。

2020 年 12 月 11 日，《新疆日报》报道该新闻版面
（左下方）

2020 年 12 月 11 日，《新疆日报》要闻一版对全国"最美职工"帕夏古丽·克热木的故事进行了报道《大山深处走出最美"古丽"》，帕夏古丽立足本职、爱岗敬业的精神和事迹为人称赞。更值得关注的是，帕夏古丽不但通过奋斗改变自己的命运，还在 14 年间先后组织家乡 1300 余人外出务工，帮助 279 户建档立卡贫困户实现脱贫。该稿件不仅引起社会各界对帕夏古丽这一脱贫攻坚典型的关注，更引起人们对新疆这片热土上发生的深刻变化的关注，帕夏古丽和身边老乡身上折射出的是南疆群众思想面貌、精神状态发生的巨变(参见第三十一届中国新闻奖一等奖获奖作品目录，http://www. zgjx. cn/cnnewsaward 2021publicly/jx1dj.htm)。

《新疆日报》的这篇典型人物报道经报、网、端、微多渠道呈现后，迅速造成了影响：国内主流媒体门户网站纷纷转载，在线上线下引起各族干部群众的热烈反响和讨论，报道并未拘泥于帕夏古丽爱岗敬业这个单一主旨，而是不断深挖提炼出大山深处的"古丽"立志脱贫、带领乡亲走出大山的脱贫攻坚精神。一些人认为，帕夏古丽的故事，是新时代党的治疆方略在新疆成功实践的生动案例；一些基层干部把帕夏古丽通过奋斗改变命运的故事当成最好的教材，鼓励和引导贫困群众通过自身努力摆脱贫困。除此之外，在以美国为首的西方反华势力污蔑新疆"强迫劳动"的背景下，该作品及时推出，有力驳斥了美西方国家对新疆存在所谓"大

---

① 朱丽珍，蓝震. 把地方"正能量"做成全国"大流量"[J]. 新闻战线，2023(5)：66-68.

规模强迫劳动现象"的污蔑，该报道审时度势，把脱贫典型人物帕夏古丽置于全新的背景下，产生了深远的现实意义。

（二）典型人物报道策划写作方法

写作就是将头脑中的灵感，按照研讨确定的策划思路，对采访到的素材进行加工打磨的过程。好的写作方法就像是高超的加工工艺，可以使得报道内容更为流畅、具有可读性以及更具深刻性，意蕴悠长。这种写作是很奇妙的，有时依靠对规律的把握、对经验的总结；有时甚至是采访中情感的碰撞，或者对某一个细节的捕捉。

1. 细节描写，画龙点睛

细节，常被称作"新闻的细胞""通讯的血肉"。细节描写是指对作品中的人物、环境或事件的某一局部、某一特征、某一细微事实所做的具体、深入的描写。西方写作经典《风格的要素》一书认为最能唤起读者兴趣、引发读者关注的就是那些明确、具体和特定的细节。要想形象、真实、可信地表现人物，就要让细节说话。好的细节能够传神地刻画出人物的性格特征、有力地表达人物的内心世界，起到画龙点睛的作用。

优秀的典型人物报道正是对人物的一言一行、矛盾发展的具体环节进行细致的描摹，注重细节的刻画和渲染，才生动地刻画出了人物的个性特点，丰满了人物的神韵，增强了感染力。因此，典型人物报道要着力捕捉那些易被忽略却又能反映"典型"根本特征的细节、片段。

2020 年 7 月 10 日《新华每日电讯》发表长篇报道《"燃灯校长"送 1600 多名女孩出深山》，对细节的把握和抓取十分到位，对燃灯校长张桂梅教学生活的细节报道得详尽真实，正是这些细节使得这篇作品的主人公事迹真实可感，令人潸然泪下。张桂梅校长家访的细节通过随行华坪女高办公室主任张晓峰的自嘲来体现：每次跟着张老师家访，就像一路在跳"脱衣舞"。走在大山里，一看到老乡没衣服穿，她都会把外套脱下来，披在老乡身上，有时甚至还要扒下随行老师的衣服。把自己带的钱都送出去了，她还要把随行老师的裤兜挨个掏空。这里的"脱衣舞"虽然表达得诙谐幽默，却把张校长一心为学生、为村民着想的形象刻画得更为真实和深刻。张桂梅穿"破洞牛仔裤"参加十七大的细节也被记者记录下来：她穿着一身平时穿的旧衣服来到北京参会。一天早晨，她急急忙忙往会场里赶，一位女记者突然把她拉了过去，悄悄对她说："你摸摸你的裤子。"张桂梅一摸，羞得脸通红，她的牛仔裤上有两个破洞。张桂梅为女校募捐舍不得买新衣服，耐磨的牛仔裤也因为家访走累了席地而坐磨出了洞，正是这样一个一个生动的细节，把张桂梅校长无私的"燃灯"精神刻画了出来，整篇报道由此也更震撼、更感人（参见第三十一届中国新闻奖一等奖获奖作品目录，http://www.zgjx.cn/cnnewsaward2021publicly/jx1dj.htm）。

《新华每日电讯》2020 年 7 月 10 日，"成风化人"人物周刊版面

张桂梅（右二）在家访时与学生家长交谈（新华网，《张桂梅：愿做大山里的一盏灯》，http://www.news.cn/politics/2022-10/08/c_1129055277.htm）

可见，典型人物报道策划应该注意挖掘典型人物的语言、行为等细节，以小见大，见微知著，使报道内容"可闻、可见、可触、可感"，从中彰显"典型"的意义与价值。

个性化是典型人物的魅力所在，"细节是金"，好的细节往往能够设置报道的阅读"兴奋点"，吸引受众的注意力，为深度刻画人物性格服务。细节，尽管看来似乎是细枝末节，却可小中见大，正是人物生活中最真实、最具特色的精华部分，是新闻的活力所在。典型人物报道，得有几个富有个性的细节作支撑，才会使全文活跃。

通过细节发掘和呈现，使人物报道故事化、特稿化，已成为实现人物报道创新的有效路径。

新华社记者在采访张桂梅校长时，跟随张校长捕捉了大量细节：在张校长吃午饭时，记者注意到她饭没吃上几口，就从抽屉里拿出一个装着各种药的塑料袋。这一细节立刻引起了记者的注意，随后记者在她的抽屉里找出一份密密麻麻写有骨瘤、风湿等17种疾病的医院报告单。为了不耽误张老师吃饭，记者只简单拍了几张照片，但她大把大把吃药的细节引起了记者的关注和深挖，了解到张校长预支丧葬费资助给学生们这样的感人细节，从而最终提炼出不忘初心、甘于奉献的时代精神。一个典型人物、新闻人物常常会引发众多媒体集中报道，也因此会造成报道相似度较高、信息重复，导致读者审美疲劳。这就要求记者努力发掘独家细节，力争讲一个不同的故事，使报道有较高的辨识度。

独家细节的挖掘，不能靠合理想象，要靠记者深入现场和人物生活环境，充分运用现场观察和体验式采访技巧，充分感受和捕捉细节。①

典型人物报道只有依靠真实感人的细节才能让人信服，在获取大量细节的基础上，对人物身上的闪光点和精神进行提炼，方可产生引人向上、催人奋进的强大感召力。因此，创作时要主动去寻找和挖掘人物的亮点和鲜活事例，注重用事实说话，既不要有意回避，也不要刻意拔高，要多方求证，确保真有其人、真有其事，坚决避免模式化、拔高化的"熟面孔""老事迹"。②

2. 受众意识，平民视角

带着强烈的受众意识进入采写状态，深入探究典型人物的内心世界，是许多典型人物报道获得成功的不二法门。上海《文汇报》首席记者江胜信在中国新闻奖一等奖获奖作品《方永刚：真情传播真理》采写体会中说道："写凡人英雄说难其实也不难，只要动笔的时候把自己当作读者而非记者就行，说服自己才能说服读者，感动自己才能感动读者。在表达主观情绪和进行评价议论的时候，要先往后退一退，用读者的视角，让自己的心理循序渐进，情感逐渐累积。"③

在传统的典型人物报道中，描绘多采用仰视的角度，当下典型人物报道策划应该还原典型普通人的本色，改仰视为平视。典型人物不是不食人间烟火的神仙，也不是某种抽象意义的符号，而是生活和工作在我们周围做出了某种成绩的普通人，在报道写作时应该对其进行普通人的判断与描述，让典型人物走下神坛。

获2017年中国新闻奖记者徐元峰曾说过："人物因为真实而可敬，有时不完美反而更

① 翁昌寿，等. 典型人物报道的细节挖掘和叙事——以"拆弹英雄"于尚清的报道为例[J]. 新闻与写作，2015(1)：78-80.

② 陶云江. 典型人物报道中如何挖掘运用好细节[J]. 全媒体探索，2022，9(5)：62-64.

③ 吴林红. 试论人物典型报道转型路径——以中国新闻奖获奖作品为例[J]. 新闻世界，2012(9)：15-17.

真实。"①真实是新闻的支点和生命。实践反复证明，新闻报道只有真实可信才能赢得受众的信赖，任何弄虚作假、合理想象、添枝加叶、臆造拔高的"加工"，只会使受众反感，导致传播负效应的产生。

典型人物报道不仅要改变对典型的传统视角，变仰视为平视，也要改变对受众的传统视角，变俯视为平视，淡化说教气息。从心理学的角度说，一般人有自尊，不大喜欢经常受别人的教训和开导，而喜欢朋友式的平等的促膝谈心。文章若摆出政论的架势，哪怕内容再精彩，受众也会退避三舍。大量的新闻实践证明，凡是用平等、规劝、服务等方式写出来的新闻，或充满人文关怀的新闻，受众都是比较喜欢的。相反，采用说教训斥、居高临下的态度和语气，受众就会持以排斥的心理。因此，对典型人物的新闻评论要避免空洞生硬的政治说教和耳提面命式的号召学习，要着力于揭示典型的行为动机，阐述典型的社会意义，挖掘典型背后的社会问题，引导受众对典型认知的深化和对社会问题的积极思考，从而使受众对典型的认同和仿效遵循自愿自觉的过程。

在报道过程中，要学会用事实说话，把传播的目的和意图隐藏于对事实的陈述之中。"实际的情况常常是，越是带有宣传色彩的传播，其事实信息的可信性，并不因宣传而增强，反会在一定程度上受到削弱和质疑。这是因为，传播对象喜欢面对的是事实本身，而不是信息以外的灌输和说教。"②随着受众自我意识的增强，"面对一个重要事件或变化，人们越来越趋向于通过对各个方面、各种渠道获得的信息进行分析后，自己做出判断，而不是简单地接受传媒提供的理论"③。随着受众自我意识的增强，受众对信息的把握和了解更加多元，思考也更加深刻，人们倾向于自己进行信息的获取与思考，而不是简单地接受媒体提供的观点。因此，我们不能再像传统典型人物报道那样，对典型作出定性的评价，灌输抽象的概念，重复"我们要学习的精神"之类的政治套话，要学会把事实和意见分开，"用事实说话"，让受众通过对事实的组织与选择，自我思考，自我评判。

3. 形式多元，立体生动

现代社会是一个求新尚变的社会，媒体要想吸引受众的注意力，就需要在报道过程中综合运用多种报道形式，以鲜活的内容、新颖的版式带给受众阅读的新鲜感。譬如运用消息、通讯、评论、图片、摄影、网友留言或读者来信选登等形式，以多元化吸引读者的注意力。在电视与网络媒体中，则可以运用文字、图片、视频、H5等多样的报道手段。生动感人的文字描写，细腻传神的图片、视频，都有助于增强典型人物报道的表现力和感染力。要有精品意识，在照片配发、标题设置和组稿上都可向更精湛、更深度探究。

2017年4月，澎湃新闻刊发了H5产品《长幅互动连环画 | 天渠：遵义老村支书黄大发36年引水修渠记》，宣扬典型人物黄大发的故事。该作品沿用大气磅礴的海报封面，开篇就为整个报道奠定了基调：一道万米水渠，跨36年建成，过三个村子，绕三重大山，穿三处绝壁，越三道险崖。一位村支书用一辈子的时间，彻底打破了村庄干渴的"宿命"，

———————————

① 费伟伟. 增强四力专题解读[M]. 北京：人民日报出版社，2019：217.

② 姚里军. 中西新闻写作比较[M]. 北京：中国广播电视出版社，2002：29-30.

③ 陆小华. 激活传媒[M]. 北京：中信出版社，2004：23.

长幅互动连环画丨天渠：遵义老村支书黄大发36年引水修渠记

带领千余人打开了脱贫致富之门。17页的 H5 产品以水为主线，用下拉式长幅连环画、渐进式动画、360°全景照片、图集、音频、视频、交互式体验等多种报道形式，全景式地展现了黄大发带领老一代修渠脱贫、带动新一代致富的历史长卷，用新闻媒体的社会责任感，为当地的发展历程记录下浓墨重彩的注脚。这部 H5 作品还原了老支书黄大发从 20 多岁的毛头小伙到 60 岁的花甲老人，青春耗尽，"拿命去换"终于带领村民修通了万米水渠的故事。

作品上线一天内，仅在澎湃平台，黄大发的系列报道总点击阅读数即突破 300 万，网友纷纷向其致敬称"除了感动还是感动"，赞其为"人民的村支书""新时代的愚公移山"。"千千万万个黄支书在基层的坚守汇成了中国共产党人的光辉形象！这才是我们必须传承的精神支柱！"（来源：第二十八届中国新闻奖一等奖，http://www.pingjiang.zgjx.cn/NewsAwardingSys/rpms/afterawards/first.jsp）

4. 提炼主题，有机组合

在典型人物的报道中除了个体报道，往往还有群体展示，如何在对群体描摹的过程中展现群体中每个个体的特色是群体报道需要把握的核心。仅仅展示群体形象，则会忽视人物身上的闪光点；仅仅突出个体形象，又会忽视群体力量。因此，需要把握共性与个性，提炼出群体与个体形象体现的主题，以达到两者的有机组合。要把握群体形象和个体形象的和谐，可以通过整理分散事件、厘清细碎信息、抓住内在联系，借助典型事件描摹群体形象来实现，同时还要把握细节、抓住个性特点，刻画具体人物个性。

2021 年 2 月 19 日，《解放军报》在头版头条刊发了典型群体报道《英雄屹立喀喇昆仑》，颂扬新时代的卫国戍边英雄解放军群体。祁发宝、陈红军、陈祥榕、肖思远、王焯冉等解放军战士出生年代不同、家乡不同、职务不同、工作生活、成长经历、精神世界和社会关系各不相同，每个人都有独特的印记和特质。这篇报道明晰了其刻画的不仅是新时代官兵忠诚奉献的群像，更是新时代青年家国大爱的群像。从这个角度出发，报道从忠诚、英勇、团结、奉献四个层面把不同的英雄个人身上的宝贵特质进行串联，进一步提炼出"宁洒热血、不失寸土""赤胆忠诚、皆

《解放军版》，2021 年 2 月 19 日头版

为祖国""官兵一致、生死与共""以身许国、青春无悔"四个小标题,前后相互呼应,协调连贯一体。主题与个性串接相连,从成边英雄个体特色上挖掘群体大爱,成就了这篇动人的群体报道稿件。稿件刊发后,"清澈的爱,只为中国"感染激励了亿万国人,成为新时代中国青年家国情怀的深情告白,该作品也获得了第三十二届中国新闻奖一等奖(来源:第三十二届中国新闻奖一等奖作品,http://www.zgjx.cn/2022zgxwjjgjx/1dj.htm)。

5. 手法多元,叙事深刻

在典型人物的报道中,文章的叙事策略和叙事方式对于传播效果起着非常重要的作用。叙事手法的多元化能够让典型人物更加深刻地走进读者的内心世界。叙事结构是整个人物报道的框架,选择合适的叙事结构能够为文章搭建好行文脉络。《杭州日报》"倾听·人生"栏目作品《我的爸爸是"活界碑"》在文章中部采用插叙方式交代背景,人物故事从1944年抗日战争进行背景回溯,到1960年魏德友参军,以及其子女参军入伍,魏家三代人保家卫国的朴素初心和忠厚家风跃然纸上,人物思想情感的发展脉络清晰完整。把握叙事节奏也就是把握了文章写作的节奏,能够为人物及事件设置阅读焦点,让读者在故事的起伏中与新闻人物产生共情,让新闻价值得到最充分的实现。叙事语言则要理性、真实与朴素,用真挚的语言写好人物故事,描摹人物形象。除了新闻报道的内容叙事,作为宣传典型人物的报道,在叙事意蕴上,还需要把握社会主流价值,做到让文章释放思想力量,传递社会关怀。[①]

(三)典型人物报道策划传播策略

1. 连续报道打造报道强势

新时期,典型人物报道借鉴和采用了深度报道的采写经验。连续报道是新闻传媒在某一时间段内,围绕受众关注的某一重大新闻或重要人物所采写的分段持续报道,通过多层次、综合性地把握和解释新闻事件的过程及新闻事件与社会现实的联系,描述隐藏在新闻事件背后的深层含义。在做好连续报道的同时,巧妙地运用整合报道,将新闻事件、背景及各种主观性要素整合成一个有机整体,能使报道呈现新的意义。连续报道与整合报道二者相得益彰,扩大了报道的深度和广度。

传统的典型人物报道,往往是一种静态的灌输、追记方式。即在一个新闻事件发生多日后,通过事后全面搜集的材料作"追忆"式的推介,这时,往往因时过境迁,群众关注的热度已减弱甚至冷却,报道很难激发受众的心理共鸣。新时期的典型人物报道,采取的则是一种与事件同步的动态化互动模式,对新闻事件在第一时间主动介入,缘事而发,报道随着事件的进展而步步深入,波连浪接,一环扣一环,每天都能叩动读者的心弦。例如我们在前面已经介绍过的《新华每日电讯》对"燃灯校长"张桂梅的报道,这篇报道真正火遍全国是在2020年。但早在十多年前,新华社就与张桂梅校长结下了不解之缘。2007年金秋,正是《新华每日电讯》在头版报道了张桂梅这位"穿破洞牛仔裤参加十七大"的党代

---

① 赵慈杰,骆东华. 讲好百姓故事,弘扬真善美——杭州日报"倾听·人生"栏目特色浅析[J]. 新闻战线,2023(1):53-55.

表，讲述了她"想办一所不收费的女子高中"的"梦想"，直接促成她创办了华坪女高。而在过去的十几年间，新华社多次报道张桂梅的感人事迹，见证了张桂梅的"燃灯精神"。例如 2021 年 6 月报道《我的妈妈叫桂梅——张桂梅和她的 177 个儿女》介绍了张桂梅在办华坪女高之前，在华坪儿童福利院对孩子们的关怀。2022 年 10 月，张桂梅当选党的二十大代表，新华社再次发文《张桂梅：愿做大山里的一盏灯》介绍张桂梅作为二十大代表的育人风采。新华社对张桂梅校长的报道坚持十多年，持续追踪和关注这位"燃灯校长"的办学、育人精神，让读者了解这位典型人物数十年如一日的坚守，更深化了典型人物报道的感染力。这种报道方式的优点可以在新闻事件中发现人物的闪光点，随着新闻的推进去展现人物的精神，一切缘事而发，不硬做，不强做，故能直击人心，产生强烈的震撼力。

扫码可观看中央电视台《新闻联播》视频作品《张桂梅：用教育点亮山区女孩人生梦想》

此外，利用规模优势形成报道强势。通过连续跟踪事件，运用大版面、大篇幅报道典型人物事迹，将零散的新闻信息进行整合，形成具有一定报道规模和报道效果的新闻整体，不仅有助于受众全面地了解人物精神，同时有利于扩大典型人物的影响力。稿件在《新华每日电讯》整版刊发后，在社会上引发强烈反响。稿件被 140 多家媒体采用，在新媒体端形成刷屏之效，《人民日报》、共青团中央等多个微信公众号转发并均破 10 万，微信点赞量达 10 万+，网友评论达数万条，全网阅读量超 2000 万。相关视频在抖音等短视频平台发布后，累计播放量超 5000 万。此外，人民出版社与《新华每日电讯》出版了《希望之光——时代楷模张桂梅的故事》，让"燃灯校长"的故事进一步传播；全国多家企业及个人与编辑部联系，踊跃向云南华坪女子高中捐款捐物。

2. 多媒体联动报道

我国传媒业进入"竞合时代"后，彼此之间通过资源共享、整合配置、价值链接的合作来共同参与更大规模的竞争。随着科技的发展、社会的转型和人们思维方式的转变，平面媒体、电子媒体、网络媒体等对受众市场的竞争日益激烈，受众获取信息的渠道日趋多元化、对信息的关注点渐趋多样化，单一媒体的影响力相对弱化。信息源的多样、信息内容的丰富、信息价值的易碎，迫使典型人物报道策划要想取得良好的传播效果，就必须注重媒体资源整合，加强各级媒体合作，扩大报道覆盖面，形成强大的宣传冲击波。

媒介联动式，指新闻媒介互相合作，联手展开某一报道。在联动式报道中，各个媒介从自身的特点和优势出发，选择恰当的角度和表现手法，使报道主题在各个媒介上各具特色地展示，所有联动媒介的报道形成合力，造成声势浩大的报道效果。在各种媒体中，报刊偏于说理，广播电视易于抒情，网络则兼而有之。日报较为正统，晚报轻松活泼。新闻类电视节目也由于栏目定位不同而各具特色。

3. 打造读者互动平台

在市场传播环境中，媒体愈发重视"受众本位"的观念。这不仅表现为传媒在市场中的传播行为要面向受众、满足受众、服务受众，同时也强调与受众间的互动和反馈。媒体在进行典型人物传播策划时，可以充分利用多元化的传播环境。与过去宣传典型主要是党报党刊、通讯社、电台电视台等传统媒体相比，现在典型宣传还包括新闻网站、都市类报纸、手机等新兴媒体，受众群体覆盖的范围更广泛。

2021 年 5 月 22 日，"杂交水稻之父"袁隆平院士在长沙逝世，《长沙晚报》连续几日推出了大量感人肺腑的新闻作品，缅怀了袁隆平院士的功绩，颂扬了袁老崇高的精神。22 日下午，记者采用无人机航拍的视频作品《车鸣呜咽，人声悲泣！长沙市民用最真诚的方式送别袁隆平》《最后看一眼杂交水稻！袁隆平灵车绕国家杂交水稻工程技术研究中心一周》全面、震撼地反映了市民自发送别袁老的深情，这些作品也迅速被网友刷屏。23 日上午，长沙晚报掌上长沙开通"我为袁隆平院士献上一朵花"网络吊唁厅，40 多万网友纷纷在手机上通过"云"献花的方式，表达对袁隆平院士的缅怀和追思。这样具有互动意义的新闻作品不仅为受众提供了新闻内容本身，更为受众提供了情感抒发的窗口。

如今，媒体由单向传播转变为双向传播，在互动和反馈中对典型人物的精神进行新的提炼。在与受众的互动反馈中，受众的多方言论得以表达，这种反馈也使典型人物的精神深入广大民众的心中，为受众提供了全面公正的认知视角。

新闻作品的价值影响力体现的方式之一，就是把事件当活动来开展，如举行座谈会等。当今世界已经进入一个需要对话、沟通和相互理解的时代，西方学者提出"声音"这一概念，主要指一种立场或一个说话的位置。在典型人物的报道中，要引入多样的"声音"，选取来自社会各界不同的"话语"，不仅要通过表达各种主张来达成相互参与，还要跨越不同领域、阶层等来理解声音的变换。报道在融合各种"声音"的过程中，要在各种话语之间建立内在的联系，对其进行新的"赋义"过程。例如，通过开展座谈会，将典型人物事迹放在社会化大背景下考察，通过各界学者专家的不同领域的解答，提升人物的文化内涵和时代价值，挖掘出其深刻的时代意义。

回望历史进程，尽管在过去的几十年中典型人物报道存在一些不足，但不可否认，它仍旧是一种具有中国特色的重要报道样式，一直发挥着不可磨灭的重要作用。它的存在，始终彰显着时代背景色彩，并随着时代变迁逐步发生着质的嬗化。社会的转型和时代的变迁给当下的典型人物报道策划提出了挑战，但更多的则是创造了革新的机遇。因而，它会朝着典型选择的多元化、报道方式的本质回归以及动作机制的市场化而发展。现代化的典型人物报道策划只有与时俱进，不断适应时代潮流，构建符合当代社会发展状况及大众消费文化观念需要的新闻事迹，它才能永葆青春，恒足发展。

◎ 思考题

1. 新闻策划人如何捕捉典型人物？
2. 典型人物报道策划有哪些技巧？
3. 典型人物报道策划要防止哪些误区？

◎ 实践题

请运用本章所学知识，试评析近期发生在本地媒体的典型人物的报道策划。

第四章
建 设 成 就 报 道 策 划

改革开放以来，尤其是中国特色社会主义进入新时代，中国经济高速发展，全面建成小康社会，人民生活水平、幸福感和获得感显著提高，建设成就报道也越来越多。这就需要媒体进行建设成就报道策划，来展示中国各方面取得的进步。这不仅是记录时代的要求，更能够增强广大民众对国家实力和社会发展进步的认知，也是"四个自信"的具体体现。但是，建设成就报道不是为了展示而展示，而应该在遵循新闻规律的前提下，讲求深度和思想性，让群众能够从中受益，也让决策机关、领导干部能够吸取经验，从而在下一步的经济建设当中更好地结合具体实际，最终让广大群众受益。基于此，如何做好建设成就报道策划，是当前必须面对且要做好的课题。

中国和老挝铁路的开通，为云南进一步参与和融入中老经济走廊建设、带动沿线州市产业开发和经济社会发展、加快推动我国面向南亚东南亚辐射中心建设带来历史性的机遇。云南日报客户端积极策划，开设中老铁路通车运营一周年专题，一幅幅精美生动的海报以货物、数据等"小切口"吸引读者，进而讲述中老铁路的"大故事"。

2021年12月3日，中老铁路全线通车运营后，国内各省（自治区、直辖市）也相继开行中老铁路国际货运列车，目前国内已有21个省（自治区、直辖市）先后开行中老铁路跨境货运列车，货物运输覆盖老挝、泰国、缅甸、马来西亚、柬埔寨、新加坡等国家和地区，运输货物品名从开通初期的100余种提升到1200余种。为深入宣传贯彻党的二十大精神，在中老铁路开通一周年之际，大力宣传一年来云南省贯彻落实习近平总书记"把中老铁路维护好、运营好，把沿线开发好、建设好，打造黄金线路，造福两国民众"重要指示精神的具体实践和取得的显著成效，2022年12月3日，在中老铁路通车运营一周年之际，云南日报客户端联动9个省份，策划推出了《9省区市联动丨晒一晒中老铁路国际货运车上的"宝贝"》报道，通过精美图文海报的形式，诠释中老铁路国际货运列车的开行，让中国与老挝两国间物畅其流，对于加快构建"双循环"下的新发展格局起到了不可替代的作用。

"中老铁路通车运营一周年"这份成绩单，意义非凡！该策划运用图文海报的形式，直观展示了中老铁路通车运营一周年取得的成绩，作品简单直白，利于互联网传播，引发了良好的社会反响，众多主流媒体纷纷转发转载。

《9 省区市联动∣晒一晒中老铁路国际货运车上的"宝贝"》(海报截图)

此组系列报道出来后,得到了业界广泛称赞,它以小见大,从与人们息息相关的切身感受中,展现中老铁路"大故事"。它气势恢宏,从大局上展现了中老铁路开通一周年来取得的成绩。它联动策划,跨省联动多家单位,形成超强传播,是融媒联动的又一次大胆尝试。

《云南日报》这一系列成就报道详细、高端、大气的策划,为中老铁路通车这件大事起到了强大的正面传播效应,也对云南人起到了难以估量的激励作用,更起到了党报引领舆论、凝聚人心的作用。

《云南日报》这组报道的成功和可鉴之处在于:第一,报道主题符合时代要求。《云南日报》对于中老铁路的报道需要在"一带一路"的大背景下体现昆明特色。中老铁路的建成,对于扩大中国西南地区的开发程度、中国在国际上的影响力、构建中老命运共同体,具有重大而深远的意义。于老挝而言,对破解困扰老挝的"陆锁国"交通困局、带动沿线经济社会发展、助力"变陆锁国为陆联国"国家战略具有重大意义。《云南日报》的这次策划,突出了两国之间的经济交流,体现了"双循环"的新发展格局对于两国的良好助益,同时向全世界展现了中国智慧与中国方案的独特魅力。

第二,借助融媒体优势拓展影响力。《云南日报》对于中老铁路建设成就的报道,不仅仅局限于报纸特刊,还借助图文海报的形式在微信、微博等平台进行造势和互动,取得了良好的传播效果。据统计,2021 年 11 月至 2022 年 12 月 27 日,在中老铁路开通一周年的重要时间节点里,云南日报客户端以及云南日报微博、微信等平台共发布相关稿件 200余条,搭建专题一个,阅读量超 20 万次。相关的微博话题"#中老铁路交出亮眼成绩单# #

中老铁路通车运营 1 周年#"阅读量超过 230 万次。

随着社会经济的发展,我们的民主政治制度不断完善,人民生活水平不断提高,教育、医疗、住房、环境保障等问题也在有条不紊地解决。不可否认,当前中国面临着较之于此前更为纷繁复杂的社会问题,但是中国在各方面所取得的成就是全世界都可以看到的,基于此,做好建设成就报道策划有着非凡的意义。

鉴于中国独具特色的媒介生态环境,建设成就报道策划一度走过弯路,但随着社会的发展,还是不断取得了进步。我们也应看到,中国经济社会发展伟大成就的取得,离不开以经济建设为中心的发展战略,在一定程度上也离不开成功的建设成就报道策划。中共十八大召开以来,我们面临着更加复杂的国际国内环境,在这样一种大背景下,做好建设成就报道策划,关乎经济社会发展的大局。

一、建设成就报道的演变与发展

(一) 建设成就报道的定义

所谓"成就",就是取得成绩的意思。建设成就报道是指对新近产生的有关社会发展建设的新思想、新举措、新成就进行报道的一种报道形式。这种报道形式是我国主流媒体中的主流新闻。由于它旨在报道我国在社会主义现代化建设进程中取得的成就,因而在鼓舞受众建立信心、增强战胜困难的斗志,创造正面鼓劲的舆论氛围,增强民众自豪感、成就感、满足感等方面,具有其他报道形式无法替代的功能和作用。[①]

建设成就报道是中国媒体所具有的一种独特的报道形式,经过不同时期的变化,越来越注重报道的新闻价值和社会价值,更加注重挖掘事件背后深层次的因素,注重深度报道的综合运用。

(二) 建设成就报道的演变

1. 从重政府宣传到重新闻价值

在新中国成立初期,由于特殊的政治环境,新闻报道大多是为了宣传。进入全面建设社会主义的新时期,建设成就报道的内容得到了很大的改观,越来越注重报道对象的新闻价值。对于建设成就方面的新闻事件,越来越注重内在的新闻价值,也就是根据成就报道的重要性、民生性、时效性、新鲜性和接近性等要素,进行判断取舍。媒体开始注重前期做大量的调研和策划,在尊重新闻客观性的基础上,结合时代背景,做出高质量的策划和报道。

2021 年 8 月 25 日 18 时 30 分,黑龙江广播电视台播报了一则消息《大庆发现超大陆相页岩油田》,获得了第三十二届中国新闻奖一等奖。大庆油田是中国最大的石油生产基

---

① 刘保全. 成就报道如何才能出精品——兼评"中国新闻奖"部分作品[J]. 新闻写作,2011(7):15-18.

地，自 1959 年大庆油田被开发建设以来，其累计生产原油超过 24 亿吨。对于盛产油田的大庆而言，新油田的出现并不是开天辟地的大事，那么这篇报道缘何能够获得中国新闻奖一等奖呢？

> 2021 年 8 月 25 日，大庆油田召开新闻发布会，宣布古龙页岩油勘探开发获得重大战略突破。记者敏锐地抓住这一重大新闻事件，并从新闻发布会扩展出去，采访中科院院士邹才能、新时期铁人王启民和参加古龙页岩油会战的大庆油田总地质师、企业技术专家等，全方位、深层次报道大庆发现超大陆相页岩油田这一重大事件。不仅让观众了解页岩油，更是站在全国和全球的视角，从理论突破、技术引领等角度深刻阐释了大庆发现超大页岩油田对保障国家能源安全的重要意义。
> 攻克陆相页岩油开发这一世界性难题，是大庆精神、铁人精神在新时期的升华。该消息主题重大，新闻性强，挖掘深刻。记者跳出新闻事件本身，站在更高的视角，抽丝剥茧、层层递进，揭示了在我国石油对外依存度居高不下的严峻形势下，大庆发现超大页岩油田对于保障国家能源安全的重大意义。此外，报道还通过生动比喻、模拟动画等形式，将页岩油勘探开发中晦涩难懂的专业性内容变得通俗易懂，增强了传播效果。
> 消息播发后，通过传统媒体和新媒体的广泛转载传播，鼓舞人心，起到了良好的宣传效果，有力回答了近年来出现的"大庆还有油吗"的疑问，进一步激发了大庆油田干部职工建设百年油田的信心和决心。①

近年来，像这样不谈领导的政绩、重视新闻价值的建设成就报道还有很多。这类报道立足客观事实，结合时代背景，注重挖掘建设成就报道的新闻价值，一改之前浮夸的报道风格，不再为堆砌字数而写，也不再为做建设成就报道而报道，而是恪守新闻规律，在新闻特性的框架内做出了大量的出色报道，这样的改观也让党报给人的印象不再那么死板，而是新闻性更强，具有了较强的可读性，面貌焕然一新。

2. 从重领导政绩到重社会效应

改革开放 40 多年来，价值问题已经成为理论界、文化界乃至人们日常生活中共同关注的话题，就建设成就报道来讲，更是需要注重报道的社会价值，从规律、精神等层面来报道。

建设成就报道对记者自身的素养要求也非常高，因为报道的着力点需要记者有广阔的视野，对经济社会发展和社会主义核心价值体系能有很深刻的认知。较之于现在的建设成就报道，之前的报道在很大程度上只是一些个人或者单位经济发展的经验分享，而不是放置于整个社会大环境之下深刻地思考和经验总结。比如在报道一个地区经济发展所取得的成就时，就容易陷入这样一个怪圈，即就事论事，而不是从上层建筑的层面来打量。近年

---

① 来源：中国记协网，第三十二届中国新闻奖一等奖作品目录，http://www.zgjx.cn/2022zgxwjjgjx/1dj.htm。

来，建设成就报道非常注重挖掘报道对象的社会价值，出了不少的好作品。不妨来看2023年2月19日《人民日报》所做的关于乡村振兴的建设成就报道——《广袤乡村气象新》：

> 2023年2月，2023年中央一号文件公开发布。这是党的二十大胜利召开后发布的首个指导"三农"工作的"一号文件"，体现了以习近平同志为核心的党中央对"三农"工作的高度重视，传递出重农强农的强烈信号。春消息来到希望的田野，亿万农民像动如脱兔般奋跃而上、开始新一年的耕耘，广袤乡村展现欣欣向荣新气象。
>
> ……
>
> 习近平总书记指出："要坚持把增加农民收入作为'三农'工作的中心任务，千方百计拓宽农民增收致富渠道。"
>
> 各地区各部门把促进农民增收摆在重要位置，多措并举，加强帮扶，挖掘潜力。国家统计局统计数据显示，2022年，我国农村居民人均可支配收入达到20133元，首次迈上2万元台阶。城乡居民收入比由上年的2.50降至2.45，城乡居民收入相对差距继续缩小。在去年面对诸多超预期因素冲击的情况下，这份成绩单格外沉甸甸。
>
> ……

这种建设成就报道讴歌了推广乡村振兴以来，农业农村现代化在各方面的变化，并写出了当时领导决策者的人格魅力，以及当地取得成就的具体做法。最后是全面升华，直接运用印证式和政论式的报道手法，将地方经济的发展提升到上层建筑层面，具有极强的社会价值。

3. 从重表象呈现到重深度挖掘

我们强调建设成就报道的演变向着深度方向发展，强调报道不再仅仅停留在表面上，而是透过现象看本质，报道形式也不是仅仅停留在消息那种短小的内容呈现，而是注重报道的长度和深度，连续性和全面性。

传统的政绩报道为了实现说服目的，往往用"务虚"代替"纪实"，如此一来，建设成就报道的内容也就脱离了人们的经验世界，很难引起人们的共鸣。比如部分建设成就报道，喜欢罗列一些空洞无味的数字，不仅没有对比的变化，对大多数普通人来讲，透过一大堆数字也不能得到所传递出来的信息，这样的报道是肤浅的，更是没有意义的。请看《人民日报》2023年1月28日头版报道——《扩增量，利用外资上台阶（坚定信心 开局起步）》。

> 1月，在广东省惠州市仲恺高新区，安姆科广东惠州基地正在开足马力生产……
> 总部位于瑞士苏黎世的消费品包装公司安姆科投资10亿元建成的全球软包装样板工厂正式投产，一期年产值将达8亿元……
> 2023年第一季度，美国3M公司将在安徽省合肥工厂建成一条热失控屏障转换生产线，生产的产品应用于电动汽车的电池系统，能有效提高电池热管理性能。越来越

《人民日报》，2023 年 1 月 28 日头版

多先进产品将装备中国新能源汽车。

……

2022 年，我国实际使用外资金额 12326.8 亿元，按可比口径同比增长 6.3%，保持稳定增长。

——摘自 2023 年 1 月 28 日《人民日报》

2023 年是全面贯彻落实党的二十大精神的开局之年，为推动经济高质量发展，商务部也在积极推进"推进高水平对外开放"。这篇报道展现了我国高科技企业积极吸引外资、提升产能技术、更新营商环境的全貌。然而，这篇建设成就报道的高明之处还在于，整篇文章没有出现一句与前后事实无关的议论性文字，单从外企生产、投资规模的壮大，展现了我国对外开放的大门越开越大，中国发展机遇与世界共享的主题。掷地有声，事实的呈现比起简单的数字堆砌更具有说服力，更具有深度。

其实深度报道之"深"，还需要体现在思维方式的立体性上，让建设成就报道能够从调查走向研究，从知性走向理性。《人民日报》的这篇报道仅仅通过事实呈现，就能够让人们运用自己的理性，去感知数字变化背后的深层次含义，实属不易。当然，这种报道的内容于公众来讲较易理解，倘若是涉及经济学专业知识的时候，对记者的要求就更高了，需要记者透过现象，引导人们去理解背后的原因。

总之，运用深度报道的形式来进行建设成就报道，应当说是建设成就报道的一种进步；而随着人们知识文化水平的提高和公民意识的增强，客观上要求建设成就报道能够在此基础上有更大的进步，让报道更深刻，内容更全面。因此，只有摒弃政绩报道的思维，用较高的专业素养才能做出更有质量的深度报道。

二、建设成就报道的作用

建设成就报道作为具有中国特色的新闻报道，在中国的新闻传播中有着举足轻重的地位。建设成就报道不同于舆论监督报道，后者可以针砭时弊，促进社会进步；而前者则更注重正面报道，具有很强的政治性和浓厚的宣传色彩。当然，这种类型的报道的目的更侧重于树立政府的形象，引导公众舆论，记录时代变化，服务社会建设发展大局，最终让广大人民群众共享社会经济发展的成果。

(一)记录时代,展望未来

前面已经论述到,建设成就报道是新闻报道,那么新闻性就是其应该具备的特性。所以,建设成就报道的作用,即记录时代变迁,见证历史发展,从而更好地展望未来。

建设成就报道正是以新闻的记叙方法,讲述我国在不同历史时期所取得的不俗成就,不管是文字、图片还是视频,都是时代发展的记录。这种报道,于当代人来讲,让人们了解社会的发展变化;于后来人来讲,可作为教材来学习借鉴。

回顾中国近现代史,其实也正是中国人民的一部苦难斗争史。从中国共产党的成立,到党的二十大的召开,承前启后,继往开来,所取得的成就是显著的,也是值得肯定的。失误需要我们去记录并铭记,但成就更需要我们去报道和传播。孤立地看每个个案,则仅仅是一个普通的案例,但是把个案连起来就是一个现象,把现象连起来就是一个时代的特征,所以,建设成就报道足以反映一个时代的面貌。

就拿改革开放以来我国取得的成就来看,不管是 GDP 的增长,还是人民生活水平的提高,都是显而易见的。在国家改革开放和脱贫攻坚的不懈努力下,中国共产党带领全国各族人民齐心协力搞建设,一心一意谋发展,从深圳由小渔村到国际大都市的变迁,从温饱问题还没解决到全面建成小康社会,从工业基础薄弱到中国制造,这一切都离不开一代又一代中国人的辛苦付出,而记录这一个个建设成就的取得,足以描绘出整个改革开放的宏伟蓝图。所以,时代需要建设成就报道,因为这不仅是对历史的负责,更是对人民的尊重。

(二)服务群众,鼓舞士气

新闻能够传递信息,具体到建设成就报道,则可以向广大受众介绍国家的大政方针政策,也可以具体地服务于人们的日常生活。当然,建设成就报道通过议程设置,具有很强的宣传效应,可以营造良好的舆论氛围;而其本身也是对社会公众的一种鼓舞,更需以某一个阶段或行业的成就为出发点,再度到达新的彼岸,鼓舞人心,争取取得更大的成就。

众所周知,建设成就报道就是通过对建设成就的介绍,来窥探社会未来的发展方向,对人们的日常生活提供一些指导性的意见。比如对行业的成就报道,可以为人们投资提供参考;对人才培养的成就报道,可以让人们更注重结合实际来增强自己的能力;对经济建设成就的报道,可以让人们根据商机,更好地谋划自己的发展方向。

所以,建设成就报道其实也是经验的分享,这可以让人们少走弯路,人们根据对党和国家方针政策的把握,来更加精确地服务自己的生活,避免做出错误的决定,并从中受益。

还需看到,建设成就报道本身也是一种形象构建的方式,具有很强的舆论引导功能。通过建设成就的报道,可以弘扬社会主义核心价值观,宣扬时代精神,提高人们建设社会主义的热情。

三、建设成就报道策划的原则

根据不同的划分标准,建设成就报道按照地域划分,可分为国家建设成就报道和地方建设成就报道;按照行业划分,可分为工业建设成就报道和农业建设成就报道等类型,具体到每一个行业,则还可以再进行具体的划分。但无论是哪一种类型的建设成就报道策划,都应该把握以下三个原则:

(一)把握新闻性

毋庸置疑,建设成就报道还是新闻报道的一种,仍旧需要以报纸、广播、电视、网络等载体来将信息传递给受众,那么作为新闻报道,新闻性应该是建设成就报道策划的题中之义。

新闻性包括建立在真实性基础上的时效性,真实是新闻的生命,为了提升新闻本身的价值,更需具备时效性。对于建设成就报道来讲,真实性很重要,因为报道的目的是让国内外的人们了解到我国经济建设和社会发展所取得的真实成绩,弄虚作假肯定是不被允许的。

其实,在通常情况下,包括媒体人在内的很多人存在一个误区,即认为建设成就报道的时效性不强,因为建设成就往往是长时间缓慢积累的过程,一般以长篇通讯的形式呈现。然而一名真正优秀的记者,应该懂得在建设成就报道的时效性上做文章。因为,尽管是成就报道,对广大群众来讲,较之于其他类型的报道,趣味性虽然不是特别强,但却违背不了新闻的传播规律,即谁采写的报道最先与公众见面,谁就是当之无愧的赢家。如《人民日报》2021年6月18日在头版头条刊发了一则短消息《中国人首次进入自己的空间站》,呈现了中国航天发展历史上的一个重要里程碑事件。为快速呈现这一翔实的消息报道,3名记者组成航天报道一线团队,克服疫情影响,在酒泉卫星发射中心、北京航天飞行控制中心两地进行了多天前期采访,通宵达旦值守,见证和记录中国航天大事件,在第一时间精心撰写稿件并形成见报稿件。虽然这篇消息见报速度快,但内容信息量大,专业性强,表述准确,新闻要素齐全。从神十二发射,到顺利入轨,再到成功对接,航天员乘组进入轨道舱,包括后续工作,全部涵盖,充分展现了新时代新闻工作者的使命担当。

(二)注重政策性

政策性是指为保障实现国家的大政方针而制定的行动准则,这一点在我国的新闻报道中非常重要。在我国独具特色的媒介体系中,媒体的性质是不同的,它不能仅仅以营利为目的,还需要做党和人民群众的喉舌。新闻报道的立足点必须是服务于党和国家的需要,服务于社会发展大局,建设成就报道尤须注意报道的政策性。

建设成就报道必须将建设成就的取得与党和政府的大政方针政策相结合,要透过成就表象,透视深层次的政治因素。因为经济基础和上层建筑关系紧密,没有政治制度的保证和政策的支持,经济发展和社会进步也是空谈。

建设成就报道的政策性还体现在内容上，即以褒扬和正面报道为主，在态度上对建设成就的取得及其背后的政策支持加以肯定。我们党在新闻报道上一贯坚持"以正面报道为主"的原则，而建设成就报道就是最好的体现。

此外，建设成就报道的政策性还体现在精神导向上。建设成就报道除了单纯的新闻事件呈现，还需要起到良好的思想引领作用。这就要求主流媒体在建设成就报道中发挥党媒理论评论的优势，起到举旗定向、凝心聚力的重要作用。贯彻落实党委政府的重大决策部署，宣扬党和国家的决策与成就，需要主流媒体在建设成就报道中发挥正向舆论支持与宣传作用，动员全社会统一思想、昂扬斗志、聚精会神地投入阶段性重点工作中去。因此，如何利用好理论评论的定音锤和宣传器作用，就显得十分重要且必要。①

(三)增强可读性

可读性可谓建设成就报道的"软肋"，因为稍有不慎，建设成就报道都会被做成政绩报道，数字和例子堆砌，空洞乏味而不接地气，不易吸引读者。需看到，建设成就的取得是不易的，其背后肯定有独特的经验方法和规律，这些都是蕴藏在建设成就报道这座大山里的"富矿"，挖掘的程度如何，直接关系到报道内容的可读性。为此，要求记者具有高超的能力和慧眼，能够透过现象看本质，最终总结出建设成就取得的经验，让广大人民群众在了解到成就取得的同时，也为其他地区的发展提供学习的范本。

增强可读性，还应杜绝数字罗列堆砌，如"据统计，××市年初实施'十个一'工程以来，95%的乡镇修订编制了整体规划，已完成整治自然村1091个，占全市自然村总数的38%，共打通主次干道3812条1205公里，整治坑塘218个，新建修善茶馆600个……"一组无法记住的枯燥数字抛给读者，将令其感到乏味不堪。建设成就报道同样是新闻报道，应该讲究易读性，更何况即便是讲清楚一个项目，也比出一张统计报表细目更让人印象深刻。建设成就报道可以从人物、场景、对话出发，讲好建设进程中的故事，以故事传递情感，用场景记录时代。尤其是现如今，我们面临着更多的建设成就报道任务，如何将这些报道深入人心，不落俗套，在数据的使用形式上还真需要花点功夫。

四、建设成就报道策划存在的问题

经过长时间的演变与发展，建设成就报道策划不管是手法还是内容，都有了很大的进步，在这种报道策划理念之下出现了很多高水平的作品。但不可否认的是，目前的建设成就报道仍旧存在很多问题，主要表现为脱离了新闻报道最基本的要求，将建设成就报道完全异化为政绩宣传报道，成为应景之作。这样的报道内容单调乏味、空洞冗长，且完全不注重公众的感受，与公众的互动性极差，更甚者，完全脱离了人民群众，缺乏最基本的人文关怀。

① 赵缨. 拼经济、抢先机 讲好春天的故事——杭报集团为助力提振新一年经济发展专题报道策划述评[J]. 传媒评论，2023，35(3)：41-44.

(一)变相政绩宣传，多为应景之作

由于建设成就报道本身具有很强的政治性，这就决定其具备一定的政治宣传功能，但这并不是说就可以为了宣传而宣传。回顾我国以往的建设成就报道，受欢迎程度不高的一个重要原因就是不少媒体把建设成就报道硬生生地做成了政绩宣传和成果展示，报道只见成就不见人物，文章通篇都是成就数据和概括性词语的堆砌。

将建设成就报道做成政绩宣传报道，很明显的缺点是内容空洞，不见人不见事，不从小处着手，专门搞一些老百姓看不懂的名词，最终让报道成了应景之作。

政绩宣传报道极易把复杂问题简单化，把不确定的问题确定化，不利于读者深刻地理解问题，进而把建设成就报道搞得非常浮夸。比如面对通货膨胀的现状，政府采取措施稳定物价确实可以作为建设成就报道的内容，但如果一再强调这是社会主义的优越性，就把实际问题简单化了，容易让公众陷入一种固化的认识。面对物价的再次波动，自然也就放松了警惕，那么必然会反过来为政府改革带来很大的麻烦。

再者，建设成就报道固然要宣传成就，但是正所谓居安思危，在对本地区、本行业的建设成就进行报道的同时，还需要进行必要的反思和横向的比较，比如倘若哪一环节再改进一些，建设成就会不会更大呢？这样一来就规避了将建设成就报道做成政绩宣传报道的风险，在鼓舞人心的同时，也防止人们过于沾沾自喜，进而迷失前进的方向。

(二)内容单调乏味，受众互动性差

就目前来讲，不管是电视、广播还是报纸，都有大量的建设成就报道。有时候在重要时段的播报无人问津，原因就在于这样的报道内容单调、空洞乏味。为什么会出现这种局面呢？从受众的角度来讲，基本上是信息的线性传播和单向传递，对受众进行说教式的报道，与受众的互动性极差。

众所周知，在当下中国，公众接受最多的还是都市报和都市频道，因为这类媒体的报道内容接近他们的生活，而这类媒体的建设成就报道也较注重从一个普通老百姓的角度来报道。不同的媒体会有自己的报道侧重点，但是，都应考虑到大众的感受。随着现今中国媒介大环境的变化，与传统的纸质媒体相比，互联网时代媒体的格局产生了颠覆性的变化。微博、微信等手机客户端的出现，不仅加强了建设成就报道的时效性、提升了报道的速度，还增强了新闻报道与公众之间的互动性。新媒体的出现，突破了传统发行方式的限制，可以将普通百姓吸纳进来，成为建设成就报道的受众，以扩大影响力。

微博、微信等新媒体对建设成就报道的呈现，不仅可以扩大影响群体，增加收入，还有一个很大的优势，就是可以增强报道内容与公众之间的互动性。基于此，对重大建设成就的报道，就需要各种媒体进行全方位多层次立体性的联合策划，在强调内容为王的同时，还需要结合不同媒体的特点，增强与公众的互动性。

当今利用新媒体对建设成就报道进行信息推动，《人民日报》的微博和央视的微信运营，是当下传统媒体利用新媒体转型的成功范例。其成功在很大程度上是依托新媒体自身的优势，依靠增强与公众的互动来提高公众的参与度。当然，内容如何还是需要记者来撰

写，要写得生动有趣，有实质性的内容。在新媒体的作用下，成就报道的影响力成裂变式的传播，加上粉丝的转发，不同群体之间的互动，公众与媒体的互动，就突破了纸质媒体自身的传播限制，让建设成就报道的影响力得到最大限度的发挥。

近年来，建设成就报道的形式逐渐多样化，以 H5 为代表的新媒体报道形式愈发受到受众关注和喜爱。2018 年 12 月 12 日，在改革开放 40 周年之际，红网推出新媒体 H5 作品《长沙有多"长"》，以手绘长卷+动画+视频+拼图的融媒体表达形式，新颖灵动展示了长沙历史之"长"、城市之"长"、经济之"长"、交通之"长"、速度之"长"、活力之"长"、智能之"长"、创新之"长"、信息之"长"、艺术之"长"、幸福之"长"，全面呈现 40 年改革开放之路、长沙崛起之道。该作品综合运用手绘长卷+动画+视频+拼图的多媒体表现形式，实现新闻作品从可读到可视、从静态到动态、从一维到多维的升级，满足多元深度体验需求，精彩呈现长沙改革开放 40 年的璀璨成就，形式多样、别具一格的融媒体作品让人耳目一新。作品刷爆了"朋友圈"，点击量高达 459.24 万次，社

《长沙有多"长"》

会各界反响热烈。网友盛赞"帅呆了，一同致敬改革开放！""作品太惊艳，让人忍不住想来长沙看看。"在这个新媒体与手机阅读时代，带给了用户更全面立体、更灵动有趣、更震撼精彩的互动体验。该作品获湖南新闻奖媒体融合奖项一等奖、第二十九届中国新闻奖一等奖。①

《长沙有多"长"》截图

新媒体的新闻内容互动，一般情况下是通过评论来实现的。传统媒体的互动性差是因

---

① 中国记协网，第二十九届中国新闻奖一等奖获奖目录，http://www.zgjx.cn/cnnewsaward2019 publicly/jx1dj.htm。

为渠道不畅通，其时效性较差，比如报纸评论版的《读者热议》栏目，就是专门开辟专栏，与社会公众进行互动，它一般是通过打电话的形式。除此之外，还可以通过网络来进行互动，但是呈现在报纸上总会有一个时间限制，传统媒体能够做的确实有限。但须看到，随着新媒体的发展，很多报纸有自己的官方微博，微博内容下面也都有自己网友的评论。所以，完全可以将新媒体的互动内容呈现在纸质媒体上，但由于不同受众群体喜欢的方式不一样，还需畅通各种渠道，加强与受众的沟通，提高公众的参与度。

建设成就报道尤其需要与公众互动鼓舞士气，中间有一个很重要的环节就是让广大群众知道到底取得了什么样的建设成就，并在此基础上进行互动。所以，建设成就报道策划首先要做的就是如何令报道出彩，贴近普通群众的生活，吸引他们去阅读。在此基础上进行互动，才是成功的建设成就报道。倘若报道内容本身做得不好，单调乏味而不接地气，即便通过多种传播渠道也不能让公众感兴趣，也就更谈不上与公众进行互动鼓舞士气了。

(三)基调脱离群众，缺乏人文关怀

人文关怀的核心在于肯定人和人的价值，其强调的是无论推动社会发展，还是实现自身发展方面，人都处于核心和支配地位。基于此，必须尊重人的主体性。

建设成就是劳动人民在党和政府的领导下，靠劳动创造而来的，成就报道既要体现成就，又要体现成就后面的人。[①] 建设成就报道策划常常忽略了这一点，即报道建设成就基调过高，总是过于强调个别领导人的魄力，却忽视了建设成就取得的主体——普通劳动群众，殊不知群众是社会实践的主体，不管是理论突破还是经济发展社会进步，都离不开群众实践。

不妨来看 2020 年 12 月 2 日《陕西日报》位于头版头条的报道——《杨叔的脱贫日记》：

> ……
>
> 扶贫干部朱继宏渐渐有了帮助杨叔发展产业来脱贫的想法。可是，杨叔夫妻年老体弱，能干什么呢？
>
> "经过多次走访，我发现，车辙村耕地少、林地多，自然环境优美，经常有市民来郊游。杨叔老两口可以管护苗木、散养土鸡，向游客出售土特产。"朱继宏说。
>
> 杨叔采纳了这个建议。很快，帮扶项目启动，补助资金到位，仅个把月时间，他就在 7 亩地上种下了白皮松、花椒、核桃苗。金台区住建局还给车辙村每户贫困户赠送了 20 只乌鸡雏。
>
> ……
>
> 有了帮扶人，享受到好政策，杨叔的干劲越来越足。家里 15 亩地分散在 8 处，他不是种麦子就是栽树苗，没有一处撂荒；村里开展各种培训，他一场不落；只要听说哪里有活干，他和老伴都赶着去打零工。
>
> 人勤地不懒。杨叔家的地在全村务得最好：树苗下见不到杂草，花椒枝用小木棍

---

① 王晓芳. 成就报道存在的问题与提升路径[J]. 新闻世界，2013(5)：32-33.

撑开，接受光照多，长势好。夫妻俩精心饲养的乌鸡，一年多时间，光鸡蛋就卖了2000多元。①

单说脱贫成绩是枯燥的，生动鲜活的故事才能打动人心。这样的建设成就报道的亮点就在于，不仅肯定国家政府在群众生活水平提高当中的作用，而且还具体到每一个人的每一件事，肯定他们对建设成就取得的作用，细腻地描写人的思想创新和具体做法。这样的报道就接地气，具有人文关怀，容易引起读者的共鸣。

其实我们讲建设成就报道策划要注重人文关怀，即报道内容要体现人的价值，报道策划的选题还应贴近普通百姓的生活，从百姓的视角，选取百姓最关心、最感兴趣的内容来报道建设成就。在报道形式上，建设成就来自各行各业、各个方面，因此要求记者在采写时要注意化繁为简，规避一些生涩的词语，强调报道内容的指导性和实用性，从而贴近群众，尤其是在取得重大科技成就和体育成就时，更要突出科技人物和体育健儿的奋斗过程，而不是一味地报道国家政策的扶持和该成就的地位是如何之高。只有这样，才能拉近与读者之间的距离，展现人文关怀。

对普通百姓来讲，需要建设成就报道来向他们传递党和国家的大政方针政策，同时告知他们上层建筑对经济发展的作用，可是这些不是报道内容的全部，贴近百姓的日常生活才能将建设成就报道策划的作用发挥到极致。2022年12月10日，新华社发布《我在现场·我们都是追梦人丨十年"圆梦"》，报道了江西上堡村村民吴年有和他的四胞胎女儿的

吴年有夫妻和四胞胎女儿的合影

上左图为2011年9月14日摄于家中土坯房前；上右图为2016年5月25日摄于家中土坯房前；下左图为2017年9月7日摄于家中在建的三层小楼前；下右图为2020年9月10日摄于新房客厅内

---

① 中国记协网，第三十一届中国新闻奖一等奖作品公示，http://www.zgjx.cn/cnnewsaward 2021publicly/jx1dj.htm.

故事。2010 年 9 月，吴年有的妻子邓丁蓝产下了同卵四胞胎女儿，从此这个山村家庭的生活发生了巨大的变化。在四胞胎诞生后，夫妻俩仅能靠 3 亩梯田维持生计。10 年间，吴年有家被列为建档立卡贫困户，当地政府为夫妻俩提供了公益性岗位，为四胞胎姐妹申请了低保。夫妻俩起早贪黑，干农活，一有空还到附近工地打零工，挺过最艰难的日子。2019 年 1 月 1 日，四胞胎一家正式退出贫困户行列。2020 年，吴年有学会了开挖掘机，在种田搞养殖的同时，也会去建筑工地接活干，乡里还让他和妻子做起了村里的护林员和保洁员。六口之家的生活越来越好。在脱贫致富的路上，夫妻俩的辛勤劳作结出了甜美的果实。报道通过记录这个普通家庭的 10 年发展，描绘"中国梦"照进万千小家的真实图景。①

所以，找准建设成就报道策划的基调，重视人文关怀是对当事者的尊重，更是尽最大努力对更大范围内的受众负责，在正确引导党员干部价值取向的同时，也让普通群众在小人小事中读出感动，激发热情，投身于社会建设当中。

五、建设成就报道策划的技巧

提升建设成就报道的质量，不是仅凭某一项措施就能够实现的。它是一项系统工程，不仅要求记者找到合适的报道内容，具备正确的报道意识，还需要记者不断加强自身的修养，提升自己的能力，能够透过建设成就的现象，挖掘出内容的深度，再运用接地气的写法，将报道写活，最终引起读者的共鸣。

(一)强化策划意识，做好前期准备

要做好建设成就报道，理念很重要，需要记者能够总揽全局，懂得读者需求，学会舆论引导；还要向其他媒体学习，争取让自己的建设成就报道更加完善。

首先，要树立全局意识。这就要求记者站在宏观的立场上来审视报道内容，不能只见树木不见森林，只看局部不管全局。前面我们提到，建设成就报道要从小人物和小事情切入，但这种报道的落脚点是在国家政策抑或是社会主义核心价值观的层面上，从局部切入还需回归全局，因为这是建设成就报道进行升华的要求。所以，从小处切入的前提也是树立全局意识，这样才能做出可读性强、有价值的报道。

其次，要强调策划意识。要进行建设成就报道，往往需要腾出专门的版面，对于记者的采访方式和采访内容，都需要进行前期策划。主题的确定、采访对象的选择同样需要在前期做好准备，是做单篇报道还是做系列报道，也需要在做报道之前弄明白。

再次，要明确导向意识。所谓导向，就是要引导舆论，这与建设成就报道本身所具有的政策性特征是分不开的，毕竟宣传也是建设成就报道的客观要求之一。毋庸置疑，做一篇建设成就报道，需要在报道过程当中向群众解疑释惑，传递党和国家的方针政策，而这

---

① 我在现场·我们都是追梦人｜十年"圆梦"［EB/OL］.［2022-12-10］. http://m.news.cn/2022-12/10/c_1129198858.htm.

些内容不是每一个普通百姓都能够看得懂的，这就需要建设成就报道在进行宣传的同时，向群众解释相关政策，给群众以明确的导向，从而鼓舞士气，再创佳绩。

最后，要树立学习借鉴意识。对于同一个建设成就内容的报道，中央媒体和地方媒体的报道方式肯定是不一样的，党报和都市报的报道方式也是不一样的，因为级别不同，受众相异，那么不管是报道的角度，还是叙述的高度，都有明显的不同，但是却并不是说相互之间就没有共同之处。例如，在脱贫攻坚的道路上就涌现了层出不穷的优秀典型，媒体每年都有这方面的报道，同一题材的报道策划完全可以学习借鉴。2021 年 2 月 18—25 日，《农民日报》刊发了系列报道《特困片区脱贫记》，把镜头对准深贫地区，把笔触聚焦战贫一线，充分展现各级党组织和党员干部带领人民实干苦干、摆脱贫困的生动实践，深情讲述贫困群众自强不息、奋力战贫的感人故事，努力呈现全体人民共襄盛世、同享荣光的美好图景。其中的代表作《跨过一道道梁》讲述了榆林人改造荒沙滩，推广种植经济林新品种，把曾经的荒漠沙滩变为金子的致富路径。文中还介绍了典型人物赵石畔镇赵石畔村的张炳贵在荒沙低产林场培育新型苹果树致富的故事。在贫瘠的土地上，榆林人凭借坚定的脱贫意愿，坚持防沙治沙，在沙漠上也能结出致富的果实。2020 年 12 月 31 日，《光明日报》在要闻版刊发了《"摆脱贫困"今又是，喜看新篇——福建宁德迈向脱贫后新征程》，讲述了宁德以"弱鸟先飞、滴水穿石"的精神推进现代化建设的先进案例。宁德凭借新能源汽车爆发式发展的风口，当地开始修公路，通水电，发展特色农业……每一步稳扎稳打，引进了众多高科技企业，形成锂电新能源、新能源汽车、不锈钢新材料、铜材料 4 个具有国际竞争力的主导产业集群。在新冠疫情期间，宁德急企业之所急，在物资供应、招工运送、供需对接等方面全力保障。2020 年，宁德工业再创奇迹——前三季度经济增长 5.6%，居全国地市前列。与绝对贫困揖别，和现代化图景相约，在历史的重托面前，宁德交上了一份动人答卷。

这两篇聚焦脱贫致富的经验报道，角度巧妙，善于选取生动细节，值得借鉴。

（二）贴近群众，确立正确定位

建设成就报道必须找准定位，不能将报道做成单一政绩宣传报道，否则就混淆了新闻报道规律和宣传教育规律。众所周知，有些建设成就报道之所以不受欢迎，就是因为脱离了群众，违背了新闻规律。就是说，这些重大成就报道，不注重报道作品新闻性和宣传手段的艺术性，而是将报道简单化、概念化和公式化，不去了解群众想知道什么，而是只顾现象不重结果，不管效果如何。今天，我们倡导建设成就报道离群众近一些，再近一些。

基于此，为了兼顾建设成就报道的宣传性和可读性，记者就必须从普通百姓的视角，精心选取群众关心的话题来进行报道，把抽象的概念具体化，把复杂的思想配以解释性图表简单化，必要时还需要配发评论，给群众以正确的解释和引导。报道不仅要让公众看得到，还要让公众看得懂。

首先，要选取很小的切入点，从小人物小事情当中窥探大道理。众所周知，任何建设成就，不管其再大再宏观，都离不开普通人物的付出和小成就的积累，倘若讲得太大太笼统，势必脱离群众。而从小处切入，转换成平民的视角，则容易拉近与读者的距离，也更容易激发读者的阅读兴趣，引起读者的共鸣。

2021年3月4日，江西卫视播放的新闻专题节目《老表们的新生活——鸟哥"打"鸟》，就很巧妙地运用以小见大的新闻视角，以"新农民的新生活"这一小切口折射整个江西乡村的巨大变迁，充分展现江西践行生态产业化的脱贫智慧和创新特色。节目走进乡村看小康，寻找和传统农民有反差的农村新职业、新身份、新业态，《鸟哥"打"鸟》讲述了农民余鹏海发现家乡生态变美、珍稀鸟类增多后，趁势当上职业"鸟导"的故事。他先后带过30多个国家的上千名观鸟爱好者在婺源拍鸟，由此脱贫致富，成为"新农民"。余鹏海的故事是江西农民在生态产业化道路上的一次有益尝试，是"绿水青山就是金山银山"理念在江西乡村振兴过程中的生动实践，生动彰显了脱贫振兴的江西智慧和小康成就。节目一经播出，就获得了良好的收视率和好评，2021年9月，节目获评国家广电总局2021年第一季度优秀广播电视新闻作品。①

《老表们的新生活——鸟哥"打"鸟》

其次，文章叙事要接地气，让普通群众看得懂。以往的建设成就报道确实存在这样的问题，即一旦写类似报道，就"开足马力"，全面拉开，文章调门高、篇幅长，内容却空泛，可谓"言之无物"，一点也激不起人们的阅读欲望。必须明白，建设成就报道不是写官样文章，只让党政干部看，更要让普通老百姓看。因此，老百姓看得懂的程度，直接决定了建设成就报道的价值。如果在报道中直接引用基层百姓的一句发自内心的对经济社会发展进步体悟的话，绝对比长篇大论打官腔的文章更有说服力。

最后，报道发出后懂得与群众互动，了解群众之所想，并争取在下一步的报道中呈现群众所想。互动往往被建设成就报道忽视，在报道者看来，好像报道做完就完成了，其实不然。因为群众的反应是很重要的，一些年龄大的读者或许会采用寄信的方式来与报社进行互动；而随着新媒体的发展，用微博微信等客户端将建设成就报道推送出来之后，内容下面的回复往往就是很好很直接的互动。而了解群众的反响，也可以进一步在反响报道的基础上再次挖掘建设成就的深度。这不仅是建设成就报道规律的要求，也是对读者的回馈。

（三）透过现象，挖掘报道深度

建设成就报道不是应景之作，其目的不能仅仅是宣传。所以，在进行报道时就不能记流水账，必须透过现象看本质，挖掘报道的深度；在描写现象的过程当中强调说理性，以使报道更加深刻，不落俗套。

之前论述建设成就报道要从小人物小事情入手，从小处切入，但必须警惕的是把握不好这个度就容易流于浅薄。成就报道除了选出来一个精细的切口外，还需要将报道向纵深

---

① 中国记协网，第32届中国新闻奖一等奖获奖作品公示，http://www.zgjx.cn/2022zgxwjjgjx/1dj.htm。

方向推进，要求深刻剖析所选择的"点"，并以此为依托，将相关建设成就报道的道理说通说透，最终将建设成就取得的深层次原因展现给公众。

应当说当下中国处在一个公民权利意识觉醒的时代，而随着社会公众知识文化水平的提高，那些肤浅的阅读内容难以满足人们对深阅读的需求；而在传统媒体的转型过程当中，报刊消息注重深度报道也是传统媒体发展的一种趋势。

所以，深度报道仍旧是媒体需要挖掘的一个点。尽管建设成就报道具备一定的宣传性，且呈现方式可能为消息，但是消息也可以做出深度，宏观层面的建设成就报道更可以做出水平。这不仅是为了满足受众的阅读需求，同时它也是传统媒体转变的题中之义，包括建设成就报道在内的任何一种报道方式都不例外。

（四）开拓创新，提高报道技巧

不管做任何事情，创新精神都是很重要的，对建设成就报道来讲，也不例外。其实对于建设成就的报道，很容易陷入一种程式化的套路：这样的报道空洞无味，毫不顾及报道对象的阅读感受，仅仅是"发现采访对象—进行采访策划—完成采访—进行写作编辑"，最终和读者见面。

其实，我们对建设成就报道进行开拓创新，不只是针对某一个对象或者某一个环节，而是贯穿整个采访过程始终。不管是策划还是写作，都需要突破程式化的限制，尽量避免雷同，靠着同中求异的理念，提高报道技巧，最终让报道能够与众不同。

一是走出命题的怪圈，善于发掘报道点。不得不承认的是，现今不少记者和编辑把建设成就报道当成一个固定的命题来写，即编辑部制订报道计划，记者便被动地去完成，结果完成的作品可谓千篇一律。不敢突破原有的程式化思维，最终做出来的建设成就报道也就很普通。更有甚者，不少媒体人本身就对建设成就报道怀着一种偏见，不注意挖掘报道点，而认为其就是一种宣传报道，如此一来，记者自身的主观能动性没有得到有效的发挥。因此，要做好建设成就报道，就必须加深对建设成就报道的认识，充分发挥自己的主观能动性，把建设成就报道做出新意、做出水平。

二是讲究采访技巧，多种采访手法综合运用。建设成就报道最好要见人见事，找到建设成就的见证人，所以，采访人物就很重要。如何挖掘人物自身的故事，增强建设成就报道的趣味性，确实考验着记者的采访技巧。

三是创新写作方式，增强报道的阅读附加值。建设成就报道需要运用数字和材料，但是，在报道中如果注重对比，或者从一个小点切入后再慢慢铺开，创新写作的思路和方式，就可以把报道对象立体地展现给读者。比如可采用图片或者图标的方式，讲究图文并茂，让受众直观地感受建设成就的取得，这样的报道势必会产生一种亲和力，让普通百姓看着感觉就是为自己而做的，一下子就拉近了与读者之间的距离。

四是创新与受众的互动方式。与受众互动的方式很受时空的限制以及技术条件的制约，但这并不等于说建设成就报道就可以省去这一环节，恰恰是因为其在多数情况下被忽视了，才更需要去牢记并创新。

总之，创新作为建设成就报道的一种理念，必须被重视，并在实际的采写过程当中进行落实，只有与众不同，才能够吸引受众眼球，取得出众的效果。

下面以《无锡日报》"非凡十年"系列报道为例，看城市党报如何做好重大建设成就报道中的策划创新。

《无锡日报》，"非凡十年"系列报道部分报纸版面

2022 年以来，围绕党的二十大重大主题报道，《无锡日报》推出《非凡十年·无锡维度》大型融媒体报道。通过对标志性事件的回望、新闻当事人的讲述，以及在相关领域全景式、立体化的展示，"报、网、端、微、展"联动融合传播，折射出新时代十年无锡经济社会发展取得的历史性成就、发生的历史性变革。以深远的立意、精巧的布局、动人的讲述和多元的传播，从"无锡蝶变"的故事中，成功折射出非凡十年的我国所取得辉煌成就。主创团队在进行了前期学习和深入思考后，在选取"切口"和"主线"时反复讨论，最终形成了从十个不同维度来"透视"非凡十年的立意和框架，以党的十八大以来的十年时间为"经"，以不断刷新的无锡速度、无锡深度、无锡长度、无锡广度、无锡精度、无锡密度、无锡甜度、无锡厚度、无锡温度、无锡靓度这些维度为"纬"，形成系列报道的四梁八柱，集中展现十年来无锡的重大工程和重大成就。报道发布后，很多网友在第一时间转发相关作品，累计阅读量达到数百万次，引发追踪阅读和跟帖讨论。有网友说，《非凡十年·无锡维度》系列报道既有全景扫描，又有深度思考，还有人物故事和情感升华，看了很"解渴"，有感动、有共鸣，更有骄傲。①

① 刘杨. 非凡十年，成就报道如何"守正创新"——以《无锡日报》党的二十大主题宣传为例[J]. 城市党报研究，2023(1)：23-26.

总结《非凡十年·无锡维度》组织实施、采编呈现，有不少可圈可点之处：

一是大事大策划，大事大作为。"非凡十年"系列报道首先体现了《无锡日报》的政治自觉与新闻敏感。

党的十八大以来，在习近平新时代中国特色社会主义思想的指引下，无锡这座工商名城意气风发、勇毅前行，一幅"大潮奔涌"的新时代画卷在太湖之滨恢宏展开，在国家"强起来"的伟大进程中烙下诸多鲜明的"太湖印记"。围绕十年间无锡在十个维度方面取得的成就对城市进行解读，从而窥见波澜壮阔的发展史，既有高站位，又有大纵深，同时成体系、全景式、立体化，鲜活地呈现了无锡奋进新时代壮美画卷。在版面安排上，围绕十个维度，以通版形式深度解读无锡这十年来的发展与成就，以无锡地图为视觉主元素，经过设计变成一只翩翩飞舞的蝴蝶，展现出城市精彩蝶变的美好寓意。

《无锡日报》，2022年10月16日"非凡十年"系列特刊版面

二是大创新，贴近读者，增强报道吸引力。在信息来源多元、新闻竞争日渐激烈的新媒体时代，党报报道必须在内容与形式上创新求变，才能吸引读者关注并感染读者。"非凡十年"系列报道着力创新，追求新闻的可读性与必读性。

（1）内容创新。在选题策划上，为与传统的成就报道产生区别，《无锡日报》"非凡十年"系列报道在准确把握"现在时与过去时""共性与个性""内容与形式"三对关系的基础上，以人为本，见物又见人，以人的所见、所知、所感和周围变化来反映整个国家和社会之变化，将成就的铺陈变得合理合情。另外，"非凡十年"虽然刊发了几十篇稿件，但没有一条是以市县为主体、直接宣传工作的经验报道。报道的内容涵盖社会生活的方方面面：从法治管理到营商环境，从产业创新到城市建设……虽然有的报道起到了宣传地方工作的作用，但也是通过新颖的角度、鲜活的人与事来呈现的。

（2）版面创新。版面编辑上力求出新出彩，注意标题制作，运用好新闻图片、图表、示意图。特刊版面超常规运用大字号标题，配压题大图片，使整个版面活起来，形成强烈的视觉冲击力。版面期期套彩，图文并茂，大气呈现。美图、美题、美文、美术元素，组合成赏心悦目的彩色版面，紧扣"非凡十年""无锡蜕变"等多个主题设计版面，给读者以美的享受。

（3）形式创新。传播形式的创新往往能够达到更好的传播效果。在系列报道正式推出前，创作团队就用设计精良的海报为产品预热，提前展示了"十个维度"这一关键词，引发大众对这一话题的关注和讨论。系列报道和专题视频正式推出后，再配合每一个"维度"推出主题海报，持续扩大报道传播力。除了在无锡观察客户端推出海报等相关报道外，还充分利用微博、微信、视频号等媒体矩阵，"火力全开"密集传播，形成一波又一波传播浪潮，让主题报道的热度始终在线。

◎ 思考题

1. 建设成就报道的积极作用表现在哪些方面？
2. 搞好建设成就报道要把握好哪些基本原则？
3. 如何开拓创新，提高建设成就报道技巧？

◎ 实践题

就近期媒体建设成就报道实例进行点评。

第五章
节假纪念日报道策划

在人们的生活中，由于种种原因而产生了许许多多不同于日常的特殊时间段，由此也产生了一种特殊的报道，即节假纪念日的报道，包括各种纪念日报道、节假日的报道和其他一些特殊日期的报道，如每年一度的国庆节的报道，元旦、春节的报道；母亲节、儿童节、老人节的报道；植树节、环保日、无烟日、戒毒日、防艾滋病日的报道；四年一度的亚运会和奥运会的报道；纪念世界反法西斯战争胜利和中国抗日战争胜利的报道，建党纪念日的报道，奥斯卡奖周年纪念的报道；纪念各种法律、法规、著作、作品问世出版的报道；纪念各种英雄人物、知名人物诞生、逝世的报道；还有各个地区各个城市的重大节日活动和各种特定日子的报道，等等，这些都可以纳入这类报道策划。

节日、假日、纪念日等一些特定日已成为人们生活中不可缺少的组成部分。随着经济的发展、社会的进步，人们精神生活水平的不断提高，这些日子越来越受到人们的重视；同时，节假纪念日的报道也是新闻媒体报道的一个重要组成部分，它是体现媒体报道策划水平的一个重要方面。节假纪念日报道策划的最大难点就在于这些日子很多是周期性重复的，如何不断出新是媒体策划者要时时思考的问题。

2022 年北京冬奥会，即第 24 届冬季奥林匹克运动会，2022 年 2 月 4 日开幕，2 月 20 日闭幕。北京冬奥会期间，《经济日报》总编室数据版团队与京东消费及产业发展研究院合作，从 2 月 9 日到 21 日推出共计 4 版的北京冬奥会数据报道。

2 月 9 日(周三)推出《冬奥会带旺冰雪消费》，用数据说话，伴随冬奥会这股东风，我国冰雪运动消费场景不断丰富，冰雪产业持续壮大，整个市场充满勃勃生机。特别是随着消费者冬季健身意识增强，冰雪运动的消费显著增长，冰雪运动相关品类更是成为最热销的"新年货"。①

2 月 12 日(周六)推出《冰雪运动一路向南》，2015 年北京成功申办冬奥会以来，全国居民冰雪运动的参与人数激增，曾经被视为小众运动项目的滑雪，已成为冬季流行新趋势，并逐步进入大众视野。②

2 月 15 日(周二)推出《冰雪装备迎"冬"风》，2022 年北京冬奥会盛大开幕，冰雪

---

① 经济日报携手京东发布数据——冬奥会带旺冰雪消费[EB/OL]. [2022-02-09]. http://paper.ce.cn/jjrb/html/2022-02/09/content_457792.htm.

② 经济日报携手京东发布数据——冰雪运动一路向南[EB/OL]. [2022-02-12]. http://paper.ce.cn/pc/content/202202/12/content_220178.html.

运动的热烈氛围逐渐达到顶点，冰雪运动已成为全民健身新时尚，冬奥加持让冰雪运动装备更受欢迎。①

2月21日(周一)推出《冬奥双城"冰雪"闪耀》，讲述北京与张家口作为2022年冬奥会的举办城市，闪耀全球，冬奥点燃了全国的冰雪运动热情，也为两座城市的冰雪运动消费带来了诸多新亮点。②

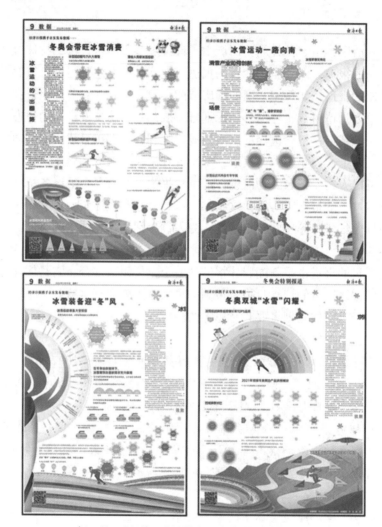

2022年2月，《经济日报》推出北京冬奥会数据报道版面

节假纪念日的报道最适合策划却又最难策划，因为可以在节假纪念日来临之前早做准

① 经济日报携手京东发布数据——冰雪装备迎"冬"风[EB/OL]．[2022-02-15]．http://paper.ce.cn/pc/content/202202/15/content_220314.html.
② 经济日报携手京东发布数据——冬奥双城"冰雪"闪耀[EB/OL]．[2022-02-21]．http://paper.ce.cn/pc/content/202202/21/content_220603.html.

备、精心安排，所以最适合进行报道策划；而节假纪念日有重复性，如何不断推陈出新是最大的难点。

在纪念日报道中，奥运会报道属于常规新闻，见诸报端的形式往往较单一，多为以"金牌论"为主的人物报道，而《经济日报》总编室数据版团队与京东消费及产业发展研究院合作推出的这组冬奥报道，则连续用四个版面的数据呈现出冬奥会背景下"冬日经济"的蓬勃生机与巨大潜力，也可见策划者的良苦用心。

首先，这组冬奥报道构思清晰、主题明确。整个冬奥报道的核心主题，是凸显北京冬奥会对冰雪产业与冰雪消费的重大影响，且这一主题在系列报道中不断得到强化。4 期报道共分为 4 个主题："冬奥会带旺冰雪消费""冰雪运动一路向南""冰雪装备迎'冬'风""冬奥双城'冰雪'闪耀"。每个主题单独成叠，从不同侧面彰显了冰雪运动的消费热点。从主题的确定到栏目的设置，再到内容的搭配和报道对象的选取，均经过了反复细致的权衡与考量。

其次，注重版面定位的精准性。《经济日报》的冬奥报道与京东消费及产业发展研究院这样拥有数据收集能力、数据分析能力、数据生产能力的第三方机构合作，以独家、及时、专业的消费数据为基础，分析冰雪消费新习惯、冰雪企业新动向、冰雪产业新特点，向消费者和产业端提供有价值的数据，而非依托国家宏观数据进行图表呈现，提升了报道的专业性。

最后，注重图文搭配，可读性强。将数据以图表形式呈现，直观展现北京冬奥会期间，全民冰雪运动消费从"冷资源"向"热经济"的转变，数据版上的"说数"栏目则提出专业言论，进行数据价值挖掘、数据信息解读及数据资源利用，解读数据背后折射的冰雪产业消费趋势。

节假纪念日的报道策划，大体可分为两类，一类是从历史的深度，一类是从地域的广度，也就是从时间和空间两个量度来策划的，也有的报道是时间和空间交叠进行的。下面以几种常见的节日、假日、纪念日等特殊日的报道为例，说明报道策划中的技巧和应注意的问题。

一、追寻历史 展望未来

时间的一维性告诉我们，历史的发展都是由过去到现在至将来的。从历史的角度来策划特定日的报道，就是遵循时间运动的轨迹，来反映一个过程，描述一种现象，揭示一个规律，讲清一个道理。这种报道，让人们从对历史的回顾中看到未来发展的方向和前景，坚定信念，鼓舞士气，找到自己奋斗的目标。这一类的策划以国庆日、建党日、解放日等为多。

(一) 国庆节报道

国庆报道是全国所有的新闻传媒年年都要做、年年都争取出新的报道，了解和总结其间的情况和经验，对于我们搞好以后的国庆报道和其他方面的报道都是大有好处的。从历年来的国庆报道中，可以总结出以下做法和经验，以供参考：

1. 让枯燥的数字活起来

数字是国庆报道的一个必不可少的要件，因为数字最能充分而客观地反映共和国的进步。而数字的运用又是新闻报道中的"痼疾"，因为数字是枯燥的，新闻报道则要求鲜活、生动。在国庆报道中处理大量的数据时，都注意运用编辑手段，让数字在版面上活起来、美起来，以达到"化枯燥为神奇"的效果。

2019 年 9 月 30 日，在即将迎来中华人民共和国 70 周年庆典之时，新华全媒头条发布新华社文字通讯稿《人间正道是沧桑——献给中华人民共和国 70 周年华诞》，稿件以"青春之中国、奋斗之中国、人民之中国、世界之中国、未来之中国"5 个小标题布局，这些内容包括：从梁启超、李大钊的奋力疾呼到毛泽东《论十大关系》、"小平小道"上对改革开放的思考等标志性人物的关键细节；祖孙三代司机"一碗馄饨"诠释铁路发展等重大成就的崭新注脚；设计师程不时从"纸飞机"到"大飞机"，中国女排在日本"首次夺冠"到"十连冠"，等等，文中通过同一人物或事件的今昔穿插对比，构成的故事细节颇有"大珠小珠落玉盘"之效，全文共有 43 个有名有姓的人物，从不同角度折射出 70年的沧桑巨变。

在近些年的国庆报道中，不少报纸在报道数字事实方面创造了许多有效的新经验、新办法，但是，如何报道好数字仍然是搞好国庆报道的一个问题。其中最大的困难也许是弄清楚哪些数字该报道，哪些数字可以不报道。专业统计数据与传媒受众的要求毕竟不是一致的，所以，国庆报道如果能抓住那些受众可以感知的数字，充分运用编辑手段进行形象化的宣传，也许效果会更好一些。

2. 选择受众看得见的事实

建设成就宣传形成多年国庆报道中的一大特色。纵观多年的国庆报道，各报的建设成就宣传在反映重点工程建设、城市发展等"硬"内容上做了文章的同时，在制度建设、观念更新、生活习惯的变化这样一些"软"内容上出力，让人们感受到生活所发生的变化。

　　经济日报微信公众号推出"数说 70 年"数据新闻可视化系列短视频产品，主体投放平台为移动终端，从消费、饮食、大国工程、数字经济、生态、外贸六个方面，以具有纵深感的视角，具有话题性的内容，充分展现人民生活在 70 年历程中不断改善并持续提升的发展过程。这组作品为适应互联网传播量身打造，将单调枯燥的数据制作成网民喜闻乐见的新闻产品，是重大主题宣传中一次很有价值的探索和创新。①

---

① "数说 70 年"数据新闻可视化系列短视频产品［EB/OL］．［2020-10-14］．http://www.zgjx.cn/2020-10/14/c_139439652_2.htm.

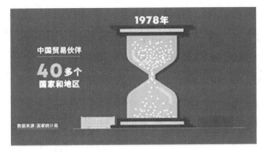

《经济日报》"数说 70 年"外贸方面短视频截图

从"硬"成就中报出"软"内容，使读者既看到建设成就的巨大，也感受到生活所发生的变化。这一点值得在改进国庆报道中加以借鉴。

3. 以独特视角折射祖国巨变

与报道宏观成绩、宣传建设成就互为补充，表达个人感受在国庆报道中从另一个角度表现了祖国前进的微观变化。举办个人征文是近年来国庆报道表达个人感受的一个"常项"。

《人民日报》《光明日报》和《经济日报》在国庆报道中曾举办过个人征文。这些征文往往是从个人（或亲人、家庭）的角度入手，从微观从侧面反映我国人民在精神面貌和生活状况上发生的深刻变化，一般都具有可亲、可信、贴近性强的特点。为庆祝中华人民共和国成立 70 周年，《人民日报》特别开设"我与新中国"征文，征集大众与新中国同行的故事，展现 70 年中一个个闪亮的瞬间，叙述一段段难忘的记忆。

有时候，转变一个角度，换一种思维，就能让报道出新意。2019 年 9 月 27 日，新华社策划推出微电影《新中国密码：15665，611612！》，为新中国成立 70 周年献礼。一时间，风靡网络的"15665，611612！"，实则是影片中歌曲《没有共产党就没有新中国》曲谱手稿上，第一句旋律的简谱。微电影将这首"老歌"进行了新的改装，并将韵律节奏与影片情绪浑然吻合，以达到贴近群众的互动活动，多渠道为受众营造史诗风格的现场感和代入感。微电影时长 13 分 14 秒，寓意"一生一世"，以歌曲《没有共产党就没有新中国》为主线，以歌曲作者曹火星女儿的讲述、曲谱特效为意象贯穿全片，运用富有创意和冲击力的表现形式，生动展现了中国共产党带领人民不懈奋斗，迎来从站起来、富起来、到强起来伟大飞跃的壮伟历程。

4. 向先烈致敬，激励后人

2021 年 7 月 5—16 日，《湖南新闻联播》推出 11 集专题报道《为有牺牲》（该专题获评第三十二届中国新闻奖二等奖），每集时长约 13 分钟，以时间为脉络，讲述了建党初期、土地革命、抗日战争、抗美援朝、三线建设、洞庭湖治理、抗洪抢险和脱贫攻坚等时期的英烈或英雄群体的感人事迹，致敬为建立、捍卫、建设新中国英勇牺牲的革命先烈，致敬为改革开放和社会主义现代化建设英勇献身的革命烈士，激励今天的人们在困难挑战面前坚韧向前、甘洒热血、敢于担当、勇于胜利，在新征程上创造新业绩。

为了做好《为有牺牲》系列报道，湖南广电新闻中心主动设置议题，精心策划，组成

11个采访组,分赴全国各地,挖掘鲜为人知的牺牲故事,累计采访素材近60小时,以时间为脉络,一一致敬为建立、捍卫、建设新中国,为改革开放和社会主义现代化建设英勇献身的"韶山五杰"、何叔衡、杨开慧、左权、抗美援朝英雄黄金菱、抗洪英雄高建成、青山女儿方璇等革命烈士。节目紧扣"为有牺牲"这个主题,弘扬伟大建党精神,激发了人们在新时代伟大进程中蓬勃向上的动力。

每集节目以严谨客观的态度挖掘史实,以独具匠心的形式探索叙事规律,使历史真实与艺术真实达到了统一。《为有牺牲》将故事线、情感线、思想线交织融会,共同推进情节发展。11集专题片各集围绕相应的主题思想,立足主体事件,以连续不断的悬念推动情节层层展开,递进有序、层次清晰地解读了应运而生的人物精神世界。每集结尾设置英雄谱部分,通过这一呈现形式画龙点睛式地烘托出湖南英烈不是一个人在奋斗、在牺牲,而是一群人、百万人、千万人为了共同的理想在牺牲、在奋进。①

(二)城市解放日纪念报道

人的生日、国家的生日都有值得庆祝的意义。对于一座城市来说它也有生日,除了古老城市的建城日外,选择它在共产党的领导下获得新生的解放日也是有意义的。于是就有了城市解放日报道策划这一主题。这种报道策划由于各座城市的报纸都会遇到,因而成为一种较为普遍的新闻策划。

2019年是上海城市解放70周年,上海广播电视台融媒体中心于2019年5月26日推出时长近3.5小时的《城市荣光》特别报道。这场直播由"光明之声""上海曙光""城市新生"三个篇章组成,聚焦从1949年"接管大上海"到2019年"改革开放再出发"的辉煌历史和卓越功绩,以创新的视觉手段、古今"穿越"的虚拟技术,无人机与记者的"地空对话",呈现出解放和发展上海的不凡智慧,展示这座城市70年来的巨变。《城市荣光》在东方卫视、上视新闻综合频道、看看新闻网端、ShanghaiEye新媒体端同步直播,取得了很好的

---

① 中国新闻奖背后的故事 | 唱响主旋律 用新闻匠心致敬时代[EB/OL]. [2024-07-10]. https://moment.rednet.cn/pc/content/646655/54/12034108.html.

收视率和传播效果。①

　　巧妙用报纸的版面数，使之与纪念日的年数相吻合，是近些年来不少报纸采用的策划方式。进行此类报道，有以下几个问题需要注意：

　　一是报纸的费用问题。出版这样的纪念专刊，报纸需要大量加张，而报价又不变，报社需要从全局考虑，自己的经济状况是否允许。一般来说大多是靠多拉广告来解决的。这里又有两个问题，一是当地的广告总量有多少，加张所需要的补贴能否通过征集广告来解决；二是有多少广告客户愿意在这个时刻做广告。广告的流量与时间季节是有关系的。有的城市解放日或报庆日是在广告的旺季，此刻多加几张广告就比较容易，否则就比较困难。这是策划人不得不慎重考虑的问题。

　　二是广告版面在整个专刊中的位置问题。加张出版需要广告支撑，而广告多了就会冲淡宣传效果，给人以滥竽充数之感，吃力不讨好；广告少了，经济上又吃不消。不少报纸在反映城市巨变时拿出十多个版面给各地区，既反映了当地的发展，又有了经济补贴，一举两得，非常值得借鉴。

　　三是内容的安排和版式的设计。纪念专刊的内容一般来说是很多的，不论是 100 年还是 50 年，需要回忆需要展望的东西都是很多的。按照历史、现实和将来的时间顺序来安排内容是一种常见的方法。问题是这三者的比例该各占多少，需要研究。一般来说，如果采访中发掘的历史珍闻较多，不妨多用些版面反映那些能够引起老年人回忆、给青年人新奇的文字和图片；对于现实是不能轻视的，问题在于要用新的视角新的表现方式给人以新的感觉；展望未来是美好的，在此要把宏观规划用图表、数字和照片等具象的东西反映出来，要有理念，要有诗意，要有美感。

　　四是正常报道与纪念专刊的关系。新闻是时时刻刻发生的，不能因为出专刊而停止。报纸不同于杂志，不能让读者有因专刊而失去知道当日新闻的遗憾。如有的报纸拿出 16 个版面来反映纪念活动和当日新闻，这样处理较好。对于面向全国的大报来说，还要内外有别，在版面内容的安排上动脑筋。纪念专版在本市出版 50 个版，而在外地仍然可出 16 个版。对于外地读者来说，在 16 个版面中已经看到了纪念专刊中的精华，对于本地读者来说又详细了解了本市的情况，而且便于发行，经济上也划算。

《"七十三载，我们再出发！"》稿件海报

　　① 吕圣璞. 重大主题新闻直播报道的守正创新——以上海广播电视台融媒体中心《城市荣光·庆祝上海解放 70 周年特别报道》为例[J]. 新闻战线，2019(17)：61-62.

　　与城市纪念日紧密相连的是该城市的媒体纪念日。2023年3月4日是云南日报社的73年社庆。73年的创造发展,云南日报报业集团已发展为以《云南日报》为龙头,主管主办9报9刊,拥有云南网、云报客户端、云南号等多平台账号组成的全媒体矩阵,所属报刊、网站、新媒体综合有效受众超4100万,是云南省主流舆论宣传的主渠道、主阵地、主力军。社庆前夕,云南日报报业集团统筹部署,在社庆日推出了《云南日报》创刊73周年的整套策划报道。

　　此次策划报道,《云南日报》深挖发展中的点滴细节,进行多视角全景式展现,既回顾了峥嵘岁月又展望光明前景,记录了在历史发展中《云南日报》始终秉持"主流思想、权威资讯、人民心声"的办报理念,始终与党同心同德、与人民同向同行。下面仅介绍2023年3月4日该报推出的《特别策划丨今天,〈云南日报〉收到了一份特别的礼物》。

　　稿件以云南日报报业集团同云南大学、云南师范大学、昆明理工大学共建融媒学院的实习生发来的"感谢信"为切口,回顾了实习生们的成长点滴,记录了新闻人优良的传统过程。

《今天,〈云南日报〉收到了一份特别的礼物》稿件海报

　　书信是一种向特定对象传递信息、交流思想情感、传达生命体验的载体。亲笔写信不仅可传递信息,同时也能传达写信人的思想情感。在云南日报社73周年社庆到来之际,云南大学的40多位实习生陆续给云南日报社寄来感谢信,纸短情长,见字如面。

　　同学们在来信中写道——

　　　　"在《云南日报》实习这段时间里,老师们指引着我,让我学到了新东西,并且更好地将学校学到的知识与实践结合起来,真切地感受到了自己的成长。"

"谢谢《云南日报》每一位老师们的耐心指导和鼓励,让我有了一段难忘的实习经历,这些经历都是我在以后前行道路上的宝贵财富。"

"从采访前资料整理、实地采访,到采访后新闻稿件的撰写与修改,我在《云南日报》老师的帮助下穿梭于一个又一个生动鲜活的新闻现场,感受到媒体人的真实状态,同时也在一篇又一篇稿件中锻炼了自己的新闻写作能力,这些都让我感受到了媒体工作的魅力。"

……

该策划展现了《云南日报》新闻人带领实习生奔赴新闻现场捕捉新闻瞬间、倾听人民心声守望公平正义……用行动践行新闻人初心使命的场景,记录了他们在新闻事件的采写、编发等参与中的真实感受和成长点滴。该策划稿件刊发后,引起了媒体工作者、派出实习生高校实习生等的强烈共鸣,同时获得了来自社会各界的广泛认可。来自复旦大学对口支援的云南大学新闻学院院长廖圣清教授,十分关心学生们的成长,特别向社会和学界介绍了《云南日报》的这次创新策划。他指出:"'感谢信'是实习生送给云南日报社73周年社庆最厚重、最珍贵的'礼物'。在实习中,报社同仁毫无保留地向他们传授工作技巧,回忆起实习的点点滴滴,同学们心里充满着感激和快乐。《云南日报》围绕书信内容传递'传承、成长',是一次富有创意的媒体策划!"

(三)建党纪念日报道

每逢建党周年纪念日,特别是整十周年之际,党报党刊都会将其作为新闻宣传的重头戏。打开"七一"前后的报纸,闪烁着智慧光芒的独家策划、独特的编排、别具一格的版面,扑面而来,这些精彩纷呈的亮点,让读者喜闻乐见。建党纪念日的报道策划有如下成功的思路:

1. 纵览辉煌党史,写活革命英杰——连续报道大气磅礴,令人回味无穷

2021年7月1日是中国共产党成立100周年纪念日。中国之声立足广播特点、发挥独家优势、调动全媒体资源,通过现场直播、系列报道、专题专栏、融媒体节目等各种传播手段,集中推出一批具有高品质、高口碑的精品力作,营造共庆百年华诞、共享伟大荣光、共铸千秋伟业的浓厚氛围。

7月1日全天,中国之声开启"七一"特别直播——《百年华诞 领航扬帆》,打破原有节目样态,第一时间对习近平总书记在庆祝大会上发表的重要讲话进行解读;围绕庆祝大会的组织、设计、合唱、献词等各个环节专访核心当事人进行"解密";呈现上海、嘉兴、西柏坡、遵义、井冈山等红色纪念地正在进行的建党百年庆祝活动;报道多国政党政府领导人和友好人士对中国共产党的祝贺和高度评价;同步转播庆祝建党百年文艺演出《伟大征程》。

6月29日,中国之声推出"七一勋章"颁授仪式特别直播《百年风华 勋章闪耀》,围绕"七一勋章"获得者从驻地出发乘车前往人民大会堂及颁授仪式两个重要环节,精心策划

设计了衔接流程，直播突出仪式感与庄重感，兼具历史感与现代感，展示建党百年的厚重历史与当代共产党人的时代风采，讲述功勋党员可学可做的事迹，宣扬他们可追可及的精神。特别直播精心梳理和集纳 29 位"七一勋章"获得者的精彩语录，围绕他们身上所折射的共产党人伟大精神——"敢教日月换新天"的革命精神、"千淘万漉只为真"的创新精神、"俯首甘为孺子牛"的奉献精神、"千磨万击还坚劲"的奋斗精神、"一片冰心在报国"的爱国精神等不同主题，聚焦红色后人、航天新人、青年先锋等群体的接续奋斗，反映这些宝贵精神财富的代代传承，特别是在青年一代中的赓续与发扬。[1]

2. 着眼共产党员，表露群众深情——策划贴近百姓，亲切生动

2021 年是中国共产党百年华诞，长江日报社编委会认为除了重大主题专题报道策划，更要有共产党员。编委会发现黄陂区李集街朱铺村是一个重大典型，以《立起样子跟党走——一个全国乡村治理示范村的成功密码》为题隆重推出报道，并配发评论和照片。此后几天继续发酵，《长江日报》连续报道：《网友热议乡村振兴"领头羊"》《党的领导在农村就像灯塔》《村民点赞为民办实事的好书记》《朱铺村党史教育馆成为汲取力量的源泉》《村民积极出点子让村子更美》。

3. 寻访报道，纪念历史的另一种方式

《湖北日报》在建党百年的整体报道中，推出《初心百年 荆楚大地的追寻》系列报道，报道以"初心"为主题，突出"精神"主线，创新邀请来自全国 30 多所高校的百余名"00后"大学生参加 21 路采访团，共同探访红色记忆。大学生们通过深入挖掘党史故事，用真情实感的深度报道感染人。"跨越百年的初心对话"成为生动的青年思政课。报道通过青年学生与革命先辈的跨时空对话，以同龄人的视角给年轻一代讲述红色故事，体悟共产党人的坚定信仰和奋斗精神，赋予这组报道新鲜的青春气息、新时代气息。全媒体传播，讲好中国共产党的故事。纸端、网端同步发力，纸媒报道端庄大气厚重，新媒体呈现活泼新颖充满创意，形成了丰富的产品品类和良好的线上线下传播互动生态。[2]

4. 激情歌颂党，尽显独家特色——版面设计庄重热烈，富有新意

2021 年是中国共产党成立 100 周年，2021 年 3—6 月，中宣部会同交通运输部、文化和旅游部等部门组织"沿着高速看中国"主题宣传活动。高速公路作为载体，成为建党百年来中国发生巨大变化的历史见证。在"五一"小长假期间推出的产品中，包括 H5、SVG 等具有交互功能的产品，强调与网友的在线互动，以加深网友的参与感。比如 5 月 1 日推出的《五一最红之旅！云游 3000 公里打卡七大红色场馆》交互式 H5 和短视频产品，让网友与 7 位专属讲解员能直接"面对面"。5 月 2 日的《老乡喊你，上！车！咯》SVG 产品创新产品模式，伴着背景音乐，网友点击产品上的小喇叭，一路体验这条"会说话"的沪渝高速。5 月 3 日《连霍高速"西游记"，打卡八大"国家宝藏"》H5 产品，让网友在交互中踏

①　陈怡. 多维度拓展重大主题报道空间——中国之声"建党百年"报道的实践与思考[J]. 新闻战线，2021(17)：85-88.

②　初心百年 荆楚大地的追寻[EB/OL]. [2021-02-22]. http://www.hbdysh.cn/2021/0222/68028.shtml.

上现代"丝绸之路"，打卡沿线各大博物馆，邂逅会说话的"国家宝藏"。①

5. 春节报道策划

春节是我国的传统节日，大多数人离开了工作岗位与家人团聚。由于人员休假、减版停刊、减更减量等原因，节假日期间呈现出主流媒体供给侧趋弱、需求侧需求旺盛、自媒体"补位"等特点。主流媒体需要进一步挖掘深度内容，满足受众多元化阅读需求；用沉浸式报道引发读者共情，体现叙事温度；强化一体化推送，提升传播热度。《湖北日报》全媒体组织（2022）"新春走基层"主题采访活动，让记者到火热现场挖掘有深意的新闻素材，用沉浸式叙事手法体现作品温度，借助全平台推送加大传播热度，春节期间 8 款融合新闻产品阅读量超千万次，其中系列报道《江城跨年十二时辰》全平台阅读量超 1.6 亿次。

他们在报道中注重挖掘"有深意"素材，强化"有温度"叙事，做了不少积极探索。一是挖掘"有深意""有现场"的素材，满足受众多元化阅读需求。注重栏目策划，促进内容创新，大胆地将党委、政府中心工作融进节日报道。通过将发展成就同具体案例相结合，传递祥和、喜庆的虎年氛围。二是强化"有温度"叙事，用沉浸式报道引发读者共情。从小切口、从被采访对象的视角以及人性关怀的视角进行新闻叙事，用沉浸式手法，使读者融入现场，增强新闻代入感，引发读者共鸣共情。三是全媒体矩阵推送，用传播"高热度"实现高关注度。春节期间，通过 6900 多万用户的全媒体融合策划、推送，实现了新闻信息的"高热度"传播，让主力军全面挺进舆论主战场。他们通过精准策划，强化垂直小众传播，满足读者阅读的兴趣。展示现场，增强报道代入感。走进现场是新闻传播必须注意的采集方式，记者采集回来的有现场感的新闻，能够增强读者二次传播的欲望。贴近读者，小故事展示大主题。用小切口、讲故事的方式展示大主题，增强报道亲和力和感染力。融合推广，一体推送扩大受众面，增强了报道的传播力、影响力。②

（四）不同人物的节日报道

选择一个特定的日子对有关人物进行寻访报道或对其工作及生活状态予以介绍，是常用的一种报道策划。

1. 特殊人物寻访报道

2020 年 9 月，中国在联合国大会上向世界宣布了 2030 年之前实现碳达峰、2060 年之前实现碳中和的战略目标。在此背景下，林业碳汇作为当前应对气候变化最经济、最现实的手段，在实现碳中和的过程中，发挥着重要作用。2021 年，安徽省林业碳汇交易第一单在宣城市签约，迈出了探索林业碳汇交易的第一步。

2021 年 12 月 31 日，安徽广播电视台刊播广播作品《老唐卖"碳"记》，该作品以直接经办该项工作的宣城市林业局工作人员老唐为切入点，聚焦林业局工作人员这一群体，采

---

①　韩飞周游. 融媒时代重大主题报道创新范式初探——以现代快报社"沿着高速看中国"主题宣传报道为例[J]. 城市党报研究，2021(12)：41-43.

②　姜远海、陈力峰：节假日报道增强传播力的探索——以湖北日报全媒体"新春走基层"为例[J]. 新闻战线，2022(9)：103-105.

访他们为林业碳汇交易所付出的努力，用讲故事的方式回顾了全省林业碳汇第一单的探索过程。

《老唐卖"碳"记》作者采访中

2. 中国记者节报道

记者节早在新中国成立前就有。因当时没有确定记者节的具体日期，长期以来，我国新闻从业人员一直未过记者节。2000 年国务院正式批复中国记协，同意将 11 月 8 日确定为中国"记者节"。从此，新中国的新闻工作者有了自己的节日。记者节像护士节、教师节一样，是我国仅有的三个行业性节日之一。按照国务院的规定，记者节是一个不放假的工作节日。因此，"记者节"毫无疑问地被广大新闻工作者记取，但又最容易在忙碌的工作中被遗忘。"中国记者节"其实是一个展示行业风采、提升公众认可度的好时机。

2018 年 11 月 8 日是第 19 个中国记者节，国内多家媒体推出了相关专题。《江南都市报》当期头版文章《记者节　头条还是读者》与 A04 版的文章《今天记者节，我们和读者一起过》和栏花"把记者节过成读者节"呼应，报道"记者节进社区"大型公益活动在南昌马家池社区举行，为读者提供一系列便民服务；以"江南记者走心故事"导读 A04 版记者撰写的乔装流浪汉、驻村访脱贫、果断拒红包、帮患儿圆梦等新闻采访经历文章。这期头版突出了记者节，记者的背影是文字拼成的"11.8"，"江南记者走心故事"关注记者的采访经历和职业精神；更突出了记者节对读者的重视，"头条还是读者"引出报社的大型便民服务公益活动。版面设计主题突出，构思巧妙。

《江南都市报》，2018 年 11 月 8 日头版

　　与此同时，一些媒体发起征稿活动来纪念记者节，并通过记者画像来致敬坚守在一线的新闻记者。2018 年 11 月 8 日，《工人日报》联合专业报新闻摄影学会、《人民摄影报》《新京报》等媒体和平台，发起了"我们在现场"记者节主题图片征稿活动，三天时间内征集到了大量记者在新闻现场的照片，只要有新闻的地方，就有记者扛着"长枪短炮"的身影。

　　2020 年 11 月 8 日，《好记者讲好故事 2020 年中国记者节特别节目》在中央广播电视总台央视综合频道播出，13 位记者受邀讲述他们的采访经历和故事，包括武汉抗疫一线、贫困户易地搬迁的脱贫故事等，展现了全国新闻战线在 2020 年重大新闻事件中的优异表现。

　　3. 教师节的人物报道

　　1985 年 1 月 21 日，第六届全国人大常委会第九次会议通过了国务院关于建立教师节的议案，确定每年 9 月 10 日为中国教师节。从这一天起，人民教师便正式有了自己的节日。设立教师节，标志着教师在中国受到全社会的尊敬。这是因为教师的工作在很大程度上决定着中国的未来。每年的教师节，中国各地的教师都以不同方式庆祝自己的节日。通过评选和奖励，介绍经验，帮助解决工资、住房、医疗等方面的实际困难，改善教学条件等，大大提高了广大教师从事教育事业的责任心和积极性，也在社会上形成了一个尊师重教的良好风气。

2022年9月10日是我国第38个教师节,也是党的十八大以来的第10个教师节。为此,教育部专门发出做好2022年教师节有关工作的通知。这一天,《楚天都市报》发表了记者柯称采写的报道《86岁院士爬楼看望98岁老师》,希望更多的年轻人不忘师恩。

张祖勋院士(左)给黄世德老师喂猕猴桃(图据张祖勋院士微信)

报道写道:

9月7日,中国工程院院士、武汉大学张祖勋教授,很少见地发了一条朋友圈:"中秋节前,看望黄世德老师,当然要带一盒月饼,结果走时他非要回送一盒月饼……"张祖勋院士今年86岁,黄世德老师今年98岁。极目新闻记者了解到,十多年来张祖勋院士每年教师节或中秋节都会上门看望黄世德老师。"因为今年过节期间我受邀到同济大学讲课,所以提前去看了黄先生。陪我去的司机拍了几张图,我觉得很好,就发了朋友圈。"昨日,正在上海的张祖勋院士通过电话告诉极目新闻记者。

张祖勋介绍,黄世德一开始在同济大学任教,后来和我国测绘学泰斗王之卓院士等人一起,来到武汉建立武汉测量制图学院(武汉大学测绘学院前身)。张祖勋说:"1958年到1959年,黄先生给我们讲过一门摄影测量相关的本科专业课,他是位非常和蔼可亲的老师。"

据了解,张祖勋不仅尊重老一辈教师,对年轻老师也十分关爱,曾在2017年捐献100万元积蓄设立"教书育人奖",2021年又将自己获得的"杰出教学奖"100万元奖金全部捐出,用于充实"教书育人奖"。张祖勋说:"每年教师节,都有很多学生来看望我,是我觉得最幸福的事。我希望更多的年轻人都能不忘师恩。"

教师节是我国法定节日,需要报道的内容有很多。《楚天都市报》选择了一位86岁的院士看望他的98岁的任课老师,而且是爬了四楼去看望,这些细节本身就有很强的传播效应。这个故事发生在教师节前的 9 月 7 日，如果是教师节的前一天 9 月 9 日或当天 9 月 10 日发生的事就好了。对此，记者已经注意到这一时间点，在报道中作了交代："'因为今年过节期间我受邀到同济大学讲课，所以提前去看了黄先生。'……昨日，正在上海的张祖勋院士通过电话告诉记者。"这样一来，就将前几日发生的故事与教师节的时间距离拉近了。

教师节是尊师重教的节日，尊敬老师自然是重要主题，这篇报道无疑做到这一点。但是，报道还起了一个副标题："希望更多的年轻人都能不忘师恩。"这里强调的是传统、是继承，是老一辈做出的榜样。这样，报道的思想性自然就比一般的报道要深一层了。

二、贴近生活　服务大众

服务性报道，不仅表现在节假日，有时也可利用某些条文法规的发布纪念日来进行。这样既宣传了法规的意义，又确实为读者了解和掌握法规起到了很好的服务作用。

为读者服务、为市民服务是媒体的一项重要任务，时刻都不可忘记。但是，借助于一定的节假日或纪念日来进行这样的报道，效果可能会更好一些。因为这里的时间是特定的，它给人们以特定的意义，人们对媒体宣传的东西就会记得牢；有的服务性报道本身就是为读者节假日服务的，所以更受读者欢迎。

每年的 3 月 15 日是国际消费者权益日。2019 年 3 月 15 日，江西广播电视台王牌新闻栏目《都市现场》打破常规日播的 90 分钟编排，推出 18：00—20：00 两个小时直播的重磅节目——"3·15 特别报道"。10 余名记者冒着一定危险，历时 3 个月卧底进入多个行业进行深度调查，揭露不为人知的乱象和黑幕，维护消费者合法权益，引发巨大反响。部分节目还引起国家市场监管总局高度关注和重视。[①]

像这样类似的法规日、纪念日的报道，一要注意紧扣当年报道主题，二要有创新。如五一劳动节前后，几乎所有的媒体都会策划节日特别报道。

2021 年 5 月 2—5 日，《湖北日报》经济新闻中心策划并陆续推出"火热'五一'我见证"系列报道，4 篇报道连续在《湖北日报》一版刊出，以人物为中心，以细节还原现场。《武汉网红虾店取号员："一天一吨虾"的日子回来了!》，描写武汉街头宵夜"撮虾子"的热闹景象；《黄鹤楼公园验票员张晓雯：我和同事一天笑迎 4.8 万观光客》，展示武汉热门打卡地———黄鹤楼公园景区火爆异常；《阳逻港集装箱调度员刘勇："淡季这样忙，第一次遇到"》，描述阳逻港装卸货物、进出口"两头热"的繁忙；《三环工塑制造工程部部长陈欣："企业这么兴旺，我在生产线上过节十分开心!"》，向读者报告企业生产兴旺的好消息。透过这组报道中生动、可视化的场景描写，读者既能感受到武汉商业、旅游市场持续向好，又能看到湖北制造业、外贸进出口强烈复苏的信号。此次策划不仅在劳动节当天致敬了一线劳动者，同时反映出湖北活力回归、经济恢复、信心提升，可谓一举两得。

---

① 江西广播电视台《3·15 特别报道》[EB/OL].［2020-10-14］. http://www.zgjx.cn/2020-10/14/c_139436987.htm.

下面谈一谈假日经济的报道策划。

所谓假日新闻，从广义上讲是指报纸、广播、电视甚至网络等媒体在假日期间报道的所有新闻。从狭义上来说，是指媒体围绕假日经济，以及与人民群众的经济生活密切相关的事实，以引导消费、服务市场为主旨，侧重宣传服务性的经济新闻报道。

假日经济不仅为假日新闻的产生创造了前提，而且也为后者的发展带来了机遇。有资料表明，国外现代报业节假日呈现增版趋势。我国一些目光敏锐的新闻媒体为了抢得先机，争夺节假日市场上新闻报道的主动权，下足了功夫，从而使假日新闻出现了相对广阔的报道空间。各类报刊纷纷调整编辑方针，使假日新闻的报道"规定动作"的稿件少了，精耕细作的版面多了，报道的内容、角度能够更多地关注社会生活。

假日经济火了假日新闻，使其成为新闻媒体普遍看好的经济增长点。如何经营、开发好这个热点，不少媒体明显准备不足。一哄而上的报道给假日经济带来一定程度的负面作用。

把假日经济等同于假日旅游，这是当前表现最为突出的认识误区。现在一提起假日经济，人们很自然联想到旅游，似乎假日经济就等于假日旅游。为什么会给人们这样的错觉呢？媒体有不可推卸的责任。随便翻报纸、看电视，在假日新闻报道中，假日经济的内涵十分单一，几乎被假日旅游的报道淹没。一旦临近"黄金周"，报纸、广播、电视、网络就开始连篇累牍、喋喋不休地宣传假日旅游。其实，旅游只是假日经济的一个重要组成部分，从其对国民经济的贡献率来讲，它在假日经济中的地位还相当低。

与此同时，长假将至，媒体的各种软广告也一天天多起来。一些大的报纸，往往在节前一个月就开始扩版添张，为假日来临热身。其内容具有很强的煽动性。如各个旅游景区的介绍、服务行业优惠措施的出台，名为新闻，实则是诱使消费者花钱出去玩。除此之外，各类促销信息有的甚至是虚假信息也是媒体假日新闻的刊发重点。当然，传媒为此受益匪浅，从其经济效益的飙升就可以看出。但是假日消费表面的热闹并没有从根本上带来消费总量的明显增长。同时由于媒体的狂热报道刺激了人们的消费欲望，把一些非必需的潜在消费激发出来，形成了一种即时消费。这类消费行为的盲目性和随意性较大，消费者往往没有经过认真挑选或仔细查看就仓促购物，因此"花钱买伪劣"的现象在所难免。

记者在实际工作中应加强策划，开拓假日新闻。假日经济应该是一个把节日、公众假期都包括进去的"大假日"概念。从消费角度而言，随着人民生活水平的提高，消费者不再满足于过去单纯的消耗型、享受型的消费模式，而逐步开始向智力型、开发投入型转变。传媒如果仍一味囿于原先内涵狭窄的报道方式，显然难以适应受众的需求。媒体应该加强报道策划，让人们认识到假日消费并非只有旅游，而是呈现多元化、个性化的趋势，立体化展示假日经济的深刻内涵。

假日新闻的报道重点应放在受众对假日经济最重视的问题上。在这个层面，媒体可以从以下四个方面做文章：一是把假日经济中的最新动态、消息及时传递给受众。二是在假日新闻里提供一些景区的信息，例如重点旅游城市的天气预报、交通调整、酒店住宿状况，旅游点人数及活动项目等。三是在假日新闻里开辟一个"职介"窗口，一方面可方便用人单位、打工者，提升传媒自身效益；另一方面又均衡了社会财富，稳定了社会。四是针对假日经济中出现的新情况和暴露的新问题，及时进行正确的舆论引导。

随着人们闲暇时间的增多，精神、文化的需求为经济发展孕育了新的空间，被称作"第四产业"的文化产业脱颖而出。文化产业与假日经济应该是互为补充、相得益彰的。媒体在加强宣传假日经济的同时要加强宣传文化消费，促进假日经济与"第四产业"同步发展。

总之，在假日经济的报道上，媒体还有很多工作要做。

在进行假日经济报道策划时要注意以下几个问题：首先，进行这一类策划，一般来说应该提前有一个计划，也就是在节日没到之前就应该把服务专版推出来。特别是一些重大节日，早些天人们就开始打算了，或是走亲访友，或是出外旅游，人们如果能在动身前就知道线路和景点等资料，就方便多了。一些节日菜谱，也该早些日子拿出来为好，当家人好早做采买准备。到了节假日才刊发，就有可能成为马后炮。其次，一定要做好调查，知道读者需要什么，即出力要讨好。时代在发展，市场在变化，读者的需求也在不断地改变。组织服务性专刊，不能老是以自己的好恶和固定的习惯、模式来取舍。一定要真切地知道读者需要什么，一般人需要什么，特殊人群需要什么，一般时间需要什么，特殊时间需要什么，市场最近有了什么，发生了哪些变化，等等。所有这一切都是策划者应该事先了解的，要做到心中有数。最后，一定要注意报道的宣传形式。节假日总是喜庆色彩要多一点，给人一点美感。数字、名字、地址要无误，有的需要用表格罗列出来，给人一目了然的感觉；而且，在编排上要注意方便读者剪裁和收藏。

三、文献资料集萃的报道方法

在特定日的策划报道中，还有一种情况，那就是以本媒体收藏或收集的资料，或以本媒体发生过的事件为基础进行报道策划。新闻媒体由于自身的特殊原因，常常会有较为丰富和难得的历史资料，将这些宝藏挖掘出来有机组合，会产生意想不到的良好效果。

历史是连绵不断发展的，选择某一日进行集中报道，可以使材料更加集中、更加精粹、更加典型。这种策划，既能深刻地突出主题，也能给人以更深刻的印象，极具收藏价值。

2019年10月17日是南开大学建校100周年纪念日，为进一步生动展现南开大学的爱国主义精神，记者围绕南开大学"允公允能，日新月异"的校训，精心策划，采制了《爱国三问，时代之问》《为"能"面壁，九死不悔》《日新月异，永葆青春》三篇报道，从10月15日起连续播出。报道紧扣爱国主义的"南开魂"，将收集的百年来南开人在不同时期为国奉献的动人故事集中呈现出来，生动展现了南开人的爱国情怀，激励更多时代青年为国奋斗，为实现中华民族伟大复兴的中国梦努力。报道集纳了丰富的现场音响，包括2019年1月17日，习近平总书记视察南开大学时师生合唱《我和我的祖国》；同时，还采访到叶嘉莹、李正名、周其林等南开的先生，也有白岩松这样的央视名嘴，还有"入伍南开八学子"、创新创业一线的南开校友。每篇报道都以故事和细节呈现，可见，记者提前做了大量深入的采访挖掘，积累了丰富的资料和素材。

进行这类策划要注意以下几点：一是选择的纪念日要准确，不得有误。二是选择在这一天发生的典型人物和事件。虽然只有一天的时间，但是在一天时间里发生的事情是很多的，报道常规事件显然是没有意义的。选择的人和事，既要在当时就很有代表性，又要与今天宣传的主题相吻合，还要是新近发现或挖掘的历史新闻。三是注意照片的运用。文字可以重写和再访，而历史照片却是无法复制的。所以在一般的纪念日的报道中，对于纪念日的报道，照片的运用更显得重要。应尽可能多地采用当年拍摄的历史照片，有时它比文字稿更重要。

节假纪念日的报道，其难度在于等时距地进行，即每隔一年或每隔一段时间就要重复进行报道。年年都是一种模式、一样内容，报道就无法进行下去，读者看了也乏味。

进行节假纪念日报道的策划，要注意以下几点：

第一，在内容上出新，即选择在这一时刻什么内容具有最强的代表性和吸引力。物质都是在一定的时空中运行的，一棵大树上不可能有两片完全相同的树叶。同一个纪念日，其重要内容不可能每次相同——只要策划者用心，总是可以在求异中出新；在某种时候，也可能发生内容大致相同的情况。此刻，对于策划者来说，重要之处就在于变换角度了。只要角度选得好，有新意，就能写出好文章。

第二，在形式上出新，即用不同于往常的报道、写作和版面形式，将有新意的内容完美地表现出来。形式上的出新也不是孤立的，它必须服从和服务于内容。当我们真正吃透了内容的实质，娴熟地掌握了表现手法，才能取得纪念日报道的最佳效果。

第三，未雨绸缪，要有提前量。上面介绍的一些策划，即便是反映某一时刻某一地点的事、一个版面的稿件，也要提前做出计划来。对于重大的主题，对于多版面的报道，更要有提前量。因涉及的材料较多，参与的人数较多，变化和不定因素较多，只有提前做好准备，才能详尽地占有材料，才能在变化中掌握主动，才能于缺损中予以弥补。这些都是策划中应该注意的问题，特别是纪念日报道的策划。因为，其他报道还可能再来一次，纪念日一年、几年或很多年才一次，机会失去了，可能会造成终生的遗憾。

第四，注重版面设计，给读者以崭新的视觉印象。版面是一张报纸的门面，它给受众的第一印象往往可以决定受众对它的取舍。例如新世纪的第一天，我国各大报纸十分重视对版面的安排。综观当日的部分党报、专业报和晚报，发现这些报纸的采编风格和版面安排既具有共同特征又凸显个性。各报采编风格的共性主要表现在：主题集中，头条醒目，声势浩大；图文并茂，新闻图片不仅数量多，而且占用版面空间很大，成为视觉中心，形成巨大的版面冲击力；印刷质量考究，各报普遍采用套红或彩色印刷，色彩绚烂，印刷精美，具有浓郁的节庆色彩；独家报道熠熠生辉。独家报道和本报社论是报纸彰显个性与特色的一种手段。面对新世纪这一共同主题，各报在追求个性上都异曲同工。在共性鲜明的同时，各报由于性质和任务不同，在报道内容和版面设计上表现出异彩纷呈的特色。党报高屋建瓴，放眼全局；专业报突出专业特色，追求个性；晚报、都市报贴近百姓，生动亲切，丰富多彩。它们共同组成了新世纪首日报纸的五彩画面。

◎ **思考题**

1. 特定日报道策划的难点有哪些?
2. 媒体在进行假日经济报道策划时要注意什么问题?
3. 如何进行特定日报道策划才能贴近群众?

◎ **实践题**

对比分析几家报纸或杂志最新的特定日报道策划，指出它们各自的成功及不足之处，并结合具体的案例分析媒体在进行特定日报道策划时应该注意的问题。

第六章
会议新闻报道策划

　　会议报道是新闻报道中常见的内容，也是探讨较多的报道种类，它既是新闻报道革新的重点，也是新闻报道革新的难点。正确认识会议的作用，走出会议报道上的认识误区，创造和改善会议报道的外部环境，加强会议报道的策划，通过策划来聚焦受众的目光，增强会议报道的可读性，这些已经成为当前会议的主办者和报道者的重要课题。

　　2022年全国"两会"期间，《工人日报》从3月6日—3月11日，推出"推进产业工人队伍建设改革进行时"系列报道。

《工人日报》2022年3月9日头版，刊登文章
《有了"身份证"，技能认定也要"跟上"》

　　这组报道牢牢扣住"工人职称评审""职业教育发展""职业技能评定""职业技能培训"等关切经济社会发展与核心价值观建设的重大时代命题，回应公众特别是广大劳动者聚焦的热点问题。系列报道开篇以消息形式，于2022年3月6日在头版刊登《技术工人的路越走越宽阔》一文，通过4位来自企业一线的产业工人代表近年"路越走越宽阔"的经历，展现了"产改"5年的成就。之后的几篇报道围绕"产改"和"新就业形态劳动者"的主题层层递进，在一版显著版面相继推出报道：《让技能人才能参评、评得上、评得快》，呼吁打通工人职称评审"最后一公里"；《"上职校，不应是'差生'不得已的选择"》，提醒要加强职业教育的发展，让职业教育有吸引力、有前途；《有了"身份证"，技能认定也要"跟上"》，强调要推进新职业从业工人的技能评定问题；《职业技能培训"遇冷"怎么办？》，探讨了让职业技能培训良性发展的路径；《"我很庆幸，成长在这个伟大的时代"》，展现了几位一线产业工人的成长，令人欢欣鼓舞；《发挥靶向效应 培养技能"尖兵"》，展现了职工技能运动会练兵场的重要作用；《江苏工会联系引导社会组织助力"产改"》，强调要发挥社会组织的优势推进"产改"……这些报道实现了对这一主题的多角度、多层次报道，借力"两会"这两个参政议政平台，发出了振聋发聩的时代强音。

《工人日报》这组报道的策划有两个显著的亮点：

一是立足点选得好，既暗含在"两会"这个大的新闻场中，又切合《工人日报》的定位，更重要的是，还紧跟社会现实，反映"产改"5年的成就与展望。

二是系列报道从多个侧面展开，有效配合。有的从工人技能评定问题展开，有的从工人技能培训展开，有的从职业教育发展角度展开，使得这一系列报道形成一股合力，发出"尊重劳动"的铿锵合音。

一、会议的作用及分类

所谓会议，就是很多人聚集在一起议论事件，讨论工作，交流信息，沟通思想。考察会议的历史沿革，大约是从人类有史以来就存在的，人们之所以经常聚会，是因为会议能满足人们的某种需要。尽管信息时代的领导者们大多有了现代化的通信手段，有事可以随时沟通，然而，会议仍然以其能够直接沟通，从而撞击出灵感火花的神奇功效，发挥着它不可取代的作用。

社会上的会议有多种多样，根据组织形式来分，会议只有两种：一种是临时性的会议，一种是依照一定规则结合起来的团体的经常性会议。

临时性的会议是为了处理特别事件或为了某种特别的需要而临时召集的，如地方或单位组织的庆祝会、表彰会、研讨会、新闻发布会，等等。经常性的会议则是为了达到一定的目的而设立的协商处理有关重大事务的组织会议。这种会议通常有严格的议程：大会报告，分组讨论，选举领导机构，讨论通过下次会议的计划，讨论通过其他事项等。如全国每年一次的人民代表大会和政治协商会议，中央和地方的党代会、政府工作会，还有中央和地方传达精神和布置工作的会议等。

根据会议的性质来划分，有以下四种不同性质的会议：

第一种是告知性的会议。这种会议一般只宣布某一事项，听者只有接受、理解和讨论报告的任务。如宣布某项政策法令、物价规定，宣布某项人事任命等。这种会议一般需要由特殊身份的人来宣布。

第二种会议是建设性的会议。这是一种创新意识的会议，如讨论新战略、新策略、新政策、新方法等。举行这类会议，一般来说会安排与会者参加讨论和交流环节，集思广益，出谋划策，把建设性的思想落到实处。

第三种会议是执行性的会议。这种会议主要是把已经决定了的任务分配给执行者，授予执行者一定的权力，由执行者承担相应的任务和责任。这类会议常会安排有代表性的单位和个人，在大会上作表态性的发言，以鼓舞士气，保障和促进任务的完成。

第四种会议是立法性的会议。这种会议有严格的权限限制，会议的代表资格审查极其严密，它受命制定大家都必须遵守的法律、规章、制度等。这类会议一般会邀请立法方面的专家对法律和现实中存在的问题予以解答和说明，帮助与会者理解和提高认识，有利于新法规的实施。

上面四种会议实质上可概括为两种，一种是政策性研究会，一种是执行性协调会。政策性研究会包括目标规划、应急对策、贯彻指示的方法措施、学术交流等；执行性协调会包括布置任务、协调矛盾、组织实施等。①

二、会议报道的作用及现状

会议报道是对会议议程、会议内容和会议精神进行广泛介绍、宣传的一种传播形式。会议报道是新闻报道的一项重要内容，它的重要性主要表现在以下几个方面：

第一，传达中央或上级领导机关的重要工作部署。一段时期、一个地区，总有一些涉及全局的工作要做、要抓，总有一些需要制定或需要修改的政策、法规。召集所有参与者参加会议统一部署显然是不现实的，何况有些精神是需要分层次传达和掌握的。有了会议报道，就可以将这些重要的意图公布于众，让整个社会成员都知道，哪些新颁布，哪些该废止，哪些该执行，哪些有调整。这样有利于思想明确、行动自觉。

第二，传播科学技术文化信息，提高人们的知识素养。在召开的各种会议中，除了政治和政策性的会议外，有很多会议是属于科学技术方面的。人类在改造自然和社会过程中出现的许多新思想、新观念、新技术、新材料是通过一定的会议形式向世人公布的。人们阅读这些会议报道，有利于增长知识，提高自身的知识素养，有利于自己的学习、工作和生活，有利于人们的身心健康。

第三，传播体育、文化、娱乐信息，丰富人们的业余生活。有很多会议涉及赛事、演出和游玩，而赛事的安排、名次的排序、奖项的揭晓和颁发、新人的推出、新项目新规则的制定、新线路新方法的实施，等等，这些都是人们所关心的。这类会议报道对于丰富人们的精神文化生活是大有好处的。

第四，通报重大的灾难、事故、案件，人事变更。天有不测风云，人有旦夕祸福。人们希望安定祥和的生活，但是，突发的重大的意外事件总会发生。比如有关地震、火灾、水灾、车祸、海损、劫机、政变、战争及地方、中央和国际中的重要人事变更，很多是通过会议来发布的。人们对于这一类的会议报道是非常关心的。

① 王健刚. 领导科学与领导艺术[M]. 上海：上海交通大学出版社，1985：167.

综观会议,或传达文件,或布置研讨,或总结经验,或表彰先进,或知识讲座,或学术研讨,其本身就是各种信息的储源。因此,开发会议报道的资源,把握和体现会议报道的自身优势,掌握会议的本质,搞好会议报道策划是十分重要的。

会议多是我国的一大国情,虽然中央一再要求从"文山会海"中走出来,减少不必要的会议,但由于各部门的重大事件都必须在会议上讨论决定,加上各种总结会、年会、例会、座谈会、茶话会,可谓五花八门、种类繁多。为了突出部门业绩,扩大社会影响,各种会议的主管部门热衷于邀请新闻媒体对会议予以报道。为了提高会议的规格,引起媒体的关注,他们还尽力邀请领导出席讲话,而这些讲话往往是由各部门自行起草,领导照文宣读。这种让部门讲话变成领导讲话的转变方式,使我们的媒体对一般性的会议也不得不派记者到会报道。现在中央将会议报道改革摆到了新闻改革的重要位置,并要求各级领导改进工作作风,深入基层,深入实际,贴近群众,关注人民最关心的问题,解决人民群众急需解决的问题,并积极支持新闻媒体的报道。一些无关紧要的会议不开了,即使召开了,新闻媒体也可以选择不予报道,对会议报道的选择有了相对自主的空间。选择那些与国计民生有重大关联的会议、与人民生活息息相关的会议,放弃那些无实质性内容的一般性工作会议,是会议报道改革的一个重要方面。

2012年12月4日,十八届中央政治局召开会议,审议并通过了《十八届中央政治局关于改进工作作风、密切联系群众的八项规定》。明确规定要精简会议活动,切实改进会风;提高会议实效,开短会、讲短话、力戒空话、套话;要改进新闻报道,中央政治局同志出席会议和活动应根据工作需要、新闻价值、社会效果决定是否报道,进一步压缩报道数量、字数、时长;要严格文稿发表,除中央统一安排外,个人不公开出版著作、讲话单行本,不发贺信、贺电,不题词、题字;要精简文件简报,切实改进文风,没有实质内容、可发可不发的文件、简报一律不发;要规范出访活动,严格控制出访随行人员,严格按照规定乘坐交通工具;要改进警卫工作,减少交通管制,一般情况下不得封路、不清场闭馆;要厉行勤俭节约,严格执行住房、车辆配备等有关工作和生活待遇的规定。

中央八项规定对政治局同志的活动要按"工作需要、新闻价值、社会效果决定是否报道",在实践中,不能将此扩大到所有的新闻报道中。即便报道也要"压缩报道数量、字数、时长"。配合工作的评论和以评论形式出现的文章也该按此运作。这个道理要让媒体人和管媒体的人都知道,共同执行。如何理解"工作需要、新闻价值、社会效果"三者之间的关系?第一,工作需要是报道的前提,没有工作需要就谈不上关于它的报道和如何报道。第二,有了工作需要,不一定都报道,都突出报道,其依据就是新闻价值。新闻价值是是否报道和如何报道的行动守则,这是新闻媒体和新闻人赖以生存和发展的生命线,须臾不可忘却和轻视。第三,社会效果则是检验新闻报道初衷和结果的唯一标准。社会效果包括两部分内容:一是社会影响,即报道后上级领导和主管部门的批示、肯定、嘉奖,这是很重要的;但更为重要的应是听众、观众、读者和网民的良性反应。二是报道对社会工作和人们思想意识所起的促进作用。这是新闻媒体和新闻人的一种社会责任和担当。

中央八项规定施行以来,我国的新闻界出现了新变化:

一是政治、会议新闻报道数量减少。由于中央八项规定强调精简会议、精简文件简报，会议新闻报道的数量也随之明显下降。据《焦点访谈》2014 年 1 月 26 日播出的四集系列节目《八项规定一年来》之一"率先垂范树新风"报道：在精简会议活动方面，2013 年取消拟邀请中央领导出席的活动近 40 次；在改进新闻报道方面，《人民日报》报道中央政治局常委活动，新闻发稿照总数为 1002 篇，同比下降 14%，新华社共播发中央政治局委员以上领导报道 2300 条，报道数量较往年有较大幅度下降。中央电视台《新闻联播》播发中央领导活动新闻 2200 条，约 3100 分钟，较 2012 年有明显下降。"《人民日报》文章变短了、《新闻联播》栏目变活了，地方党报也搞舆论监督了，新华社还披露领导'隐私'了，领导调研都同步'围观'了……"

二是民生新闻增加，领导干部活动内容减少见报。

三是舆论监督报道开始出现在《人民日报》等中央媒体头版。兰考大火事件，《人民日报》和新华社等连续发文质问民政部，得到外界赞许：这是央媒应有的社会担当。

四是文风向"真"和"实"转变。2012 年 12 月 13 日晚，国家主席习近平会见美国前总统卡特，新华社罕见仅以 96 字报道相关的新闻内容。2012 年中央经济工作会议，是中央八项规定出台后召开的第一个全国性重要会议，中央媒体文风出现了显著的变化。会议报道的新闻稿与往年相比更短了、更实了，以往在文尾罗列大批领导人名单的写法也改变了。央视报道这个会议的"时长"往年要 15 分钟，这次不到 10 分钟，政治局常委活动报道也仅用了 100 多字，让外媒惊呼这本身就是"大新闻"。

2013 年 11 月 15 日，十八届三中全会决议《中共中央关于全面深化改革若干重大问题的决定》发布，指出要健全改进作风常态化制度。围绕反对形式主义、官僚主义、享乐主义和奢靡之风，加快体制机制改革和建设。健全领导干部带头改进作风、深入基层调查研究机制，完善直接联系和服务群众制度。改革会议公文制度，从中央做起带头减少会议、文件。

党的十九大以来，中央、省、市相继出台贯彻落实中央八项规定精神的实施办法，对作风建设提出了更高的要求。为了全面贯彻落实中央八项规定精神，各级单位应切实精简会议，营造良好会风，让工作安排会只有干货、没有水分，尽可能地腾出时间方便基层开展工作；严控发文数量，提高文件简报的质量和时效，提升工作实效。在实践中，不少部门根据本单位情况制定实施规范：着重严把五道关，即严把出口关，力求非确有必要不发文，时机和内容不成熟不发文，可发可不发的不发文；严把法治关，力求公文符合法律法规和法治精神；严把政策关，力求公文符合党的路线方针政策，与现有政策相衔接，凡是政策措施涉及其他部门或其他司局的，一律进行会签；严把风险关，凡是涉及重大公共利益、公众权益和敏感事项的公文，一律进行风险评估；严把文字关，认真落实短实新文风要求。

2022 年 10 月 25 日，二十届中共中央政治局召开会议，研究部署学习宣传贯彻党的二十大精神，其中就审议了《中共中央政治局贯彻落实中央八项规定实施细则》。会议强调，抓作风建设只有进行时，没有完成时。党的二十大对锲而不舍落实中央八项规定精神作出新部署，必须始终把中央八项规定作为长期有效的铁规矩、硬杠杠，抓住"关键少数"以上率下，持续深化纠治"四风"，重点纠治形式主义、官僚主义，坚决破除特权思想和特权行为，推动全党坚决落实中央八项规定精神，全面推进党的自我净化、自我完善、自我革新、自我提高，始终保持同人民群众的血肉联系，始终同人民同呼吸、共命运、心连心。中央政治局的同志要带头弘扬党的光荣传统和优良作风，严格执行中央八项规定，严于律己、严管所辖、严负其责，在守纪律讲规矩、履行管党治党政治责任等方面为全党同志立标杆、作表率。

中共中央政治局会议的"八项规定"，给新闻媒体提出了一系列重大课题：用什么方式、从何种角度来报道会议？怎样把会议中真正贴近实际、贴近群众、贴近生活的信息，准确、及时、充分、生动地传达给受众？其实，有关会议报道的改革问题已经喊了许多年，但从没有像现在这样，提上了如此重要的议程。但是，会议的整体报道、后续报道和深入报道，还需要在实践中不断改进。新一届党中央对改进中存在的问题作了进一步的明确要求，需要会议的组织者和报道者共同努力，任重道远。

三、正确认识会议及会议报道

所谓会议报道，简单说来，大致有三种类型：

一是具有新闻价值的会议报道。即会议的本身就是新闻，该会议具有整体报道的价值。这类会议一般是决定前途、发展的大事，关系到群众切身利益的会议，是群众盼望召开的会议。这类会议群众非常关心，所以，这类会议的召开，本身就是新闻。如：党的代表大会，人民代表大会和政治协商会议，某一时期事关全局的重要会议等。

二是从会议中发掘新闻的会议报道。会议是会议报道的基础，但并不是所有的会议都有新闻可报道的。如一些业务领导部门一般部署工作的会议，有些与读者关系不大，同时又与新闻报道的任务不太吻合，这样的会议显然是不能多报道的，报道出来也只是个会议而没有新闻，使读者望而生厌、生畏，更不谈宣传效果。但是，虽然会议本身不是新闻，但这并不是说整个会议就没有一点可以报道的新闻。这里的关键是看记者如何参加会议，如何看待会议，会不会从会议中发掘新闻。只要记者"身入""心入"，总是可以发现或大或小的新闻线索的。

三是由会议引发的新闻报道。除了新闻会议和会议新闻外，我们还会发现一类新闻，其发生地点虽然已不在会议上了，但是，引发记者去采访报道的由头却是会议。这就是由会议引发的新闻。这类新闻的特点是，它虽然发生在会议上，却与会议本身没有多大关系，但又确确实实是新闻，而且往往是比较生动活泼、可读性强的新闻。抓住这类新闻，往往就能抓住"活鱼"。当记者的，有了这种新闻视角，就会发现许多会议实际上就是一个新闻发布源。在会议当中，我们可以了解到许多新闻线索，虽然这些线索并不是会议的主题，但是只要记者有心，便可以了解到一些新闻事件的来龙去脉、背景材料以及典型人物等多项内容，沿着这些线索深挖下去，就很有可能找到新闻价值大、信息含金量高的新闻，从而写出高质量的新闻稿来。另外，还可以就此对会议进行追踪，对于会上制定、布置的一些措施、办法等的落实、贯彻情况进行追踪报道等。

一般认为，会议报道是一种枯燥的、程式化的东西，以至于部门主任在编前会上报题时，如果本部门会议消息太多，都不好意思向总编辑交代。实际上，会议应该成为都市新闻报道的一个重要对象。为什么这样说呢？前文提到，会议就是许多人聚在一起议论问题、讨论工作、交流信息、沟通思想，参加会议的人来自方方面面，有着不同的背景，代表着不同的利益，只要不是形式主义的，会议对记者来说都是一个极有价值的新闻富矿。那么多人聚在一起，发表自己的意见，提供着各方面的情况和动态，这种能够大量发现新闻的机会，特别是大型的、高级别的会议（如联合国会议、APEC会议、财富论坛和中国每年的"两会"），参会的许多人是万众瞩目的人物，平日里难得一见，如政府官员、企业家、理论家、艺术家，都是明星，他们的即席讲话或阐述一个观点，都可能构成新闻。可以说，这样的会议是重要信息的集散地，是新闻的"富矿"。聪明的记者喜欢开会，并且能够在会议中发现线索，深入其中把握和感应会议主题的脉搏，尽力使思维对每一个信息保持积极的反应，张开创新的触角，抓住全球关注、国家重视、百姓关心的问题，结合实际情况，进行周密策划，使会议报道以轻松客观的面孔面向广大受众。

所以，重大会议报道也是我国新闻界每年必须投入重兵完成的重要任务，搞好这些报道常常会对舆论产生重大而深远的影响。新华社原社长郭超人曾说："一般性的报道好比是一颗颗闪光的珍珠，而重大会议报道则像一根金链，可以把分散的珍珠串成令人眼花缭乱的瑰宝。"①

可见，真正有远见的传媒，往往会在重大会议报道时派出精兵强将，拿出最重要的版面，进行最精细的策划，集中突出地进行全面宣传，充分调动起读者对这一"新闻盛宴"的胃口。这既是媒体自身的要求，也是媒体在激烈竞争中不断强化优势地位的需要，果能如此，何愁"富矿"挖不出足金？何须担心会议报道吸引不了读者的眼光？

令人欣慰的是，近些年来，会议报道存在的弊端已越来越引起各界人士的注意，关于要求改革会议报道的呼声也越来越高，市场经济的巨浪也正在潜移默化地冲击着会议新闻这块积病已久的"顽石"，新闻单位的外部环境也有了一些松动。从近些年的会议报道不难看出，许多报纸在会议报道的形式、内容、视角等方面有所突破。

2019年3月，中共中央办公厅发出《关于解决形式主义突出问题为基层减负的通知》，明确提出将2019年作为"基层减负年"。各省市结合本地实际，制定了关于领导干部带头解决形式主义突出问题为基层减负的具体措施，对解决形式主义突出问题为基层减负作出安排部署，对解决形式主义突出问题为基层减负提出具体要求。如细则指出，要发扬"短实新"的文风，各级各类文件要开门见山、直奔主题，坚决压缩篇幅，防止穿靴戴帽、冗长空洞，突出针对性、实效性和可操作性。为贯彻中央精神，有的地方制定实施细则，如政策性文件原则上控制在4500字以内，报市委的请示、报告，一般不超过3500字。同时，要严格控制发文规格和文件报送。确需制发的配套文件，一般参照上级机关发文形式，不得随意升格。减少普发性文件，避免重复发文、层层发文。未经市委批准，市委各部门、市直各单位、各议事协调机构不得要求开发区和县（市、区）报送公文。上级领导机关需要下级单位报送材料要严格控制，减少基层工作负担。这些举措在一定程度上收到

① 徐一化. 重大会议报道和重大成就报道的策划[J]. 新闻世界，2001(3)：34.

了好的效果。

现在，已有不少地方的领导人、机关单位带头作出表率，减少对自己主持会议的报道要求，出台减少会议报道的有关规定，受到了社会各界的广泛好评。对于长期被官僚主义、形式主义、"文山会海"束缚手脚的新闻人来说，这无疑是一件好事，所以报纸将它搬上了头条。其实，这样的新闻近些年来也不时可以读到。不说地方常有这样的文件，常有这样"开明"的领导人的讲话，就是中央也发过精简会议报道和减少领导人报道的文件，但结果呢？还是大家不满意或不太满意看到的状况。有的地方也可能执行过一阵子，但领导人换了，也就面貌依旧。过不了多久，可能又会有某位领导出面或发文，再强调一遍，结果仍然是在原地画圈子，没有多大的实际意义。症结在哪里，我们该从这些反反复复的"新闻"中变得明白一点，从问题的本源上找一点原因才是。

这些讲话和文件都是一些领导着新闻人和管理着新闻人的领导和部门说出的、制定的。他们的本意或许是好的，但是，他们是否真的按新闻规律办事，只怕要打一个问号。这些讲话或文件都是行政命令，下边自然要执行。不说执行时是否变样和打折扣，就说按此办理就符合新闻规律了吗？未必。什么是新闻，什么新闻的价值更大，谁懂得多一些呢？还应是新闻媒体的新闻人，即媒体领导及相关编辑与记者。到二版去找书记市长，就是贴近实际、贴近生活、贴近群众了吗？未必。

让基层的事、群众的事都上一版或多上一版，就是好事了吗？未必。基层相对于上级总是多数，群众相对于领导也总是多数。将这些多数上一版，多少个一版也是不够用的。即便够用了（那是不可能的），有多少人愿意看这些大家平时都能看到的大体相同的上班、下班、读书、写字、吃饭、睡觉、逛商店、聊大天等琐事呢？所以，不是领导人上了二版，群众上了一版，就是心贴近群众、为人民服务的表现。

如何协调一版和二版的关系，如何协调上级与基层的关系，如何协调领导人与群众的关系，不是靠开明领导人的讲话，也不是靠发多少文件就能解决问题的。靠什么呢？放心让媒体的编辑记者们自己去想办法，让媒体在健全的市场竞争中比拼，好的新闻、有价值的新闻自然会大量涌现。至于是领导人上一版，还是基层群众上一版，让懂得新闻的人去权衡、去比较、去推敲，实践是最好的老师，他们会在实践中提高自己的报道艺术，受众会帮助他们提高自己的传播技巧，市场是最好的评判家。政府干什么呢，为他们提供适宜的生存和发展环境，制定相应的新闻报道法规，干得好的嘉奖，干得不好的甚至坏的批评帮助甚至注销，罚出新闻界。

有了这样"开明"的文件和讲话总是好事；但愿这样的文件少一点，这样的讲话少一点。①

为了搞好会议报道，新闻媒体不可忽视以下两方面的工作：其一，在接到会议通知后，要事先派出记者做好会议前期的调查工作，以决定是否有必要报道这次会议。其二，当确知会议的重要性后，要详细摸清此次会议的主要内容、会议重点，以及将出台什么新的政策？新政策的出台将给国民经济带来哪些影响，与人民群众的衣食住行有何等关联？

---

① 赵振宇. 还是按新闻规律办事好[J]. 新闻战线，2007(8)：5.

只有当我们的媒体吃透了会议的精神后，才能找出会议的亮点，写出令人民群众关注的好新闻。①

四、加强会议报道的策划

有人说，同题竞争，拼的就是策划。会议是新闻的大富矿，但是，怎样从这座富矿中挖出金子，关键在于媒体是如何进行策划的。会议报道对于新闻单位和新闻宣传来说，具有观察的全面性、判断的权威性、信息的密集性、沟通的典型性、决策的导向性等功能。高明的媒体往往会通过自己的创造性的策划活动，充分挖掘其新闻价值，实现新闻要素的优化组合，在保证必须完成会议报道"规定动作"的前提下，力创"自选动作"高、新、尖，以求获得"上头"和"下头"都满意的大好局面。

具体说来，会议报道策划应注意以下问题：

(一)把握会前、会中和会后的报道策略

会议特别是重大会议，它的不同阶段有着不同的内容特征，在报道上需要根据各阶段搞好报道。人民日报社、新华社和中央电视台关于党的十九大报道为我们提供了学习典范。

> 会前：以成就报道为主线，营造良好舆论氛围。
> 聚焦成就，亮点纷呈，视角多元，栏目丰富。人民日报社、新华社和中央电视台积极开设专题、专栏，围绕报道重点，以专访、评论、通讯等形式，深化主题宣传。在党的十九大前期的宣传报道中，三家媒体运用多元的视角，不断丰富栏目内容。人民日报社推出"点赞中国·我这五年"专栏，讲述过去5年，我国在技术、产业、生活等方面发生的翻天覆地的变化。新华社采写长篇通讯，充分展示党和国家事业发生的历史性变革。中央电视台则精心制作《将改革进行到底》《法治中国》《大国外交》《强军》等系列专题片。
> 会中：全方位呈现会议实况，充分报道重要议题。
> 紧跟议题，及时发声，突出重点，深入解读。2017年10月18日上午党的十九大开幕，中央电视台全程直播，人民日报客户端、新华社客户端都参与直播报道。《人民日报》紧扣党的十九大报告重点，在一版刊发《新时代要有新气象新作为》《新思想引领中国阔步前行》等重要文章，及时解读十九大的新论断、新目标、新要求。新华社也在当天推出《划重点！一图读懂十九大报告》《全民共享阅读十九大报告》等新闻媒体作品，迅速被网民广泛转发。
> 会后：聚焦党代会精神，掀起学习热潮。
> 学习党代会精神是每次党代会后的首要政治任务。第一时间宣传党代会精神。党

---

① 钟明明. 新形势下的会议报道改革探索[J]. 新闻界，2004(2)：70-71.

的十九大闭幕后,《人民日报》连续刊发 30 余篇重要评论文章,深入解读十九大的重大政治意义、理论意义、实践意义,把握精准,论述精辟。新华社聚焦党的十九大报告提出的重要思想,重要观点,组织好"十九大报告权威访谈",开设"一日一课"专栏,推出系列评论言论。中央电视台"新时代新征程"专栏,以多种方式传递党代会精神。①

(二)重视会议内容,加强双向互动

不管会议报道如何策划,必须把根基扎在会议之中,即必须重点挖掘会议本身的信息资源。如何在枯燥的会议中挖掘其可能蕴藏的"宝藏",是会议报道中的难点,也是新闻从业人员孜孜以求的目标。

第一,抓住会议的新闻点。会议,尤其是重大会议,是人民政治生活中的一件大事,这就决定了报道的重要基调也应该是严肃的。会议的主要议程,各级领导的重要讲话乃至一些重要的统计数字等,都是报道中必须具备的,而且是必须力争高质量完成的"规定动作"。对于这类内容,记者须睁大新闻眼,敏锐地觉察到在这些厚厚的文件海洋中,哪些是关系到国计民生的重要点,哪些是百姓关心的兴奋点,哪些是亟待解决的疑难点。只有真正抓住这些新闻点,才能将会议报道的本质反映出来,从而提升会议报道的新闻价值,给受众最大的信息传播量,以满足他们的需求。

《中国青年报》2020 年 6 月 10 日一则消息荣获中国新闻奖,就是从会议中"淘"出独家新闻的典型。消息《降低干部舒适度 提升群众满意度 盐城:政府机关用电要为中小学教室"让路"》(记者:李超)是记者在一次程序性工作会议上捕捉的。2020 年 6 月 9 日,在江苏盐城召开的"全市民生补短板会议"上,记者敏锐地捕捉到了市委书记提出的建议,随后记者"瞄准"了政府机关用电为中小学教室"让路"的问题,采访了多位参会人员,并查找了当地相关政策资料,采写了这篇独家消息。记者从政府机关用电为中小学教室"让路"这个角度着手,深入盐城市着力补齐民生短板的"大行动",展现了当地政府向着群众最期盼、最需要处发力,集中力量办 20 个"为民办实事项目"的新闻事件。最后从"降低干部舒适度 提升群众满意度"的角度,展示了当地政府重视民生的"一阵清风"。

其实,抓住会议新闻点的实质就是要求记者改变思想观念,实现由会议主体向新闻主体的转变,即从简单枯燥地报道会议程序变为发掘会议内容中所蕴含的新闻性。唯有如此,记者才能真正成为新闻富矿中勇敢的"淘金者"。

第二,增强信息的权威性。一则信息,如果来自权威信息源,其新闻价值就大。在重大会议报道中,新的报道方式越来越倾向于利用并突出权威的信息源。一是善于使用权威机构的调查数字解释问题、说明问题;二是请专家学者出现在各类报道中,特别是对专业问题予以分析解释或提供有关情况;三是新闻报道多让记者以目击者、亲历者的面目出

---

① 张晓红,赵娜. 重大会议报道的创新实践及启示以《人民日报》、新华社和中央电视台对党的十八大、十九大报道为例[J]. 青年记者,2022(17):9-12.

现，突出记者的所见所闻。安徽省有一位记者曾作为省新闻界唯一一名随会记者参加了全国人大会议的报道工作。在人流如潮的会场上，在浩如烟海的会议文件和代表发言中，他始终保持冷静的头脑，除正常参加大会小会外，他总是拿着安徽代表团代表花名册，挨着串门，和代表们交朋友，这样，很多在小组讨论会上听不到的"活材料"被他淘到了。在电梯内、在餐桌上、在楼道里，他和代表们一起扯东扯西，说南道北，在不经意的地方，有些很能反映事物本质也很有说服力的现场情节让他捕捉到了。因此，他写出了不少较有深度的目击新闻来。在16天里，他写了26篇稿件。这些采访日记、现场短新闻、体验报道、目击新闻力求突破旧框框，体现了内容的权威性和创新的精神，分别被《人民日报》《经济参考报》《安徽日报》等媒体采用。由于这组稿件体现了前瞻性、预见性、实用性和权威性，受到安徽省人大常委会负责同志的赞扬。①

第三，突出情感的贴近性。从事会议报道的记者已发现，要想吸引住受众的注意力，贴近百姓生活几乎已成为一个屡屡得手的法宝。

《中国妇女报》2022年3月9日
推出的"妇女权益"专版

2022年"两会"将要召开之际，关于妇女权益的新闻屡屡冲上热搜。《中国妇女报》在两会报道中积极关注妇女和儿童的合法权益，在3月6日两会开幕时就发表文章《关注妇女儿童发展 回应广大家庭关切》，并在后续的报道中推出了《收养孤儿手续欠缺，养父母能否获取工亡抚恤金》《分手或离婚，彩礼如何退还》《儿媳、女婿能够继承公婆、岳父母的遗产吗?》等系列报道，贴近百姓生活，关心民众利益，受到好评。

情感是心灵的纽带。媒体应想百姓之所想，忧市民之所忧，切切实实地从市民立场出发，从百姓视角入手，真正架起政府和百姓互通的桥梁。《楚天都市报》的记者们提出要用"市民视角"报道会议，笔者认为是极有意义的。"市民视角"就是说记者每次参加会议时，淡化自己的记者身份，换个眼光，当自己是一个普通市民去开会、去听会。记者强化自己的市民意识，就能把握市民想知道什么，关心什么，喜欢什么，从他们的视角看问题，就能抓出受市民欢迎的新闻。②

① 徐一化. 重大会议报道和重大成就报道的策划[J]. 新闻世界，2001(3)：34-36.
② 杨磊. 会议新闻两只眼[C]//楚天都市新闻论集. 北京：新华出版社，1999：339.

第四，转化报道主配角色。以往的会议报道，由于种种原因，往往把焦点聚集在个别领导身上，很多领导也要求媒体对自己做到报纸上有形，广播上有声，电视上有影，而对于一般代表却一笔带过。这样的报道做出来，恐怕也只有某些官员自己去独自陶醉。领导人出席会议，都是讲究座位和发言程序安排的，这是会议记录必须严格遵守的。一般来说，我们的会议报道也应照此办理。但是，领导人的位置与会议消息的重要程度，并不是完全一致的。在某些特殊情况下，会议的一句话就可以成为会议报道的主题。

1976年4月，在全国范围内掀起了以"天安门事件"为代表的悼念周总理、反对"四人帮"的强大抗议运动，但在当时却被定性为反革命事件，违背了人民的意志。1978年11月10日，被人们认为"改变中国命运"的十一届三中全会在京召开。会议期间，对于当时党内外普遍关注的"天安门事件"，几乎各个组都提出了平反的要求。但当时中央高层主要领导对此并不表明态度。在这个问题上的僵持状态被一个偶然的事件打破了，并由此导致了中央对"天安门事件"平反的明确态度。这个偶然事件，就是11月16日新华社从北京市委常委扩大会议通稿中摘发的《中共北京市委宣布天安门事件完全是革命行动》。时间虽然过去很久，但是新华社的这篇报道，却仍然是新中国成立以来中国新闻史上会议报道的经典。

在会议报道的实践中，只要新闻单位和有关部门共同努力，有关会议报道主配角的问题是可以改变的。并且只有切实实现了从领导本位向百姓本位的转移，实现对报道主体的真正关注，才能将我们的会议报道做活，才能满足广大受众的需求，而媒体自身也才能取得最大的经济效益和社会效益。

(三) 跳出会议议程，抓住鲜活内容

很多时候，当记者埋头众多会议资料而头昏眼花，理不出头绪，感到"山重水复疑无路"的时候，我们不妨换个思路，即跳出会议写会议，退一步海阔天空，也许就会觉得"柳暗花明又一村"。当然，要做到这点，记者需要有一双敏锐的"新闻眼"，能很好地识别和运用会议为我们提供的大量新闻线索和素材。

1. 挖掘反映先进执政理念的新做法

采写会议新闻"节外生枝"的另一个切入点，就是要善于挖掘那些体现先进执政理念、能够鼓舞人心的好作风、新做法。

如人民网官方微信公众号消息《习近平：我将无我，不负人民》就是从会议上挖掘来的。2019年3月22日，习近平主席访问欧洲，在回答意大利众议长菲科提问时说："我将无我，不负人民。我愿意做到一个'无我'的状态，为中国的发展奉献自己。"《人民日报》以微镜头的形式记录了这段精彩对话，细腻再现了高访过程中的动人细节，生动展现了大国领袖的人民情怀，立体呈现了我国在世界外交舞台上的风采魅力。文章视角独特，"微"场景中见大道。文章通过领导人对话这一微镜头，引出国家领导人治国理政的大话题，彰显习近平主席夙夜为公的使命担当，刊播后，瞬间引爆网络，国内外广泛转载，成为全网点击量过亿的刷屏爆款。被评为中国新闻奖一等奖。

2. 挖掘折射时代文明进步的好风尚

如果记者应邀参加的只是一般性的工作例会，既不重大也没有什么内容可写，这样的会议怎么报道？如何出彩？这时，记者不妨从侧面去挖掘会议组织工作、后勤服务、现场氛围中能折射时代文明进步，体现社会进步的好做法、新风尚。《扬子晚报》记者应邀参加一个全省银行行长联席会议，会议开到中午 12 时 20 分才散会，正当记者为没有什么写头而发愁时，看见工作人员拎来一大堆盒饭，与会的副省长、银行行长接过去津津有味地吃起来。他立即眼睛一亮，写出了《省长行长吃盒饭》的消息："签起贷款来动辄数千万甚至上亿元的省级银行行长们，昨天在开联席会议时的工作午餐是简单的盒饭，与他们共进午餐的还有副省长、省政府副秘书长等。"这样的会议新闻读起来，确实有一股清风扑面的感觉。当然，会议上出现的与文明、科学新风"唱反调"的现象，也是让报道出彩的好"新闻眼"。《北京青年报》记者在浙江宁波参加一个全国性的医疗器械展销会时，刚进大门就被塞了重达 10 公斤的各种各样的会议宣传材料。记者心里一震，留心起会上的浪费行为来，果然在会议结束后又从保洁员那里了解到：500 个人开一天会，大概会回收 1600 个饮料瓶，其中约 900 个里面仍然有水。后通过采访环保、水利等相关人士，记者写出了《会务浪费：一人被塞十公斤材料 回收饮料瓶半数有水》的消息，提出"尽管建设节约型社会刻不容缓，但是一些细节显示，中国人的'节约行动'仍有很多漏洞有待填补"。文章令人警醒、发人深思。

3. 挖掘富有人情味、人性化的情节

2021 年 6 月 4 日，《嘉兴日报》发表了一则名为《一场恳谈会 更多人情味》的文字消息。文中提道，"当湖街道梅兰苑社区党委书记、居委会主任朱海明说，当天的在职党员都来自各行各业，有农业方面的专家，也有知晓法律的律师，他们既是在职党员又是小区居民，大家能发挥自己的特长和优势，对社区内问题进行针对性和专业性解答。问需于民，也要问计于民，党建引领下的居民自治让社区注入了更多的'人情味儿'"。展现了党组织在基层治理中发挥的战斗堡垒作用，便民利民的形象增添了不少人情味。

4. 挖掘具有警示、警醒意义的反常现象

2020 年，党中央印发《关于持续解决困扰基层的形式主义问题为决胜全面建成小康社会提供坚强作风保证的通知》，鲜明提出"不做自以为领导满意却让群众失望的蠢事"。4 月 28 日，《北京日报》发表《"自以为领导满意"岂止是蠢》一文，荣获中国新闻奖二等奖。该文敏锐聚焦于官场上"自以为领导满意"的形式主义乱象，犀利描绘了其现实表征，并且透过现象剖析本质、探寻根源，指出这是权力观、政绩观出了问题。文章论述透彻、行文老练，直言强行将"领导满意"和"群众满意"割裂开来极为愚蠢，唯有不忘初心、心怀群众，以群众满意赢得上级认可才是真满意。在中央屡次向形式主义亮剑的大背景下，此篇杂文无疑具有相当强的现实针对性，读来发人深省。

善用新闻眼观察会议的记者，有时并不直接正面报道会议，而是抓住会议上获悉的某些重要新闻线索，跳出会议进行采访，也能写出有价值的新闻来。一次，湘潭市召开奶牛发展座谈会，讨论很热烈，会议开得也很成功。但一位记者没有去正面报道会议，而是采取"弃星摘月"的办法，从会议上了解到该市最大奶牛场是由一位银行行长助理辞官后办的，于是从这一典型事例着笔，很快写出了一篇《不恋"银窝"恋"草窝" 银行干部何鹏辞官办起湘潭最大奶牛场》的消息，反响很好。可见，会议报道还是能出独家新闻的，关键是要能抓住受众关注的东西，在听会时要竖起耳朵，千万不可大意，认为有了会议通稿就可以应付交差的想法和做法是出不了好报道的。

(四)确立报道定位，力争双方满意

会议报道的一个重要难题是如何处理好"上头"和"下头"的关系问题，这里涉及媒体如何定位。媒体定位过高，只重领导，往往使会议报道变成了"文件夹"；定位太低，只瞅着群众，又会使报道丧失严肃性，不能很好地发挥其政策导向及舆论引导的作用。这时，就需要策划者们做到上下结合而"居其中"，从方方面面去衡量报道的内容，找到一个沟通上下、兼顾两方的结合点，达到双方的相对平衡，争取做到领导、群众都满意。这就需要记者有很强的统摄材料的能力，能够高屋建瓴地结合社会形势，恰当地取舍材料，找准落笔处。如今，随着媒体竞争的加剧，策划的难度也相对提高，我们的会议报道不能太"硬"，若都是些宏观大论，只会使读者敬而远之；又不能太"软"，只注重百姓的日常琐事，缺乏研究和分析，同样吸引不了读者。于是，"软硬兼施"当是最佳的选择，很多媒体在这方面已做了有益的尝试，也已取得了相当的成效。

(五)讲求形式创新，凸显会议内容

在如今大众媒体竞争日益激烈的时代，受众有太多的选择机会，这个选择除了报道的内容外，很重要的一条就是报道的形式。一家媒体如不能将内容以受众乐于接受的形式呈现出来，那么，再好的佳肴也只能由烹饪者独自品尝。因此，好的内容必须有好的形式与之相配，内容与形式浑然一体，是策划者一开始就不可忘却的要旨。

第一，破除陈腐文风，更新表达方式。

受众在阅读新闻时，希望能接受最为丰富的信息。一篇新闻作品，除了新闻事实是信息载体外，表达方式也是重要的信息载体。一些会议新闻之所以让人觉得"面目可憎"，除了内容枯燥外，评议干巴、表达单调、文风陈腐也有很大关系。以前，我们经常会感到，一些会议新闻充斥着千篇一律、毫无生气的"文件腔"。行文中看不到记者眼睛、耳朵以及其他任何感官的作用。"文件腔"的泛滥甚至使人产生误解：会议新闻只能这样写。但是当我们看到了新华社记者郭玲春采写的《金山同志追悼会在京举行》《全国新闻者表彰大会在京开幕》等会议新闻名篇时，不由得有醍醐灌顶之感：会议新闻还可以这么写！郭玲春甚至以最难出彩的会议新闻问鼎全国好新闻一等奖，这就向人们有力地证明了会议新闻的表述是有很大的创新空间的。

第二，体裁多种多样，形式活泼新颖。

一般来说，一篇重要会议的报道，都有新精神、新概念的提出，这些新精神、新概念又往往是老百姓关注的新闻点。新闻单位应该抓住这些新闻热点，用特写的手法把文章做好、做足，为读者释疑解难。俗话说，"人靠衣装马靠鞍"，一个姑娘长得再漂亮，如果没有漂亮的衣服来装扮，其美丽也会打折扣。同样地，新闻报道也只有在形式上搞活了，才能吸引读者的眼球。

2017 年，为全方位、立体化做好党的十九大宣传报道，央视网零首页在界面布局与交互形式上创新思维，突破传统，设计推出由"开屏动画""页面封套""特别号外""电视腰封""伴随式浮层"共同构成的特别报道矩阵。(1)5 秒开屏动画，以极具视觉冲击力的方式引领全民对大会的关注。(2)"页面封套"作为零首页党的十九大报道的总提领，既开宗明义点明报道主题，又通过视觉元素及色彩的包装运用，传递出深刻的政治寓意。(3)特别号外，由加精置顶的主副头条，动态更新的图文要闻，可视化表达的轮播大图及原创策划的主题专栏共同构成，四位一体聚合呈现，共同构建打造出无缝式、立体化的党的十九大报道核心区。(4)腰封板块，凸显 CCTV 电视节目看点，强化台网融合，充分发挥新媒体优势，助力中央电视台党的十九大重要节目在互联网平台的聚力传播。(5)伴随式浮层作为党的十九大报道的快捷入口，可实现重点内容的一键触达，有效避免因页面过长用户翻屏所导致的党的十九大报道关注度弱化问题。

该报道页面设计大气，内容丰富，通过文章、图片、视频等全方位多角度介绍、解读党的十九大有关内容。用户可以通过网页中的多个链接，了解党的十九大的议程，学习党的十九大会议精神。同时，网页中针对不同受众的不同阅读习惯，设置了漫画、专题片、短视频、"数说"等具有网络特色的形式解读党的十九大。多种形式的报道相互配合，形成条理清晰的报道矩阵，有助于用户对党的十九大有更全面的认识，更好地学习领会和把握党的十九大精神。

央视网零首页党的十九大特别报道矩阵通过形式创新、界面创新、交互创新、体验创新，为大会的深度式报道提供了强而有力的支持保障，是央视网"创新驱动发展"战略的切实践行。其丰富的组合形式可针对大会的报道进程，实现灵活多样的报道编排呈现，确保了会前预热期、会中集中报道期、会后发酵期、报告精神学习期不同阶段的报道节奏的递进。央视网零首页党的十九大特别报道矩阵模式推出后，获得了业界的普遍认可，被以新华网、人民网为代表的中央重点新闻网站在重大时政报道项目中所广泛借鉴使用，最终获得第二十八届中国新闻奖特等奖。

(六)重视摄影报道，图文双翼并茂

会议的文字报道往往因为政治性较强而易使读者产生疏远感，适当地利用图片图表，形象地解读权威信息，巧妙地烹调密集信息，给会议报道以新意，常会取得事半功倍的神奇效果。在新媒体时代，图片已经成为新闻传播中必不可少的元素。

2018 年 1 月 3 日，中央军委隆重举行全军开训动员大会，习近平主席向全军部队发布训令。主会场 7000 余名官兵威武列队，士气高昂，近 300 台装备整齐列阵，气吞山河，迅速开动展开训练。这是人民军队加强新时代练兵备战的一次崭新亮相。2018 年 1 月 4 日，《解放军报》发文《2018 年开训动员》。文中照片抓拍的大场景逼真生动，官兵们群情激昂，展现了人民军队永远听党指挥的忠诚信念，展现了他们为战而训的敢拼作风。烟尘飞扬，官兵们如猛虎出山；铁流滚滚，现代化装备排山倒海奔流而来，远照近景尽收眼底。凝视这个画面，仿佛从扬起的尘烟中传来大地铿锵的回声和官兵震天的喊声，军心振奋热血沸腾的气势扑面而来，极具冲击力和感染力。

《解放军报》于 2018 年 1 月 4 日发表的《2018 年开训动员》①的配图

　　会议新闻的摄影主要是以人为对象的，所以新闻人物往往成为会议摄影诉求的重点。而人物是最具有变动性的，这就为新闻摄影活起来奠定了基础。会议新闻图片报道应该是抓住新闻对象的瞬间细节来反映时代的本质特征。

　　首先，我们必须明确，新闻照片传递的绝不仅仅是信息，还蕴含着情感因素。情感能强化信息的传播，这是新闻照片之所以不同于文字的优势。现在的读者越来越注重对照片凝聚的情感、张扬的个性的欣赏，而充满情感的照片格外感染人，所以会议的新闻摄影应着重通过照片上人物喜怒哀乐等情绪来尽显人物的独特性格，反映一个个典型的历史瞬间。

新华社于 2019 年 10 月 1 日发表《庆祝中华人民共和国成立 70 周年大会在京隆重举行》，
文中动情拭泪的革命老兵，动人心弦、震撼人心

---

① 该文获得第二十九届中国新闻奖二等奖。

其次，新闻摄影要注重细节，以小见大。细节被称为新闻写作的血肉，美国记者休·马利根说，生动的细节可以使纸面上的文章留在人的心灵上，渗透到人们的情感中去。而新闻摄影也讲求细节描写，即用特写的表现手法，在新闻现场选择新闻事件中的人或事件的某一局部和细节，以小见大，画面简洁，集中概括地突出新闻人物和新闻事件，以引起读者的注意，起到深化主题、增强艺术感染力的作用。

最后，精心编排，力求创新。图片是调整版面的重要因素，事关版面是否能够活起来。好的新闻照片不仅要讲究现场的拍摄，后期的版面编排也是相当重要的，编排事关这幅(组)新闻照片能否产生最优的表达效果。

(七) 版式设计简洁明了，突出会议"信息点"

会议报道通常涉及生活中的方方面面，像加强人民政协工作，推进社会主义新农村建设，解决群众反映强烈的看病难、上学难、住房难问题，扩大农村合作医疗方面，加强科技自主创新，建设资源节约型、环境友好型社会，遏制公务消费等问题，信息量极大。如何让读者在最短的时间里，最快地找到自己需要了解的信息？这就需要在版面编排上下大功夫。

2022 年 3 月 5 日，恰逢北京冬残奥会开幕及全国政协十三届五次会议开幕两个大事件。为了突出重点，《人民日报》将版面左右平分，且将标题颜色设为和报头一样的红色，更为醒目。同时各配两张新闻图片，使得左右平衡且重点明晰。

《人民日报》，2022 年 3 月 5 日头版

(八)多媒体联合互动，寻求个性化突破

在近年的两会报道中，网络扮演着重要的角色，除了互联网之外，手机新闻、手机广播电视以及手机短信、电子杂志等新兴媒体也都积极参与，成为两会媒体报道中的生力军。继"博客"2006 年亮相两会报道后，人民网 2007 年在国内首次推出"播客"这一声像并茂的报道方式。用户利用手机参与两会，代表委员通过手机表达心声，记者举起手机报道两会。如今，两会前夕通过互联网向广大网友征集议题、征求民意已经成为人民网、新华网的常规做法。通过策划"我有问题问总理"、与总书记网上连线等活动，将中央领导和普通网民紧紧联系起来，真正体现了人民参政议政的宪法精神。

不仅如此，多媒体的联动还表现在跨区域媒体合作互动现象：一些分属不同省市或不同区域的多家媒体集团，甚至是曾经彼此竞争或彼此互不相干的媒体集团，在发挥各自地域特色、展现各自优势的同时，展开了多种形式的跨省市、跨区域的媒体联动、媒体互动，联手策划、推出了多组、重磅、系列报道，聚焦共同关注的热点话题，形成一个又一个跨省市、跨区域的全国两会报道新模式。

2022 年全国两会期间，一些来自东北三省的全国人大代表和政协委员，就东北三省共同面临的一个问题——如何保护利用好黑土地，提出了许多科学中肯的建议和意见。针对代表、委员的这些建议和意见，《黑龙江日报》联合两个兄弟省份的省级党报——《吉林日报》和《辽宁日报》，共同着眼国家重大战略需要，于 3 月 7 日同步策划推出"保护利用黑土地携手共筑大粮仓"大型主题报道，包括《黑龙江日报》的《黑龙江：护好"大熊猫"筑牢"压舱石"》、《吉林日报》的《吉林：惜土如金筑粮仓》和《辽宁日报》的《辽宁：走出一条开发保护并举的黑土地治本之路》等多篇报道。报道没有拘于一省一地，而是将三省视作一个整体来共同描绘，力图在保护利用黑土地的实践中探索出一条三省皆可因地制宜综合施策且各自可复制可推广的新模式。①

◎ **思考题**

1. 会议报道存在的主要问题是什么，为什么会存在这些问题？
2. 会议报道的策划要出新意，主要应从哪些方面着手？
3. 请记者参加会议报道要注意什么？

◎ **实践题**

作为一家市级党报，在两会报道时，如何实现报纸与其他媒体的优势互补？

---

① 余坦坦，董晓勋. 变独家取胜为联动共赢——2022 年全国两会期间地方主流媒体联动报道现象解析[J]. 青年记者，2022(9)：66-68.

第七章
社会公益活动报道策划

　　新闻媒体和新闻工作者不仅要忠实地记录和反映身边发生或可能了解的事实，在可能的情况下，还必须积极组织和开展一些有益于社会、有益于人民及有益于自身发展的各项社会活动，并做好这些活动的报道。新闻媒体积极有序地开展社会公益活动并予以报道，已经成为媒体的"第二战场"，它不仅是媒体重要的经济增长点，更是媒体增强自身影响力的重要途径。

　　2022年12月22日，由中国记协新媒体专业委员会组织推荐的2022年十大优秀案例正式发布。2022年6月20日，由中华儿慈会9958儿童紧急救助中心和湖北广播电视台《长江说法》栏目组依托字节跳动公益平台，创立发起联合劝募专项"长江说法儿童紧急救援计划"被中国记协新媒体专业委员会评为"中国新媒体公益2022十大优秀案例"。

　　该救援计划旨在帮助0~18岁的困境儿童群体，通过充分发挥资源信息整合平台和快速紧急救助机制的优势，针对社会上的困境儿童尤其是大病困境患儿实施有效救助。依托《长江说法》栏目，患病儿童家庭在联系9958儿童紧急救助中心后，该平台会联合"长江说法"媒体平台进行扩散化的新媒体报道，开通绿色筹资渠道，让社会能够积极关注和帮助患病儿童。

　　该救援计划发挥了良好的救助功能，截至2022年12月23日，"长江说法儿童紧急救援计划"共计筹款650万余元，支出救助总额为309万余元，已累计紧急救援68个困境大病患儿家庭，涉及烧烫伤、血液病、恶性肿瘤、罕见病等十余种儿童重症疾病。此外，该项目也使得媒体获得了广泛影响力，"长江说法儿童紧急救援计划"共发布公益素材短视频492个，内容主要涉及血液病、肿瘤癌症、罕见病、意外伤害、器官移植等困境儿童重症急救；短视频总播放量16.28亿次，总点赞量1612.81万次，评论量91.56万次，爱心捐款人次达26.44万。

　　该救援计划通过新闻媒体公信力及传播属性、公益组织的救助属性及社会影响力，帮扶困境大病患儿，给予他们医疗救助和生存帮扶，让他们鲜活的生命得以延续，让家庭重拾对生活的信心。①

---

　　① 来源：中华少年儿童慈善救助基金会，《〈长江说法儿童紧急救援计划〉获"中国新媒体公益2022十大优秀案例"荣誉》，https://ccafc.org.cn/content/19011。

该计划是一次媒体与公益的跨界合作。"长江说法儿童紧急救援计划"之所以能够引起社会的广泛关注，并且获得良好的公益效果，在于整个活动的精心策划。

这个案例的第一个亮点在于，在提倡搭建社会救助体系的当下，中华儿慈会9958儿童紧急救助中心和湖北广播电视台《长江说法》栏目组巧妙地发挥了双方的优势资源，有效补充力量，助力构建了高效的社会救助格局。

依托中华儿慈会紧急救助部，该项目能够整合全国优质医疗资源，开辟紧急救助通道，搭建最具实效性的大病困境儿童紧急救助体系，并且依托一定的公益爱心基金作为后续保障；湖北广播电视台《长江说法》栏目则是依托强大的传媒体及专业的传播手段，为推进大病儿童公益救助工作提供了在融媒体时代不可或缺的优质渠道。双方的通力合作使得大病困境儿童的紧急救助工作得以徐徐推进。

"长江说法儿童救援计划"项目图片（来源：中华少年儿童慈善救助基金会网站）

第二个亮点在于网络和新媒体的参与，使活动影响迅速扩大。截至2022年12月，"长江说法儿童紧急救援计划"共举行了9场公益直播活动，包括大型紧急转运、爱心探访行动等；总播放量6822万余次，直播累计筹款额371万余元。其中，"河北烫伤男童康康的成功转运救治"在社会上形成了巨大的正面影响力。除了借助新媒体直播形式，《长江说法》栏目联动各个新媒体客户端账号，例如湖北新闻（抖音）、湖北发布（抖音）、长江云App客户端、科普大讲堂头条账号，大大拓展了该救援计划在整个社会中的传播广度和影响深度。

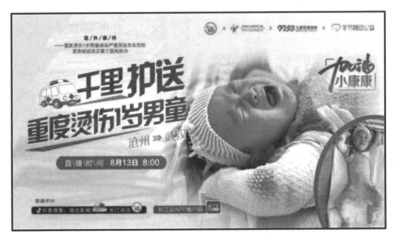

项目联合救助意外爆炸重度烫伤1岁男童直播宣传图片（来源：中华少年儿童慈善救助基金会网站）

新闻媒体和新闻工作者的首要任务就是忠实地记录和反映身边发生或可能了解的事实，并就此发表自己的意见，为历史存真。

一、积极开展各项有益的社会活动

从广泛的意义上来说，新闻工作者也是社会工作者。新闻媒体开展各项有意义的社会活动是题中之义。一般来说，新闻单位开展的社会活动有以下几种类型：

(一)配合中心，研究探索，积极参谋

新闻工作者由于特殊的地位和功能，能够接触到许多涉及党和政府改革和发展中的问题，了解一些社会问题和现象。媒体人作为社会科学工作者，有责任组织一些活动，促进这些问题在某种程度上的解决，并将这些解决和思考的问题整理出来，为历史存真，为推动更大范围的工作提供一些可资参考的宝贵意见。除了促进问题的解决，我们党带领中国人民在新时代取得的重大成就也需要媒体进行报道和记录。

2020 年，中国脱贫攻坚任务如期完成，近 1 亿农村贫困人口全部脱贫，832 个贫困县和 12.8 万个贫困村全部摘帽。2020 年，澎湃新闻"山河"系列报道组瞄准脱贫攻坚的报道主题，推出了《物产中国》系列扶贫公益专题片，讲述贫困县里的物产故事，报道和记录这场历时 8 年的脱贫攻坚战，也试图为中国乡村的贫困问题提供新的答案。贫困群众既是脱贫攻坚的对象，更是脱贫致富的主体。因此，制作组报道的焦点放在了"人民群众"的身上，节目组用故事诠释出，支撑中国乡土发展的内生动力来自返乡创业的青年人，来自学有所成投身家乡建设的大学生，来自留守乡村的独立女性，更来自那份民间的大国匠心。澎湃新闻制作这项公益节目，不仅是要记录脱贫攻坚，弘扬时代精神，更是要身体力行，为贫困县物产的推广和销售出一份绵薄之力。2020 年 12 月，在第九届上海国际文化创意产业博览会上，在澎湃新闻专区集中展示了《物产中国》中呈现的物产，并开启一场趣味带货直播，真正做到了"为滞销农产品带货，为贫困县物产代言"。此外，澎湃新闻与贫困县相对接，在澎湃新闻 App 上线了相应的物产，不仅为贫困县农副产品、非遗文化产品提供展示平台，也再次为贫困县物产带货，给贫困县提供了脱贫新渠道。①

(二)救助贫弱，弘扬正气，奉献爱心

发展中的社会总还有贫穷和富裕的差别，正义和邪恶的较量。一个新闻工作者应该而且有可能为此作出自己的一份努力。我们生活中有许多需要帮助或给予他人帮助的故事，这些故事感人至深，打动着每个人。关注弱势群体的生存状态，救助贫弱，为他们做点实事，体现了大众传媒的责任和义务。这样的社会公益活动，几乎所有媒体都曾经策划实施过。

---

① 田春玲. 新媒体脱贫专题报道，不止拍几集专题片那么简单——澎湃新闻年度扶贫公益报道《物产中国》的采编实践与多维呈现[J]. 传媒评论，2021，327(1)：17-20.

捐资助学是这类公益活动的常见类型。2022 年 10 月 8 日，广西壮族自治区民政厅联合《南国早报》等广西主流媒体、广西福利彩票发行中心发起了第十季"福彩情·学子梦"公益助学公益行征集活动。"福彩情·学子梦"高三学生助学公益行活动，自 2013 年首次举办以来，已连续成功举办 9 年。9 年来，广西福彩中心联合《南国早报》等当地主流媒体，在全区范围内征集家庭困难、品学兼优的高三学生，并利用自治区本级福彩公益金，对通过评审的学生进行资助。每名符合受助资格的学生，最高可获得 7000 元福彩公益金的资助。"福彩情·学子梦"活动的助学金发放分为两个阶段。其中，高三阶段资助 2000元，被国家承认学历的全日制普通本科以上院校录取后再资助 5000 元。随着每年活动的开展，2000 多名寒门学子得以卸下经济压力，轻松备考冲刺，最终圆梦"象牙塔"。

每年春运，几亿人的迁徙，牵动着无数家庭的心，不少媒体抓住这个热点话题开展公益活动。2023 年 1 月 20 日，《南国早报》联合广西运德集团举办的"爱心车票·让爱伴您回家"大型公益活动完美收官，共运送了 500 多人返乡过年。《南国早报》这项公益活动的缘起可以追溯到 2007 年，《南国早报》记者发现，春运期间，由于市场竞争的关系，部分汽车客运企业的客运量并不足，每天都有不少空置的座位。如果把这些空置座位捐出来给贫困农民工群体，对企业来说损失不大，也能做好事。2007—2023 年，《南国早报》爱心车票大型公益活动每年春运准时启动，每年春运都能为几百甚至几千名真正有需要的贫困农民工、贫困家庭人士解决春运回家难问题，得到了广大贫困农民工的好评。这项爱心车票公益活动主要包含两种形式："爱心车票"与"爱心包车"。广西运德集团每天拿出免费车票作为"爱心车票"，由《南国早报》免费发放给贫困人士。"爱心车票"的线路主要涉及广西境内 60 多条客运班线，此外还有发往广东等地的班线。"爱心包车"则由《南国早报》联系工会、妇联、爱心企业、个人共同出资，由报社组织包车并免费发放车票。报社在活动实施过程中，对贫困对象进行了排查，并跟进订票取票的服务工作，对有的贫困农民工家庭还送票上门。这项公益活动也从最初的受争议到逐渐被社会读者认可、称赞，并成为《南国早报》的公益品牌。[1]

媒体组织灾后互助也是近几年常见的救助形式。2021 年 7 月中下旬，河南省遭遇极端强降雨，造成重大人员伤亡和财产损失。澎湃新闻派出 5 路记者前往河南郑州市区、新密市、巩义市、中牟县、安阳市展开防汛救灾采访，及时反馈当地受灾情况及群众灾后生产生活重建恢复情况。澎湃新闻在此次河南暴雨中的公益行动主要有：一是发动全社会为受灾地区募捐。为助力灾后重建，澎湃新闻第一时间协调链接公益机构、筹款平台等资源，于 7 月 21 日、22 日分别与上海市慈善基金会、腾讯公益等平台联合发起上线"防汛救灾驰援河南专项行动""驰援河南灾后重建专项行动"两个互联网公募筹款项目，共为灾区募集到善款 1063 万余元；同时在澎湃新闻客户端和官方微博发布项目信息稿件，并配发专门海报推送传播。二是在网络平台寻找失联者。在河南暴雨中，众多受灾群众因暴雨被迫与家人失散，所需医疗物资与生活物资紧缺。澎湃新闻发起"河南暴雨 寻找失联者"

① 《南国早报》公益新闻策划 离不开"暖角度"[EB/OL].[2019-08-14]. http://media.people.com.cn/n1/2019/0814/c14677-31295228.html.

的活动，通过全网告知失联者相貌特征与其亲人联系方式，试图通过社会力量拯救失联者。同时，澎湃新闻开辟"河南暴雨·求助信息"网页，将求助者所遇到的紧急情况与所需物品全网通告，为求助者提供求救平台。①

《楚天都市报》极目新闻是全国较早介入寻亲直播和报道的媒体。2014年，"打拐题材"电影《亲爱的》上映，张译饰演的韩德忠，其人物原型是多年寻亲的父亲孙海洋。极目新闻的《极目寻亲》栏目2021年12月7日推出第一期《离家14年后，孙海洋携儿子孙卓回乡认亲》，通过一系列直播、文字报道等方式报道了孙海洋寻子成功的全过程及后续进展，引发社会广泛关注。至2023年3月，极目新闻已现场直播各类寻亲

澎湃新闻"驰援河南灾后重建专项行动""寻找失联者行动"图片海报

认亲50余场，见证了多个家庭团圆的喜悦。目前，极目新闻拥有1亿粉丝的全媒体传播矩阵，有着强大的采集力和传播力，已形成《楚天都市报》、两微一端、各类平台号、各类视频频道、各类垂直公众号等50多个极目新闻传播平台组成的主流新媒体传播矩阵。

极目寻亲栏目进行专业化品牌化运作后，与今日头条、腾讯新闻、百度新闻、网易新闻、搜狐新闻、新浪微博等主流平台联动，相关报道多次被高推。极目新闻以媒体身份开展的"寻亲"类公益活动试图回应社会关切，不仅发挥了媒体做深度报道专长，还在整个社会传递了温情故事，弘扬了主流价值观，也满足了"媒体向善"的社会期待。

笔者在评论中写道：

> 阔别二十四载的亲人，终于迎来团聚。在贵州省普安县，父亲沈海江将被拐后日思夜想的儿子沈云贵抱入怀中，生怕再次失去……1999年，贵州人沈海江在云南昆明打工，将4岁的儿子沈云贵带在身边照顾。当年5月的一天傍晚，他做饭时，在楼下玩耍的沈云贵和年龄相仿的玩伴陈勇林一起失踪。今天，沈云贵与家人团聚，而当年的玩伴陈勇林却仍无音讯。认亲现场，大批寻亲者从全国各地赶来，为沈海江父子送上祝福，也希望自己能等来这样团圆的时刻。
>
> 不幸的沈海江一家，终于迎来了幸运时刻——经过24年的不懈追寻，他们团聚了！但是，和沈云贵同时失踪的陈勇林，依旧没有任何消息。沈云贵说，由于当时年

---

① 中国新媒体公益2021十大优秀案例公布，澎湃新闻一项目入选[EB/OL].[2021-12-20]. https://www.thepaper.cn/newsDetail_forward_16320668.

幼，他已记不清与陈勇林相关的细节。

帮助失散的家庭团圆，需要全社会的共同努力。沈云贵回家认亲的仪式上，沈英没有忘记一起寻亲的同伴，她设计了一个寻亲者上台讲述环节，让媒体和网友将焦点聚集到那些还在奔走的寻亲者身上。这些团圆，离不开众多媒体的传播，离不开热心人士的援手，离不开志愿者的无私奉献，也离不开那些像照顾亲生孩子一样含辛茹苦抚养捡来、抱来、送来的孩子的家庭。没有他们，很多团圆根本不可能实现。

2023 年 5 月 20 日，《极目寻亲》报道《男孩失联 24 年后回家团聚》版面和 26 日刊发的评论《愿天下失联者早日与家人团聚》

评论最后写道：

在此过程中，媒体的社会责任、记者的专业表现，赢得了社会的点赞。在信息畅通的现代社会，新闻媒体需要开辟和加强寻亲栏目，争取在寻找"孙卓""沈云贵"们的报道中做得更好，将媒体的责任不断表现在人们追求家庭团圆美满的企盼中。

上述媒体策划的这些社会公益活动，实实在在地用行动阐释了为百姓谋利益的办报宗旨，拉近了和老百姓之间的距离，提升了媒体在读者心目中的形象。慈善公益活动与报道策划之间有着千丝万缕的联系：对于媒体来说，重视慈善报道是有价值的。第一，客观上，慈善报道可以成为新闻竞争的利器。第二，媒体是社会发展的产物，加强慈善报道，体现了媒体的良知；传播慈善文化，是媒体的社会责任。传播慈善的行为，既是追求利益的市场行为，也是出于对使命价值的追求。第三，慈善报道拓展了媒体的功能，提升了报纸的品位。

媒体应积极参与中国的公益行动，与公益组织共同建构全国爱心网络，帮助所有需要帮助的人，促成受助者和施助者沟通渠道的无限顺畅，为推动中国公益事业贡献自己的一份力量。

（三）宣传自身，促进报道，吸引受众

新闻媒体开展各类社会活动，不仅有益于社会，同时也训练和提高了参与者的素质。

> 2021 年，东南网《"闽善行"网络公益活动》获得中国新媒体公益十大优秀获奖案例荣誉。"闽善行"网络公益活动是东南网莆田站利用"互联网+技术创新"开展的网络公益项目，是东南网走好全媒体时代的群众路线，切实深化媒体服务功能，承担媒体社会责任的一个缩影。该项目主要涵盖了"精准助困""爱心助学""智能养老""公益寻人""智能助残"等多个模块。该活动依托线上公益平台，创建了线下福建省首个"莆善情"智能助残服务中心和莆田市未成年人"爱特"服务中心，通过"线上+线下"双向互动，开展入户评残、法律咨询、诊疗评估等精准帮扶活动，打造"莆善情"和"爱特"两大服务品牌。同时，将"网络公益"与"新时代文明实践"相融合，为莆田市 36 个社区开展线上线下便民服务工作。截至 2022 年 1 月，"闽善行"公益资讯栏目已刊发新闻报道近 400 篇，"闽善行·公益寻人"行动已成功找回走失人员 156 人次。2018 年 12 月，"闽善行·网络公益志愿服务活动"在 2018 年福建省学雷锋志愿服务"四个最美"先进典型宣传活动中，被推选为最佳志愿服务项目；2019 年 3 月，莆田市"闽善行"志愿服务项目获得 2018 年全国学雷锋志愿服务"四个100"先进典型最佳志愿服务项目荣誉称号；同年，莆田市"闽善行"网络公益志愿服务站入选"全省学雷锋活动示范点"。①

社会活动的开展，对参与其间的新闻工作者来说也是一种素质的训练和提高。在直播助农活动中，他们进行扶贫救困活动，为困难家庭提供帮助。但同时，人民群众也给记者们以深刻的教育和鼓励，给了他们丰富的精神食粮，唤醒了大家对弱势群体的关注。在直播助农中，青年人在电商行业所展现的拼搏精神，也让记者看到了中国社会昂扬发展的蓬勃生机。新闻扶贫对记者编辑，尤其是年轻人，无疑是一种体力、笔力和毅力的磨炼。记者融入民众，产生的是灵魂的净化，人格的影响，世界观、人生观、价值观的转变。最直接、最深刻的变化，就是记者真正形成了深入实际、扎实采访的作风。而记者们这种思想、感情、立场、作风的变化，对办好报纸将起到长远的、根本性的作用。

---

① 东南网"闽善行"网络公益活动入选中国新媒体公益 2021 十大优秀案例［EB/OL］.［2022-01-21］. http://pt.fjsen.com/xw/2022-01/21/content_30943225.htm。

二、加强策划，搞好社会活动及报道

新闻媒体组织开展各项有益的社会活动，不仅有利于社会的进步，也有利于自身的发展。随着传媒生态的演变，社会活动对于媒体而言有了更加丰富的内涵。在市场经济的大潮中，不管是实行"企业化经营"的传统媒体还是作为独立企业法人的媒体，它们的社会活动在强调公益性的同时，更加注重由活动本身带来的直接经济利益和潜在的社会影响。这和过去以引导舆论、激发热情为重心的媒体活动策划是不同的。但是，这种活动不是随意性的，必须加强策划，使其在科学理性的指导下更好地开展。

(一) 以媒体为依托开展活动

社会活动具有两面效应，一是有利于社会，一是有利于自身。在可能的情况下，最好将这两者有机地结合起来，并以此作为自己策划活动的出发点和终结点。因为，新闻单位毕竟不是纯粹的社会福利单位，开展什么活动和支出都要考虑经济效益。只有将活动定位在既有利于社会需要，同时又有利于自身发展，活动才能办得起来，办得火热，办得长久。

《十堰晚报》2022 年 7 月 28 日 "二十一助·希望工程圆梦行动" 报纸版面

截至 2022 年，《十堰晚报》的 "希望工程圆梦行动" 爱心公益活动已经连续开展了 21 年，成为十堰市具有影响力的公益品牌。20 多年来，"圆梦行动" 共筹款 4000 多万元，为 1 万多名家庭困难学子送去温暖和希望。每年七八月份，《十堰日报》"希望工程·圆梦行动" 的专班记者深入贫困学生家中调查采访，足迹遍及郧山汉水，累计行程超过 3 万公里。记者们通过深入采访全面掌握每个贫困学生最真实的情况，再通过客观真实的报道，呼吁社会各界爱心人士关注这个困难群体，为众多贫困学子圆梦大学而助力。

从 2013 年起，《十堰晚报》连续 9 年开展了 "点亮微心愿" 活动，共为 4000 多名家庭困难的孩子实现了儿童节的心愿，该活动也成为十堰最具影响力的公益慈善活动之一。有汉江师范学院 40 多名学子的暖心关怀；有 70 岁的老人转了 3 趟公交车，将礼物送到孩子手上；有爱心人士一次性认领 66 个孩子的微心愿……爱心企业慷慨解囊，爱心人士默默助力。爱心不仅在十堰传递，还影响到外地。有远在上海、武汉的爱心人士看到报道后，从千里之外寄出孩子的微心愿礼物，帮助孩子圆梦。①

这些活动开展时并没有与媒体分离开来，而是两者有机地结合在一起。活动带活了媒体，扩大了新闻的社会辐射面，使媒体的新闻外延获得了更广阔的空间；而活动的公益性特点所构成的读者参与的广泛性，也推动了媒体更快地走向市场。

(二)抓住热点开展活动

新闻媒体开展活动可以是方方面面的，但最好是大家关注的社会热点问题，只有这样才能吸引受众关注媒体报道；同时，也只有这样才有助于该活动的顺利发展或问题的有效解决。要做到针对性突出、有感而发、有的放矢、匡正时弊，则讲究一定的时效性。

2020 年 1 月，新冠疫情引起全球广泛关注。人民生命安全和财产安全受到极大威胁，全国各地纷纷驰援湖北武汉，为抗击新冠疫情作出巨大贡献。各大媒体和平台发起的"为湖北带货"公益活动一时间爆火。其中，央视新闻"谢谢你为湖北拼单"公益活动获得社会广泛称赞。自 2020 年 4 月 1 日起，央视新闻新媒体联合各大电商平台、生活服务平台和社交平台，联手淘宝、京东、拼多多、苏宁易购、物美、多点、本来生活等数十个知名品牌，启动"谢谢你为湖北拼单"大型公益活动，为湖北的经济复苏贡献一份力量。4 月 6 日晚，央视新闻"谢谢你为湖北拼单"公益行动首场"带货"直播在央视新闻客户端、淘宝、微博等平台开播。这场直播由中央广播电视总台央视新闻主播朱广权和淘宝主播李佳琦搭档，向网友推荐香菇、莲藕、茶叶等湖北待销农副产品。直播通过视频连线的方式进行，约两个小时。累计观看人次达到 1.2 亿，共售出总价值约 4014 万元的湖北商品。网友们纷纷表示，"没机会为湖北拼命，现在就为湖北拼个单"，用这样的方式为湖北经济复苏贡献一份力量，帮助湖北相关产业尽快复工复产。②

策划社会热点活动及报道，要注意以下几点：第一，要考虑这一选题是否为老百姓所关心。只有老百姓关心的选题，做起来老百姓才喜欢看。同时，这一选题是否为政府重视，只有政府重视的事，做好了，各方面才会满意。当然，在选题确定时，有时也可以侧重某一个方面。第二，选题确定之后，所组织的活动、所进行的报道，都要围绕其主题而展开。不可随着情节的延伸使活动和报道无边际地拓展，由此而冲淡主题。第三，选择活动报道的时间。一个活动涉及的问题往往是多方面的，策划者不可能通过一次活动把所有

---

① 沈进虎，陈玉. 正能量报道让向善动能激荡一座城——以十堰晚报秦楚网全媒体公益报道实践为例[J]. 中国地市报人，2021，411(5)：58-60.
② "谢谢你为湖北拼单"首场公益直播销售额超 4000 万元[EB/OL]. [2020-04-10]. https://tv.cctv. com/2020/04/07/VIDEsJGg94JJPovGnjH3n77q200407.shtml.

的问题都解决，只能择其要点或解决一个方面的问题。只要具备这个条件，就可以报道了。当问题已经显露时，如还不能推出报道，那么时机就耽误了；如果问题基本解决或有了解决的办法，报道就可以结束了（特殊情况除外）；如还要坚持报道，就可能画蛇添足或冲淡主题，浪费读者的宝贵时间。

（三）开展活动须导向正确

正确的舆论导向是新闻单位都会注意的，开展社会活动也必须注意这一点。积极正确的社会导向，不仅能使活动开展得健康向上，而且有利于树立媒体自身的良好形象。

> 2021 年，长江日报报业集团联合中共武汉市委宣传部、武汉市教育局开展了 2021 年度武汉"最美教师"评选活动，该活动通过综合网络投票情况和专家组评审，最终评定出 20 位教师获"武汉最美教师"。在网络投票阶段，网友们为"最美"候选人投出了 131 万票，活动浏览量达 349 万。综合网络投票情况和专家组评审结果，9 月 6—8 日，20 位"最美教师"候选人在长江日报大武汉客户端进行公示。武汉"最美教师"各美其美，他们的最美事迹，不仅在武汉人的朋友圈传开了，更在武汉人的心里留下了教育最美的样子。坚守乡村学校的老师郑铭，27 年每年家访上百次，她是每一届学生的"郑妈妈"；体育老师周志成 25 年来"扎根"绿茵场，他滋养出一大批一级、二级女足运动员；"三不"老师汪滟，为孩子减负给自己加压；还有徐杨老师的每日一话……这组报道的导向是致敬教师、弘扬优秀教师的教书育人精神。①

社会是在不断发展变化的，在这个进程中，总还有一些值得提倡或需要反对的、值得歌颂或需要救助的、值得介绍或需要提醒的事情需要媒体报道。可以说，引导大众是一个永恒的主题。如何重视策划活动的导向性，把策划活动做好做细，是一个需要认真研究和不断改进的问题。

（四）有始有终，量力而行

新闻单位开展各种社会公益活动，仅有良好的愿望是不行的，还必须精心策划，使其有始有终，画一个圆满的句号。切忌虎头蛇尾，切忌贪大贪多而又不能行动到底。

> 《杭州日报》从 2018 年开始与杭州植物园共同发起公益项目"绿马甲文明公益行动"，2018 年 4 月，杭州出现了一支新的志愿者队伍，他们身穿绿色马甲，徜徉在青山绿水间，为市民、游客带来一个个有趣美妙的自然故事——他们就是"绿马甲"志愿者。"绿马甲文明公益行动"是由杭州日报科学松果会、阿里巴巴公益基金会、桃花源生态保护基金会联合发起的大型城市公益服务行动，成立之初就树立了远大愿

---

① 武汉 2021"最美教师"评选结果出炉，巨幅海报登上 50 多个户外广告屏以城市之名，向教师致敬！［EB/OL］.［2021-09-10］. https://baijiahao.baidu.com/s? id＝1710480363472949352.

景：通过有趣生动的自然导览，给人们讲大自然的故事，提高人们对自然的认知，建立与大自然的紧密联系，带着大人、孩子探索大自然有趣的地方，治愈现代人的"自然缺失症"，吸引更多人加入生态文明建设，成为像"斑马线让行"那样的城市品牌。

2019 年 9 月，"绿马甲讲师团"成立，把公益自然教育课程送进了学校。讲师团中有资深自然教育专家、植物专家和"绿马甲"志愿者，初期推出了"花朵的秘密生命""熊猫求生记""雨林中的红毛猩猩""诗经里的植物""神奇的蚯蚓"等自然教育课程近 30 门。2020 年，根植于自然的"绿马甲文明公益行动"迎来收获——在省、市两级的 2020 年志愿者服务项目大赛中，"绿马甲文明公益行动"以"林间的小孩"为主题，分获银奖、金奖。2022 年 7 月，绿马甲文明公益行动将联合杭州市园林文物局、杭州市园林绿化发展中心，正式启动"杭州古树名木·绿马甲保护计划"，用绿马甲志愿者的力量，把杭州古树名木的故事传播给更多人，发动更多身边的人，开展保护身边古树名木的行动。每年，和杭州市民如期相会的自然嘉年华等大型自然主题公众活动，各种各样的自然公益导览以及小河长巡河护河等日常活动，让"绿马甲文明公益行动"如一场春雨，随风潜入杭州这座城市，润物细无声，把热爱自然的理念传播到更广更深的维度。①

媒体在策划社会活动时，应做到有始有终，量力而行。基于此，需要把握以下几点：第一，尽量选择便于操作的事件，如《杭州日报》的"绿马甲文明公益行动"活动，致力于生态文明建设，如进行公益自然教育课的讲解等，提升公民环保、生态意识，保护杭州自然生态环境。活动内容明确，便于操作。第二，工作注重资源整合，借助社会力量，确保公益活动的持续性和稳定性。《杭州日报》在进行"绿马甲"活动的运营时，选择 10 家本地自然教育机构，通过与其合作签约方式，一起推动该公益行动。机构通过培训志愿者开展早期活动，测试市民的反响；《杭州日报》则进行活动策划，抓住市民的兴趣点和痛点。通过建立这一公益共同体，使得"绿马甲"在成立初期便能够高效运转。② 第三，选择自己熟悉和可能发挥特长的行当开展活动，如经济日报社与中国国际贸易促进委员会、商务部、中国进出口银行共同主办"中国企业跨国投资研讨会"，对于经济活动，《经济日报》新闻工作者是熟悉的，特别是企业发展、投资，记者更是采访过、报道过，对于如何发展，记者是有发言权的。如果选择记者不熟悉的行当，活动的合作可能会很生硬，结果也可能不理想。

（五）尊重规律，团结协作，相互促进

新闻单位开展社会活动，进行活动的追踪报道，必须尊重社会活动开展的规律和新闻

---

① 从杭州走向全国"绿马甲"获中国青年志愿者服务项目大赛金奖［EB/OL］.［2020-12-02］. https://hznews.hangzhou.com.cn/chengshi/content/2020/12/02/content_7865079_0.htm.

② 陈栋，何岚. 媒体参与公益的新作为——以杭州日报"绿马甲文明公益行动"为例［J］. 中国记者，2023（1）：123-125.

报道的规律，使其相互促进。

新闻单位组织社会活动都是对社会有益的。在此，新闻单位的策划者和参与者，必须尊重该项活动的自身规律，组织好它，促其沿着正确的方向发展。新闻工作者可以发挥自己的主观能动性，扬其所长，补其不足，使活动开展得更加圆满。但是，在这里切忌参与者越俎代庖，哗众取宠，更不允许造假。

新闻报道是第二性的，只有事件发生了报道才可能进行。把策划活动当成闭门造车、凭空捏造是错误的。这种错误，既影响活动的正常开展，也影响报道的进行，自然也有损媒体形象。新闻工作者在活动中既是参与者，又是报道者，这对于记者的采访和报道是有好处的，记者可以写得更细一些，报道得更生动一些。但是，由于报道者又是参与者，容易受到活动的影响，也容易受到联办单位的左右，使其报道产生片面性，这是新闻工作者需要注意的。

三、多媒体联动报道策划

所谓多媒体联动报道，就目前而言，主要是指报纸、广播、电视、网络、出版等媒体在一段时间一个地域或不同地域里，为了共同确定的主题而进行的相互配合、相互促进的新闻报道。它应时代变革而兴起，应受众需要而发展，越来越受到新闻传媒的重视。说到新闻传播策划，不能不讲到多媒体的联动报道策划。

(一) 多媒体联动报道的动机

首先，从媒体自身的需要来看，它能扬长补短，大家都有一种联手求发展的愿望。报纸是一种印刷媒介，具有印刷媒介的各种特点。广播传播速度快，覆盖面广，不受年龄和文化的影响，收听极为方便，成本较低，便于推广。电视是大众传播媒介中运用科学技术的最新产物，普及较快，效果较好。网络媒体以高时速、大容量、宽地域和双向平等传输等优势向传统媒体发起了挑战。与此同时，各种媒体也表现出各自的不足。正是由于有各自的长处和不足，也正是有了适应受众市场的需要这一共同目标，大家才有了互相联手求发展的愿望。

其次，受众对媒体的要求，迫使各媒体不得不加强联手，多出精品。随着时代的发展和科学技术的进步，各媒体在不断地变革和发展，新闻报道在原来的基础上都有了很大的改进，出了不少佳作。但是，受众的需求是在不断变化和发展的，他们对新闻报道也提出了许多新的和更高的要求。单一媒体的报道有时候不能满足受众的要求，因为对揭露或解决某一问题显得乏力。实践要求媒体相互合作，形成合力，这样既有利于把报道做深做透，促使问题解决，同时也有利于多出精品，满足受众的需要。由于媒体相互联动了，为了一个共同的目标，新闻产品做得更精了，也更吸引人了。这既是媒体联动报道的出发点，也是联动报道的最终目的。

(二)多媒体联动报道策划的意义

新闻单位之间的联动报道对媒体在竞争中的自身发展来说,具有十分积极的意义。

第一,有利于媒体之间相互了解和沟通。由于新闻单位的联动合作,不同媒体的新闻工作者能够相互交流,相互拜访,如报纸与电视、广播、网站合作,不同地域媒体合作,中央与地方新闻单位合作,国内和国外的合作等,这样他们能了解、熟悉其他媒体的工作环境和工作方式,学习对方的敬业精神和报道技巧。这对于消除媒体间的门户之见,由"相轻"转而"相亲"是大有好处的,且对于提高新闻工作者自身素质特别是综合能力也是大有裨益的。

第二,有利于集思广益,发挥整体效应。不同媒体的人为了一个共同的目标聚在一起,大家商量选题,确定报道方式,扬己所长,补己所短,智慧火花的碰撞就能闪烁光彩夺目的亮光,就能产生大于单个媒体或单个记者相加的算术能量。同时,由于媒体在一段时间和空间内相对集中利用不同媒体的优势发挥整体效应,真诚面对受众,有利于正确引导社会舆论,促进社会的进步和发展。

第三,有利于节约人力物力,提高经济效益。新闻单位为了抢新闻,不遗余力,不惜派出重兵强将,这些都是无可指责的。问题在于,新闻单位生产精神产品也要讲经济投入,也要讲用最少的钱最少的人办最大的事。在计划经济条件下或许考虑不多,但在市场经济条件下就不能不考虑这一点。媒体间的合作与分工既符合新闻规律,又适应了市场经济的需要。现代科学技术的发展给人们提供了新传播手段,使得人们可以一体化地利用文字、声音、图像等多种传播手段实现一次操作产出多种产品。比如央视"寻访最美村官"活动报道,就组成了"寻找最美'村官'媒体联盟",由全国30余家地方媒体和四家大型网站(中国网络电视台、新浪网、腾讯网、搜狐网)以及《人民日报》《光明日报》《经济日报》《中国青年报》《农民日报》《中国新闻周刊》等报刊合作组成。

当然,新闻媒体的合作还有不少需要改进、完善和深化的地方,如各媒体的优势怎样才能在合作中得到最佳的展现,如何处理各媒体自身的日常报道和媒体间的合作,怎样区别和加强新闻版与专副刊之间的联系,媒体之间的合作在怎样的时间和空间中运行为最佳,什么样的选题最适宜做联手报道,联手报道采取怎样的方式分工合作才最有利于发挥整体效益,如何协调不同媒体在联合过程中存在的问题和矛盾,等等。这些都是新闻单位联动报道的策划者需要在实践中不断摸索不断改进的。

(三)多媒体联动报道在新闻实践中需要注意的事项

多种媒体联动,是一种新事物。要把好事办好,需要多方面的努力,同时需要注意以下几个方面的问题:

1.抓时效性,选题要有提前量

新闻以快速、新鲜为其显著特点,在媒体联动中选题的确定一定要注重时效性。选题尽量与当时发生的事件、现象时差最小,这样对群众的吸引力也就最强,对发挥舆论的导向作用也就越明显。同时,要较为完美地做好公益报道,就需要有提前量,在报道节点来临之前就做好相应的准备工作。前文中提到的澎湃新闻年度扶贫公益报道《物产中国》正是做到了提前挖掘选题和报道，才能贴合脱贫攻坚的时代主题，推出系列高质量扶贫公益片。2020 年是全面建成小康社会目标实现之年。早在 2018 年 6 月，中共中央、国务院发布的《关于打赢脱贫攻坚战三年行动的指导意见》就已明确这个目标。当时便可以预见，2020 年脱贫攻坚的宣传报道是新闻媒体的重大选题。因此，2019 年下半年，澎湃新闻"山河"系列报道组就开始思考和策划脱贫攻坚专题报道。在提前敲定选题后，报道组通过网络搜集，文献资料研究整理，与乡村研究者交流，记者关系网络以及公开征集等多种形式，搜集《物产中国》专题片的报道线索，最终，报道组选定甘肃、宁夏、陕西、山西、云南、贵州、广西、四川、安徽、江西、海南等地区的 15 个贫困县，确定了以 15 种物产为线索，由此为纪录片的录制获得了大量真实可感的拍摄素材。①

2. 抓接近性，满足受众需要

要增强宣传效果，根本性的问题就是要树立受众观点，增强服务意识，真正面向受众，吸引受众参与。选题的安排，既要有利于政府工作，有利于改革、发展和稳定；又要时时从受众的利益和需要出发，为受众着想，为受众做好服务。只有这样，媒体联动才能使人感到可读、可信、可亲，才能富有魅力，富有成效；同时，才能促进政府的工作，维护社会的稳定。

3. 注重系列性，报道有始有终

社会问题纷繁复杂，千奇百怪，哪些该报，哪些不该报，怎么报，都是媒体联动确定选题时应该注意的问题。借题发挥，宣泄消极、不满情绪，给政府出难题，不符合党的宣传要求；对一时解决不了或还在摸索、试验中的问题，不能作为选题推出来去求"轰动效应"；有些问题，政府关心，群众需要，又不是一次两次能够说得完全、说得清楚的，需要组织系列报道。

系列报道可以使受众在一个阶段内对某一类问题有较为全面的了解，媒体做起节目来也可以循序渐进，逐步深入，把话题做深做透。

4. 追求多样性，内容形式丰富多彩

报纸、电台、电视台、网站、出版社联办专栏、专版、专题，各有自己的所长，如何取各家之精华，使合作的形式多样化，这是需要认真探索的问题。在采访发稿上可以有以下几种方式：其一是"发通稿"，即由担任策划的一家新闻单位负责提供统一文稿，分送其他参与的新闻单位。其他单位根据自己的传播特点，从表现形式、手法上予以补充、深化、完善。其二是"联合采访"，即由担任策划的一家新闻单位根据确定的选题组织多种媒体记者按统一采访路线、采访对象同时采访(可根据自己的需要在现场补充采访)，然后在统一主题思想、统一基本观点的前提下，各自加工成节目、稿件播发。其三是根据各自的需要，依照协议，相互转载、改编别人的稿件、节目等。

这几种采访发稿方式各有长短。"发通稿"，统一性强，问题和材料比较集中，提炼

---

① 田春玲. 新媒体脱贫专题报道，不止拍几集专题片那么简单——澎湃新闻年度扶贫公益报道《物产中国》的采编实践与多维呈现[J]. 传媒评论，2021，327(1)：17-20.

观点、整理材料的工作由一家承担，相对而言，减轻了另几家的工作量。但是，这也造成采访对象重复接受同一内容采访的问题。"联合采访"，有利于发挥各种传媒的长处，减轻被采访者的压力，也有利于同一主题多侧面表现。但组织几家统一采访、加工工作量较大。相互转载，灵活方便，但彼此接触较少，不利于媒体间的学习、交流、提高。在具体实践中到底采取哪种方式，要根据各自媒体的情况，根据对某一选题报道的需要而定，不宜搞"一刀切"。在播发形式上可采用对话、专访、座谈、综述等形式，注意图文并茂、声像结合。

5. 吸引受众参与，把握舆论导向

多种媒体联动就是要形成良好的报道效应，这里除了媒体间的努力外，还需要广大群众的参与。如电台、电视台，请部分群众到直播室，直接与主持人、听众、观众对话；电台开通热线电话，直接听取听友的意见。《民生调查》是《北京日报》专门承担舆论监督报道的民生新闻专栏。在全国党报中率先构建起媒体反映问题的"闭环"报道落实机制，其探索实践是北京市"接诉即办"机制的雏形。"闭环"报道机制即首先由《民生调查》通过多渠道接受群众举报，记者就举报问题展开调查报道，通过联络市委督查室以及属地和职能部门"接诉即办"，合力破解难题，记者盯守问题解决全过程，跟进式报道，回应群众关切。《民生调查》关注民生，聚焦群众"急难愁盼"，对于急需解决的群众难题，《民生调查》通过报纸和微博、微信、北京日报客户端等多渠道第一时间反映。在问题解决方面，该栏目反映问题的解决率和反馈报道率均超过 95%，成为《北京日报》的金字招牌。

受众广泛参与将是媒体发展的一大趋势，特别是网络媒体的兴起更提供了这种可能。但是，媒体的传播是有一定的导向性的，让那些有害的信息充斥大众传播媒体，是对社会的不负责。因此，在开辟受众参与式栏目中，策划人要对选题认真把关，主持人要引导参与者围绕讨论主题展开，不要分散主题或背离主题。

6. 邀请专家咨询，增强权威性

多种媒体联动报道，一般来说是受读者欢迎的，但是，把握不好也容易产生误导，产生消极作用。在联动报道时，除了把握中央、省市政策精神外，还需紧密联系和依靠专家。这表现在两个方面：其一，邀请有关教授、专家参与节目的制作，使话题更具科学性、权威性；其二，邀请教授、专家出席理论研讨会，从宏观上、理性上对联办节目予以评说，使经办人更好地回顾和检查，以利于提高联办质量。现在，从中央到地方，不少媒体开始这样做了，还需要在此基础上更上一层楼。

7. 领导重视，协调统一性

多种媒体联动是一件新事物，不仅需要经办者的努力，更需要各参与单位领导的重视和支持。

2013 年，习近平总书记提出要加快传统媒体和新兴媒体融合发展；2019 年，习近平总书记在中共中央政治局第十二次集体学习再次强调，推动媒体融合向纵深发展，做大做强主流舆论。对媒体行业来说，媒体融合是一件新鲜事物，不仅需要经办者的努力，更需要各参与单位领导的重视和支持。

随着我国新闻媒体的迅猛增长，竞争也日趋激烈，各新闻媒体都很注意发挥自己的特色，以抢新闻、发独家新闻为荣，这是对的。但是，在新闻竞争中，有的是各搞各的报道，互不搭界，谈不上什么合力。一些地方还出现这样一种情形：报纸首先登了一条新闻，广播不播；广播首先推出一个典型报道，电视低调处理；电视报道了一个新闻人物，报纸不报，或只报个简讯……凡此种种，理由只有一个：新闻讲竞争，人家先报过了，我再报就"跌架子"，丢自己的脸。这种认识和做法是不对的。要实行多种媒体的联动，就需要破除上述不正确的思想和做法，这里的关键是领导者。联动的最终结果是参与各方都有利，但是，也不排除在某一个报道或某一个阶段有的单位利益可能会受一点影响的情况出现。此刻，领导者要从大局出发，纠正本单位参与者的不正确思想和做法，以利于合作愉快有效。这是领导重视的第一层意思。

第二层意思是要取得媒体的上级主管部门领导的重视和支持。如中央各大新闻单位联合推出的一批典型，都是在中宣部统一组织下有计划进行的，产生了强烈的社会反响，在短时间内就使先进典型迅速被亿万人民了解。地方先进典型人物的宣传，也是在地方党委宣传部的组织协调下进行的，所以才能有众多的党报、党刊、通讯社、电台、电视台、网站的统一行动，产生轰动效应。

第三层意思是听取和征集领导者、领导部门提出的选题和意见。领导者对上级和当前政府工作的重点、难点比较熟悉，他们提出的选题往往是政府关心和需要舆论单位协力解决的问题。听取他们的意见，对我们把握好舆论导向起着十分重要的作用。邀请他们参加选题会和研讨会，对选题和整个联动报道的走向予以指导，或主动上门征求意见，这是搞好多种媒体联动报道的重要一环。

《温州都市报》记者陈忠已从业 27 年，2015 年 7 月，《温州都市报》"陈忠慈善工作室"正式授牌成立，开始探索"新闻+公益"模式——

做公益项目的策划者。 工作室近年来策划推出的十多项大型公益慈善活动取得了良好的社会效益，收获了诸多荣誉。其中，陈忠慈善工作室联合多个单位策划推出的"明眸工程"，已走进我国中西部 14 个省份，免费帮助 1 万多名白内障患者成功复明，在脱贫攻坚和乡村振兴的道路上发挥了公益慈善的力量，获得中华慈善奖等殊荣。

做慈善行动的执行者。 "不在新闻的路上，就在公益慈善的路上。"这是陈忠从业27 年来的真实写照。工作室成立后，他践行"慈善行动的执行者"的角色定位，累计行程约 100 万公里，志愿服务超 1 万小时。工作室陆续策划了肤生工程、圆心计划、流动伏茶车、温都爱心包等 50 多项公益志愿服务项目。工作室成立以来，陈忠几乎走遍了温州境内，并先后走进西藏、四川、云南、贵州、陕西、河南、新疆、宁夏、重庆等省(自治区、直辖市)份的边远山区开展扶贫助困、免费医疗等活动，累计募集慈善款物价值超 1 亿元，惠及 60 多万人。

做项目执行的监督者。 主流媒体在慈善事业参与过程中，既要给予公益组织帮助，传播公益产品，同时也要代表社会、公众对慈善组织进行监督。全媒体时代，慈善事业传播中的信息不对称、不透明仍然存在。媒体参与监督，能更好地帮助社会公众甄别相关公益项目真假、化解信任危机。经过多年用心经营，工作室在温州乃至浙江全省的媒体界、公益慈善界都有一定的号召力和影响力。①

2022 年 11 月，面对河南农民蔬菜滞销舆情，《河南日报》、"学习强国"河南学习平台、《大河报》、新浪微博等联合发起"百家媒体聚力河南公益助农"（以下简称"公益助农"）行动，探索了主流舆论新格局塑造与媒介化治理的新路径——

一是重视舆情布局融媒平台，抓住舆论引导先机。2022 年 11 月，由于疫情防控原因，采购商及运输体系无法到达田间地头，加上不少商超关闭，造成流通领域阻隔，菜农生计受到巨大影响，一些自媒体人借助新媒介平台呈现困境，形成涉疫热点事件。关注到相关舆情后，河南日报社通过大河云值班机制迅速研判指挥，旗下各媒体密切关注、积极筹划，形成初版报道策划方案后，河南日报社迅速联络新浪河南、新浪总部以及中央和地方各级媒体，沟通思路，汇集资源。11 月 18 日，"公益助农"行动启动上线，河南日报社系列媒体全体参与，《工人日报》《中国青年报》等央媒和多家地方媒体也纷纷集结，组成了强大"首发阵容"。"百家媒体聚力河南公益助农"行动中，主流媒体重视舆情布局融媒平台，整合广播、电视、报纸、互联网等不同类型的媒体，充分发挥其各自优势，运用图文、直播、视频等融媒形式，联合中央媒体、地方媒体、官方机构、平台企业、自媒体账号等，紧密配合联动，重要报道共同转发，形成了前所未有的传播声势。

二是调配资源打破数据壁垒，巩固主流舆论话语权。此次"公益助农"行动中，组织方激活了"共享文档"这一开放的公益助农平台。腾讯总部还为共享文档给予了官方权威专属认证支持，力保快速准确收集农户求助信息和爱心助农机构信息。截至 11 月底，平台已收到 1136 条求助信息，活跃时段文档 200 多人同时在线阅读。活动开启 4 天内，河南日报社所属新媒体平台助力全国供销系统采购河南各类蔬菜约 390 万斤，对接莲菜网帮助农户销售萝卜、白菜、包菜等农产品 60 万斤，为求助的农户拓宽销路，及时解困分忧，在舆论场中体现了正能量，拿回了"话语权"。

三是情感传播推动媒介事件，塑造主流舆论新格局。情感是舆情的内核性因素，社会需要设置经常化、制度化的通道，疏解情绪，以保障社会安全运转。2022 年 11 月 28 日，曾驰援武汉的"大葱哥"卖葱难的事情，经《河南日报》首发，引发全网热切关注。湖北主流媒体也迅速发布了求助信息跟进，并为商超、物流企业牵线搭桥，"大葱哥"的 50 万斤葱快速销售完毕。"百家媒体聚力河南公益助农"的全媒体传播中，传播主体重视媒介事件的合力跟踪，加强情感动员，深化情感体验，获得心理认同，扩大了正面舆论效果。②

这场直播在《大河报》官方微博 2022 年 11 月 30 日推出，直播时长 1 小时 52 分钟，播放量 478 万。

① 卢俊敏. "新闻+公益"，提升主流媒体价值[J]. 新闻战线，2023（5）：86-87.
② 赵红，刘楠. 热点事件的主流舆论新格局塑造与媒介化治理——以"百家媒体聚力河南公益助农"行动为例[J]. 新闻爱好者，2023（2）：35-37.

◎ **思考题**

1. 媒体开展社会公益活动有什么积极意义？
2. 媒体开展公益性的社会活动要注意哪些问题？
3. 怎样处理好公益活动与做好报道之间的关系？

◎ **实践题**

围绕建立和谐社区，设计一个公益活动策划预案。

第八章
舆论监督报道策划

中国新闻奖是经中宣部批准常设的全国优秀新闻作品最高奖，由中华全国新闻工作者协会主办，每年评选一次。2022年，第三十二届中国新闻奖评选首次新设了专门项目"舆论监督报道"，共有16件新闻作品获奖，其中一等奖作品3件、二等奖作品4件、三等奖作品9件。从央媒、通讯社到地方报社、电视台等新闻单位均有作品入围。在评选办法中，"舆论监督报道"的参评条件这样写道："揭示社会存在问题、维护公平正义、促进时代进步的新闻作品。应事实准确充分，报道客观全面富有建设性，切实促进实际问题的解决。"

2022年6月24日，新华社受权发布《中华人民共和国黑土地保护法》，这是我国国家层面首次针对保护黑土地立法。听闻消息，新华社"东北黑土地保护调查"报道小组的编辑记者兴奋不已，参加这场"黑土保卫战"的艰辛与努力重现眼前。

2021年年初，新华社记者接到线索反映，东北黑土地被严重破坏。耕层土壤有机质含量每下降0.5%，作物产量就会减少15%，这一切主要源于不法分子非法盗采东北黑土地。为探寻东北黑土遭破坏的真相，新华社记者赶赴实地调查，打响了这场"黑土保卫战"。2021年春季，记者李建平等人历时一个月，两赴我国黑土地核心区，行程上千公里，以买土者身份，暗访盗挖黑土者、售土者、绿化公司人员、知情村民，调查网络黑土卖家，梳理黑土盗卖完整产业链条，掌握大量一手素材；突破困难，采访自然资源、农业农村、公安、财政等部门，完整还原黑土盗卖产业关键环节及巨大需求催生的利益集团。

"东北黑土保护调查"系列报道冒险暗访、拍摄狡诈刁钻的黑土盗挖者，以极具冲击力的航拍、隐蔽拍摄和特写等画面揭开承包土地"采矿式"疯狂盗采、售卖黑土产业链，展现黑土盗卖者猖狂嘴脸和黑土地破坏惨状，揭开了黑土地盗卖产业黑幕。报道发出后，引发中央和地方高度关注，为促进国家黑土地保护立法、守卫我国最大粮食生产基地的"中国饭碗"作出了突出贡献。①

这是一组充分贯彻习近平总书记关于东北黑土地保护重要指示精神，以媒体职责使命捍卫中国粮食安全的舆论监督好作品。"东北黑土保护调查"系列报道发出后，在全社会引发重大反响，各类媒体竞相转发，报道取得刷屏之效，获得2021年新华社优秀新闻奖，

---

① 李建平."东北黑土保护调查"系列报道［J］. 中国记者，2022(11)：106.

中国教育电视台等 400 余家媒体采用，央视、光明网等配发评论。

中央和地方高度重视，国务院在黑龙江召开现场会。2021 年 6 月，全国黑土地保护现场会在黑龙江召开，时任国务院副总理胡春华强调，严厉打击偷采盗挖黑土行为，确保黑土地保护扎实有效推进；2021 年 5—6 月，全国人大调研组赴东北就黑土地保护立法工作开展调研；2021 年 4 月，黑龙江省委、省政府主要负责同志高度重视，两次成立调查组，约 10 名党政人员受处分；省长、副省长赴基层调研。"黑土地保护立法""禁止盗挖、滥挖和非法出售黑土"等建议被中央、地方采纳，有力推动国家黑土地保护法出台。

这组报道深刻体现了监督报道对维护国家和人民利益的重要作用，体现了记者不断增强"四力"，以高度的政治责任感和历史使命感履职担当的精神，对于推进监督报道具有示范意义。

马克思说："报刊的首要职责，即揭发招摇撞骗的职责。"①恩格斯也说，报刊的"首要职责——保护公民不受官员逞凶肆虐之害"②。马克思、恩格斯对报刊社会监督职能的论述很多，谈到的具体事例约有 200 处。他们十分看重报刊的舆论监督职能，并从政治的角度将它界定为报刊的首要职责。③

陈力丹教授在主编的《马克思主义新闻观百科全书》中解析道：舆论监督（Public Opinion Supervision）是中国共产党新闻和宣传理论中的一个概念，正式出现于党的文件中是在党的十三大报告："要通过各种现代化的新闻和宣传工具，增加对政务和党务活动的报道，发挥舆论监督的作用，支持群众批评工作中的缺点和错误，反对官僚主义，同各种不正之风作斗争。"④

通常来讲，舆论监督有广义和狭义之分。广义的舆论监督，是指公民通过各种公开形式对国家和社会事务进行监督的行为。狭义的舆论监督，是指新闻舆论监督，即人民群众通过新闻媒体，对国家和社会事务进行监督的行为。⑤舆论监督是我国民主监督体制的重要方面，它对社会的发展和进步发挥着独特、重要的作用。加强和改进舆论监督是完善民主监督、加强党同人民群众联系的重要方式。随着经济的发展、社会的进步和民主法制的逐步健全，舆论监督的地位和作用日益突出。

舆论监督是新闻媒体的一项重要功能，也是新闻工作的重要内容。作为舆论监督平台的各类媒体，必须围绕党和政府的中心工作，从改革发展稳定的大局出发，遵守国家法律法规，接受党和政府的领导，接受人民群众的监督，把社会责任放在首位，准确、科学、依法、建设性地开展舆论监督。⑥

① 马克思恩格斯全集(第 14 卷)[M]. 北京：人民出版社，1964：755.
② 马克思恩格斯全集(第 6 卷)[M]. 北京：人民出版社，1961：280.
③ 陈力丹. 精神交往论——马克思恩格斯的传播观[M]. 北京：开明出版社，1993：347.
④ 庄永志. 舆论监督报道与调查性报道是一回事吗[J]. 青年记者，2022(24)：347.
⑤ 本书编写组. 新闻学概论[M]. 北京：高等教育出版社、人民出版社，2009：157.
⑥ 本书编写组. 实践中的马克思主义新闻观[M]. 北京：高等教育出版社，2015：239.

一、舆论监督报道的特点

（一）媒体高度重视监督报道

舆论监督借助新闻媒体的传播优势，以公开的方式反映公众对某一社会现象、某个社会事件或社会问题所形成的比较一致的意见，媒体高度重视。媒体代表公众的意志对社会现实作出的强有力的主动回应，因而在实施社会监督方面具有很强的影响力，具有显著的权威性。舆论监督报道一旦发出，很少会有人质疑其中的生产程序和立场问题，其监督的内容也会引起社会的广泛关注，甚至从国家层面推动相关事业的建设与改正，这是由舆论监督报道肩负的使命决定的，也是舆论监督报道的显著特点。

党的十八大以来，全党上下纠正"四风"取得重大成效，但形式主义、官僚主义在一定程度上仍然存在。针对这一情况，时任新华社社长蔡名照要求记者在全国范围内进行专题调研，为党的十九大后进一步加强党的作风建设提供参考。按照新华社领导的调研部署，2017 年 6 月 16 日，新华社参编部成立调研小分队。小分队历时近两个月时间，深入东中西部 10 个省区市，访谈逾 200 名干部群众，系统总结十八大以来纠正"四风"的经验成果，集中反映"四风"方面出现的新苗头新问题，广泛听取社会各界对党风建设的对策建议。在调研成稿过程中，新华社领导对稿件提出了重要的指导意见，并逐字逐句地审改把关。参编部领导和小分队成员反复研讨提炼，最终形成《十种形式主义、官僚主义新表现值得警惕》等 4 篇稿件，于 2017 年 9 月 8 日刊出。

2017 年 12 月 1 日，习近平总书记就新华社《形式主义、官僚主义新表现值得警惕》的调研报道作出长篇批示。12 月 9 日，中共中央办公厅印发通知，要求各地区各部门迅速传达学习并切实抓好落实。新华社稿件被中央以文件形式下发全党，掀起了新一轮纠正"四风"的高潮。这生动彰显了舆论监督报道的权威性。①

（二）抓典型案例进行舆论监督报道

现实生活中存在的问题有很多，舆论监督报道要求媒体及记者突出重点、抓典型，善于从各种现象中找到具有典型意义的事例，以使新闻监督对党和国家的事业发展发挥最大的推动作用。

新闻舆论监督的本质在于它的批评性。正是这种批评性形成了新闻报道的锋芒，使得新闻富有战斗性。人们常常把新闻舆论监督叫作"曝光"，从这个意义上说，新闻舆论监督就是揭开被某些人捂着的盖子，把违反法规政策的、丑恶的、负面的东西翻开来暴露在阳光之下，并引导和聚合成一股强有力的舆论力量，通过比较、评价和批判，分辨好坏，明确是非，捍卫真理，伸张正义，促进矛盾解决，推动事物正常发展。抓典型性事件可以很好起到举一反三、激浊扬清的扩散作用。

---

① 新华社记者. 一篇新华社报道是如何产生重大反响的[J]. 中国记者，2018（2）：8-10.

2020 年 8 月 4 日，《经济参考报》刊发报道《青海"隐形首富"：祁连山非法采煤获利百亿至今未停》，掀起巨大的舆论冲击波。记者王文志在 2018—2020 年三上祁连山，孤身闯入这个地表只长浅草不长树的边远之地，不仅没有采访对象提供便利条件，还要独自面对利欲熏心、铤而走险的不法利益集团，采访中曾与司机老乡夜宿工棚、跟随司机老乡犯险抵至开采现场。稿件发出的第三天，盘踞在该区域非法开采十余年的青海"隐形首富"马少伟被控制，一场声势和力度空前的问责和整治行动随即展开。报道发挥了舆论监督威力，为痼疾重重、久攻难下的祁连山青海片区生态破坏乱象的彻底治理，进行了直接和有益的舆论推动。①

（三）舆论监督报道要求整改的紧迫性

舆论监督报道及其关注的问题具有整改的紧迫性。某一社会议题、监督对象一旦被关注、刊发，说明其已经发展成一个迫切需要治理、解决的问题。

2021 年 3 月 6 日，习近平总书记在看望参加全国政协会议的医药卫生界教育界委员时强调："培训乱象，可以说是很难治理的顽瘴痼疾。"②2021 年 3 月 18—23 日，《人民日报》推出"会后探落实·四问校外培训"系列报道。《广告满天、低价营销、爆雷跑路，校外培训行业乱象频发——这是做教育，还是做生意》《学习重刷题、评价重考试，校外培训质量参差不齐——这是教知识，还是教套路》《乱象屡禁不止，整顿难见长效，校外培训监管难题待解——要深挖病根，更要对症下药》《唯分数论助长培训热，学校教育供给待提升——校内减负、校外增负，怪圈怎么破》四篇调查报道发问有力，掷地有声，矛头直指校外培训机构乱象，深入采访家长、教育从业者、管理部门、专家学者等，对公众反映较为强烈的校外培训虚假宣传、制造焦虑、超纲教学、监管缺失等问题，进行了一次全面问诊。

该组报道准确把握时度效，取得了强烈社会反响。全社会以报道为契机，对校外培训进行了一次系统讨论，起到了正视问题、廓清迷雾、激浊扬清、增进共识的效果，反映校外培训乱象的声音得到相关部门高度重视。这组报道不仅是《人民日报》历史上从舆论监督角度对校外培训做的最重要的一组报道，也是习近平总书记在全国两会上关心校外培训问题后，中央媒体打响的"第一枪"。报道在舆论场上引发了关于校外培训的广泛、深入讨论，党中央和相关部门高度重视，刊发后不久，"双减"政策即落地实施。这组关注社会紧迫议题的调查报道为"双减"政策的积极、平稳实施营造了重要的工作与舆论氛围。

（四）在开放形势下进行舆论监督报道

2016 年在网络安全和信息化工作座谈会上，习近平总书记指出："对网上那些出于善意的批评，对互联网监督，不论是对党和政府提的还是对领导干部个人提的，不论是和风

---

① 王文志. 深挖几锹，把监督报道做得更扎实——《青海"隐形首富"：祁连山非法采煤获利百亿至今未停》采写背后[J]. 中国记者，2021（12）：118.

② 习近平. 论党的青年工作[M]. 北京：中央文献出版社，2022：233.

细雨的还是忠言逆耳的，我们不仅要欢迎，而且要认真研究和吸取。"①舆论监督报道具有开放性，不仅包括议题的社会开放性，还包括监督过程的开放性、监督主体参与的开放性。尤其是互联网时代的到来，作为新闻舆论的"传播多面手"，其普遍性、透明性更凸显了舆论监督的开放性。

2018年5月，网络上广泛流传一组有关"严书记"的微信群截屏图，群内有位署名为"严某某妈妈"的人士发言指责幼儿园某老师："你马上在全班当着所有师生给严某某道歉，否则，我通知你们集团领导来给我解释你对严书记的女儿说这话是什么意思！"一时间，舆论哗然，以《中国之声》为代表的多家中央媒体微博以及澎湃新闻、央广网等多家网站纷纷介入，追问"严书记女儿事件"，引发舆论热潮。5月18日，四川官方通报称四川某地级市市委副书记严某某涉嫌严重违纪违法，接受纪律审查和监察调查。互联网平台便捷、开放、参与度高，已成为舆论主渠道、主阵地、主战场。舆论监督报道同样要善于发现网络世界里的热点、难点、痛点，借助其开放性，及时追踪核实，深入揭示真相，推动问题解决，这样才能赢得社会公众的尊重与认可。

二、舆论监督报道策划的原则

（一）党性和人民性的统一

党性原则是进行舆论监督的根本原则。党性是一个政党固有的本性和特征，党的一切工作和活动都要紧紧围绕党性原则展开。习近平强调党的新闻舆论工作坚持党性原则，最根本的是坚持党对新闻舆论工作的领导。舆论监督作为新闻舆论工作的重要组成部分，同样也必须坚持党性原则。加强党对舆论监督工作的领导，是发展社会主义新闻事业的客观要求，也是马克思主义新闻观最基本、最重要的观点。舆论监督工作必须体现党的意志、反映党的主张，维护党中央权威、维护党的团结，做到爱党、护党、为党；要增强看齐意识，在思想上政治上行动上同党中央保持高度一致。加强和改善党对舆论监督工作的领导，是舆论监督工作顺利进行的根本保证。

人民性是舆论监督工作的根本立场，舆论监督必须依靠人民。人民是舆论监督的主体，人民依据宪法和法律赋予的权利直接或间接通过新闻媒体进行舆论监督。人民性就是以人民为中心的工作导向，是践行党的根本宗旨的必然要求，是舆论监督工作进行的根本立场。习近平总书记在党的十九大报告中指出："中国共产党人的初心和使命，就是为中国人民谋幸福，为中华民族谋复兴。"②舆论监督是人民群众依据宪法和法律赋予的权利，对权力主体及其行为进行监督和批评，其目的也是为广大人民群众谋福祉，从而维护好、发展好广大人民群众的根本利益，实现人民对美好生活向往的奋斗目标。舆论监督工作要

---

① 习近平著作选读（第一卷）[M]．北京：人民出版社，2023：473.
② 习近平著作选读（第二卷）[M]．北京：人民出版社，2023：1.

"牢记社会责任，不断解决好'为了谁、依靠谁、我是谁'这个根本问题"①，最重要的就是要坚持人民性原则，坚持舆论监督为了人民、舆论监督依靠人民的根本立场。

党性和人民性的统一是进行舆论监督的前提和基础，舆论监督工作不能片面地坚持党性和人民性，更不能将党性和人民性割裂开。不存在只有党性的舆论监督，也不存在只有人民性的舆论监督。坚持党性和人民性的统一才能使舆论监督工作既有原则又有立场。

> 2020 年 6 月，天津广播新闻中心接到群众投诉，反映东丽中学家属院唯一公厕被强拆，群众只好用塑料袋解决"内急"。记者在调查过程中，发现这件"小事"背后存在着"大问题"。2020 年 6 月 13 日，记者第一次来到东丽中学家属院采访时发现，家属院内有 16 户居民，被拆的厕所现场堆满了砖头、瓦砾。家属院墙边摆放着一个垃圾桶，里面丢满了垃圾袋，散发出阵阵恶臭味。居民们告诉记者，院内居住的大多是 70 岁以上的退休教师，被强拆的是院内唯一的公厕，院外最近的公厕也要步行 10 分钟。所以，很多老人只能拿塑料袋在家里解决"内急"问题。
>
> 记者先后三次来到现场了解情况，在反复采访调研后确认群众反映问题属实。为了深入了解公厕拆除的实际原因，记者采访了东丽中学、二号桥街道办事处、河东区信访办、区城管委、区创卫办等单位，调查事实真相，了解到二号桥街道办事处拆除公厕，是为了迎接国家创文检查的事实。记者又采访了市城管委，证实了二号桥街道办事处拆除厕所，不符合流程和规定，违背了"以人民为中心"的理念，存在形式主义、官僚主义的问题。
>
> 2020 年 6 月 19 日，天津新闻广播《新闻第一报》播出了这篇报道，并配发了一段短评："眼看东丽中学家属院 16 户居民每天为'方便'问题煎熬，不知河东二号桥街的干部作何感想？他们有没有设身处地为居民们想过？为了表面光鲜，不管居民急需，这就是典型的形式主义！东丽中学家属院 16 户居民的如厕问题究竟何时能解决？我们将持续关注。"报道播出后，一天内公厕就恢复重建，二号桥街道办事处相关负责人也被问责处理。记者在采写体会中表示，面对各种损害人民群众利益的形式主义、官僚主义行为，作为党的新闻工作者要有勇气和担当，这也是落实"以人民为中心"执政理念的应有之义。②

此篇报道采取明察暗访的采访方式，多方取证，真实记录了公厕被强拆的前因后果。报道先后在天津新闻广播《新闻第一报》、天津经济广播与天津滨海广播并机直播的《天津早晨》节目播出。两档节目播出后，市民反映强烈，新闻热线集中受理了一批群众反映的有关部门不作为、不担当、形式主义、官僚主义等问题。报道播出后，公厕一天内就恢复原状，百姓如厕难问题得到解决。天津市河东区监察委对二号桥街道办事处相关负责人进

---

① 习近平谈治国理政(第二卷)[M]. 北京：外文出版社，2017：333.

② 马晓萌，刘倩. 反"四风"永远在路上——《东丽中学家属院唯一公厕为"迎检"被街道强拆，居民"内急"成难题》采写体会[J]. 中国记者，2021(12)：119.

行了问责处理。天津市纪委监委也开展形式主义、官僚主义作风问题检查，查处了一批侵害群众利益的干部，营造了风清气正的政治环境。

（二）尊重客观事实，大胆揭露现实

新闻监督必须准确反映事实，坚持用事实说话，使被监督者心服口服，使新闻监督发挥积极的作用。毛泽东曾经就新闻舆论监督作过论述："报纸上的批评，要实行'开、好、管'的三字方针。开，就是要开展批评。不开展批评，害怕批评，压制批评，是不对的。好，就是开展得好。批评要正确，要对人民有利，不能乱批一阵。什么事应指名批评，什么事不应指名，要经过研究。管，就是要把这件事管起来。这是根本的关键。党委不管，批评就开展不起来，开也开展不好。"①真实是新闻的生命，特别是在舆论监督中，报道结果会影响媒体的公信力，有时可能对监督对象产生一定程度的杀伤力，因此，更要确保事实真实、报道准确。记者在舆论监督中必须按照马克思所指出的那样，要"根据事实来描写事实"②。

舆论监督的基本事实要准确，即报道中涉及的时间、地点、人物、情节动作、数字等新闻要素要精准确凿，不能似是而非，更不能想象虚构、添枝加叶。例如，2021年1月20日，《经济参考报》发布记者王文志、李金红报道《敦煌防沙最后屏障几近失守》。报道迅速引起甘肃省委、省政府高度关注。但甘肃省政府对报道中存在的问题基本予以否认，并于2021年1月26日召开新闻发布会通报所谓的调查结果，称仅仅"违规砍树3立方米"。此时，网上出现"水军"，攻击新华社和经济参考报做不实报道。

能否顶住来自省级机关的压力，考验记者对新闻稿件的调查充分扎实度。为了及时回应公众关切，2021年1月27日，经济参考报微信公众号发布文章《"敦煌毁林案"：13300亩还是6000亩？有图有真相》，展示了部分证据——甘肃省国有林场的两份文件。舆情再次反转，自然资源部、生态环境部、国家林草局赴敦煌市开展实地调查。2021年3月19日，中央调查组公布调查结果，不仅坐实了阳关林场"防护林面积减少，葡萄园面积增加""存在毁林开垦、无证采伐"等问题，还披露了敦煌市林业局、财政局曾违规挪用国家森林生态效益补偿资金等问题。这说明记者调查之深入扎实，采写之确凿可信。甘肃省吸取敦煌阳关林场毁林教训，在全省开展国有林场清查整治工作，国家林草局随后部署为期一年的全国打击毁林专项行动。③

同时，尊重客观事实要注意遵守新闻报道"一般的公正"原则要求，记者在进行舆论监督时既要报道举报者陈述的事实观点，也要报道被监督者提供的事实观点。在新闻界长期实践发展过程中，"一般的公正"原则不仅成为新闻业的基本职业规范，而且形成了约定俗成的操作模式。如新闻语言准确、客观、平实，慎用具有歧义性的词汇和句子，禁止使用辱骂性、丑化性等侮辱性语言等。

2021年12月24—29日，《华西都市报》刊发"店招用了'青花椒'竟成被告"系列报

---

① 毛泽东新闻工作文选[M]. 北京：新华出版社，1983：177.
② 马克思恩格斯全集(第1卷)[M]. 北京：人民出版社，1956：171.
③ 周亮，王文志. 用好媒体监督手段，推动国家政策落实落地[J]. 新闻战线，2022(16)：16-18.

道，以典型事例揭批"碰瓷式"维权乱象，引发全社会关注。2021年，"逍遥镇"胡辣汤、"潼关肉夹馍"等"碰瓷式维权"案频发，公众批评声不绝于耳。在川渝地区，数十家中小餐馆因店招中含"青花椒"字样被诉侵权，不少商家在一审中败诉。《华西都市报》在全国媒体中率先展开深度调查，揭批积弊已久的"碰瓷式维权"乱象，引发热议，全网传播超2亿。该报采访全面、报道客观，维护合法权益并促成了问题的解决。这组报道充分采访了原告、被告、法院、行业协会、主管部门等当事各方，对关键事实本着严肃负责的态度反复核实。通过对最高人民法院、国家知识产权局等权威机构的采访，以法律法规为准绳，切实维护各方合法权益。

（三）坚持问题导向，着眼问题解决

媒体在舆论监督中应明确"解决问题"定位，形成谋实效的导向力。报道要从宏观着眼，从微观着手，且要有很强的现实针对性，这是由舆论监督报道的性质规定的。所谓从宏观着眼，即从人民群众所反映的热点、难点和焦点问题着眼，看所披露的问题是否符合国家的现行法律法规，是否符合党和国家的路线、方针和政策，是否危害人民群众的根本利益；经披露后，是否有利于社会的稳定和人心的安定等。所谓从微观着手，则是要选取一个小的角度或侧面作为报道的突破口，用一个个具体的事实说话。用具体事实说话还要求有现实针对性。现实针对性一般包括两方面的内容：一是针对当前党委和政府急需解决或整治的问题和当前人民群众迫切要求解决的问题；二是要找准问题的症结，抓住问题的实质。这样才能紧紧围绕党和国家的中心工作，抓住群众关注、政府重视具有普遍意义的问题，把群众的意见和政府的解决办法联系起来，有针对性地开展新闻舆论监督，促进问题的解决，引导社会舆论向积极的方面发展。

例如，《经济参考报》刊发的一系列重点舆论监督报道，善于提炼主题、形成焦点，较好地实现了从媒介议题到公众议题的转化，以强有力的监督推动"解决问题"目标落地见效。2022年1月13日发布的报道《多年拆违岿然不动　数千栋"坚挺别墅"野蛮侵蚀济南泉域保护区》，撬动了山东全省范围内的违建别墅专项清查整治行动。

"解决问题、推动工作"的根本导向，成为《经济参考报》衡量舆论监督选题实施与否、如何报道的原则和依据；报道是正面还是负面，也以是否推动实际工作来评价。为了避免"找到板子看不见屁股"，真正形成舆论监督压力，《经济参考报》减少刻意隐去人名、地域和单位等核心要素的话题类、现象类监督报道，舆论监督版面原则上每期选取一个典型案例进行调查剖析，批评打到点子上，问题挖到根子上，以个别带动整体，彰显舆论监督的建设性意义。《经济参考报》每年刊发重点典型案例监督报道二三十篇，力求实现抓准一个、解决一个、推动一个方面或领域的工作。谋求监督实效的导向力，孕育和催生了一批高层重视、受众认可的舆论监督精品佳作，其中6篇作品荣获中国新闻奖，成为该奖项舆论监督类别引人注目的"经参现象"；20多篇作品被评为新华社社级优秀新闻作品，2篇报道获新华社精品报道奖，20余篇公开报道得到中央领导同志批示。①

---

① 周亮，王文志. 用好媒体监督手段，推动国家政策落实落地[J]. 新闻战线，2022(16)：16-18.

三、媒体如何在实践中做好舆论监督报道

（一）加大建设性舆论监督力度

新闻舆论监督应该是建设性的。开展新闻舆论监督，应该始终坚持重在建设，站在维护国家和人民利益的立场上，以改进工作、解决问题为目的，发挥新闻舆论监督在统一思想、凝聚力量、促进改革发展、维护社会稳定中的积极作用。

舆论监督要以党的纲领路线和方针政策为起点和归宿，与党中央的方针政策精神保持高度一致；以舆论监督的形式坚决维护和坚定贯彻党中央的方针政策精神，同时也以舆论监督报道的方式引导人们认识、理解和接受党的纲领路线和方针政策，形成正确的舆论导向。媒体和记者要"以党的利益、国家利益、民族利益、人民利益为标准"，结合当时当地的政治、经济形势，分析报道对全局形势可能产生的影响。

2021 年 7 月，人社部等八部门印发《关于维护新就业形态劳动者劳动保障权益的指导意见》，新就业形态劳动者权益维护成为社会广泛关注的焦点。《工人日报》于 2021 年 9 月 9 日—10 月 28 日刊发的《让新业态劳动者权益"不落空"》正是在这一时期、针对现实难点推出的系列报道。这组报道共 7 篇，从新就业形态劳动者面临的现实问题入手，聚焦灵活工时、薪酬体系、劳动安全、职业发展前景、劳动关系认定、权益申诉等多个领域，采访了包括外卖员、快递小哥、网约车司机、代驾司机、网络平台主播等在内的众多新就业形态劳动者，从个人经历或个案切入，深入报道他们面临的最现实、最紧迫也是最突出的权益保障问题。从解决问题落笔，通过采访多位法学专家、劳动法领域律师，深层次分析新就业形态劳动者权益保障问题目前面临的症结所在，从完善立法等宏观制度层面，多角度探求解题思路。

整组报道贴近现实，寻找新就业形态劳动者最关心最关注的问题。在操作中既通过案例和细节，客观呈现了劳动者面临的最严算法考核、没有工伤保险、不知是谁家员工等困境，又做到了笔触理性，力求客观平衡报道。报道通过专业人士之口提出，劳动法律应该正视新时代涌现出的这支劳动大军及其存在的价值和意义，正视他们遇到的问题，从推动新业态健康发展和保障劳动者体面有尊严、促进社会和谐的高度，尽快跟上时代发展的步伐，制定劳动法典，系统性地解决其权益保障问题。从直面问题到挖掘成因再到最后提出建议、上升到劳动价值的高度，该系列报道比较完整地回应了当前新就业形态劳动者心中的疑问和社会公众的关切，并通过采访深耕这一领域的专家、学者，提出能解决问题同时平衡劳动者权益保障和新业态持续健康发展的针对性建议，力图达到法治报道"帮忙不添乱"的效果，发挥了舆论监督报道的建设意义。

（二）保障舆论监督常态化

媒体做好舆论监督，不是一句口号，也不是一句空话，更不是想一出是一出，而是要形成持续长效的策划与报道机制，打造让全社会关注、信赖的舆论监督窗口，力求舆论监

督常态化。

中央广播电视总台在推进舆论监督常态化方面树立了典范。"3·15"晚会是由中央广播电视总台联合国家政府部门为维护消费者权益在每年 3 月 15 日晚上共同主办并现场直播的公益晚会。2023 年的"3·15"晚会以"用诚信之光照亮消费信心"为主题，立足于高质量发展这个首要任务，倡导诚信经营、遵纪守法、公平竞争、有序发展的价值信念。另如，《经济半小时》是中央电视台财经频道推出的经济深度报道栏目，制作了"全社会反诈总动员"（2021 年 5 月 17 日）等系列专题。

许多媒体也在常态化层面展开了舆论监督新尝试。2017 年 3 月，安徽广播电视台、安徽省消费者权益保护委员会、安徽省市场监督管理局（时为安徽省工商局），联合推出安徽首档消费维权栏目——《天天 315》。《经济参考报》秉承强烈的社会责任感，先后推出了《经参视角》《经参调查》等舆论监督栏目，并于 2020 年下半年开设《锐度》专版，设立专职调研报道处室，充实监督报道力量，实现舆论监督常态化。山东广播电视台《问政山东》以问题为导向，动真碰硬，聚焦群众关心的热点、难点、堵点问题，督导督促职能部门践行承诺、狠抓落实。节目每周邀请一个省直部门主要负责人参与电视问政，公开向社会和群众解答疑惑、作出答复，形成"全媒体联动问政+政府机关反馈答疑全媒体发布+省直部门工作社会公开打分评价"的监督机制。

（三）舆论监督反映群众呼声

一般来说，舆论监督报道的选题涉及的人数越多，意味着价值越大。食品安全、道路建设、住房、医疗、教育等民生问题，与普通市民生活息息相关，也反映了发展中存在的问题理应成为舆论监督报道的主题。媒体在舆论监督报道中应注重到细微处去、到群众中去，反映群众呼声，解决群众生活中的难题。

2017 年 4 月，《长江日报》创建运行武汉城市留言板，成为武汉集中受理办理群众诉求、建议的互联网平台，也是武汉走实走好网上群众路线的创新实践。"长江日报武汉城市留言板"上连党心、下接民心，最早是依托电脑端长江网的一个频道和作为纸媒的《长江日报》每天一个版来反映群众诉求，推动问题解决。而今，随着移动互联网的崛起，武汉城市留言板在《长江日报》自主平台大武汉客户端有了主阵地，还有了方便手机操作的应用小程序以及微信公众号。《长江日报》与时俱进，顺应民意，搭建起这一网上群众工作平台后，让群众把关心关切化为意见建议，由报社提交给相关部门，推动回复办理。

围绕武汉城市留言板上反映的典型问题，《长江日报》2021 年推出了 150 余篇建设性监督报道，推动社会治理中一批热点、共性问题合理解决，彰显了《长江日报》的传播力、引导力、影响力、公信力。2020 年 12 月 31 日，有市民向武汉城市留言板反映，光谷花山街一处楼盘，房地产企业开发建设擅自施工，打算将一棵 310 年树龄的古皂荚树移走，部分根系已因施工被破坏，建议制止并保护古树。《长江日报》持续追踪报道，开发商的行为被紧急叫停。随后，开发商依树就势，请广东一家国内顶尖设计公司，设计了一座既可保护古树，又便于开展活动的"古树平台"。

2021年，武汉城市留言板还推出舆论监督视频栏目"板哥评测"，11期栏目观看量超过300万，先后关注小区地库停车位过窄、绿化遮挡路灯、江滩找车难、非机动车道路坎、智慧公厕设备维护等问题，有的当即整改，有的推动全市排查，举一反三。①

武汉城市留言板截图

开门办报一直是党报的优良传统。《长江日报》通过武汉城市留言板汇民意、聚民智，以解决居民烦心事为主旨，引导居民参与共建共治共享，践行网上群众路线，成为全过程人民民主和媒体融合发展的生动实践，在"探索超大城市现代化治理新路子"中展现了党委机关报的媒体作为，为媒体反映群众呼声、践行舆论监督提供了宝贵的探索与实践。

反映群众呼声日渐成为舆论监督报道的重要主题，这类报道素材丰富、影响广泛，与群众日常生活息息相关，牵动着群众的切身权益。近年来，除了武汉城市留言板，还有许多地方媒体在民生类舆论监督领域发力深耕。

以齐鲁晚报·齐鲁壹点为例，作为山东省最具影响力的媒体，其总覆盖人口近1亿，发挥着舆论领唱的作用。在舆论监督报道方面，齐鲁晚报·齐鲁壹点聚焦民生热点痛点，陆续推出了"济南历山路五年刨了三次""济南新能源出租车收费高"等报道，直面社会问题回应民意关切，引发社会广泛关注。

2020年6月，在济南某烧烤连锁店，同一张餐桌竟然算出了两张结算小票，金额相差500多元。这样的"猫腻"，不仅损害了消费者权益，还影响了济南的城市形象。齐鲁晚报·齐鲁壹点的报道一经推出就引发了市民的共鸣和广泛热议。

---

① 赵代君，刘智宇. 开门办报践行新时代网上群众路线——长江日报武汉城市留言板参与超大城市现代化治理的探索与实践[J]. 新闻战线，2022(20)：107-110.

2016—2020 年，因燃气、热力改造、管网升级等，济南老城区主干道之一历山路先后进行了三次大规模整修。这让历山路变得坑坑洼洼，绵延数百米的"补丁"以及钢板、减速带似乎成了"标配"，市民多有怨言。2020 年 4 月，记者通过实地采访，曝光了历山路"五年刨了三次"的乱象。

2021 年国庆假期，外地游客来济南乘坐新能源出租车，不到 50 公里的路程竟被收取了 240 元车费，高昂的价格让游客直呼坐不起，而在网上，针对济南新能源出租车打车贵的吐槽也不在少数。以此为契机，记者精准出击，报道迅速形成了本地的舆论热点。

小切口大民生，齐鲁晚报·齐鲁壹点这一系列舆论监督报道以群众切身利益和需求为出发点和落脚点，体现了"以人民为中心"的发展思想以及温暖的民生情怀，这也是舆论监督报道的题中之义。①

(四)依法开展舆论监督

舆论监督受法律保护，必须在宪法和法律规定的范围内进行，严格依法办事。舆论监督报道的内容必须符合宪法和法律，不得诋毁社会主义制度，不得泄露国家机密，不得危害国家安全，不得侵犯国家、集体和个人的合法权益。

法律既维护媒体与记者从事舆论监督的合法权益，也约束媒体与记者必须在法律允许的范围内进行舆论监督。舆论监督必须尊重公民权利，如果对公民造成侵害，就要承担法律责任。"国家各级权力机关及其公务人员"是舆论监督的主要对象，而近年来国家各级权力机关及其公务人员诉讼新闻侵权的情况也频繁发生。这一是因为某些被监督者对法治认识存在偏差，或蓄意通过法律诉讼的形式阻挠舆论监督；二是因为某些记者法律意识淡薄、专业素养不足、工作作风粗疏，有意无意地违法进行舆论监督。

新闻媒体在对公共服务领域中的人和事展开舆论监督时，要特别注意保护监督对象的肖像权、名誉权和隐私权等人格权。舆论监督无论是面对国家各级权力机关及其公务人员，还是公共服务领域中的人和事，都禁止破坏社会秩序，损害国家安全。记者在进行采访调查时会利用各种途径和各种手段调查事实真相，但采访对象往往因害怕丑行曝光而拒绝合作甚至千方百计阻挠采访，记者无权像国家权力机关那样采取职权调查强制采访对象配合，也不能违背新闻职业道德任意假冒身份肆意暗访偷拍。记者的调查范围有限，取证难度很大，而且新闻的时效性又要求记者要在尽可能短的时间内完成采写任务，因此舆论监督对记者的专业素质和采访技能提出了更高的要求。许多舆论监督报道中会用到隐性采访。其实，隐性采访本身不存在问题，而是有些媒体有时滥用隐性采访，或在隐性采访中操作失范招致非议。记者在相关采访中应注意遵守法律和职业伦理，在合适的界限内进行新闻实践、揭露事实。

2021 年 10 月 11 日，河南广播电视台播放电视报道《罪恶的"手术刀"》②，聚焦地下黑市的"非法肾移植"活动，通过前期缜密调查，采访受害者，搜集不法团体的违法事实、

---

① 孟燕，常新喜. 融媒时代主流媒体舆论监督的突破路径[J]. 青年记者，2022(15)：37-39.
② 此报道获得第三十二届中国新闻奖三等奖。

证据,斩断了这条地下黑产业链。节目从内蒙古小伙小张的亲身经历出发,通过对卖肾人的采访以及和肾贩子的周旋,完整地展现了卖肾中介为了牟利两边骗的行径。在此基础上,阐明非法肾移植的风险和损害,倡导合法器官移植。节目在提出问题的基础上,进一步探究如何解决问题,力图从根本上为破解器官捐献难题、缩小器官移植缺口献一份力。

节目播出当晚,即引发了社会广泛关注,相关话题迅速冲上微博全国热搜第一位。播出之后,多地警方第一时间作出反应,将卖肾黑中介团伙逐一抓获。报道中对器官移植的探讨,也引起了社会各层面的大讨论,在 2022 年全国"两会"期间,多名人大代表、政协委员就器官移植相关问题提交了议案,促成了《人体器官移植条例》的修订。同时,节目中相关器官捐献案例的分享,也在民间起到了对"生命接力"这一人间大爱的共鸣和传递正能量的效果。

节目横跨五省,拍摄难度大,但证据扎实,采制组克服重重危险,将镜头对准"非法肾移植"这一不法地下黑产业链,题材重大,剔除了游离于合法器官移植和捐献体系之外的毒瘤,是对生命的守护,也是对不法分子的宣战。同时,节目推动了国家相关法律条例的修订和完善,履行了新闻媒体的担当和使命。

(五) 把握舆论监督的时度效

习近平总书记在党的新闻舆论工作座谈会上强调:"要推动融合发展,主动借助新媒体传播优势。要抓住时机、把握节奏、讲究策略,从时度效着力,体现时度效要求。"①这为做好新时代党的新闻舆论工作确立了基本原则和方法论指导。② 在采访调查活动中,媒体要采用正确的思路、程序、规则、技巧和方法。在报道中,要坚持"适时、适量、适度"的原则,把握时机、讲究策略、统筹平衡、注重传播效果。

"时"为时机、节奏,"度"为力度、分寸,"效"是效果、实效。这几个要素使得新闻策划者迫切需要找准报道的着力点,以"支点"撬动新闻事件的主要矛盾及矛盾的主要方面,从而达到"四两拨千斤"的报道效果。而把握好"时度效"的着力点,既离不开深入一线的记者像触角一样主动探深,触摸到尽可能精准、合适的着力点,更要靠媒体运行机制支撑,调配好前后方力量,瞄准关键点重点发力,并主动借助新媒体传播优势为专业能力插上"翅膀",更好地体现"时度效"要求。③

2021 年 4 月 23 日,《新华每日电讯》刊发《七获省部级科技奖的"大国工匠",却评不上正高职称》。2021 年 4 月,习近平总书记对培养更多大国工匠等作出重要指示,新华社记者第一时间梳理线索,在前期积累下又深入一线采访最新情况,一边与各方反复核校,一边撰写稿件,并在"五一"劳动节前刊发。记者对这一新闻线索的采访先后历时两年,

---

① 习近平. 习近平谈治国理政(第二卷)[M]. 北京:外文出版社,2017:333.

② 朱聚强. 公共政策舆论引导的"表达"与"倾听"——浅析杭州 48 小时常态化核酸检测舆论引导中"时度效"的把握[J]. 新闻战线,2022(15):77-80.

③ 赵丰. 把握好"时度效"着力点的思考与探索——以随队援沪战"疫"50 天相关报道为例[J]. 青年记者,2022(15):34-36.

其间记者多次深入企业采访，掌握了大量第一手材料。最终报道以点带面，通过"大国工匠"鹿新弟一个人的遭遇折射基层一些部门在执行中央相关政策时依然存在"梗阻"，为不认真不彻底落实中央政策敲响警钟。

报道刊发后，被《人民日报》等 200 余家媒体转发、评论，并第一时间引起全国总工会、人社部、国资委等三部委高度关注，全国总工会专门发文称"大国工匠评不上正高职称减损产改实效"；人社部主要负责人委托有关部门专程前往企业慰问鹿新弟，并表示鹿新弟大师的遭遇代表了成千上万技术工人的近况，以此为契机进一步推动提高广大技术工人待遇政策的落实；国资委要求一汽集团派专人进京汇报，并对企业作出了具体要求。一汽集团对这篇新闻报道十分重视，报道当日成立调查组进驻下属分公司开展深入调查，要求杜绝此类事件再次发生，并专程到新华社拜访，感谢新华社的监督报道，表示要进一步整改，将国家政策落实到位。报道还受到一大批"大国工匠"、技术工人的高度关注，他们纷纷在网上发文称新华社的报道为工人说出了心里话和大实话。2021 年 7 月 15 日，鹿新弟在当地人力资源部门组织开展的首批"高精尖缺"高技能人才职称评定工作中获得晋升。

报道很好把握了"时度效"，紧扣党的大政方针和中心工作，及时落实习近平总书记关于加快构建现代职业教育体系，培养更多高素质技术技能人才、能工巧匠、大国工匠的重要指示，是一篇报道效果显著的优秀舆论监督报道。该报道也因此获得第三十二届中国新闻奖三等奖。

（六）注重调查研究

舆论监督报道常因其议题涉及争议性，过程具有复杂性，当事各方矛盾重重，而使事件表象呈现出众说纷纭、扑朔迷离的形态。因此，记者必须进行全面深入、扎实细致的采访调查，才能拨云见日，使真相大白。如果记者采访粗疏草率，偏听偏信，不仅会使报道有失客观，削弱监督效力，还会引起新闻纠纷，甚至还可能导致报道失实，变成虚假新闻，造成恶劣社会影响。调查研究是记者的看家本领，只有把根扎在群众生活中、扎在基层沃土中、扎在社会实践中，才能够写出紧扣时代脉搏的作品。在调查研究中，还要注意多角度深入调查、多手段生动刻画、多维度客观展现等技巧。

2021 年 2 月 18 日，新华社刊发报道《每斤十几万元乃至数十万元，谁是"天价岩茶"幕后推手？》[①]。这是新华社独家调查，揭露"天价岩茶"乱象及其背后"四风"问题的舆论监督稿件。近年来，一斤数万元甚至数十万元的"天价岩茶"充斥市场，且呈现愈演愈烈的趋势，社会上流传着"天价岩茶"大多是党员干部消费的说法，群众反映强烈。针对这一社会热点问题，新华社记者深入福建福州、武夷山、泉州等地，暗访茶山、茶企、茶叶市场等，掌握了部分茶企以"珍稀山场""大师制作"等为噱头推高价格，一些党员干部坦然收受、消费，一些"天价岩茶"成了"办事茶""送礼茶"，滋生了茶叶回收变现业务等情况。

---

① 该报道荣获第三十二届中国新闻奖三等奖。

记者通过独立调查，掌握了扎实的证据素材，通过生动的表达，剖析现象、揭露本质，揭开了"天价岩茶"乱象及其背后"四风"问题，引起中央及地方高度重视，并采取切实有效措施整治"天价茶"炒作及背后"四风"问题，使得这一问题得到遏制，起到了建设性监督作用，体现了媒体的担当、新闻的力量。

◎ **思考题**

1. 什么是舆论监督报道？
2. 舆论监督报道可能存在哪些困难，为什么？
3. 舆论监督报道可从哪些方面创新？

◎ **实践题**

举一例本市媒体的舆论监督报道，对其成绩或不足进行点评。

第九章
突发事件报道策划

突发事件报道是衡量新闻媒体综合实力、组织指挥水平和新闻队伍素质的重要标准之一，报道的好坏和水平的高低关系到新闻媒体的影响力和形象，甚至关系到国家的形象和社会的稳定。正确认识突发事件，学习和借鉴国外成功的报道经验，做好突发事件的报道策划，是新闻单位在新形势下的一项重要任务。

2021 年 7 月，河南发生特大暴雨灾害造成广泛影响。省会郑州作为中国铁路重要枢纽之一，周边有多趟列车被困滞留，其中 K599 次情况最为典型——司机发现险情紧急减速停车。此时，路基下沉，铁轨悬空，乘务人员疏散部分乘客，两节车厢随后倾斜。列车后半部在折返后，再次滞留 20 多个小时才重新出发。历时 99 小时，K599 次终于平安到达终点广州。

K599 次列车车厢发生倾斜
2021 年 7 月 24 日 17：06　中央广播电视总台
中国之声《新闻晚高峰》

中央广播电视总台在郑州采访的记者得知列车遇险消息，因道路受阻无法抵达现场，只能远程电话采访司乘人员来了解最新情况。列车重新开动后，湖南记者从中途上车采访，广东记者在广州站守候，记录列车抵达的场景。三路记者克服困难，接力跟进，音响汇总后连夜制作，次日听众在中国之声"新闻晚高峰"栏目听到这篇扣人心弦的报道《记者接力记录：暴雨中遇险的 K599 次列车 99 小时曲折旅程》。①

这篇报道独家呈现了列车在罕见暴雨中遇险，司乘和旅客紧急转移，从措手不及到互相理解，合力共渡难关，最终到达终点的过程。三路记者持续跟进，使采访非常扎实，司

---

① 该报道荣获第三十二届中国新闻奖二等奖。

机、乘务人员和乘客的讲述生动、细腻、感人。报道音响丰富，凸显了广播报道的专业性和感染力。作品采用倒叙的结构，充满悬念，扣人心弦。通过一列特殊的列车、一趟特殊的旅程，展现了灾难面前列车乘务人员的担当、市民的爱心救助和乘客的理解支持，以一趟惊心动魄的旅程，诠释了灾难面前人们的坚韧和大爱。

一、突发事件及其报道策划的特点

当前，我国正处于社会转型的关键时期，经济的飞速发展和市场体制的转轨促使利益分配格局产生调整与变动，种种问题和矛盾持续地积累和变化，事故灾难、社会安全、自然灾害等危机事件频发。社会的安定和谐是国家繁荣、经济健康发展的重要前提，所以，如何在化解危机的过程中掌握先机和主动权，及时、妥善地处理突发事件，最大限度地降低其危害和负面影响，已成为各级政府施政的首要关注点。

突发事件爆发后，大部分公众会通过社会化媒介获取事件的真相和最新信息，并以此构建主观认知，从而形成广泛意义上的社会主流舆论。所以从某种程度上来说，突发事件的发展进程是由媒体推动的，媒体相关报道的定位将决定公众对事件的解读与判断。因此，如何利用媒体的能量合理引导舆论，塑造和维持政府形象，提高应对突发事件的能力，是当下我国各级政府和学界关注和讨论的热点话题。

2003年5月颁布的《突发公共卫生事件应急条例》指出，突发公共卫生事件(以下简称突发事件)，是指突然发生，造成或者可能造成社会公众健康严重损害的重大传染病疫情、群体性不明原因疾病、重大食物和职业中毒以及其他严重影响公众健康的事件。

2006年1月8日国务院颁布《国家突发公共事件总体应急预案》，指出突发公共事件是指突然发生，造成或者可能造成重大人员伤亡、财产损失、生态环境破坏和严重社会危害，危及公共安全的紧急事件。根据突发公共事件的发生过程、性质和机理，突发公共事件主要分为自然灾害、事故灾难、公共卫生事件、社会安全事件四类。

2007年11月1日施行的《中华人民共和国突发事件应对法》，沿袭了《国家突发公共事件总体应急预案》的界定，将突发事件定义为：突发事件是指突然发生、造成或者可能造成严重社会危害，需要采取应急处置措施予以应对的自然灾害、事故灾难、公共卫生事件和社会安全事件。

综上所述，对突发事件不同维度的解读其本质是基本相同的，我们认为突发事件是指突然发生，与社会公众密切联系，极有可能造成或者已经造成严重社会危害的事件，包括自然灾害、事故灾害以及其他威胁公共与社会安全的事件。如2021年发生的山东烟台栖霞市笏山金矿"1·10"重大爆炸事故、四川凉山州冕宁县"4·20"森林火灾、河北石家庄市"10·11"通勤车涉水倾覆重大事故等，均属重大突发事件。2022年以来，东航航空器事故、重庆山火、泸定地震等突发事件引起社会高度关注，主流媒体也进行了大量报道。

长期以来，报道的时效性、事件的完整性和报道的深刻性是新闻界对突发事件报道的基本要求。进入全媒体时代，舆论生态、媒体格局、传播方式发生了深刻改变，新闻传播活动呈现出全程、全息、全员、全效的"四全"特征。综观近年来主流媒体的报道实践，全媒体时代突发事件报道呈现出许多新的特点。①

(一)突发事件的特点

1. 突发性强

突发事件通常是由诸多潜在细小因素积累而成,爆发的时间、地点、强度等难以预测,突发的危机打破了社会正常的秩序与平衡,让政府与公众措手不及。如 2020 年 7 月 7 日贵州安顺公交坠湖事件,司机因蓄意报复社会,驾驶公交车行驶至西秀区虹山水库大坝时突转向加速横穿对向车道,撞毁护栏冲入水库。突发事件爆发时,缺乏经验的政府和媒体常常反应迟钝,在等待中丧失了舆论引导的最佳时机。

2. 关注度高

突发事件社会关注度高,是媒体危机报道的热点也是难点。突发事件发生后,新闻信息常常以海量计算,并以现在进行时不断地变化和扩张,吸引着整个社会的目光,例如 2022 年韩国梨泰院踩踏事故等。同时,危机本身和公众间的关联性使突发事件的相关新闻变得更具传染力,如果信息表达不畅,为不实信息的传播提供了渠道,会破坏社会秩序的正常运转。

3. 破坏性大

突发事件多以非常规形态出现,破坏力极强且公众应对能力弱,易产生流言,形成社会范围的大恐慌。例如俄乌冲突、东航 MU5735 航空器飞行事故,都造成了极大的经济损失和人员伤亡。突发事件的破坏性在当今中国社会有特殊的表现形式。第一,突发事件的频率和规模都呈上升趋势;第二,突发事件的破坏性、组织性不断加强。

4. 牵连范围广

突发事件是多种潜在矛盾激化的结果,事件爆发后又处于动态演化的环境,一旦应对不力,会导致其他危机的连锁反应,使危机扩大到本身不存在危机的领域。

5. 持续时间长

任何一起突发事件的消逝都不会像它来临时那样突然,突发事件一旦爆发,就会在社会范围内持续相当长的时间,其对人们精神、心理的冲击与创伤以及对政府形象和社会秩序的损伤,会造成长久且无形的负面影响。2022 年 9 月 5 日 12 时 52 分,甘孜州泸定县境内发生 6.8 级地震。地震发生后,

图为新华社客户端"四川泸定 6.8 级地震救援"专题报道截图

① 李庆林,石峰. 全媒体时代突发事件报道的新特点[J]. 中国记者,2023(1):84-87.

由 1086 名消防救援人员、268 辆消防车、17 条搜救犬、34 艘舟艇组成的消防救援力量在四川省消防救援总队统一指挥调度下，争分夺秒奔赴灾区，在泸定和石棉的深山峡谷、高空激流中跋山涉水，开展一次次生命营救。后续过程还有许多事情需要做，需要报道。

四川消防救援人员开展救援。四川消防 供图

(二) 突发事件的发展阶段

突发事件发生的时间顺序为依据，突发事件从爆发到结束的生命周期分为四个阶段：潜伏期、爆发期、蔓延期、消退期。根据事态的演变，公众在四个阶段有不同的心理状况和行为表现，对舆论引导的需求也各有侧重点。一般来说，在突发事件的潜伏期，媒体的监测和预警信息是媒体新闻报道的重点；在危机爆发期，主动引导社会舆论、稳定公众情绪，及时报道事件进展是媒体对危机解决最重要的支持；在突发事件的事后处理和反思方面，媒体同样可以有所作为，例如对突发事件的评估，对灾难发生和解决的反思，用人性化的方式总结危机中公众的表现，帮助公众度过心理创伤期等，都是媒体正确引领舆论导向的有效途径。媒体对突发事件不同阶段的积极介入，体现了媒体的社会责任，同时也是政府和媒体之间进行高效沟通的手段。如果媒体的作用仅限于发布政府权威消息，而缺少对危机事件不同阶段信息的搜集和反馈，就难以最大限度地发挥媒体在突发事件中的舆论引导功效。

1. 事件潜伏期

事件潜伏期是危机爆发前的阶段。突发事件爆发前，社会往往有潜在的危机征兆，在事件发生地或周边地区会相继出现有争议的报道和流言。由于涉及公众自身利益，流言又难辨真伪，公众会表现出焦虑不安的心理特征，舆论呈现出盲目的特性。谣言滋生是由于信息缺位和环境周边造成的。突发事件发生的初期，也是谣言扩散的阶段，因此媒体能否有效引导舆论走向，快速地公布事件相关信息内容，是遏制谣言产生和泛滥的关键。

2. 事件爆发期

事件爆发期是危机初步爆发后,需要集中社会力量进行统一应对的时期。突发事件爆发后,信息的发布和获取平衡瞬间被打破,公众受到强烈冲击,在恐慌和焦虑心理的支配下,对信息的渴求度上升,一旦出现事件相关信息,公众势必保持极高的关注度并广为传播,以求获得安慰,其中接收到一些未经证实的谣言,公众难免会出现错误盲目的举措,例如,2020 年年初"双黄连可抑制新型冠状病毒"的传闻导致双黄连口服液被哄抢,短短几个小时内各网络渠道出售的双黄连口服液基本脱销。事件的爆发期要求媒体在法律允许的范围内第一时间出面应对信息缺失,满足公众获取信息、参与事件的权利,引导社会舆论正向发展,消解让公众疑惑、误解的传言。

3. 事件蔓延期

事件蔓延期是危机逐步消减,政府进行善后工作的时期。这个阶段政府和媒体会号召和鼓励公众积极参与救灾抗灾活动,以帮助危机的灾后重建或善后处理。公众此时不再满足于了解"发生了什么"而是更想知道"事情进展如何,政府在做什么,应该怎么做",灾区灾民善后情况、事件问责的舆论动态等成为关注的焦点。例如,"7·20"郑州特大暴雨导致地铁 5 号线 12 人遇难,事故原因的问责结果遭到公众的质疑和批判。根据有关法律法规规定,国务院决定成立调查组,对这一事件进行调查。2022 年 1 月 21 日新华社发布调查报告消息,认定河南郑州"7·20"特大暴雨灾害是一场因极端暴雨导致严重城市内涝、河流洪水、山洪滑坡等多灾并发,造成重大人员伤亡和财产损失的特别重大自然灾害;郑州市委、市政府及有关区县(市)、部门和单位风险意识不强,对这场特大灾害认识准备不足、防范组织不力、应急处置不当,存在失职渎职行为,特别是发生了地铁、隧道等本不应该发生的伤亡事件。郑州市及有关区县(市)党委、政府主要负责人对此负有领导责任,其他有关负责人和相关部门、单位有关负责人负有领导责任或直接责任。

蔓延期要求媒体正确引导舆论走向,建立合理高效的问责机制和动员机制。一方面,媒体要在报道危机事件的过程中稳定公众情绪;另一方面,通过动员公众参与到危机的解决中来,为危机的化解打下了基础。

4. 事件消退期

事件消退期是危机消退后的一段时间内仍对社会、公众造成影响的阶段。随着突发事件各项处理措施的实现,危机基本解决,公众的压抑心理和恐慌情绪减缓,公众能以理性的态度和眼光来审视这场刚刚过去的危机。此时公众关注的重点是政府对于危机的思考和总结。同时,公众还关心危机过后灾区的重建、受害者的安置、捐赠财务的利用情况等是否得到妥善安排。这个阶段要求媒体通过舆论引导,减轻危机给社会带来的伤痛,安抚公众灾后的情绪和心理。

(三) 突发事件报道存在的问题

进入中国特色社会主义新时代,我国经济与社会生活取得了长足发展,新闻媒体的管理理念和操作方式都有了很大的进步和发展。但是,媒体在政府和公众间上情下达、下情上传的信息传递功能还不那么理想,媒体在突发事件中的舆论引导作用未受到应有的重视。同时在媒体报道实践过程中，仍然存在着不少违背舆论生成客观规律的问题。

1. 媒体反应迟缓

突发事件爆发之初，公众对事件往往无法形成较为清晰的观点，更多的是对事件本身某种模糊情绪的体现。如果政府能利用媒体在这个阶段进行较为有效的舆论引导，将在危机应对上处于有利的主动姿态。但许多案例显示，当突发事件发生后，我国有关部门往往反应迟缓，敏感性不强，不能充分利用新闻媒体强大的舆论引导功能，使事件的处理处于被动状态。

2. 新闻报道失实

真相、事实是媒体新闻报道的基本前提。因此，媒体发布任何信息都要基于事实，否则政府和媒体的公信力就会下降，不利于政府形象的塑造以及危机事件的有效处理。但在危机应对的过程中，往往会出现媒体报道失真的现象，媒体这种错误信息的传播为政府决策和公众判断造成了难以估量的损伤和不良影响。总体来说，媒体在突发事件中报道失实有三个方面的原因：一是政府对媒体的强制干预，媒体在政府相关部门的干涉下失去主动引导舆论的能力。二是媒体自身的因素，如记者在业务水平方面有所欠缺，一味追求时效性而忽视新闻准确性，媒体人自身责任感缺失，在经济利益的诱惑下对事件本身曲解等。三是突发事件本身对新闻报道的限制。突发事件因其突发性、模糊性、不可控等因素的制约，即使媒体从政府或权威机构获取到信息，也不能保证信息传递的完全准确。

3. 政府工作滞后

步入新时代，大众媒体的影响力已无法忽视，政府相关部门应当大力支持媒体的正常采访行为，将真实的事件进展第一时间呈现在社会公众面前。但是，在突发事件的应对过程中，总有部分地方政府没有把媒体看作有效处理突发事件的重要工具，反而将其视为敌人，对媒体的采访处处掣肘，在突发事件发生后，消极对待媒体与记者，甚至追捕和羁押记者。

同时，部分地方政府认为突发事件会影响自身政绩，对政绩的考量大于对社会利益的重视，利用政治权力裹挟媒体，出现媒体集体失语失聪、耐心等待上级指令的现象，为谣言的滋生提供了有利空间。部分新闻媒体从业者无法通过权威渠道获取信息，误将传言变成文字进行传播，容易被他人利用进行炒作获利，危机信息不对称的局面造成公众无法第一时间知晓事件的真实情况和最新进展，于是流言蜚语在社会内部泛滥，公众此时对于信息的饥渴促使他们盲目加入信谣传谣的队伍中去，新的危机可能由此而生，产生巨大的破坏力。

除了上述报道中存在的问题，政府后续工作缺失，也在一定程度上影响着民众对突发事件的正确认识和处置。突发事件进入消退期后，政府在尽快恢复社会秩序的同时，还要对事件应对的得失、公众灾后心理状况进行梳理和总结，加强公众对突发事件的认识，提高危机中的自救能力等。但从我国目前状况来看，在危机结束后，政府更多的是在总结工作，对公众后续宣传教育及灾后情绪安抚的工作极少涉及。

(四) 突发事件报道策划的特性

突发事件报道策划，是指记者、编辑针对某个突发事件，在最短的时间里努力发掘其新闻价值，谋划最佳报道形式，以求达到良好的传播效果和社会效应的过程。突发事件自身的特殊性决定了其报道策划也有着许多不同于常规事件策划的特点和要求：

1. 及时性

由于突发事件发生突然，时效性极强，要求其策划工作必须迅速及时，在事件刚一发生时就采取相应对策；否则，耽误了时间，也就错过了报道的最佳时机。

2. 紧迫性

尽管新闻都讲求时效性，但没有哪类新闻报道像突发事件报道那样对时效要求那么"苛刻"。可以说，时效是衡量突发事件报道水平的首要标准，谁能最先、最快报道某一突发事件，谁就是赢家，谁就在竞争中取得了至少一半的成功。

3. 谨慎性

由于突发事件不确定性大而又影响深远，因而对于突发事件的报道策划要保持高度警惕，慎之又慎。要深入调查，仔细研究，弄清真相，在此基础上思谋对策；否则，仅凭一时的热情冲动草率行事，不仅帮不了忙，反而会添乱。

4. 应变性

由于突发事件变化性大，决定了其报道策划也要随势而变，要关注事件的最新动态，据此随时调整策划方案；否则，策划方案落后于事件的变化状态，就会使工作陷入被动，策划也就失去了应有的意义。

5. 现场感

突发事件发生都很突然，而且极具"爆发力"，在对其加以报道时应该配以生动形象的现场描绘，让读者感受到现场氛围。电视可以通过捕捉现场画面，电台可以通过现场录音，通讯社和报纸则可以通过有情有景有细节的现场描写及新闻图片的有机配合，以增强报道的真实性和感染力。

6. 连续性

突发事件虽然是突然发生的，但并不都是瞬间结束的，有的突发事件虽然发生得很突然，但其发展和结束还要经历一个缓慢的过程。突发事件一旦报道后就要连续不断地跟踪报道，提供充分的信息量，报道事件的每一重要发展阶段和状态，同时报道事件对各方面的影响以及各方面对事件的反应。

7. 整体性

突发事件虽然有可能是来去匆匆，但其影响往往是深远的，因而对突发事件的报道不能停留在事件表面，就事论事，仅仅满足于报道事件本身；而应该广泛收集相关资料，多角度分析，多形式报道，既要有广度，又要有深度，尽可能使受众从报道中了解到关于事件的一切信息，并有所启示。

掌握了突发事件报道的特点，在实际操作中可根据具体情况，着眼于不同的目的，在突发事件发展的不同阶段选择适当的报道方式，这是突发事件报道策划的第一步。未雨绸缪、战前练兵，实战演习，事后总结，对于我们提高突发事件报道策划的水平大有好处。

二、正确认识突发事件报道

（一）政府关注突发事件报道

突发事件大多为受众所广泛关注，且具有较高的新闻价值，理应成为媒体重点经营的题材。20世纪80年代以后，随着新闻事业改革的深入，对突发事件的报道不再被国内新闻界视为讳莫如深的"禁地"。2003年8月，中央发布《关于进一步改进和加强国内突发事件新闻报道工作的意见》，体现了党和政府重视和保护人民群众知情权，满足人民群众对政府工作信息和社会公共信息的知情需要的决心。这一文件对于改革和推进突发事件新闻报道起到了指导性作用。

2018年3月17日，国务院机构改革，组建中华人民共和国应急管理部。这是国务院主管安全生产、灾害管理和应急救援的部门，主要负责组织编制国家应急总体预案和规划，指导各地区各部门应对突发事件，推动应急预案体系建设和预案演练等工作。应急管理部将国家安全生产监督管理总局的职责，国务院办公厅的应急管理职责，公安部的消防管理职责，民政部的救灾职责，国土资源部的地质灾害防治、水利部的水旱灾害防治、农业部的草原防火、国家林业局的森林防火相关职责，中国地震局的震灾应急救援职责以及国家防汛抗旱总指挥部、国家减灾委员会、国务院抗震救灾指挥部、国家森林防火指挥部的职责整合，推动形成统一指挥、专常兼备、反应灵敏、上下联动、平战结合的中国特色应急管理体制。2018年4月16日，应急管理部正式挂牌。

2022年7月，应急管理部组织建设"灾害应急救援救助平台"并已上线。该平台主要为受灾群众求救求助、社会应急力量参与抢险救援行动、各级应急管理部门掌握处理救援救助需求等提供信息化支撑。平台是在发生重特大自然灾害情况下对现有应急管理救援救助体系的补充，发挥查漏补缺作用。平台包括公众端、社会应急力量救援协调系统（力量端）、管理端和虚拟呼叫中心。其中，公众端主要面向公众，设有"电话求救""灾害安置点""我要捐赠""救援力量"等模块。社会公众通过微信小程序"救援救助"（全称"灾害应急救援救助平台"）进入公众端。社会救援力量可搜索"社会力量"进入力量端（全称"社会应急力量救援协调系统"）进行注册登记，各级应急管理部门可搜索"救援救助管理"或通过浏览器访问地址（https://htgl-llgl.mem.gov.cn）进入管理端（全称"灾害应急救援救助平台管理端"）。

2022年3月21日，东方航空MU5735航空器发生飞行事故，国内众多媒体第一时间进行了全方位报道。以人民日报社、新华社、央视新闻等为代表的绝大多数媒体关注了救援最新情况和事故的调查进展，对于安定人心、促进救援大有好处。

（二）报道好突发事件是新闻竞争的必然选择

新闻竞争的实质，说到底就是争夺受众。谁拥有最广大的受众，谁就能在竞争中立于不败之地。这就逼着媒体去研究自己的传播对象，了解他们的愿望和要求，满足他们多方面的需要。由于突发事件大多比较敏感，却又震撼人心，往往会受到人们的广泛关注，在一段时间内成为社会关心乃至举世瞩目的热点。怎样把这类新闻抢回来，自然就成为媒体竞争中的焦点，各新闻媒体无不把突发事件报道作为争夺受众和用户、与同行竞争的擂台。随着新闻竞争的日益激烈化，对突发事件的报道已成为衡量新闻从业人员素质和水平的一个重要标准，做好突发事件的报道对增强新闻媒体的竞争力和影响力，无疑是大有益处的。

(三) 报道好突发事件是信息时代的必然要求

当今时代是信息爆炸的时代，现代信息技术的发展使我们的地球越来越小，不同地域的信息交流越来越快，人们获取信息的渠道越来越多，对一些重大的突发事件要想捂也是捂不住的。2022 年 7 月 8 日 11 时 30 分左右，日本前首相安倍晋三在奈良市街头发表演讲时遭枪击倒地，当地时间 17 时 03 分，安倍晋三因伤势过重不治身亡，终年 67 岁。我们一打开互联网，关于安倍的信息都反映在网上了，没有什么秘密可言。除此之外，经济的发展、旅游线路的开通，大量的外国商人和游客遍布我国的城市、乡村、山川和河流。很多突发事件就是在这些地方发生的，也有不少外国人目睹了突发事件的发生或他们自身就是突发事件的当事人。他们都是信息源，他们都会有意或无意地发布信息，真实或歪曲地反映事实。在这种情况下，还有什么新闻可保密？如果我们的新闻传媒不报道或不作如实的报道，只能处于被动的位置——大道不通小道通，当我们的人民知道实情以后，只会对我们的传媒产生不信任感，由此产生对该传媒其他报道的不信任。现代科学技术的发展越来越要求新闻单位和有关主管部门放开对突发事件的报道管理，越来越要求新闻从业人员讲究对突发事件的报道艺术。

(四) 做好突发事件报道是加快我国民主政治建设的需要

中国要走向现代化，要进入世界先进民族之林，一个重要内容就是加快民主政治建设，人民当家作主的权利得到保证，其中就包括人民知晓重大事件的权利。知情权是人权中的一项重要内容。

随着我国对外开放的步伐日益加快，随着我国人民参政议政意识的逐步提高，政府的工作在不断改革，新闻传媒的责任越来越重。2017 年，党的十九大报告提出，构建党统一指挥、全面覆盖、权威高效的监督体系，把党内监督同国家机关监督、民主监督、司法监督、群众监督、舆论监督贯通起来，增强监督合力。在信息传播高度发达的今天，作为监督方式之一的舆论监督正发挥着越来越重要的作用。

这是对新闻界提出的更高要求，舆论不仅要反映群众呼声，还要对政府工作进行监督，突发事件发生了，人民需要了解政府有关部门应负什么责任，事后他们做了哪些抢救和善后工作。人民群众了解了突发事件的发生、发展过程，可以更好地监督政府工作，可以更好地理解、配合政府工作。加强对突发事件的报道，既是我国民主政治建设的需要，同时也向世人显示了我们的自信心，我们有力量有能力处理好一切突发事件。处理好了对突发事件的报道，从侧面也反映了中国的强大。

（五）搞好突发事件报道是促进我国新闻业与世界接轨的需要

随着经济的一体化，中国不仅需要经济上按国际惯例办事，在文化事业，在新闻报道方面也面临着国际化的挑战，特别是在网络媒体发展的今天。对突发事件的报道质量反映了一个国家的报道水平，这不仅表现在对国内突发事件的报道，也表现在对国际重大突发事件的报道上。

在新形势下，有的地方媒体也加入对国际突发事件的报道行列。如极目新闻就是从湖北日报传媒集团《楚天都市报》脱胎而来，以原来薄弱的国际新闻领域为突破口，广纳英才，擦亮"全球眼"，关注海外华人群体、主动出击引导舆论，在媒体融合背景下，拓展国际新闻报道形式，凭借直播连线，中、短视频专栏等新形式吸引了大批粉丝，走上快速"破圈"之路。

2021年8月，美军从阿富汗撤出，塔利班进入阿富汗首都喀布尔。极目新闻记者另辟蹊径，连线采访了一名在喀布尔的阿富汗大三学生。《连线在喀布尔的阿富汗人：亲戚整晚打视频电话报平安》发出后，让受众看到了更加真实的情况，也让极目新闻成为在该事件中首批对话阿富汗人的中国媒体之一。这名大三学生还成了极目新闻的爆料员，为极目新闻提供了大量的喀布尔街景照片，并于第一时间传输了"有人扒美国军机起落架不幸坠亡"这一热点事件的现场视频，是极目新闻的"千里眼"。2021年，神舟十二号发射，极目新闻刊发报道《外媒密集报道神舟十二号发射，BBC还是那么酸，把中国壮举称作"野心"》，对BBC有失客观的报道进行了批驳和反击，引发了众多网友的共鸣。①

2023年2月6日，土耳其东南部在9小时内发生两起7.8级强震，并伴随多次余震，该国东南部10个省告急。全世界的救援力量从四面八方赶来，前往土耳其地震灾区前线。

地震无情，人间有爱。应土耳其政府请求，中国政府第一时间启动紧急人道主义援助机制，多支救援力量迅速集结，朝着万里之外进发。去现场，是媒体记者的天职。秉承"全球眼、中国心、瞭望者、思想家"的理念，极目新闻两名特派记者满达、胡莉于2月8日下午与蓝天救援队会合，并于当晚8时许，飞赴土耳其震区一线。他们在震区记录中国救援故事，直击救灾现场，关注灾民命运，全方位、多角度向受众展现了地震救援的最前沿信息。两名记者不辱使命，在出差的9天里保持9×24小时直播，直播首日全网观看量达到500万，全平台总观看量达到1000万，直播信号连日来被国内多家主流媒体采用；同时，两名记者实时将第一手的视频素材传到后方，平均每天发布抖音、视频号等短视频产品16条，产生多条爆款产品；另外，在后方统筹记者的配合下，9天时间内，极目新闻共发布100余篇土耳其地震文字报道。

这组报道，见证了中国救援力量下的生命奇迹，增进了中土两国人民之间的友谊，也彰显了极目新闻在全球事件中的影响力。

---

① 汪亮亮. 擦亮"全球眼"，抢占国际舆论场高地[J]. 新闻战线，2022(5·下)：47-49.

2023 年 2 月 10 日，极目新闻特派记者满达在土耳其阿德亚曼贝斯尼的救援现场进行直播

三、突发事件报道的几种形式

突发事件具有时效性强、变动性大、不确定性大、影响面广等一些不同于常规事件的特点，这就决定了其报道也有着不同于其他报道的鲜明特点。

一般来说，突发事件的报道形式大致有以下几种：

(一) 即时性报道

即时性报道是在突发事件发生后即有记者赶赴现场或从多渠道获取信息，迅速发回的报道。这类报道一般时效性很强，文字也较简洁，其显著的特点就是对"现场感"的追求。每当有重大突发事件发生时，无数新闻记者为了追求新闻的现场感而殚精竭虑、前仆后继，其中许多记者的事迹动人心魄、催人泪下。在世纪之交，中国记者第一次豪迈地提出了"要站在世界重大新闻事件的报道现场"，这不仅意味着荣耀与辉煌，更充满了血与火的洗礼甚至生命的代价。

对于突发事件的即时性报道，如果条件允许，动用照片、资料、言论等背景材料，相得益彰，可以更好地突出主题。

(二) 连续性报道

突发事件的报道首先是从即时性报道开始的，它让人们感知该事件的发生。但是，仅仅如此还是不够的，有些突发事件虽然发生很突然，却未必瞬间完结，其发展和结束还有一个过程，读者也必然会关注事件新的动态，希望了解事情的来龙去脉以及有关细节信息。这就要求记者继续追踪事件发展过程及详情，进行连续性报道。

连续性报道一般来说篇幅要长一些，刊发的次数要多一些，事件经过、人物特写、背景材料等要翔实一些、生动一些，因而能更吸引人。连续性报道同样要求时效性，最好在突发事件的消息发出之后立即刊出，时效性越强，效果越好。

连续性报道的时间跨度长，涉及面广、变化大，问题和矛盾多，因而更需要策划者精心细心，持之以恒。

连续性报道时间较长，既要求记者不要漏掉新闻，又要求记者在众多的新闻中选择有效新闻；既要求记者有新闻的敏感，又要求记者有坚忍不拔的韧性；既要求记者密切注视动态，进行纪实报道，又要求记者超越本事件，进行更深层次的分析和思考。

(三) 总结性报道

并非所有的突发事件都应该或者能够在该事件刚一发生时就予以即时报道，或在其发展过程中进行追踪式报道、连续性报道，为了整个大局的稳定或者由于某些技术操作上的原因，有的突发事件是在其出现后的一段时间或结束后才进行报道的。这种报道即是总结性报道，由于报道是在最后进行，又可称作终结报道。在作总结性报道时，事件发生发展的过程已十分明了，一切变化的因素都以静态的形式定格于历史空间，它所反映和说明的问题以及给社会和人们的启示，都比较明确地显露出来。另外，由于时间较长，编辑记者的准备工作可以比较充分，比如资料的收集、背景的交代、照片的搭配以及版式设计等工作都可以做得比较充分，做得好可以起到"后发制人"的效果。这是有利的一方面。从另一方面来说，由于时间较长，关于这一事件的各种谣传很多，有可能影响终结报道的可信度。这就要求总结性报道的策划者在报道中以无可辩驳的事实和新发掘的事实来回击一切谣言和诡辩，争取受众。而且，由于时间较长，其他媒体可能已经作过较为全面或连续的报道，本报再要作此专题的报道，除了内容上的真实有深度外，在表现形式上，必须有超过别人的新招；否则，就难以吸引人，也不可能达到"后发制人"的目的，弄得不好还会走别人走过的路，吃别人嚼过的馍，既没有味道还惹人笑话。

2020 年 8 月 17 日，澎湃新闻发布了近万字报道《围捕曾春亮：江西乐安缉凶九日》，总结梳理了江西乐安连环杀人案案发 25 天的整体发展脉络。报道聚焦事件的关键节点，多方还原了案发经过，披露了凶手过往背景、潜逃和被搜捕过程等，走近了受害者家属。翔实的信息和丰富的细节通过多条线索叙事在报道中交织，该报道解答了舆论关注的众多问题，整体、全面呈现了这一震惊全国的凶案事件，被光明网等媒体广泛转载。

(四) 多地多媒体融合报道

随着融媒体技术的不断发展，传播手段快捷化和传播形态多样化的趋势越来越显著，而短视频直播平台的兴盛，也让移动直播日益成为全网争夺受众的新的"主战场"，特别是在突发事件报道中。对此，河南广播电视台都市频道(以下简称"都市频道")作了有益的探索并取得良好的社会效果。

2021 年 9 月，从河南到贵州一场跨越三千里转运先心病患儿的移动直播，在都市频道的精心策划、持续关注下，牵动了全网超 8 亿网友的心，开创了多个"第一"，成为融媒体时代新闻事件直播的有益尝试之一。

9 月 14 日，都市频道接到线索，贵阳市第二人民医院求助河南省胸科医院，希望将一名刚刚出生 15 天的男婴转运至郑州接受治疗。此时，男婴刚被确诊为一种罕见、重症、复杂的先天性心脏病——心下型肺静脉异位引流，如果不及时手术，几乎没有存活的可能。情况危急，河南省胸科医院已决定派出专家团队，立即奔赴贵州。

接到线索，都市频道迅速进行选题研判，认为豫贵两省即将携手抢救一名先心病婴儿的事件，具有较高的新闻价值：刚出生 15 天的男婴，不幸患上重症，甚至随时危及生命，他的遭遇能唤起人们关爱呵护弱小生命的本能，引发受众的"镜像共鸣"；从贵州转运河南，男婴将面临一系列的严峻挑战，转运能否成功的悬念，将吸引人们的持续关注；一旦男婴救治成功，将极大地满足受众向善向美的心理需求。经过综合考虑，都市频道迅速拟定了跟随两地医疗团队，开启跨省急救转运直播的方案。由报道团队牵头，技术团队提供设备网络支持，立即奔赴贵州。

他们在突发事件的报道中，注意整合资源，扩大传播效果。首先整合官方资源。从贵阳到郑州的车程大约需要 18 小时，如何保证从贵阳到郑州约 18 小时车程的顺畅通行，都市频道及时联系河南省公安厅请求帮助，并通过省公安厅，向公安部请示协助。在公安部交通管理局的协调下，沿途经过的贵州、湖南、湖北、河南四省，均安排交警全程护送男婴。其次，融合矩阵传播。都市频道在保证独家直播源、独家全程现场参与的前提下，采取了更开放、包容的矩阵式传播方式，联动处于移动社会关系网络中的官方融媒体、自媒体群落，共同对突发事件进行传播、作出反应。联系了公安部交通局、共青团河南省委和河南、湖北、湖南、贵州等省十几家官方账号采用都市频道独家信号同步直播，累计吸引了来自全国各地的 5 亿网友的关注。其中，"河南都市报道"抖音平台观看量累计超 6500 万，单天单场直播创全国抖音直播最高纪录，单日"涨粉"总量近 100 万。抖音短视频合集"贵州出生仅 15 天婴儿患先天性心脏病"播放量超过 8 亿。

在突发事件报道中，如何创造系列爆款短视频？极目新闻做了有益的探索。2021 年 12 月，极目新闻在抖音平台推出"武汉快递小哥火场救出一家三口"系列短视频，累计发布 33 条原创短视频，总播放量高达 4.2 亿次，其中 11 条短视频播放量超过千万，另外还有 2 条播放量破亿的超级爆款，社会反响强烈。

2021 年 12 月 10 日，武汉市江汉区一小区发生火灾，着火人家中有 3 人被困，其中包括一名小孩。顺丰快递小哥张裕在小区收派件时看到这一幕，迅速上前，徒手爬上 2 楼，成功救下 3 人。他救人后低调离开时，被小区居民拦住扯下口罩，大家纷纷表示"要看清英雄的脸"。张裕的英勇事迹经极目新闻率先报道后，引发全国亿万网友的关注和点赞。人民日报社、新华社、央视新闻等央媒纷纷转载极目新闻报道，点赞英雄城市的救人英雄。2021 年 12 月 23 日，由武汉市委宣传部、极目新闻联合主办的"2021 大城生长"致敬礼活动在汉举行，湖北省委宣传部、省委直属机关工作委员会、省退役军人事务厅、省军区政治工作局联合授予张裕"荆楚楷模·最美退役军人"荣誉称号。如何在突发事件报道中运用短视频取得成功，此次报道记者叶文波介绍了极目新闻实战及新闻策划思路——

从突发事件中提炼核心新闻价值。短视频新闻有着如下的鲜明特点：传播主体多元化、传播内容碎片化、传播渠道社交化、传播效果高效化、传播受众自主化。2021年12月10日，起火小区的居民向报社致电提供线索，热心网友又给报社发来一线视频，极目新闻编辑部在掌握"武汉快递小哥火场救出一家三口"这一重大线索后，敏锐感知题材重大，迅速研判选题，组织精兵强将成立前方报道小组。

除了爬楼救人的视觉冲击，快递小哥的平凡身份、退役军人背景，都让新闻增色不少。尤其是"红衣大妈扯下口罩"让大家看清英雄面目这一细节，成为整个新闻的重要爆点。编辑部一致认为，武汉红衣大妈的善意、热情举动，代表了受众尤其是千千万万网友一探究竟的心理。于是，编辑部将这组系列报道主题选定为《英雄！让我看清你的脸》。

多角度拍摄丰富救人小哥形象。一图胜千言，视频更是如此。鉴于视频素材丰富，且冲击力强，在文字深度报道之外，极目新闻最后选定网友喜欢的直播，尤其短视频来对新闻事件、核心人物进行持续报道。编辑部强化新闻策划，每日商定次日的报道方案，明确采访对象，不断放大正能量。

聚焦军人身份同时用评论升华报道思想。世上没有从天而降的英雄，只有挺身而出的凡人。"一个有希望的民族不能没有英雄，一个有前途的国家不能没有先锋。"正是这些凡人英雄，给英雄的武汉增添了浓重的一笔。在推进新闻报道同时，极目新闻同步刊发了报社评论员的评论《记住他们的脸，向他们致敬！》，华中科技大学教授赵振宇在评论《平凡英雄张裕就是我们中的普通一员》中写道："张裕是救人英雄，但他更是快递小哥，是人民群众中的一位普通人；我们都是普通人，在各自的工作岗位干着自己分内的事，但是，我们也应该和可能在需要我们的时候出现在英雄的现场！"由此使整组报道的主题不断升华。

在突发事件报道中，如何创造系列爆款短视频？在实践过程中，快速的采编反应、科学的谋篇布局、紧密的团队协作、有效的新闻策划，都是缺一不可的。

第一，对采访内容的深度挖掘。一个典型人物的形象能否立得住、站得稳，关键是看能否打动受众，与之产生情感共鸣。塑造好人物形象，要坚持"源于群众、高于生活"的传播准则，既要让受众觉得英雄有"邻家大哥""隔壁大姐"的亲和力，也要有其在思想和行动上高人一筹的先进性。

第二，对产品形态的主动策划。在实践中，新闻媒体要建立起现代化的生产、传播体系，采编人员需要提前谋划，打造内容生产的"中央厨房"，创作出优质的融媒体产品是实现高效传播的关键。

第三，对传播渠道的立体覆盖。5G 时代移动互联网的快速发展，传播生态发生剧烈变革，为了获得更为广泛的受众认可，主流媒体应与时俱进，通过"两微一端"等宣传矩阵、网络直播等多种方式，实现立体化、多渠道传播。极目新闻不仅将快递小哥相关新闻发布在报纸、"两微一端"、短视频等平台上，还积极联络中央媒体跟进报道，不断扩大新闻的影响力。

第四，对"时度效"的精准把握。物质是在一定的时空中运行的，在策划报道中，一定要精准地把握"时度效"，避免引发读者视觉疲劳、产生反感。在实践中，我们要时刻关注舆情动向，及时调整采写方向。如果一个新闻事件在发布后 24 小时仍没有产生网络反响，这就需要记者、编辑们不断地复盘，及时总结经验教训，不断地学习他人之长。

四、突发事件报道的策划原则

突发事件报道是新闻报道中的一项重要内容，它是对一家新闻单位各方面素质的综合检验，也是一家媒体走向市场、争取受众的一个重要环节；同时，突发事件报道也是一个上下都十分敏感的领域，搞得不好会产生一些意想不到的副作用，给新闻单位和一个地方的工作造成被动。所以，掌握突发事件的报道艺术，遵循突发事件的新闻报道策划原则是十分必要的。根据国际惯例，结合中国的实际，在对突发事件的报道策划中，一般来说，应把握以下几个基本原则：

(一)快速反应及时报道

新闻报道视时效为生命线，新闻竞争时常就表现为时效竞争。而就突发事件而言，其变化来得突然，去亦快速，而且影响深远，在报道上的时效竞争也就更为紧迫、激烈，胜负之差往往以分秒计。时效竞争有多层含义：

1. 快速反应

突发事件来得快，去得也快，许多场景、情节稍纵即逝，永不复现。这就要求新闻媒体、记者在事件刚一发生时就迅速做出反应，闻风而动，果断采取行动，快速迈出第一步，而不能犹豫不决、迟疑不前或慢条斯理。应在快速判明基本情况的同时，立即采取行动，力争率先获得第一手材料，这样才能在报道上占有优势；否则，等到所谓"精确地弄清事实真相"之后，再采取行动，就会延误报道时机，被竞争对象甩在后面。

近年来，围绕"快速反应"这一突发事件报道的核心问题，新华社在新闻采集、发布、报道组织指挥等方面做了大量卓有成效的探索。比如，立足现场采访、拓宽信息渠道，新闻触角更加灵敏。新华社把提高一线记者捕捉和报道突发新闻的能力作为一项重要工作来抓，提出了"新华社记者无论何时何地，遇有重要新闻事件的发生，都有责任和义务通过文字或口授方式向总社发稿"的要求。另外，新华社建立健全 24 小时发稿制度，确保稿件随到随发。从 2001 年 1 月 1 日零时起，新华社正式实行 24 小时值班发稿制度，避免了"新闻过夜"，实现了突发新闻即采即编即审即发，较好地满足了媒体用户，尤其是网络、广播电视用户的需求。

2021 年 7 月,我国东部沿海多地受到台风"烟花"的持续影响。这个移动速度极慢、时常原地打转的台风,相比"匆匆路过"的台风更具破坏力。《解放日报》在"烟花"影响期间,连续在一版重要位置组织专题报道,推出相关栏目。主要报道内容包括党委政府的防御部署、台风移动影响的最新动向、防御工作的具体情况等。这些及时跟进的报道全方位反映了上海在台风影响下防御工作的全貌,起到了安定人心、凝聚力量的作用。

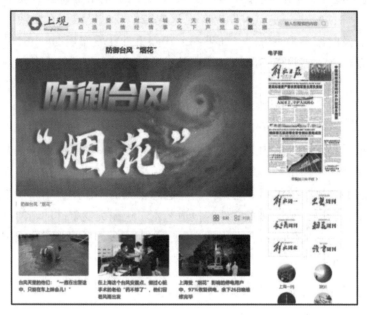

2021 年 7 月,《解放日报》官网"防御台风'烟花'"专题截图

2. 及时报道

突发事件传得快、传得广。新闻媒介对突发事件的报道都是争分夺秒,以求先声夺人。加之许多突发事件敏感而复杂,在真相大白之前,易引起猜测、受到曲解。这就要求媒体及时报道,以澄清事实、表明态度,积极主动地引导舆论,争取获得"先入为主,先下手为强"的效果。若迟迟不报,就会被人疑神疑鬼,或被认为是有意掩盖,若等到某些别有用心的外电、不负责任的小报把突发事件报道引入"小道"或歧途之后,再来辩解就很被动了。

对此,我国宣传部门和国家有关部委都先后制定了一系列的相关法规,以保护和保证新闻单位对突发事件能加以及时报道:

> 突发公共事件的信息发布应当及时、准确、客观、全面。事件发生的第一时间要向社会发布简要信息,随后发布初步核实情况、政府应对措施和公众防范措施等,并根据事件处置情况做好后续发布工作。
>
> 信息发布形式主要包括授权发布、散发新闻稿、组织报道、接受记者采访、举行

新闻发布会等。

——国务院《国家突发公共事件总体应急预案》(2006 年 1 月 8 日)

信息发布坚持实事求是、及时准确、公开透明的原则。信息发布形式包括授权发布、组织报道、接受记者采访、举行新闻发布会等。要主动通过重点新闻网站或政府网站、政务微博、政务微信、政务客户端等发布信息。

灾情稳定前，受灾地区县级以上人民政府减灾委或民政部门应当及时向社会滚动发布自然灾害造成的人员伤亡、财产损失以及自然灾害救助工作动态、成效、下一步安排等情况；灾情稳定后，应当及时评估、核定并按有关规定发布自然灾害损失情况。

关于灾情核定和发布工作，法律法规另有规定的，从其规定。

——国务院《国家自然灾害救助应急预案》(2016 年 3 月 10 日)

新闻媒体及时播发台风预警信息和防汛抗旱指挥机构的防御部署情况。

新闻媒体应增加对台风预报和防台风措施的播放和刊载。

防汛抗旱的信息发布应当及时、准确、客观、全面。对雨情、汛情、旱情、灾情描述要科学严谨，未经论证不得使用"千年一遇""万年一遇"等用语，在防汛救灾中也不得使用"战时状态"等表述。

——国务院《国家防汛抗旱应急预案》(2022 年 5 月 30 日)

关于突发事件报道的各种文件还有很多，但总的原则是一致的，即对突发事件要尽快进行报道，要为报道的单位和个人提供方便。但是，在实际操作中，各新闻单位包括中央新闻单位在内，都感到限制太多，快速反应机制还难以跟上，新闻单位自我约束太厉害，记者遇到突发事情，总想着请示汇报、左顾右看，结果耽误了时机。大量事实证明，对突发事件不报或迟报，效果远远不如早报。及时地抢先报道，能争取主动，引导舆论朝全面真实、于我有利的方向发展，并增强新闻报道的竞争力和可读性。

2021 年 1 月 10 日 13 时 13 分许，山东五彩龙投资有限公司栖霞市笏山金矿在基建施工过程中，回风井发生爆炸事故，造成 22 人被困。在主流媒体纷纷聚焦救援现场最新消息、救援过程受到舆论场持续关注的同时，涉事企业"迟报 30 个小时"也引发舆论风暴。新华社开通"山东笏山金矿爆炸

山东笏山金矿爆炸事故救援

国务院挂牌督办山东笏山金矿"1·10"事故查处
21-01-29　1.1k评

危境"当头"显本色——一名六旬老党员和 10 名矿工的井下求生记
21-01-27　104评

与时间赛跑的笏山救援
21-01-27　84评

约谈！挂牌督办！山东笏山金矿事故处理最新进展来了
21-01-27　36评

穿越井下 600 米的信念——两张纸条背后的故事
#同记者#　21-01-27　41评

新华社客户端"山东笏山金矿爆炸事故救援"专题

事故救援"专题,直击现场救援最新进展,并于 1 月 12 日发布《迟报矿难,就是与人民为敌》,严正重申"人民至上,生命至上",并表示"期待有关方面尽快揭开践踏生命的企业的'黑盖子',一查到底,给人民一个交代"。

这一案例表明,在发生各类突发事件时,主流媒体绝对不能失语,政府相关部门也不应采取"捂盖子"的做法,应尊重新闻传播规律。媒体应坚持第一时间和第一现场,既扮演"快捷"的角色,又扮演"直击"的角色,按新闻传播规律办事,这样才能树立起政府讲真话、负责任的良好形象。

(二)真实准确客观公正

在突发事件报道中,抢时效无疑是十分必要的。但是,如果我们抢来的信息都是错误的、片面的,这样的信息作为新闻发布出去也是不利的。突发事件往往人命关天,社会影响极大,这就给新闻工作者提出了更高的要求:要坚持真实准确、客观公正的原则,一切从实际出发,尊重客观,尊重事实,做出符合客观实际情况的策划报道。

坚持真实准确的原则,即要坚持以客观事实为依据,实事求是,亲自调查、核实。突发事件发生后,要在保持头脑清醒的状态下,深入第一线及时展开调查,收集有关事件的一切信息资料,其中引用的数字、讲述的情节、援引的话语要来自权威部门、权威人士或目击者所见所闻。收集的信息都要有根据,而不能道听途说或凭主观愿望"合理想象";否则,就会造成报道失实,则不仅有损媒体形象,还会失去受众的信任。

客观公正,是新闻工作者在新闻报道中必须遵循的又一项基本原则,即对事件只做客观叙述,剔除所有事件外的感情色彩和一些有意无意的诱导性话语,让读者了解事实真相,像看录像片一样对事件一目了然。这一原则是真实反映新闻事件的保证。突发事件大多是天灾人祸之类的灾难事件,一经报道便会在社会上产生强烈的新闻效应,所以媒体在向社会公众通报这类事件时,更应严格遵循客观公正的原则:首先,不能隐瞒事实,掩盖真相,甚至弄虚作假,欲盖弥彰;否则就无法满足受众的"求知"心理,不能取得社会的理解与支持,也就难以妥善处理好突发事件,甚至可能在社会上引起骚动。只有将事实真相尽快告知社会公众,才可能取得他们的理解和支持,进而创造出一种有利于事件解决的良好的社会氛围,转危为安。其次,在报道时,应保持头脑冷静,判明情况,根据收集到的情况,作"实录"报道,而不能随意加入个人情感,对报道添枝加叶,妄加评说,或根据主观臆测给事实定性。

(三)应对网络谣言,采取积极举措

新冠疫情是百年来全球发生的最严重的传染病大流行,是新中国成立以来我国遭遇的传播速度最快、感染范围最广、防控难度最大的重大突发公共卫生事件。网络谣言也呈现出它的特点:

一是主流媒体发声迟缓,不能满足民众需要而滋生谣言。二是伴随技术手段的演进,谣言以视频或图片的形式"再造事实"。三是群圈化传播成为一种重要的传播模式。网民借此将现实生活中的不满情绪宣泄出来,同时煽动形成传谣的氛围,被蛊惑的网民立场先

行，断章取义的帖文就此出现。

对此，我们要做好以下几方面工作——

第一，政府应及时公开信息，抑制谣言滋生空间，抢占信息制高点。政府部门应树立阵地意识，了解民众的恐慌点，正面回应民众诉求，及时披露突发事件的相关信息，打造疏导民意的最短路径。民众了解信息越多，对谣言越有感知和判断力，越愿意通过微博微信分享，这样就会让信息空间形成一个自我净化机制。而主流媒体对预防疫情的报道，及时提醒人们佩戴口罩出行，对于疫情的减缓起到了较大作用。

第二，强化应对突发事件的机制建设。一是要树立"危机常态化"理念；二是政府对外发布信息的口径应保持统一；三是用法律法规约束谣言传播行为。互联网不是法外之地，应该受到法律法规以及道德的约束，提倡言论自由并不是纵容危害国家安定的言行，对于刻意编造谣言污蔑党和国家，造成社会混乱、引起公众恐慌的谣言，政府应依法对责任人予以严惩。

第三，借鉴国际通用方法治理网络谣言。现在，国际上治理网络谣言的经验之一是用真实信息最大限度挤压谣言的传播空间，而不是通过行政手段抓捕信息最初的发布者。应引导民众在网络信息比较中完成谣言的自我鉴别，这样有助于提高民众对政府的信任感，也有助于疫情的早发现早控制。①

(四) 把握大局，统筹安排

一般来说，突发事件是以一定数量的人员伤亡或财产损失为内容的灾难事件，而这些信息的传播总会或大或小地引起人们的心理震荡。震荡在一定限度内可以提高人们的心理承受力；但超过了一定的限度，就可能引得人心惶惶，谣言四起，社会不安定。对突发事件的报道是一项政策性很强的工作，国家在制定及时报道、方便报道突发事件的有关条文的同时，也制定了相应的报道法规和报道纪律，以稳定局势并维护国家形象。

对不同性质的突发事件，要采取不同的报道方式和报道范围。陆定一同志在新华社建社20周年时就曾说过：编辑、记者有两种任务，一是抢，二是压。有的新闻要抢时间发出去，有的新闻不该发就要压下来。该快的不快就不好，该压的不压也不行。编辑、记者一定要懂得政治，才能懂得什么要抢，什么要压，什么要取，什么要舍。陆定一同志的讲话对今天的新闻工作者来说仍然是有教育意义的。新闻固然要讲求时效，而时效应该是时间与效果的统一。面对关乎全局的重大突发性事件，能不能在报道上沉着运筹、确保有力的正面效果，是对一个成熟新闻工作者的实战考验。2022年3月21日，东方航空公司MU5735航班在广西梧州市藤县坠毁。3月22日《人物》杂志公众号刊发《MU5735航班上的人们》，但因被质疑违背新闻伦理、将带来悲伤告知和侵扰伤痛问题，刊发后不久便被当事媒体删除。客观地说，记者并非绝对不能报道遇难乘客和乘务人员，但在报道时机选择、内容详细程度、信息渠道来源等方面确实存在有待商榷之处。在一些突发事件报道

---

① 马立德，李占一. 重大突发事件中谣言的特点、影响与对策建议[J]. 新闻战线，2020(3)：9-11.

中，媒体要避免抢先抢快、不负责任地追求轰动效应，而是应从大局稳定出发，选取最佳播发时机，取舍报道范围，同时也应考虑尊重逝者隐私、避免"二次伤害"和防止盲目煽情等。

从维护国家形象和利益的高度出发，在报道突发事件时还应注意内外有别。这是因为对内对外报道的对象不同，竞争对手不同，目的不同。对外报道更多地考虑同境外媒体进行舆论主导权方面的竞争，对内则更多地考虑对社会的影响。因此，当灾难事件不具国际意义，则对外从简，对内翔实；若为世人普遍关注，则都要详细，甚至对外比对内更充分。例如在2020年2月28日，CGTN刊播英文电视新闻纪录片《武汉战疫纪》，这不仅是第一部全景式展现武汉"抗疫"历程的纪录片，更是首部向世界展现中国抗疫措施和过程的英文纪录片。纪录片在叙事上采取了冷静克制的风格，采用多线叙事，以点带面，跨越意识形态完成了"逆境中孕育着希望"的主题表达。新冠疫情暴发初期，中国在世界舆论场上遭受了前所未有的无端指责和疯狂攻击，新闻纪录片第一时间回击了海外舆论，为国家塑造了正面形象，团结了更多国际友人，争取了中间人群，有效回击了恶意谣言、正本清源，让世界看到中国抗疫的真实情况，将国际传播落到了实处，荣获第三十一届中国新闻奖三等奖。

(五)把握节奏，保持理智

突发事件只是自然界和社会领域里很少的一部分，而不是其全部，所以，新闻传媒用心搞好突发事件的报道是应该且必需的，但是，专门关注突发事件，把突发事件作为报道的主体或全部却是十分错误的。随着媒体对新闻策划的重视，越来越多的媒体对突发事件开始关注了，这是一件好事。但是，要把握一个"度"，否则就会出现偏差。

公众的社会安全感指标不仅是衡量个人生存质量的重要指标，也是考察社会运行稳定与否的基本指标。其中特别指出媒体关于突发、暴力事件的过多报道会影响到人们的安全感。突发事件中大部分是灾难性的。原来，新闻单位对此都不予报道，现在受众的需要增加了，新闻从业人员的素质提高了，宣传管理部门的限制放宽了，这一切都为大量的突发事件公布于众提供了方便。但是，对于突发事件的认识，对于该事件新闻价值的认识以及该报道对社会稳定与否的认识却不是那么统一的，也时有发生偏差的时候。

把握节奏，除了时间上的快慢要求外，还有对"度"的把握。而在对"度"的把握中，首要而关键的一点就是对报道量的把握，在某一时期、某一地区，对突发事件的报道量必须适度控制。这里基于两个前提，一个是一段时间里一个地区内突发事件的多少，没有突发事件是不能随意编造或夸大的；另一个就是有了突发事件哪些该发，哪些不该发，哪些该重发，哪些该轻发或不发。数量的多少在一定条件下可能引起质的变化。突发事件是随时发生的，如果一家媒体就某一个方面的突发事件如暴力事件经常登反复登而且只有发案而没有破案，就会给人一种恐慌感、不安全感。如果该地区在一段时间里确实发生了许多暴力案件，该地区媒体就该从众多的案件中轻重缓急有选择地控制发稿数量，对案件的报道也要讲究不同的内容和形式，如有的发消息，有的发通讯，有的发简讯，有的发重头，有的写发案现场，有的写破案过程，有的写歹徒的狡猾和残暴，有的写干警的机智和顽强，等等。除了考虑突发事件稿件在版面上的比重和位置，还要考虑突发性稿件和其他各类稿件的搭配关系。如果当日报纸版面上成就类歌颂类等靓丽热烈气氛的稿件较多，即使突发事件特别是恶性事件的稿件多一点，也不会给人大的震荡；反之，如果版面上本来就有很多批评类监督类的稿件，再安排一条或多安排一条突发事件的稿件，就可能引起人们的不安定情绪；如果外地或国外的负面新闻或恶性事件报道较多，再发一条本地的突发暴力或灾害新闻报道，就可能引起麻烦，反之，则能被群众接受。

在突发事件的报道中讲究理智也是十分重要的。突发事件，不论是天灾还是人祸，给人们给社会带来的损失都是惨重的，因而它能给受众带来震撼力。这也正是我们不少媒体抓"卖点"，抓突发新闻的原因所在。由于事件来得突然，损失又很惨重，人们往往一时无法对事件做到心中有数，易陷入慌乱，甚至不知所措，而记者的责任重大，他不仅要真实地记录历史，对历史负责，还要面对突发事件报道中涉及的当事人或当事单位以及千千万万正在阅读该报道的广大读者。因此，记者到了现场一定要保持冷静、理智，并迅速展开深入调查，弄清事实真相，这样才能驾驭突发事件，采取有针对性的措施，转危为安，变坏事为好事。否则，在突发事件面前，紧张慌乱，乱了阵脚，在没有弄清情况之前，仅凭主观想象和一时热情，盲目冲动地处理，则不仅不能"帮忙"，反而只会"添乱"。

(六)讲求艺术，注重技巧

对某一突发事件，虽然参与了报道策划，甚至抢先介入了，但若采写出的报道浮躁或平庸，仍不算成功。对于突发事件这类非常规性事件的策划，我们不能用常规方法"照章办事"，要特别讲求艺术，注重技巧。

首先，要及时跟进，随事而变。突发事件发生后，一般不会立即停止变动，即使整体事件变动停止，很可能某些具体内容也还会持续不断地变动，甚至会牵制整个事件的新变动，而使突发事件呈现出多阶段和多状态。而且这些阶段和状态又极其短暂，各种状态还会迅速交替、演变。因而，对突发性事件策划的重点就在于能及时跟进，巧于应变，要能像变魔术一样常变常新，始终掌握事件处理的主动权，应付自如，这样才能保障事件处理的效率，否则，就会显得行动迟缓乏力，方法举措落后于事件变化状态，导致事件处理陷入被动，被事件牵着鼻子走。这不仅不能处理好事件，还很可能造成报道失实，"吃力不讨好"，耗费了精力和资源却于事无补甚至适得其反。

2021年5月22日，甘肃省白银市景泰县百公里山地越野赛突发降温大风天气，导致21名参赛人员遇难，8人受伤，引发社会广泛关注。23日清晨，《中国青年报》记者王豪第一时间租车赶往事发景区。景区紧急关闭，现场工作人员对景区内情况三缄其口，记者便借故进入景区，与一些滞留游客、景区商店经营者交谈，对于环境、天气等有了基本了解和初步判断，随后前往当地的医院、火车站等地点，意外遇到参赛选手，有了新的收获。记者的报道《甘肃白银山地越野赛牧羊人连救六名选手》荣获第三十二届中国新闻奖二等奖，被认为是"本次灾难报道中令人感动的一抹暖色"。

其次，要拓展报道层面，深挖新主题。随着通信技术的改进和新闻媒体间竞争的加剧，想要抢到真正意义上的"独家新闻"是十分困难的，所以，要想在激烈的新闻竞争中脱颖而出,就必须拿出真功夫,写出"重头货",在报道主题的挖掘上显出独创之处。

再次,要讲求艺术,用版面说话。我们知道,突发事件往往事关重大,容易触动社会神经,引起世人的广泛关注,而新闻传媒必须本着客观公正的原则,如实报道事实本身,不能加以评说。在这种情况下,若能巧妙安排版面,则不仅能起到美化作用,而且能借此传达更多的信息,表明正确的立场,产生"此时无声胜有声"的艺术效果。

(七)运用新媒体全程直播现场

2020年1月,武汉市新冠疫情迅速蔓延,经过部署,火神山医院、雷神山医院这两所应急专科医院拔地而起,展现了"中国速度",也牵动着全国人民关注疫情发展的目光。1月27日晚,央视频正式开启对火神山医院和雷神山医院建造过程的全程直播,多机位对准建设工地,推出"与疫情赛跑——全景直击武汉火神山医院、雷神山医院建设最前沿"系列慢直播,吸引过亿网友化身"云监工",引发轰动效应。

央视频直播火神山医院、雷神山医院施工现场

火神山医院总建筑面积3.39万平方米,4000多名建筑工人、1000多台施工机械同时作业,10天时间内不分昼夜分秒不停。面对如此宽广的作业面和时间跨度,央视频先进影像团队在火神山和雷神山建设工地共架设了四路全景VR慢直播,每一路都可以让用户

在270°可视范围内自由移动观看。这场直播没有音乐和解说，简单、直观呈现工地真实现场，第一时间将战"疫"一线的情况完全实时呈现给全球受众。这一开创性的设计彻底激发了用户的参与感、责任感、使命感，"云监工"与"挖掘机天团"等网络热词应运而生，每一名"云监工"都能按照自己的兴趣点和时间段去关注事件的进程。

　　这是慢直播第一次介入重大突发事件报道，凸显了媒体融合的传播力和直播技术的感染力。借助 VR 技术和新媒体平台直播，央视频仅用四名记者就完成了这样一场上亿人次观看、引发全世界关注和讨论的现象级传播，充分凸显了新型媒体平台和技术的强大助力。

◎ **思考题**

1. 什么是突发事件，它有哪些特点？
2. 实施突发事件报道策划应遵循哪些基本原则？
3. 在突发事件报道策划中如何处理好快速反应与客观公正的关系？

◎ **实践题**

以最近本地媒体对一次突发事件的报道为例，评析它的成功和不足之处。

第十章
参与式新闻报道策划

参与式新闻报道包括体验、暗访、催生或促成等报道方式，它是近些年逐渐发展起来的报道形式，很受新闻媒体和广大受众的欢迎——媒体市场竞争的需要，受众渴望探求真实内幕的需要和社会舆论发挥作用的需要。新闻发展的实践告诉并要求我们：新闻工作者不仅仅用自己的笔去记录历史，他们可以，也应该选择那些可以做又做得好的事，参与其间；他们将遵循事物发展的基本规律，促其产生或促成完善和完美，在此基础上为受众记录和反映最受他们欢迎的报道来，这是新的历史条件下新闻工作者的新任务。

2020年8月底，澎湃新闻调查新闻部专题策划，历时20余天，通过暗访调查采制了《疫情下的代孕市场》系列报道，三篇合计1.6万字的文字报道和长达6分钟的暗访视频受到舆论场高度关注。各大主流媒体纷纷转载，或刊发评论文章。

考虑到代孕市场的隐秘性，记者采用暗访形式进行。前期以客户身份与广州、深圳几家代孕机构接触，建立信任，实地探访又"乔装打扮"，以四种社会身份为"掩护"，并针对职业特性在着装打扮、言行举止方面做针对性训练，使得代孕机构的疑心降低，"套"取的信息更全。具体来讲，记者以"代孕""收卵""爱心助孕"等关键词检索相关博文和帖子，通过客户身份"套取"代孕机构、卖卵女孩中介的信息；反过来，记者又以"收卵者""代孕机构"的身份在平台上发布帖子，与寻求卖卵或已经卖卵的女孩、想要代孕或正在代孕的妈妈取得联系，取得他们的信任后，采访其代孕和卖卵的动机和细节。

《疫情下的代孕市场》的采写者秦山在澎湃人物开设的记者手记栏目《离题》发表了《离题 | 代孕"流水线"："制造"孩子，就像一场赌博》，文中提到：暗访中拍摄的原始素材时长超过5小时，很多时候直接是面对面拍摄，设备最近时离对方不到半米。在一个封闭空间，为了转移对方注意力，本不抽烟的记者也通过发烟、抽烟的动作，以此调整拍摄角度。有一次，因为拍摄的设备电量过低，突然闪了一下蓝灯，被对方发现。"你的表还会发光？""喔，电子表，戴着玩，跟您的表比不值一提。"记者当时赶忙打圆场，惊出一身冷汗。所幸对方警惕性不强，没有深究。当然，不是所有信息都适合暗访，哪些信息需要，值不值得冒险，都要权衡。

这组系列报道的"组合拳"打出后，传播效果和社会反响超出预期。稿件被中央各重点新闻网站、各大地方主流媒体网站、客户端以及各商业门户网站转载，并有多家媒体配发评论文章。当天仅在微博平台，"地下代孕市场调查""88万代孕包成功包性别"两个话题就登上热搜。此外，报道刊发后，广东省卫生健康部门高度关注并就相关问题展开调查。①

从结构上看，系列报道的第一篇写疫情下"订单增加"和"竞争加剧"的代孕市场新生态；第二篇写"遭盘剥"的"代孕妈妈"和"卖卵女孩"；第三篇写国内"社会不允，法律不禁"的现状和需要"疏堵结合"的专业声音。整体架构层次分明、由点及面，地下代孕市场的隐秘链条在读者眼中更加立体生动，传播效果更佳。

从内容上看，记者暗访多家代孕机构，采访代孕妈妈、卖卵女孩、医学和法律专家、整理国内外代孕市场资料达十几万字，但三易其稿后凝练呈现的三篇文字报道仅有1.6万字，并配以6分钟的暗访视频。报道中的每一句都再三斟酌，或用直接引语体现说话人的态度或个性，或用间接引语高度概括具体事实，体现了记者的出色笔力。

从主题上看，以系列报道聚合新闻主题，将有社会价值的公共议题带入公众视野，让公众对该社会现象有一个全面了解的同时，也对此产生相应思考，同时促使相关部门重视该类问题，予以整治规范。这完成了一次具有撬动意义的探讨，也达成了暗访调查的作用和使命。

近些年来，随着改革开放的深入，市场经济的运行，社会各种矛盾日益错综复杂，人们的社会心理也在发生变化，对传媒的报道提出了新的更高的要求。新闻单位在坚持党性原则和注重社会效益及舆论导向的同时，比以往任何时候都要更加注重经济效益。而经济效益的重要支撑点无疑就是广告。因此，新闻单位之间包括同质媒体和不同质媒体之间的竞争开始出现并日趋激烈。在北京、上海、广州、南京、武汉、成都等大城市，媒体之间的竞争已达到白热化的程度。在这种情况下，谁能抓到新鲜活泼的独家新闻，谁的独家新闻更生动翔实，谁家的媒体就更能吸引读者，从而提高自己的发行量或收看收听率，并带来整个广告、发行等经济效益的提高。那么，独家新闻从何而来呢？这对新闻工作者来说，无疑是一种全新的挑战、一种新的价值观的实现。所以这些年在各地的媒体上我们经常可以发现记者以体验、暗访等形式进行的参与式报道，如有的报纸开辟的"记者换岗""记者体验""记者打工""记者暗访"等栏目，有不少记者"当"上了清洁工、火化工、装修工、巡警、交警、幼师、售货员、餐厅服务员、菜贩、精神病院的病员护理、邮递员、导游、环卫工、钟点工、搬场工、卖花女、居委会主任等。真可谓三百六十行，行行都有我们新闻工作者的身影——记者与老百姓的关系更密切了；天天都有各行各业人和事的反映——大众传媒对社会的反映更广泛、更全面、更细致了，也更受读者欢迎了。

事物的发展是不平衡的，一是表现在参与者对体验、暗访和参与这一类报道形式的把握上，有的还不那么准确、有效；二是受众和新闻同行对这一行为的评价褒贬不一，于是就产生了争议或讨论。作为新闻传播策划的学问，不能不对这一课题进行研究。

———————

① 澎湃新闻，记者泰山，2020-10-11。

一、历史的发展及现实的需要

体验、暗访和催生促成等参与式报道并不是什么全新的概念，在中外新闻史上都有关于它的记载。

1923 年出版的邵飘萍的专著《实际应用新闻学》，对"显隐"作过精辟的论述。该书第八章"探索新闻之具体方法"中谈的第一个问题："个人朋友与资格之隐显。"这里说的"资格"即记者身份。邵飘萍在论述交友之重要性后写道："外交记者显示其资格与否，当视情形不同而临机决定。有若干人不喜欢彼言者披露于报纸，亦有若干人唯恐报纸不采其所言，苟误用则两失之矣。故探索新闻，问及附近之知其事者，有时直告以我乃某社社员，有时又只能作为私人询问，而勿令知我为新闻记者。凡此亦临机应变之一端，求达探索新闻之目的而已。"①

在邵飘萍看来，是用显性采访还是用隐性采访，要视具体情况而定，不可乱用。在今天看来还是正确的。

在世界新闻史上就记载着美国女记者暗访的例子：19 世纪 80 年代，美国著名女记者伊丽莎白·科克伦在普利策领导的《世界报》工作期间，曾扮成一位精神病患者，突破纽约一家精神病院的封锁，冒险打入该院，了解到该院许多虐待精神病人的内幕。后来，她逃了出来，将许多鲜为人知的内幕公布于众，引起社会舆论的大震动。政府不得不对该院进行整顿，改善了精神病人的待遇。为此，伊丽莎白·科克伦的事迹写进了《普利策卷》和《美国新闻史》。

在中国新闻史上，1936 年范长江奉《大公报》之命，化装成一名公司职员，只身深入内蒙古额济纳旗，刺探日军入侵内蒙古的动向，也是一次成功暗访。

1854 年 3 月英国向俄国宣战之后，英国上下卷起一股战争狂热。他们自认为英国军队是世界上最强大、最精锐的部队，可以无敌于天下。战时报道迎合政府和读者口味是当时的一大通病，《泰晤士报》记者拉塞尔则不是这样。他历经艰险，深入前线，观察部队状况和战场情景，发现了英国军队存在的致命问题——医疗给养不足，伤员和战士处于极度困苦之中。他毫无顾忌地向报社发回去了反映实际情况的详细报道，《泰晤士报》的编辑们也有勇气刊登他的报道——报社总编辑约翰·德莱恩本来就批示他采访"一切事情的真相"——结果引起了政府的重视。在舆论的压力下，阿伯丁勋爵的政府班子辞职，陆军大臣被撤职，英国军队状况得到改善。拉塞尔为《泰晤士报》、也为自己争得了荣誉，在读者心目中，也在新闻界同行中，树立了记者的真正形象。1861 年拉塞尔前往美国采访南北战争时，还受到美国总统林肯的接见，这种待遇在当时的新闻记者中是很少见的。②

作为记者，他们不仅参与了战争，报道了战争，还以一个特殊战斗员的身份参加战争，他们"亲夺"敌人的军旗，"亲自"杀死敌人军官，"深入前线"了解情况，对于战争的

---

① 邵飘萍. 实际应用新闻学[C]//邵飘萍新闻学论集. 北京：北京大学出版社，2008：51.
② 刘明华. 西方新闻采访与写作[M]. 北京：中国人民大学出版社，1993：14.

形势发展起到了不可或缺的作用。

从广泛的意义上来说，一切报道都可以称为"参与式报道"。因为，没有哪一篇报道不是记者编辑与被报道的人或事或资料相联系的。不论是事件性的报道，还是非事件性的报道，离开了第一性的客观反映的事物或材料，也就没有第二性的新闻报道了。从这个意义上来说，我们所看到的一切新闻报道都可称为参与式报道。

本书提出的"参与式报道"有它特定的含义。

所谓参与式报道，是指传媒根据报道需要，派员以特殊的社会角色或公开体验，或隐蔽暗访，或参与报道的活动之中，对需要报道的对象或过程，采取接触、参与等方式进行深刻的体验、感悟，遵循事物发展和新闻报道的普遍规律，以独特的社会身份予以反映的报道方式。随之而产生的新闻作品，就是本书所说的"参与式新闻"。

体验、暗访和催生促成等参与式报道发展到了今天，更加凸显出它特殊的作用。

(一)适应媒体自身发展的需要

第一，这是吸引受众的需要。新闻本来的、特有的职能是报道事实、传递信息。它的传播活动只有被受众所认同，才能真正实现其职能。各种新的新闻形式的出现，正是为了吸引、抓住受众，增强报道的说服力、感染力，参与式采访报道也正是在这种情况下得以发展。

第二，参与式采访是记者获取某些新闻的必要手段。大量的事实告诉我们，并不是每一条新闻都能用一般采访方式获得，对于那些需要记者深入其间才能获得较高新闻价值的线索，记者有义务通过一切法律和公德范围内允许的手段去挖取新闻，而参与式采访正是在这种情况下的一种有效手段。

第三，这是媒体获得独家新闻的重要手段。参与式采访往往是单个或少数记者深入进行，所获新闻往往是记者所在单位所独有的，且这类新闻有其特有价值，所以往往能在社会上引起一定的反响，使媒体自身的影响扩大。

第四，有利于提高记者的思想素质。体验式报道能使记者感受到普通劳动者的酸、甜、苦、辣，从而更加尊重他们，更好地为他们服务。

第五，有利于提高记者的报道水平。在电视和互联网向传统媒体挑战的现代社会，如何让新闻有更好的传播效果，这就对记者的制作报道水平提出了更高的要求。参与式采访或体验式报道使记者亲身参与报道，因而在新闻采访制作中，记者不仅可以将现场的细节、所见所闻都融进新闻稿件，还能将自己的经历、感受、见闻展示在受众面前，使报道更生动，让读者身临其境、感同身受。

(二)社会发展的需要

目前我国社会还存在诸多不尽如人意之处，也有不少需要讴歌和深掘的新闻事件、现象需要媒体去披露。对于这些类似问题的报道，采用参与式采访报道的形式，往往能取得较好的效果。

第一，有利于获得真实情报。一般的采访是同采访对象事先打招呼，约好时间、地点，通报采访的内容。被采访者事先就有了充分的"准备"，这当然是件好事。但这种采访也有不利的一面，即给采访对象以充裕的准备时间，对于开展批评报道往往不利。在参与式报道中采用暗访的形式进行，这样成功率就高。例如钱江晚报的《小时暗访》，通常采用暗访的方式进行，贡献了许多鲜活、真实的舆论监督报道，专栏也成了深受读者欢迎的专栏。中央电视台的《焦点访谈》也时常采用暗访的方式，获得了大量的真实新闻，把生动的场面直接呈现给观众，给人一种如临其境的可信的感觉。

第二，增强报道的说服力。2021年8月9日，《羊城晚报》以两个整版的篇幅刊发了"校外培训机构卧底调查"，详细报道了羊城晚报记者历时两个月卧底调查校外培训机构发现的速成培训、续报营销等突出问题，8月10—13日，又连续刊发了跟踪报道和系列评论《如何"消化"被叫停的学科培训需求》《该刹车了！扭曲的校外培训》等。记者以英语老师的身份入职学而思培优卧底，深入校外培训班师资队伍中，真实生动展现出了教培行业的种种弊病。

体验式报道能增强现场感和真实感，让人身临其境；对人物的形象的刻画，特别是对人物心理活动的描写更加深刻、逼真，给人以强烈的冲击力。这样的报道是能够感染人，有利于问题解决的。

(三) 满足受众的需要

第一，受众有真切了解新闻事实的心理。对于一般的采访所获的报道，受众也能接受，但其中真正能引起他们兴趣的却不多，他们需要更多更详细的关于事物发生发展的过程报道。在繁多的一般采访报道中偶尔出现一两篇记者参与式的采访报道，往往能一下子吸引受众。

第二，这是满足受众知情权的必要采访手段。受众的知情欲望在不断地扩大和加强，他们不仅需要获得一些正面的报道，也需要掌握一些反面的报道和一些研究性的报道。他们对于国家、社会中出现、存在的问题，也非常关心，而对这些内容的报道，往往采用参与式的报道效果较好。

第三，受众对社会的不良现象及违法乱纪行为都深恶痛绝，他们希望媒体能对这些丑恶现象进行披露。参与式采访报道在一定程度上满足了受众的这一要求，媒体成为受众代言人。

由于参与式报道的目的、方式和作用的不同，在具体表现形式上又有体验、暗访、催生、促成和受众参与等差别之分，下面分别予以介绍。

二、体验式报道策划

所谓体验式报道，是指记者以被采访对象的身份深入被采访对象的工作、生活，在与他们平等交流和接触之中，体验他们的生活、感受他们的经历、反映他们的心声，向社会反映他们，以求得社会的认同、理解、关心和帮助的一种采访报道。

(一)体验式报道的积极意义

社会上的职业是多种多样的，不同人的生活、工作和经历是千奇百怪的。虽然记者作为社会活动家，但并不意味着其可以轻易参与任何行业活动。在某种特殊的情况下，记者碰到需要报道的事件，只要是身体允许，报道允许，就应参加报道活动。这种参与不仅使记者受益匪浅，还可使受众留下深刻的印象。

新华社前社长郭超人曾在西藏工作多年，对我国登山运动员首次登上珠穆朗玛峰活动作过出色的报道。郭超人、景家栋分别到达6600米高度，陈宗烈到达6400米高度，亲身体验了登山运动员的生活。后来，郭超人总结说："事实证明，这两次高山行军是有收获的。我们爬过岩坡，翻过雪地，亲眼看到珠穆朗玛峰山中神秘而壮丽的自然景色，深刻地体验了登山队员的生活，获得了许多仅仅访问无法得到的素材。此外，更重要的是进一步了解了登山队员们的思想感情和精神风貌，与他们打成一片，为以后的报道创造了很好的条件。"①

除了特殊经历、生活外，社会上的很多职业、很多岗位是大家并不熟悉的。记者采取参与的方式将他们反映出来，是会受到受众欢迎的。

《光明日报》派驻信阳市新县西河村蹲点采访的记者叶乐峰在《人民日报》2017年5月26日刊发的《把扶贫成绩写在百姓笑脸上》一文中写道："有一次，上述这位乡干部陪县领导调研贫困户，刚到一家贫困户门口，一条大黄狗直扑这位扶贫干部身上，吓得旁边县领导一身汗。原来这位乡干部经常来这户家庭，狗跟他都有感情了。"体验式报道也正因为有了像这样极为真实、生动的细节而显得极其珍贵，由此获得了极佳的宣传效果。

体验式报道在广大受众中受到关注和好评，一方面，说明我们过去的新闻报道在视角上、文风上都存在脱离生活、脱离群众的缺陷，体验式报道以平视百姓生活，求真务实为要旨，恰恰填补了过去留下的空当；另一方面，我们生活的主体其实就是广大普通老百姓，以他们作为报道的对象，正是贴近真实，返璞归真，紧扣时代脉搏的表现，也是遵循新闻平衡发展规律的需要。

体验式报道是一种最直接、最深刻的采访方式，是寻找新闻魅力的最佳过程；体验有益于思考，深入体验的过程就是一个从感性升华到理性的过程；经过体验发掘起丰富的感性化语言来写作，才能以色彩丰富的作品打动读者。也有学者认为，体验式采访报道体现了一种很珍贵的和人道主义的认知方式和思维，这就是体验式报道深得人心的内在因素，也正是体验式报道的新闻价值所在。

(二)体验式报道的行为规范

在体验式采访报道活动过程中，记者参与采访对象的活动或介入新闻事件之中，其目的是体验他人生活或他事的发展历程。因此，记者在这个过程中，应努力融入所扮演角色的生活中去，把自己当成他们中的普通一员，在与人交往或参与某事时，应尽量低调处理

---

① 转引自蓝鸿文.体验式采访——新闻采访的基本方式之四[J].新闻与成才，1999(2)：22.

自己的记者身份，只有这样，记者才能获得某种独特经历和感受。

当然，我们所说的记者不应忘掉自己的记者身份，是指记者在进行思考、判断和写作时，应当以记者的思维方式和清醒、客观的眼光去分析某人某事。记者的体验式采访过程，正是这种"忘我"与"不忘我"的相互结合、相互交往的过程。相反，如果记者介入某新闻事件，故意利用自己的职业优势或影响力推波助澜，不恰当地引导新闻事件的发展甚至导演新闻事件，再利用媒体加以传播，这种行为或多或少有造假新闻的嫌疑，需要体验者注意。当然，记者在体验式采访过程中，遇到特殊情况或紧急情况，有必要利用自己的记者身份或优势时，参与体验的记者也不可袖手旁观。此刻，将"我"融入采访对象，做一些力所能及的事，这也应是体验式报道者应尽的职责。

体验式采访报道与一般新闻报道的最大不同，在于它是以记者的主观感受和体验为主线展开报道的，所以在新闻写作上，往往以"我"为主线，注重对"我"所见、所闻、所思的描述与表达。此刻，记者实际上具备两种身份，一是作为记者——新闻报道的主体，一是作为当事人——参与报道客体，又是新闻报道客体的一部分。这种新闻报道主体客体化和客体主体化过程，又融合于记者的亲身体验之中，通过进入报道对象的角色，记者从旁观者变成局内人，视角由从外往里看，变成了从里往外看，不仅可以得到常规性采访中得不到的材料，而且还可以获得常规性采访中体会不到的情感。

从 2011 年 1 月开始，全国性基层采访活动——"新春走基层"开展。2023 年年初，中宣部再次发文要求各地各新闻单位认真开展"新春走基层"活动，组织编辑记者深入基层一线采访报道，不断增强"脚力、眼力、脑力、笔力"，全面反映各地统筹疫情防控和经济社会发展取得的积极成效，生动展示广大人民群众欢乐祥和过春节的喜人景象，齐心协力营造喜庆安康、昂扬向上的节日氛围。

2023 年 2 月 3 日，《人民日报》要闻 6 版刊发侯琳良等几位记者的采访感悟，展现他们"行"的观察、"走"的思考：他们奔忙在城市乡村，探访工厂车间里一线工人铆足干劲抢抓生产，深入田间地头见证种粮大户精心管护农田设施，陪伴物流运输线上工作人员加班加点保障运输通畅，展现了新闻工作者深入基层一线、记录伟大时代的奋斗风貌。

2023 年春节期间，光明网王恩慧等记者先后奔赴北京、天津、河北、山东等地，围绕产业振兴主题，从基层生活中挖掘选题，以"在寒风中冻了两个小时排队买馒头"为启发，深入探访"馒头大军"，采写了《探访"馒头大军"：香饽饽成乡村振兴大产业》《他们的故事充满烟火气，藏着奋斗的幸福》等报道，呈现了具有生活气息、小切面大主题的好故事，在小小馒头店中探索出全新立意——通过党建引领，把香饽饽发展成乡村振兴特色产业，以产业振兴促进乡村振兴，进一步验证了"新春走基层"是编辑记者深入基层一线增强"脚力、眼力、脑力、笔力"的练兵场。

记者的体验实际上是一种诉求，它在一定意义上是记者代替读者去体验的。一方面，记者通过体验达到与采访对象的心灵互通；另一方面，记者由此写出的报道，往往能达到与读者的心灵互通。有记者称赞体验式报道是"把目光对准普通老百姓，通过平凡折射出人性的真善美，缩短了人与人之间的距离"，这正是体验式报道的成功"秘诀"。一篇成功的新闻作品，不仅要明之以事，晓之以理，还要动之以情。体验式报道正是力图逼近生活的原生状态，表现人们的饥寒饱暖、酸甜苦辣、喜怒哀乐，抒写平常人对人生对生活的真实态度，因此受到群众的喜爱。

在体验式采访中记者具有双重身份，有可能影响了记者的客观、公正的立场，但是，我们不能因此就根本否定体验式采访在实践中的运用。实际上，体验式采访所引起的问题多与记者自身的素质、经验和技巧有关。有经验的或新闻素养高的记者在进行体验式采访中，往往能自觉处理好自身的情感及角色关系。从目前的情况看，体验式采访的作者绝大多数较好地处理了这方面的问题。他们在体验式采访写作中既有见闻的描述，又有知识的铺垫，既有情感的参与，又不乏理性的分析，其立场、分寸也把握得当。有的在体验式报道之后，还继续追踪调查，进一步作理性思考，写成深度报道并引起较大反响。在体验式报道中，策划者要向体验者交代，必须较好地实现被采访对象的角色转换，只有这样才可能写出真情实感的好文章来；同时也需强调，在完成角色转换，体验愈深时，愈要防止情感化主观化的倾向，时刻保持自身记者的意识，客观公正地进行采访报道。事实不断地证明：体验采访式报道具有长久的生命力，提高体验者的综合素质是一项长期的任务。

三、暗访报道策划

暗访也称隐性采访，它是为了某种特殊的需要，采访者不公开自己的身份，不公开采访目的，不公开自己的采访工具，深入被采访的对象和事件之中的一种采访报道方式。暗访报道近年来备受新闻工作者的青睐，在实际生活中尤其是在新闻舆论监督和揭露社会阴暗面方面越来越广泛地被采用。

(一) 实现舆论监督的形式之一

在由法律监督、组织监督、党内监督、群众监督、民主监督和舆论监督组成的整个监督体系中，舆论监督有着十分重要的作用。从本质上说，它是一种借助于新闻传媒所传播的事实而形成的公众舆论，对宪法和法律的实施、党和政府方针政策的贯彻以及干部特别是领导干部的行为所进行的监督。它所凭借的不是带有强制性的行政权力，也不是法律法规的威慑力，而是由事实的广泛传播所形成的舆论力量。这种力量并不是别的什么东西可以取代的。这是因为新闻传媒披露和传播事实具有透明度高、影响面广、时效性强等显著特点。透明度高，是指公之于众的事实通过媒介与受众直接见面，具有传播的公开性，避免了层层传递所造成的误差和遗漏，达到了高度保真的要求。影响面大，是指上自高层领导，下至平民百姓，都可以是它影响的对象。时效性强，则指新闻传媒所传播的内容，可以即写即刊（即播），还可以现场直播、同步转播。由此，新闻传媒所体现的舆论作用，有着一种特殊的威慑力。"不怕上告，就怕上报"也从侧面说明舆论监督的影响力之大。舆论监督的报道有两种形式，一是事件发生后，新闻单位派人采访报道；二是新闻单位根据掌握的信息，以公开或暗访的形式深入事件，反映事件的过程，披露事件的真相，达到坚守正义、弘扬正气、扶正祛邪、改进工作的目的。这里主要讲的是隐性采访的方式。央视《焦点访谈》栏目就是运用暗访进行舆论监督的典型代表。

加强舆论监督，做好群众喉舌，提供政府镜鉴，促进社会经济有序发展，这既是社会对新闻传媒的要求，也是新闻传媒可用武之地。在可能的情况下，有选择地搞好隐性采访的报道策划是更好地服务社会，同时也是树立自己权威性的一种好方式。

中央电视台《焦点访谈》栏目 2023 年 3 月 30 日节目截图

(二) 暗访中的法律问题

虽然现行法律中没有专门论述隐性采访的条款，但这既不表明隐性采访不符合法律规范，也不代表隐性采访无法可依。隐性采访的法律地位和权利的合法性至少可以从以下几个方面得到证实。

首先，记者的采访权在现行法律中可以找到法律依据，而隐性采访是采访权所涵盖的内容之一。《中华人民共和国宪法》第 35 条规定："中华人民共和国公民有言论、出版、集会、结社、游行、示威的自由。"《中华人民共和国宪法》第 41 条规定："中华人民共和国公民对于任何国家机关和国家工作人员，有提出批评和建议的权利。"新闻出版署 1999 年第 1031 号文件《关于非新闻出版机构不得从事与报刊有关活动的通知》第一条规定："经国家批准的新闻出版机构，有权依法从事新闻出版、采访、报道等活动。"隐性采访作为新闻报道中的一种采访方式，是新闻活动的一部分，适用于新闻报道的法律规范，对于隐性采访活动同样具有法律效力。其次，我国现行法律、法规中，也同样没有任何禁止隐性采访的规定。没有法律明令禁止的行为，可以被视为应允。再次，隐性采访是为了满足公众知情权的需要。隐性采访作为一种有效的采访方式，能够更加真实、准确地采集新闻事实，报道新闻信息，因而深受公众欢迎。特别是对于一些仅靠公开采访无法获取的信息，将直接影响到公众知情权的实现和了解、参与国家事务管理权利的实现。这时，运用隐性采访就成为满足公众享有其应有权利的必要方法。最后，有些隐性采访有利于矛盾的化解、问题的解决。① 2009 年修订的《中国新闻工作者职业道德准则》指出："要通过合法途径和方式获取新闻素材，新闻采访要出示有效的新闻记者证。"2009 年 12 月发布的《最高人民法院关于人民法院接受新闻媒体舆论监督的若干规定》指出："记者旁听庭审应当遵守法庭纪律，未经批准不得录音、录像和摄影。"2010 年 4 月 29 日修订通过的《中华人民共和国保密法》第 27 条指出："报刊、图书、音像制品、电子出版物的编辑、出版、印制、发行，广播节目、电视节目、电影的制作和播放，互联网、移动通信网等公共信息网络及其他传媒的信息编辑、发布，应当遵守有关保密规定。"可见，隐性采访具有法律允许的地方，也有法律限制的时候，这是新闻工作者需要注意和把握的。

在法律体系尚不健全的情况下，记者运用隐性采访要学会用法律武器保护自己，在把握报道原则的同时，避免走入误区。

第一，不得随意伪装身份。隐瞒身份是消极隐瞒还是积极伪装有很大区别。记者在隐性采访中应以不公开身份为主，尽量不伪装身份，特别是记者无权伪装成具有公职权力身份的人物。因为伪造身份已构成欺骗行为，新闻信息的获得如果是建立在欺骗的基础上，其可信度会大打折扣；记者的职责是采集新闻事实，而不是收集犯罪证据，记者不是公安人员，没有取证、刑事侦破等职能，也没有参与不法事件可以不负法律责任的特许权。因此，记者不得设置圈套，引诱犯罪。新闻工作者在进行隐性采访时没有公开采访中所不具备的特权。因此，既非警务人员，又未经授权的新闻记者没有资格设置圈套。在隐性采访中，记者应以观察者身份介入，不应成为新闻事件的决定性力量，更不能干涉事件的发展，影响事件的进程；否则，就有制造假新闻的嫌疑，媒体的社会公信度和权威性会受到影响。同时，在面对诉讼时，主动参与新闻事件的记者也极易处于不利地位。

第二，不可夸大隐性采访的效应。隐性采访作为公开采访的补充形式，是一种非正常手段，属不得已而为之。当前有一种隐性采访扩大化的错误倾向，是因为一些人认为隐性采访效果好、有卖点，能够获得轰动效应。尤其是在电视、广播领域，似乎已有过多过滥之嫌。隐性采访应主要针对特殊人群的特殊活动使用，对一般性事件和普通人的正常生活，没有必要采取非常手段采集新闻。滥用隐性采访不仅容易导致侵权，还会助长记者的特权意识和公众的偷窥欲。因此，我们提倡将公开采访与隐性采访相结合，反对将隐性采访常规化。

在法律允许的范围内从事采访和报道工作，是搞好新闻工作的重要前提之一，隐性采访也不例外。从事隐性采访的新闻工作者必须严守国家法律，严格执行有关规定。但是在实际操作中，一些记者、编辑没有形成依法报道的观念，片面强调受众的认可程度，认为

---

① 翟耀文. 隐性采访的法律共识与分歧[J]. 中国记者，2003(3)：50-51.

隐性采访是实行舆论监督的最佳手段，只要受众欢迎，就是合理的，也必然是合法的。这种观念不利于隐性采访的正确运用和依法保护。"媒介的眼睛不受法律的规范和调整是社会的灾难"，此说是有道理的。

与公开采访相比，隐性采访除了必须遵守一般性法律、法规，还要特别注意一些容易与公民或法人的权利发生冲突的情况，其中最常见的几种侵权行为是：①侵害公民的人身权利，如名誉权、隐私权、肖像权等，这是隐性采访最容易发生侵权行为之所在；②泄露国家秘密；③侵犯商业秘密；④侵害未成年人和妇女的合法权益；⑤使用不法手段获取信息，包括使用有录音、录像、照相器材，从而违背国家安全法的有关规定。

妇女和儿童作为有专项法律保护的特定人群，享有特殊法律保障，因此在以这些特定人群为采访对象时，要慎用隐性采访，以避免发生侵权行为。比如，中小学校园是未成年人集中的场所，在此进行偷拍或偷录，极有可能违反未成年人保护法的有关规定，从而导致侵权。

(三)暗访中的道德问题

由于隐性采访手段的特殊性，即使是在法律允许的范围内，也应考虑到报道的社会效果，要科学、合理地使用隐性采访，注重报道的社会效果，不逾越道德范畴。

国际新闻媒介大多比较注重隐性采访的新闻伦理问题，认为隐性采访是在采访对象未被告知真相的情况下进行的，被报道者处于被动地位，缺少保护自身权益的能力，因此双方地位是不平等的，这时，即使记者行为完全合法，但仍有用"不诚实"方法获取信息的嫌疑，可能引起道德质疑。

2007年3月19日，中国新闻社刊发新闻《用茶水当做尿液样本送检，医院竟化验出了"发炎"》：中新社浙江分社的记者乔装成患者，将事先准备好的茶水送到杭州10家医院检测，结果有6家医院检测出茶水有炎症。这就是引起广泛争议的"茶水发炎"事件，对于此事，有人拍手称快，大骂医院缺乏医德；有人说记者给原本就紧张的医患关系火上浇油；还有人认为记者调查方式有问题，质疑记者的新闻职业道德。

茶水发炎，图/张成才，来源：红网

事后,《中国青年报》进行了调查,参加调查的 3309 名受访者发生了很大的分歧。近一半人认为,媒体的这次策划意在维护公众利益,算得上大快人心之举;而超过四成的人却表示,此举不符合新闻操作规范,背离了新闻职业道德,并且在事实上不利于构建和谐的医患关系。2007 年 4 月 9 日,《人民论坛》发表评论指出:"新闻报道要真实、全面、客观、公正,这是应有的职业道德和职业精神。然而,少数媒体为追求'眼球经济',走入了'新闻娱乐化'的误区。个别记者热衷主动'策划'各种新闻,只求'轰动'不顾后果,并不关注科学常识和客观实际。不管出于什么样的初衷,'茶水验尿'都是值得媒体反思的一个事件。它不仅可能恶化本已紧张的医患生态,而且使更多的媒体和群众受到误导,给社会制造了不和谐音符。"

我们常说,吃一堑长一智,不要犯相同的错误。但是,在新闻界却往往会出现这样的咄咄怪事。2012 年 7 月,央视记者在暗访"男科门诊"时,使用康师傅绿茶饮料替代尿液送检。几家男科医院的尿检报告结果显示,"尿液"中有大量"霉菌和杂菌"。节目在 7 月 29 日央视《焦点访谈》栏目播出后引发关注,被称为"茶水二次发炎"事件。

记者一再犯这种错误,缘于两个方面的问题:一是不客观,二是不专业。针对媒体刊发的调查结果,全国近百家"三级甲等医院"自发进行了可重复结果的检测。在短短 48 小时内,就提供了相对准确和负责的数据:136 份报告中有 127 份证实:茶水"有可能发炎",媒体"策划"属于任意而为,其调查结果不具任何科学性。

此事件发生后,中华全国新闻工作者协会网络中心发表了《从"茶水发炎"报道反思新闻策划》一文,从行业协会角度提出"新闻策划不能无中生有"。当年的报道媒体在反思的同时提出:这一调查方式值得商榷,用这样的方法去反映医疗行业问题,是媒体人的悲哀。

2015 年 10 月,据报道安徽利辛一女子李某在下班回家路上,为救小女孩而四肢被狗撕咬,四肢上的肉几乎被咬光;事发后,李某收到超过 80 万元的捐款。随后,事情出现反转,当各路记者赶赴利辛展开调查时,却发现李某并非在回家路上受伤,而是在一家养狗场内被狗咬伤的,而这家养狗场的主人正是她的男朋友张某。在南京的医院里,张某也承认,自己撒了谎。同时,当地宣传部门的一名工作人员和电视台的记者参与了整个事件的策划。最终,事件被定性为诈骗案,多名涉案人员被刑拘。①

媒介的社会责任要求记者摆正自己的位置,承担起新闻工作者应尽的职责,同时,又不滥用手中的权力。滥用隐性采访,可能使公民人人自危,没有安全感,从而降低媒体的公信度。因此,强调在道德的范畴内使用隐性采访手段,就是要求新闻记者要具有较高的道德水准和社会责任感,努力避免隐性采访在道德层面的负面效应。

四、催生、促成式报道的策划

新闻记者不仅需要当事件发生后予以报道,同时在可能的情况下,新闻工作者参与正

---

① 李劭强. 策划新闻中的意图伦理与道德风险[J]. 传媒与教育,2015(2):29-31.

在发生或还没有发生的事件,以自己的主观努力与被报道对象一起催其产生和促其圆满和完善,而后再予以报道。

(一)催生或促成式报道的可能性和必要性

在信息社会里,记者的作用已经不仅仅是简单地记录历史,而是要十分敏锐地感知信息,从中发掘可以成文的线索;记者要研究社会,根据可能发生的活动,参与其间,促成活动圆满,报道成功。这是记者应该做的也是可以做好的工作。

2007年孙海洋带着妻儿举家来到深圳闯荡,10月9日,4岁的儿子孙卓被人贩子拐走,孙海洋夫妇开始长达14年的寻亲之路。2014年,以孙海洋为原型故事的电影《亲爱的》上映,电影引发公众对于"拐卖儿童"事件的关注和热议。2021年12月6日,在深圳市公安局,孙海洋终于见到了丢失14年零57天的儿子孙卓。央视《等着我》栏目直播了孙海洋和儿子孙卓的认亲仪式,在众多网友的见证下,孙海洋夫妇和儿子孙卓三人相拥而泣。在孙海洋寻亲、认亲过程中,中央电视台、《新京报》《北京青年报》等媒体参与了全程报道与直播,《北京青年报》记者甚至搭上了孙海洋的车,随车1700多公里,见证了他接回孙卓的最后一段路,由此"北青深一度"百家号生成了报道《孙海洋,做回孙卓的父亲》。14年来,随着各大媒体和"宝贝回家""微博打拐"等公益平台的关注、帮助,各界力量的汇聚促成了孙海洋家庭的团聚,为其他离散家庭寻找亲人提供了平台和信心,令人动容。值得注意的是,这不是记者策划出来的事实,而是事物依自身的规律在发生发展,记者的报道是符合新闻规律的——先有事实后有报道。

这些报道的成功,先是由于新闻单位和新闻工作者的积极参与的策划,新闻工作者积极介入正在发生或还没有发生的事件,以自己的主观努力促其圆满和完善,而后再予以报道。在采访报道过程中,传者和受者双方的配合是积极、健康、富有建设性的。完全可以这样说,没有受众的大力支持和鼎力配合,许多生动感人的报道就无法横空出世。当然,在具体的个案中,受众参与的程度和记者介入的程度是有差异的。

(二)请非新闻人参与采访报道

2020年6月,沈阳广播电视台《直播生活》栏目15位"公民记者"整队集结,参与了"迎战风雪·共同战疫"的报道。"公民记者"平均年龄在50岁,有着丰富的生活经验和职业淬炼,栏目定位于"以百姓视角平视记录,用镜头带给你裹挟着烟火气的报道"。

自2021年7月起,平顶山日报社实施了创建全国文明城市融媒赋能工程,通过公开招募形成的"市民记者团"作为平台之一,利用"市民记者"来自基层、接近一线的特点和优势,旨在及时发现问题、督促问题解决,实现文明创建触角延伸到城市的细枝末梢。

2021年9月,《石家庄日报》推出"市民记者团城市行"系列活动,邀请市民代表和记者组成"市民记者团",一起零距离感受家乡变化,记录城市发展。城市小街巷、主街主路、城市夜景、代表性步行街等都是"市民记者团"参观采访的"站点"。

"编外记者"不仅表现在社会经济领域,在重大体育比赛、文艺聚会,乃至外交、军事活动中,不少媒体动用了特殊人士参与报道事件,帮助媒体进行报道。如今,非新闻人参与新闻报道已经成为常态，腾讯网早就推出新闻爆料台，口号就是"人人都有麦克风"，鼓励普通受众参与新闻报道。2022 年，新华社"全民拍"获得第三十二届中国新闻奖应用创新二等奖。群众打开新华社客户端"全民拍"应用功能，即可像发"朋友圈"一样便捷地上传线索、反映诉求。而微博、抖音、豆瓣等平台的发展，俨然已经催生了"全民记者"，以至于现今很多记者习惯从社交媒体中寻找新闻线索。

新华社客户端"全民拍"页面

关于受众参与采访的报道形式，也曾经引起过许多争议。反对者认为最大的问题就是有"造假新闻"之嫌。当然，中外新闻史上都有过这样的情况：新闻记者由于违背了事物发展和新闻报道的一般规律，在参与活动中，不恰当地夸大了人的主观能动性，按参与者的主观意志去改变既成的客观事实，从而造出虚假的新闻报道。这种情况应是我们坚决予以摒弃的。

前面所举的几则报道都是在媒体主持人精心策划下进行的。虽然在报道的事件中都有记者的参与，但是，这些参与都是符合事物发展的一般规律，没有人为地去生造或扭曲、夸大或缩小；对事件发生后的报道也是符合新闻报道的规律，而且由于有了记者的参与，他们对报道对象有更深切的感知，所以写出的报道更生动更深刻，从而能更有效地吸引读者、打动读者、争取读者，由此扩大了该报在读者中的声誉和传播力。

当然，凡事都要把握一个度，对于参与活动的报道策划来说，也是这样。记者要担负大量的日常的常规性报道，时间和精力有限。因此，对于这种受众参与式的报道策划，必须通盘考虑，充分论证。选择那些可以做、能够做，又能够做得好的事予以参与，精心选择，参与有度，上下重视，各方配合，力求在少而精的前提下，保证参与活动的报道成功。

五、参与式新闻的报道策划要注意的问题

参与式报道对新闻从业人员来说，也是一种素质的培养，是有积极意义的。但是，参与式报道毕竟只是新闻采访报道中的一种，同时它也有自己的局限性。

第一，参与式报道必须在事件进行过程中才能实行，而记者采访的许多新闻事件，是已经过去的事实。在这种情况下，就需要记者在活动之外，通过访问大量的人物或查阅大

量的资料来获取素材，完成采访报道任务。

第二，客观事实的运动和发展是遵照它自己特有的规律来进行的。参与式的报道是根据记者自己的需要来安排的，两者不可能时时处处都是一致的。记者要参与体验，需要花费较长的时间，不是所有的记者都能承担得起的。有的职业和岗位需要工作者特殊的技巧和本领，不是所有的记者都能胜任的。

第三，参与式采访并不都能写出好报道来，这和记者自身的素质有很大的关系。它受到记者思想、业务、心理等各方面条件的影响。对于特殊领域里的报道，由于大家对其情况都不太清楚，很可能由于记者的主观意识而使报道产生片面性。

为了搞好参与式报道的策划，在采访实践中需要注意以下几个方面的问题：

(一)明确目的，选准参与方式

参与式采访的方式有多种，有的需要隐瞒身份通过暗访探查实情，有的需要角色换位来体验该角色的甜酸苦辣，有的需要参与组织活动使报道更具特色，等等。一切参与方式的确定，都要从能有利于报道出发，而不应怀有什么个人或小集团的利益。

采取哪种参与方式，需要从媒体和参与者自身的条件和外部环境要求出发，统筹考虑。有的体验式采访可能会取得轰动效果，但是，对参与者的设备要求和个人素质要求太高，本单位无法承担这样的选题，此时，就不宜安排这样的参与采访；有的岗位和领域，被采访者单位或个人不愿意接受记者的介入，此时，也不宜派记者深入其间进行体验式采访和报道；有的事件在法律和道德的范围内不允许报道或暂时不允许公开报道，此时，新闻单位也不宜派记者贸然介入。

(二)客观公正，防止片面性

记者参与被报道的事件当中，能更深切地感受到事件的真情和本质，因而写出的报道就更能感动人。但是，这种参与也受到参与者自身素质的影响，特别是在一个人参与的情况下，很容易得出片面的结论，这是新闻报道中的大忌。

参与式报道之所以写得比较感人，就在于记者的角色换了位。然而，正是因为换了位，与被采访者更接近了，也容易产生偏听偏信的情况。所以，作为参与者，当自己越被采访事件感动时，越要提醒自己防止出现感情的冲动。为了防止出现片面性，当我们深入某个角色之后，又要提醒自己跳得出来，以一个新闻工作者的公正视角看问题，防止做出片面的结论。同时，不妨多换几个角色位置，来看待采访的这一事件，多听一些不同方面的意见，以纠正因自己的主观判断可能产生的偏见和片面性。参与式报道对记者的思想方法素质要求甚高，要特别引起采访者的注意。

(三)尊重客观规律，切忌越俎代庖

在参与式采访和报道中，记者进行了主观参与和接触，因而对所报道的事实感触更深刻了，有利于写出更好的报道来。但是，所有这一切都必须尊重客观规律，即尊重事物发展的规律和新闻报道的规律，不可由个人的情感代替理智，由个人的判断代替客观事实，

更不可作假生造。

美国《图片邮报》摄影记者伯特·哈迪在朝鲜战争中，拍摄了一张照片：一个美国士兵把剩下的最后一滴水送给一个生命垂危的朝鲜农民。哈迪后来公开表明："这张照片是我一手布置出来的，当美国士兵正在列队走过时，我头脑里产生了这个念头。我向一个美国兵问道，能否给这个老头子一点水，让我来拍张照片。这个士兵回答说，如果我动作快一点，并且要用我自己定量配给的水的话，他是可以帮忙的。"这张给美国侵略军涂脂抹粉的伪造照片就是这样拍成的。一些西方记者就是这样按自己"头脑里的想法"制造照片，在一定时间内让读者上当受骗。

西方新闻界不仅有制造假照片的"创举"，更能利用新闻"制造战争"。

美国与西班牙的战争，是1898年4月11日和13日美国参众两院通过有关决议之后开始的。在战争爆发前的1897年年初，赫斯特便早早买了一艘快艇凡模斯号，送一名写小说及游记的著名记者戴维斯和另一名插画作家雷明顿到古巴提前调查该国情况。二人到后，雷明顿打电报给赫斯特：

此地一切平静，并无骚动，将不会发生战争。希望回国。雷明顿。

赫斯特立即回电：

请留在那里，你给我插图，我提供战争。赫斯特。

结果，派往古巴的记者均片面听取古巴人的夸大介绍，不管是否看到了事实真相，随意用目击写法介绍西班牙人的暴行。1898年2月15日夜，当美联社传出"缅因号爆炸，乘员数百人死亡"这一简讯时，赫斯特兴奋地向部下大叫：头版不登任何消息，整版发缅因号报道，这是战争！

当战争爆发之后，赫斯特甚至在第一版上冠以头号标题："您对《纽约日报》促成这场战争有何看法？"①

这是外国的例子。类似这样的报道我们中国记者的笔下也有，有的更是出奇。

2013年9月17日，一则题目为"美国公司开价500亿求购我国一张中药方"的新闻出现在网络上，经央视网、人民网转载后，各大网站也纷纷转载。文章称，美国默克公司通过中间人，欲以500亿元高价向"中国金方安徽淮硖中医研究院"求购一张中药药方。经多个媒体记者采访求证，发现这个研究院不正规，没有行医资格；美国默克公司也否认有此事。中央电视台记者调查发现，这则"新闻"完全来源于该"研究院"负责人的一手策划，已被证实为假新闻。这种假新闻混淆视听，蛊惑误导了群众，也对媒体公信力造成伤害。

2013年9月9日，"两高"公布了关于办理利用信息网络实施诽谤等刑事案件的司法

---

① 刘明华. 西方新闻采访与写作[M]. 北京：中国人民大学出版社，1993：14.

解释，规定诽谤信息被转发 500 次以上可入刑。曾经在网络上兴风作浪，制造了很多假新闻的网络推手"秦火火""立二拆四"等人被刑拘。

2019 年 1 月 29 日晚，咪蒙矩阵发展的微信公众号才华有限青年发布新作《一个出身寒门的状元之死》。这篇文章出自咪蒙"月薪五万"的助理之手，一经发布，便迅速在朋友圈中刷屏，成为咪蒙旗下创造的爆款文章之一。这篇文章用非虚构写作的手法讲述了作者口中的同学，一个聪颖过人的寒门学子，通过勤奋努力实现人生逆袭考上名校，大学期间辛劳打工为妹妹攒钱读大学，却因为人正直，不帮富二代作弊、不为老板做假账而处处人生受限。更为悲剧的是，25 岁就因胃癌早逝。在这篇所谓的非虚构写作文章中，出现多处时间错乱、违背常识等问题。随后，该文被质疑是"造假杜撰"，引发争议。2017 年 10 月 8 日起施行的《互联网用户公众账号信息服务管理规定》指出："互联网用户公众账号信息服务提供者应当建立黑名单管理制度，对违法违约情节严重的公众账号及注册主体纳入黑名单，视情采取关闭账号、禁止重新注册等措施，保存有关记录，并向有关主管部门报告。"1 月 30 日早间，原文已因内容违规无法查看。同年 2 月 21 日，咪蒙正式注销微信公众号"咪蒙"，其他平台账号也被永久关停。[①]

记者通过体验、暗访等形式参与报道的活动之中去，不仅是允许的，有的甚至是必需的。但是，这一切必须尊重客观事实，不可夸大，不可片面，不可作假，更不可生造。另外，所有的参与式报道都要受客观事实规律和新闻报道规律的约束，比如说暗访除了要受到法律、道德的约束，还要受到新闻出版法规的制约，我们必须加以注意。

(四) 注意安全，保护自己

在参与式采访和报道中，由于记者对被采访的对象和环境并不十分了解，容易产生意外，对此要十分注意。在采访前，记者要事先做好体验的基本准备，有的通过看看书，掌握一下基本知识即可；有的则要先到实地察看，提前进入场地，熟悉环境和事实发展的基本过程，做到心中有数。比如到精神病院去体验护理工作，记者事先就要到医院看看病人吃住医疗等情况，向医生了解有关与病人接触要注意的问题，以防正式体验时发生不测。对于有些狂躁型的病人，一般来说，不宜与之接触体验。

在揭露批评报道中，有些领域的采访是有危险的，记者需要有勇于"入虎穴"的精神，但也要善于保护自己。"出师未捷身先死"，留下的只能是遗憾。因此，对某些危险性大的隐性采访，记者要向编辑部报告；认真研究对策，行动以两人以上为宜，还要争取有关部门的配合和保护，不要孤军深入。有的记者为了刺探和揭露某个犯罪团伙的内幕，采取"介入"办法，像公安部门的侦察员那样打入犯罪团伙。记者这么做，也许主观愿望是好的，但并不可取。记者"介入"，不仅个人的安全得不到保证，还因为"介入"以后，哪些事该做，哪些事不该做，难以把握，因此这种"介入"有很大的危险性，不宜提倡。

近年来，时有记者参与报道受到被报道者报复打击的事例，应引起社会各界的关注。

---

① 王思莹：《〈一个出身寒门的状元之死〉看非虚构写作的规则与底线》，来源于 2021 年 10 月 31 日华中师范大学新闻传播学院媒介伦理案例库。

新闻工作者正当采访应受到法律的保护，有关单位特别是政府机关、公安部门应该充分发挥行政治安管理的作用，以保障记者的人身安全和正常的采访工作。

◎ **思考题**

1. 什么是参与式报道？
2. 体验式报道有何积极作用？
3. 试述暗访中所要注意的法律问题。
4. 简述参与式报道策划要注意的问题。

◎ **实践题**

请你结合本章内容，模拟现场，策划一次体验参与的采访报道。

第十一章
专栏、专版、专刊和专题报道策划

专栏、专版、专刊和专题是新闻报道中一个重要的组成部分，也是新闻媒体更好地展示自己在队伍、设备、技术、领导等综合素质上的一种好形式。充分认识它的作用，重视对它的报道策划，是新的形势下媒体组织者和策划人不得不认真思考的一个问题。确立专栏、专版、专刊和专题报道的价值前提，选定一个好的报道主题，灵活运用策划技巧，娴熟掌握组合艺术等，力求取得最佳的传播效果，在新闻性中体现它为受众的服务性，是一门高超的策划艺术。

中央广播电视总台的新闻专栏《主播说联播》创办于2019年7月29日，每天全网推送一条新闻评论短视频产品，其内容立足《新闻联播》的重点报道特别是重大时政报道、当天重大事件和热点新闻，用年轻人喜爱的通俗语言传递主流声音、宣传主流价值。

《主播说联播》专栏，图片来源：
央视新闻客户端

专栏产品贴合短视频属性，每一期的文字创作和视频录制，都经过主创人员和值班主播的反复打磨讨论。不仅语言本身要生动，还要求主播在表达的时候配以适当的肢体语言，后期剪辑期间也会搭配能够烘托气氛的音乐，从而达到最佳传播效果。此外，在特殊节点或热点新闻报道中，主播还会走进新闻现场，不仅"说现场"，有时还会"唱新闻"，给用户以不同体验。网友的留言也不再简单只在留言区展现，而是会以"弹幕"的形式在当天的节目内滚动呈现，甚至由主播们念出，增添了整体节目的信息量，更具互动性和同场感。在叙事语态方面，该专栏在表达上追求个性化和年轻化，尽量贴近年轻受众，力求引发网友共鸣。点赞英雄时饱含深情，弘扬正气时光明磊落，抨击偏见时幽默风趣，痛斥黑手时一针见血，嬉笑怒骂间传递直击人心的评论力量。该专栏的推出是短视频时代新闻评论产品样态的一次大胆尝试。

该专栏荣获第三十二届中国新闻奖一等奖。

该专栏从2019年7月29日推出至今，在全网取得了非常不错的传播效果。微博话题总阅读量超过 100 亿次，同时在微信公众号、视频号、抖音、快手等平台受到广泛好评，且被其他媒体广泛转载。专栏瞄准网友浏览视频产品的常见平台，利用 B 站+弹幕、抖音+配乐、微博+话题讨论的平台传播策略，精准进行了跨媒介传播，使主流媒体在新媒体舆论场增添了一个拳头产品，有助于把握话语权、引领舆论走向。同时，该专栏给电视新闻的转型"出圈"以启示，放大了《新闻联播》IP，并带动《新闻联播》其他内容在新媒体平台的传播。数据显示，《新闻联播》抖音号、快手号、微信公众号等多个账号推出之后，累计关注用户已超过 8000 万，这对《新闻联播》相关内容特别是"头条工程"的节目进行碎片化传播、不断拓展新媒体空间起到了推动作用。

20 世纪 80 年代，改革开放的大潮汹涌澎湃，不仅引起社会经济的变化和发展，也促进人与社会关系的改善和进步，其间也出现一些新的问题和矛盾。1986 年 9 月，《中共中央关于社会主义精神文明建设方针的决议》公布，为贯彻中央精神，长江日报社适时推出了《人与社会》周刊，宗旨是：关心人，研究人，提高人的素质，培养"四有"新人。其中的《社会中来》专栏，以新闻的敏锐发现问题，以理论的深刻研究问题，受到欢迎。在 1988 年全国好新闻类（后改为中国新闻类）评选中，获全国唯一的好专栏一等奖。专栏、专版和专刊对于媒体已不可或缺。然而，高质量的专栏、专版和专刊并非一求即得、自然生成的，必须依赖于高质量的策划。由于专栏、专版和专刊相对较固定，相对于大量、琐碎的日常新闻来说，其刊播周期长一些，准备时间从容一些，规律性好把握一些，因而加强对专栏、专版和专刊的策划，也成为可能。从某种意义上说，一个专栏、专版和专刊办得好坏，更能体现一个媒体策划水平的高低。

一、专栏的策划

说起《新闻联播》《新闻调查》，人们自然会想到中央电视台；说起《新闻和报纸摘要》《新闻晚高峰》，自然让人想到中央人民广播电台；说起《人民眼》《民生观》，人们也会想到《人民日报》；说起《国家相册》，人们会想到新华网。还有《北京日报》的《长安观察》、北京广播电视台的《法治进行时》、天津广播电视台的《百姓故事》……专栏完全可以像新闻一样成为媒体的独特卖点，从整体上提高媒体的竞争力。第三十二届中国新闻奖于 2022 年 11 月 8 日揭晓，在一等奖中评选出 10 个新闻名专栏。其中，新媒体专栏 4 个，报纸专栏 2 个，广电专栏 4 个。新闻专栏是新闻媒体的一个重要组成部分，它能从某些侧面反映出媒体的队伍素质和策划水准。

一个专栏就是一个媒体的旗帜和品牌。这个旗帜能否稳稳地树立并在如林的旗帜中展现出夺目的光彩，这个品牌能否在媒体间叫响并得到受众的肯定，取决于这个专栏的创设、经营是否科学，是否经得起考验。

（一）专栏的分类

所谓专栏，是媒体为了刊播某一类大致相同内容的稿件或节目而形成的拥有较为固定的名称和位置的版面或时间。专栏所占篇幅较小，在报纸中，它只占整个版面中的一小块，仅仅是一块块"方寸之地"。在广播电视中，它只占一个小小的时段，仅仅是一段段"瞬间时光"。一般说来，专栏的刊播时间和版面位置相对固定，持续时间较长，因而给受众的视听冲击较为频繁。

专栏有不同的类型，有新闻专栏、评论专栏、服务专栏等，在这些专栏中，有的具有自身的特色，有的则相互交叉，如新闻专栏可能是以服务性为主的，服务专栏是以新闻性来表现的，等等。下面主要就一些有代表性的专栏作些分析。

1. 新闻专栏

新闻专栏在媒体的专栏中所占的比例最大，所引起的关注度也最大。几乎每个媒体都设立了新闻专栏，有的媒体同时开设多个专栏，有时轮流见报，有时同时见报。新闻专栏有的是为了某一形势宣传的需要而设立的，如《光明日报》在"双减"政策后的首个寒假推出专栏《今年寒假，孩子们这样过》，中央和地方媒体在党的二十大期间统一开设"二十大时光"专栏，这类新闻专栏开设的时间一般较短，集中宣传期一过，专栏就基本结束；有的新闻专栏是为了将一类新闻报道归在一起，形成系列，构筑新闻传播的强势品牌，如新华社的《新华调查》、中央电视台的《海峡两岸》等，这类新闻专栏开设的时间一般较长，有的甚至一直固定下来。

新闻专栏是以新闻报道的方式出现的，它以新闻信息的传播为主要内容。之所以要以专栏的形式出现，是为了突出一个时期某一媒体的关注点：或为了配合宣传上级的批示精神，或为了解决受众的关心事情，或为了展示本媒体的特色、优势和亮点，等等。不论是一段时间或是长期坚持的新闻专栏，它的出现必须以鲜活的事实为基础，同时要能体现本媒体策划者的深刻思想和对社会的积极作用，从而引起受众的兴趣和关注。

2. 评论专栏

评论专栏主要是媒体上开设的针对某一新闻事件或现象进行评论的言论性专栏，以报纸刊发的较多。这类专栏刊出的周期或长或短，但时间较固定，从每周一期到每日一期的都有。评论专栏有的是文章较长的"论坛"类专栏，如新华社的《钟华论》专栏等。《钟华论》创办于2019年，是由新华社领导直接指挥、集中全社评论骨干力量打造的重要政论栏目。近年来，《钟华论》坚持高站位、遵循高标准、追求高品质，聚焦深入贯彻习近平新时代中国特色社会主义思想、讲好中国故事、发出中国声音，打造了一系列有高度、有深度、有温度的重磅评论，实现了文字、视频、图片、金句海报的全媒体呈现，彰显了新华社评论的影响力。有的则是一事一议的小言论，如《甘肃日报》的《黄河时评》专栏等。有的报纸评论专栏没有固定的周期，往往是在对一件典型的新闻事件刊发新闻稿的同时，配发关于这件事的评论。有的报纸在专版专刊中也对一些比较突出的事例和现象进行评论，刊登一些评论文章，这些评论在整个报纸版面中起到画龙点睛的作用。

专栏刊发作者的有形意见，或褒奖，或贬责，或研究，或思考，读了这样的文章，或多或少地能给人以启迪。所以，评论常常在媒体中发挥灵魂和旗帜的作用。随着网络媒体的发展，受众要求参与发表自己意见的愿望越来越强烈，据此，传统媒体加强评论专栏的设置和策划就显得越来越重要了。

3. 服务专栏

服务专栏不受时间限制，也不管事情大小，特别能体现对受众的重视，因而开设得较普遍而且稳定。为受众服务是媒体存在和发展的一个重要基点，离开了为受众服务，媒体所做的一切都是无意义的。从广义上说，媒体上所刊播的一切都是为受众服务的，但服务性专栏、专版或专刊中刊发的文章，主要是帮助人们解决观念上的理论性、知识性问题。人们的需求是不断发展和变化的，媒体的服务专栏也要随此而不断有所创新、有所发展，这是媒体策划者时时需要考虑的问题。媒体为了体现对受众的人文关怀，以服务性为特色，开设了《极目帮办》(极目新闻)、《小莉帮忙》(河南广播电视台)、《记者帮》(《南方都市报》)等栏目。这类专栏有的是单独开设，有的则是在专版和专刊中开设，如《健康周刊》中的《投医问药》专栏、《生活周刊》中的《吃喝玩乐》专栏等。

服务专栏更要做到将可读性、服务性和实用性融于一体，就要求专刊编辑将新闻报道与实用信息明确区分开来，避免有偿新闻；同时将实用信息集中处理，分类清晰，顺应市场需求。

比如，2022 年 5 月底，极目新闻重磅推出民生品牌栏目《极目帮办》。专栏记者深入开展"下基层、察民情、解民忧、暖民心"活动，倾听群众的呼声建议，帮助解决群众的急难愁盼问题，紧紧抓住"帮"和"办"两大核心，推动了一批群众的实事难事落地解决，从源头上化解了矛盾纠纷的进一步升级和扩大，有效助力了社会治理，也放大了极目新闻上线后继续坚持"全心全意为市民服务"的这一价值理念。

从广义上说，媒体上所刊播的一切都是为受众服务的，但服务专栏则是指对受众工作、学习和生活上某些具体问题的解答和服务，当然也不排除在一些思想理论性的专版专刊中刊发的帮助解决人们观念认识上的理论性、知识性的文章专栏。如教育专栏、旅游专栏、求医专栏等，人们需求的不断发展变化，决定了媒体的服务专栏也要随此而不断有所创新有所发展。

4. 个人专栏

个人专栏在报纸中较为常见，如 20 世纪 60 年代我国著名新闻人邓拓在《北京晚报》开设的个人专栏《燕山夜话》、著名老报人赵超构(笔名"林放")在《新民晚报》开设的个人专栏《未晚谈》，以及评论家储瑞耕在《河北日报》开设的《杨柳青》专栏；另有《蚌埠日报·淮河晨刊》的个人专栏《听钟楼闲话》、《浙江日报》的《经济蒋谈》、《新华日报》专门开设的记者个人专栏等。

个人专栏的最大共同点是专栏的撰稿人有一定的知名度，因而能引起读者的关注。由于是个人专栏，作者写作的自由度相对要大一点，因而文章也较为活泼尖锐；各人因风格不同能够显出各自的特点，呈现写作风格的多样化；专栏文章一般周期较长，作者可以围绕一个问题议论透彻，向受众传递较为全面深刻的认识和知识。个人专栏经历了一个由无到有、由一般到精品的发展阶段。随着媒体竞争的深入，个人专栏将会以更新的面目出现在各个媒体上。如何策划个人专栏，如何使个人专栏形成品牌，从而带动整个媒体获得好的信誉度和美誉度，这一课题将会随着媒体的发展不断地凸显出来。

5. 访谈专栏

广播、电视和平面媒体有时会邀请一些专家和政府部门负责人到媒体编辑部或演播室共同就某一话题进行面对面的交流，使新闻更加吸引受众。有的节目还邀请观众和读者参加，让受众与专家们直接交流，活跃了现场的气氛。

《可凡倾听》是上海电视台纪实人文频道播出的一档高端文化名人访谈类栏目，开设于 2003 年，由曹可凡担任主持人。《可凡倾听》每期嘉宾都为某一专业艺术领域的文化大家，栏目定位为凡是符合栏目对主持人文化气质定位的内容都可以成为节目的选题，具体可分为与艺术大师对话、追踪社会热点人物、追踪文化社会现象三个访谈方向。栏目曾被中国电视艺术家协会授予"第二届中国电视十大名栏目"荣誉称号，同时曾荣膺第二届全国电视兰花奖优秀栏目奖。

2022 年，《杭州日报》专栏《倾听·人生》的作品《我的爸爸是"活界碑"》荣获第三十二届中国新闻奖三等奖。这是《倾听·人生》作品第三次获得全国优秀新闻作品最高奖。此前，《钟点工》获得第十五届中国新闻奖三等奖，《一九八零，四位新华社记者的西行漫记》获得第十九届中国新闻奖一等奖。

自 1998 年报纸副刊作品被纳入中国新闻奖评选范围以来，《杭州日报》是这当中唯一有作品三次获奖的，且都是同一个口述实录专栏——《倾听·人生》。该专栏创办于 2000 年 1 月，20 多年来，《倾听·人生》以"小人物故事折射大时代变化"为特色，刊发了 1000 多个人物故事，通过深度挖掘普通人的心灵光辉和精神力量，映照出新中国砥砺前行、波澜壮阔的时代记忆，在坚守党性和人民性与新闻性相统一的实践中作出了积极探索。

是什么样的策划思路和叙事特色让这个传统纸媒专栏在媒体融合时代常办常新，始终能够打动人心？获奖作品《我的爸爸是"活界碑"》讲述了"七一勋章"获得者、兵团精神的典型代表魏德友在环境恶劣的萨尔布拉克草原巡边护边 57 年，以及子女们传承父辈精神、接起戍边重任保家卫国的感人故事。以此为例，编辑部同仁介绍了该栏目人物报道策划的几个特点——

（1）坚持平民视角，对普通百姓始终倾注的真挚情感，让群众站在党报副刊的 C 位。《倾听·人生》刊发的故事，讲述者来自五湖四海、各行各业，他们的共同特点是普通劳动者，是人海茫茫里的"小人物"。作品的主人公都是在平凡岗位上做出不平凡业绩的普通人，他们生活在时代的沃土，所思所感与读者息息相关、血脉相通，产生心灵共鸣。

（2）挖掘和提炼典型人物的精神特质，使新闻事实、时代意义和传播效果之间达到良性统一。《倾听·人生》的人物报道注重提炼和挖掘典型人物的精神特质，通过个体叙事揭示典型人物与社会群像映照、个体记忆与时代意识连接的共生关系，使新闻事实、时代意义和传播效果之间达到良性统一。稿件刊发后，不仅读者有很高评价，被报道者也感动落泪。

（3）更新叙事手法，深化叙事意蕴，释放思想力量，传递社会关怀。《倾听·人生》的人物报道，在故事里所凝结的人生信念，不仅激起读者强烈的共情，更带去力量和信心——这正是主流媒体应该体现的对社会的本质关怀，也是新闻美学实践的根本意义所在。它告诉我们，坚持以优秀的作品感染人、以高尚的精神塑造人，是讲好新时代中国故事的不二法宝。①

6. 媒体新闻与观点摘要专栏

近年来，不少媒体相互联动，介绍对方媒体有影响有特点的新闻报道和言论，向受众提供更多更新的新闻信息和观点分析。

《新闻和报纸摘要》是中央人民广播电台的一个老牌专栏，它的主要内容是播送国内外要闻和中央报纸的言论。每天早晨一套节目 6：30 首播，8：30 重播，二套节目 7：00 首播，并在中国广播网网站提供互联网 24 小时在线点播。该栏目是一档早间新闻节目，于1950 年 4 月 10 日开播至今。几十年来，该节目的收听率始终名列全台各类节目榜首，拥有广泛、长期而固定的听众群。1995 年中央台举办全国听众最喜爱的节目评选中，该节目在中央台 51 个节目中名列第一位，在全国听众最喜爱的中央台节目经常收听节目投票排序第一位，收听率和听众满意度一直处于中央台领先地位，是一档制作精良的优秀节目。

《科技日报》的新闻名专栏《环球科技 24 小时·总编辑圈点》瞄准全球科技前沿动态，从当天海量的国际科技新闻中，为公众挑选出最重要的一条，同时附以言简意赅的评论，从而起到引领舆论、科学普及和倡导科技创新等重要作用。该栏目的选题把新闻的重要性和严肃性放在首位，同时科技新闻必须发生在过去 24 小时内，以保证时效性；栏目力求做到把术语还给专家，把知识传给读者，带领读者绕过科技新闻特有的阅读障碍，最大限度地实现"三贴近"；消息来源则必须是我报驻国外记者采写的一手材料或源自最有公信力的外国科技网站。点评部分用区区 200 字阐明观点，有所主张、有所不主张，以平实的语言和幽默的风格，发出自己的声音，与新闻主体相得益彰。该栏目自推出以来，得到很多科学家的致电赞扬，其在广大科研工作者及更广泛的科技爱好者群体中的影响也与日俱增，并荣获第三十届中国新闻奖一等奖。

(二) 专栏的定位和经营

任何事物的出现都有一定的社会基础。媒体中的专栏大量涌现，也离不开相应的社会背景。考察专栏出现的社会背景，旨在找出专栏诞生的时机、生长的条件以及保持其长久生命力的内在因素，给专栏一个准确的定位。没有一个明确、准确的定位，专栏的出现要么是不合时宜的，要么是短命的。

1. 媒体靠专栏创特色

名专栏应有自己独特风格、个性，办出自己的特色。这包括三层含义：一是栏目内容应具有开拓性。栏目题名应简洁易懂、内涵深刻、富有新意；要推出有深度、有见解的原创选题，以发挥其传播信息、交流思想、积累文化的作用。二是栏目思想应具有时代性，以深刻的思想火花引起读者的情感共鸣。三是在栏目运作上应具有独特性。独特贵在新意，贵在特色。

---

① 赵慈杰，骆东华. 讲好百姓故事，弘扬真善美——杭州日报"倾听·人生"栏目特色浅析[J].新闻战线，2023(1·上)：53-55.

在专栏如林的现今媒体，特色是最抢眼的标志。大凡品牌，都有自家的看家绝活，即"人无我有，人有我特"。没有特色，就没有品牌。专栏定位的过程实际上正是不断寻找特色、突出特色的过程。

《参考消息》是一份以外电为主要内容的报纸，它的专栏《外国人看中国》就分外抢眼。《检察日报》聚焦政法战线的英雄模范，创办的专栏《双百政法英模》主题鲜明笔触生动，凸显政法力量。《光明日报》是以知识分子为主要读者对象的思想文化大报，于 2018 年始开设新媒体新闻专栏《光明追思》，旨在第一时间报道我国突出贡献知识分子和名家大家的逝世消息，引导网友关注、哀悼和追忆他们的精神品质和爱国情怀，回顾他们的卓越成绩和奋斗历程，在网络上快速形成见贤思齐、追忆名家的舆论氛围，汇聚网络正能量。《光明追思》因其定位准确、特色鲜明、人文关怀，收获广泛关注，荣获第三十届中国新闻奖一等奖。

有些专栏的特色在于独辟蹊径，所创栏目为自身所独有。这类专栏不盲目跟风，而是真正理解专栏特色的"特"字实质在于一个"独"字。当融媒体新闻作品如雨后春笋般涌现，《中国日报》于 2016 年依托于同名融媒体工作室，创办条漫新闻专栏《图图是道》。专栏以制作精良的长图漫画配合通俗风趣的文案，荣获第三十一届中国新闻奖一等奖，成为新媒体类中国新闻名专栏。《法媒银·失信被执行人曝光台》是江西日报社、中国江西网联合江西省高级人民法院和驻赣金融机构创办的网络新闻专栏，贡献了德法兼治、德法结合的"江西样本"，受到相关部门的充分肯定，并荣获第二十九届中国新闻奖一等奖。此外，还有大河网创办的文物新闻专栏《中原藏珍》、江苏省广播电视总台创办的新闻脱口秀专栏《评新而论》等，都企图通过在栏目设置上寻找有别于大多数媒体的突破口，精心打造属于自己的特色品牌。

有些专栏的特色在于内容和风格上有自己的特点。一个优秀的专栏，不仅仅在于栏目形式的新颖和栏目名称的别致，更在于其文章的优秀和风格的独特。有的媒体的栏目与其他媒体的栏目大致相同，但因文章风格迥异于其他，也能在众多同类栏目中独树一帜。

2. 持之以恒，不可半途而废

对于一家企业来说，创立一个在消费者心中有影响力的品牌即成为名牌，需要一个艰难的长期的过程。只有不轻易放弃这个品牌，才会缩短创名牌的过程，降低创名牌的难度。对于媒体的专栏而言，也是这个道理。一个专栏的创办，不是随心所欲地拍拍脑袋就定下来的，而是经过周密的考察，对其生存条件进行综合分析，为其作了充分的定位，经过集体研究决定的。栏目一经设立，就开始了创品牌、创名牌的艰苦创业之路。只有经常使用这一专栏，保持其连续性，才能给受众一种反复的视听刺激，从而提高其在受众心中的地位。

专栏应具有维持其稳定有序的能力，同时也应具有较强的适应外界变化的能力。二者辩证统一，缺一不可。前者表征着栏目在时间上应具有连续性和长期性，在版面上应相对固定，因为时间过短则有如过眼云烟，受众转瞬即忘，同时过多变化也会使栏目个性不突出，但过于稳定又会使栏目形象老化，没有新意而逐渐失去读者；后者则体现栏目的开放性，与时俱进，以适应新形势的发展和读者阅读口味的变化。如《人民日报》从 1980 年 1

月2日开始在一版创办《今日谈》至今，但依然是常办常新，紧贴实际，并形成方向正确、针对性强、关注现实、反应迅速、文风朴实、贴近群众等特点，在受众中产生了广泛的影响。但目前，我国报纸的现实情况是，大多数专栏寿命不长，总编一换，专栏改变是经常的事情，这是由把关人的品位不同造成的。再就是有些专栏自身的定位也往往多变，几月不见，往往要"刮目相看"。还有的因专栏的主持者功力不足，无力长期支撑，只好中途叫停，而无缘长大。这里需要提及的是《河北日报》的《杨柳青》专栏，由储瑞耕先生一人坚持20年，可谓中国新闻史上的一绝，值得研究。

栏目是需要不断推陈出新的，但是，一旦一个栏目形成了品牌，就不要轻易更换名称，而栏目的内容却是需要时时充实和更新的。

3. 以开放的心态不断创新

这种创新表现在两个方面：一是不断地有新的专栏出现。例如《光明日报》于2021年7月推出专栏《说说我家的小康故事》，2021年10月推出专栏《中国好手艺》，2021年11月推出专栏《晒晒咱的国之重器》，2022年1月推出专栏《精心呵护城镇"微细胞"》，2022年2月推出《春耕时节 我们在行动》专栏等。二是大胆采用新事物，用新手法来编辑专栏。近年来，各类媒体积极创新专栏产品形态，可视化技术、虚拟现实技术及各类新型技术手段齐上阵。例如新华网《数据新闻》、上海第一财经传媒《DT数说》、财新传媒《数字说》、澎湃新闻《有数》、网易传媒《网易数读》等数据新闻专栏，中国日报社《图图是道》等条漫新闻专栏，央视网《VR浸新闻》等VR新闻专栏，新华社《张扬Vlog》等"Vlog+新闻"专栏，增强了内容传播力和影响力。

4. 讲究版面艺术，追求语言特色

专栏的版面特色是指一个专栏必须有自己固定的播出时段和版面位置，并形成独特的风格。对于受众而言，专栏最大的好处是在同样的时段收听收看自己喜爱的专栏节目，在同样的版面位置阅读自己喜欢的专栏文章。如果有一天突然改变了播出时段和版面位置，受众会觉得不习惯。报纸编辑要对专栏的栏头、版面进行着意打扮，广播电视则在节目起始曲、起始画面选择等方面动一番脑筋。光明日报社光明网专栏《光明追思》网站采用夜

光明网《光明追思》专栏

空繁星的底色设计，象征逝去的知识分子和文化大家的生命之光如繁星照耀，并设置了祈愿、献花、燃烛三个功能，使这个专栏在形式和内容上具有与众不同的特色。

专栏作为媒体的重头戏，必须集中精力加以重点包装，隆重推出。版面犹如报纸的"脸面"，"脸面"好看不在于浓妆艳抹，而在于有主有次、层次分明、整体和谐、错落有致。

二、专版的策划

与日常的新闻版不同，专版最大的特点是不定期地围绕某一个主题组织一个或几个整版的稿件，这个不定期主要是在某一纪念日子或某一重要事件发生前后。如《光明日报》在 2022 年北京冬奥会期间推出《冬奥中国》等系列专版，《北京晚报》在建党百年推出《我志愿》专版等。由于这种专版不轻易"露面"，所以每次推出都显得格外"隆重"，算得上"闪亮登场"，此时策划就显得尤为重要，许多专版上也因此打上了"策划人"的名字。

综观目前林林总总的各类专版，不外乎分为两大类：新闻专版和专题专版。前者依托于某个重要历史时刻或某个重大事件发生之际，后者更多的是在某个有纪念意义的日子；前者更偏重新闻报道，后者则更偏重服务性内容。专版有时只有一个整版，有时是几个整版，遇到一些特殊时刻，一份报纸的所有版面都可能成为专版。

(一)新闻类专版的策划

在目前的专版格局中，新闻类专版占大多数。新闻类专版的出版时机的选择、主题的确定、稿件的内容构架等，都是策划中要解决的问题。

1. 专版的时机选择

专版是不轻易亮相的，必须选择最适宜的时机出场，才能取得最佳效果。专版过多，会冲击日常出报计划，编辑和策划人的精力所限会影响专版的质量，从而使专版归于平淡，也让读者失去新鲜感和冲击力；专版过少，会令编辑和策划人丧失新闻敏感性，对重大新闻时刻过于迟钝，读者也会觉得新闻报道缺乏深度，有不解渴之感。

新闻类专版一般在重大历史时刻和重大新闻事件发生之时出现。重大历史时刻和重大新闻发生时，各种社会矛盾在此刻"交汇"，需要用比较集中的版面和时段展示并寻求找到解决的思路，有关新闻事件的内容、背景、前景等，都成了读者此时欲知而未知的问题，这些都为新闻类专版提供了可供选择的异常丰富的话题。

一个重大的新闻事件的发生，也为专版的亮相找到了恰当的契机。

2021 年 7 月 17—23 日，河南省遭遇历史罕见特大暴雨，发生严重洪涝灾害，特别是 7 月 20 日郑州市遭受重大人员伤亡和财产损失，举国上下牵挂关注。灾害共造成河南省 150 个县(市、区)1478.6 万人受灾，因灾死亡失踪 398 人，其中郑州市 380 人；直接经济损失 1200.6 亿元，其中郑州市 409 亿元。2021 年 7 月 22 日，《河南日报》在第 02~04 版开辟专版《众志成城抗大汛》，23 日在第 01~05 版开辟专版《使命至上·防汛救灾进行时》，并于 7 月 24—31 日连续开设《防汛救灾进行时·人民至上》专版，第一时间借助版面传达灾情信息和政府调度，公布救援进程，回应民众关切。专版搭配防汛救灾现场图片，广泛关注了受灾群众状况、降雨天气改善、基建单位全力保供、灾后重建等信息，挖掘了河南人民全力以赴防汛救灾的英雄事迹，增强了受灾民众战胜风雨的信心。

另外，一场战争、一场灾难、一次重要的会议、一次有深远影响的活动，都是专版推出的恰当时机。

2. 专版的主题确定

新闻类专版不是随意拼凑几条相关的新闻，必须有明确集中的主题。在一个特殊时刻，推出一个专版，必然有其特别的意义。这个意义就是办版者的目的。主题就体现着办版人的思想和目的，没有主题的专版，即使抓住了一些重要的时机，也因版面文章杂乱无章而失去办专版的意义。

比如在上面提到的案例中，《河南日报》的几个专版都有明确的主题，有的聚焦政府政策和指令调度，有的聚焦寻找抗洪一线英雄，有的聚焦灾后重建和安置工

《河南日报》2021 年 7 月 23 日专版
《使命至上·防汛救灾进行时》

作……这些从不同侧面为我们描画出一个河南郑州"7·20"特大暴雨灾害事件的立体图景。

大多数新闻类专版是以事件的不同侧面确定主题的，这种确定主题的方法有助于深入挖掘新闻的内涵。2022 年 8 月 29 日，《广西日报》精心策划推出《通江达海，向海图强》8 个重磅专版，分别以"一图概览运河规划""凝心聚力　只争朝夕""百年期盼　世纪工程""劈山开河　便捷入海""以河为带　以运兴产""吹响号角　奋进征程"为主题，对"世纪工程"平陆运河的规划建设、广西的相关部署和行动等进行全景式报道。各版主题鲜明，颇具气势，也便于读者迅捷地阅读相关主题。

3. 专版的内容构架

没有主题的新闻类专版很零散，而没有新颖、深刻的新闻内容作支撑，专版的主题很难得以凸显。顾名思义，新闻类专版的首要之义是新闻，必须向读者提供丰富多彩的新闻内容，满足读者获取新闻的欲望；新闻类专版的另一个重要含义是深刻，无论是特殊历史时刻还是重大事件的发生，都为采写具有深刻内容的新闻提供了良好的契机。唯其如此，新闻专版的推出才显得有必要。

2021 年 5 月 22 日，"杂交水稻之父"、中国工程院院士、"共和国勋章"获得者袁隆平与

《农民日报》2021 年 5 月 24 日专版

世长辞。《农民日报》24 日推出专版《"每当风吹过稻田，我们就会想起您"——致敬"杂交水稻之父"袁隆平》专版，版面包括对医务人员、同事和学生的采访侧写，追忆袁隆平一生科学成就和梦想，以及袁隆平生前查看水稻生长的图片新闻等，感人至深，兼具内容充实性和深刻性。

当下有的新闻专版虽名为专版，却毫无专版的特点。既无新闻，更不深刻。如有的城市机关报，每年要为十几个城区各出一张新闻专版，这些专版基本一个模式：区委书记和区长各写一篇空洞无物的文章，分篇介绍该区经济、教育等方面取得的成绩，再配上几张照片。这类专版没有新闻点，其内容也不集中，自然不会受到读者的欢迎。当然它的办版目的也不在此，而是想用报纸版面作"感情投资"，推动报纸发行。

专版的新闻化趋势越来越明显，唯有适应这种变化，才能适应读者的多重需求，不论什么类型的专版都应力求关注它的新闻性。

三、专刊的策划

专刊是指按周期出版、内容集中、有别于散发新闻的报纸版面，一般称为专副刊。专刊涉及的领域十分广泛，包括经济、法制、社会、时事、汽车、房地产、旅游、服饰、美容、休闲、教育、文化、娱乐、体育、健康、思想、理论等。其出版周期也不一样，一般是每周一期，如许多报纸办的各类周刊，也有的每隔一天一期，有的甚至是每日一刊，不过内容有所侧重。这些专刊的版面数量也有很大差异，有的每期只一版，有的两版；有的是一张对开的报纸，三版文字一版广告，有的则更多。

近年来，随着我国报业在改革中有了较大发展，与其同步的是报纸的专刊也有了很大变化。总体上说，发展最快的不是文艺性副刊，而是各类专题性专业性副刊。专刊的数量已占据整个报纸的"半壁江山"，有的甚至超过新闻版的比例。所以，加强专刊的策划对提高整个报纸质量、适应读者市场显得尤为重要。

(一)专刊的受众分析

1. 读者的需求在发生变化

专刊的出现并不是什么新鲜事，早在 19 世纪 90 年代我国就有了被称作副刊的专刊，只不过现在的专刊种类比过去增多，内容也与过去发生了根本性的变化。这种变化总体说来是经济发展和社会进步的产物。

今天，我们面临的社会是一个多向度的社会。来自各方面的多重挑战和压力给人们提出了补充自身多重营养的新课题。显然，过去那种调味品式的副刊已不能适应蓬勃发展的科学技能、财经资本、娱乐文化、观念理论等人们新生活的需要。适应现代社会读者的需求变化，报纸的专刊就发生了翻天覆地的变化。于是有远见的报纸删减了一些读者日趋减少的专刊，新开辟了诸如经济分析、时事报道以及上岗、电脑、财富、考试、房地产、倾诉、开心、人文、健康、旅游等品种繁多的专刊，并发现和培育了相当数量的读者群。在现代社会，商品信息与消费者需求之间存在着不对称的关系。如汽车、房产等大宗商品，许多消费者往往因了解不够、把握不住而常常蒙受损失，从另一方面来看，信息不对称也导致消费者对大宗消费产生畏惧心理，进而影响消费行为。这种信息不对称就给报纸专刊提供了空间。但专刊要产生影响力，前提是需要让消费者对报纸专刊产生兴趣，吸引消费者成为专刊的读者。如汽车专刊一般是周刊，其做法不应是报纸做新闻的方式，关键一点是将信息加宽加厚加深，让人们获得更多有吸引力的信息，培养人们对汽车的兴趣。

美国《时代周刊》创办人亨利·卢斯认为，天下有两种新闻——快新闻和慢新闻。慢新闻具有深度，回答更多的问题，让人有更多的时间思考，因而能影响更多的读者。新华社前社长穆青也指出："新闻周刊的看家武器是分析性、评论性、立体性的深度报道。"

专刊定位首要前提就是读者需求的变化。无视这一变化，一味地留恋过去的文学类副刊，显然不合时宜。

2. 关注目标读者的阅读兴趣

读者已从过去的阅读单一的文学类、科普知识类副刊走向现在的多取向阅读习惯，即使对于如今丰富多彩的新型专刊，读者的阅读需求也已不满足于单纯地获取知识，他们还需要了解自己感兴趣的、与自己相关的领域里发生的大的新闻、会有怎样的走势，还需要从专刊里获得一些新观念。这就对专刊提出了越来越高的要求。

比如，许多报纸办了"财富"类专刊，有的主要介绍有关理财的知识、技巧、挣钱的途径，内容十分丰富详尽，而且尽量与老百姓贴得更近些；有的则除了介绍这些知识，还传达了一些创造财富、积累财富的观念，介绍一些知名企业家的成功故事等。两相比较，策划的功力一下子就显现出来了。《人民日报》的《生态周刊》除了与其他环保版一样聚焦环境新闻和生态主题，在报道框架中体现了"深绿"发展理念，侧重于环境治理与生态建设的成就，同时坚守以事实为核心，强调构建真实的报道环境。

对于一些专业性强的读者，只提供翔实的信息是不够的，还需要给他们提供更进一步的指导性信息，这样才能树立报纸专刊的权威性。也就是说，专刊还应该了解消费者信息需求的差别，为不同类型的消费者定向收集、整理广泛的信息。特别是对一些专业性读者，提供专业性强的指导性信息和服务，做读者的"市场顾问"。这样做有助于培养专业受众的阅读习惯，提高其品牌忠诚度，最终达到提升媒介的核心竞争力的目的。

（二）专刊的内容策划

专刊的受众需求要靠专刊内容来实现。没有好的内容支撑，即使对专刊的受众分析再透彻，也难得到充分实现。

专刊的内容实际由各个环节构成，包括专刊的新闻性、专刊的主题、专刊的栏目设置、专刊的版面等，各个环节紧密相连，任何环节的忽视都可能导致整个专刊的失败。

1. 发挥专刊的新闻功能

报纸是新闻纸，报纸的专刊作为整张新闻纸的重要组成部分，自然也应该具有新闻纸的属性。这是报纸专刊区别于各类杂志的最明显特征。一般来说，由于出版周期的原因，杂志类文章避实就虚，所反映的多是一个时期或较长时期的热点。而报纸专刊作为新闻纸的组成部分，强调与社会同步，为整张报纸服务，其内容就不能游离于整张报纸之外。不然，专刊就可能沦为杂志的附庸。从许多报纸的探索、尝试中，我们不仅看到了专刊面临改革的问题，也看到了专刊在逐步向新闻靠拢这样一种趋势。有的报纸已尝试原定在不同时间出版的专刊，集中在一天以周刊形式推出，周刊相对独立，成为一张"报中报"，而且完全是按新闻规律来办这个周刊。新闻性的加强，使报纸的可读性和时效性明显增强，特色更加鲜明。

报纸专刊应当具有一定的新闻性，但这种新闻性不能简单地理解为专刊要增加新闻报道，不能简单地与新闻版的新闻性等量齐观。区别在于专刊的新闻强调贴近时代、贴近生活、贴近群众，它更注重新闻性与服务性、实用性的结合。因此，专刊必须紧跟形势，与时代同步，从选题取材到立意，都必须反映时代精神，展现时代气息。专刊的新闻性也并不是要与新闻比时效。专刊的出版周期决定了它关注的新闻多是"近期"的热点事件和热点现象，围绕热点与新闻互动做文章。对热点问题，社会方方面面有各种各样的认识和议论。对其进行报道，能吸引各方面、各领域读者的注意。谁要是抓住了热点，谁也就抓住了读者；而且谁抓得快，谁就拥有更多抓住读者的优势。

专刊与新闻的距离没有远近之分，差距只在于专刊编辑围绕新闻策划专刊的意识和能力。专刊的新闻性考察的是编辑有没有较强的新闻敏感性，有没有关注现实生活热情。

2. 重点经营专刊中的专栏

如果说标题是新闻的眼睛，那么我们可以说，专栏是专刊的眼睛。一个没有眼睛的专栏会大为逊色；好的专刊必然要靠几个重点经营的好专栏来支撑。专栏是一个专刊的招牌，对这个招牌的精心经营不仅提高着整个专刊的档次，也吸引作者有目标地参与办刊，吸引读者更重点地予以关注。与新闻版的专栏不同，专刊的专栏不必只有一个，可以是好几个。那么专刊中究竟该设什么样的专栏？专刊的特点不同，栏目自然各异。理论专刊的栏目自然不适用生活专刊，生活专刊的栏目也不能照搬到电脑专刊上。但是，作为专刊，都有一些共同的特点，因而在专栏的设置上也遵循共同的规则。以《长江日报》主办的《人与社会》周刊为例，由于精心打造"社会中来"专栏，带动了整个专刊的高质量呈现。

第一，专刊应设立与焦点新闻或社会热点相关的深度报道或评析专栏，实现专刊与新闻互动，保证专刊不游离于新闻版之外。所谓"热点"，就是人们关心的话题。要抓住它向纵深探讨，再对这些"热点"进行有机的组合与包装，使其成为亮点。如《北京晚报》在建党百年推出《砥柱》特刊，专刊规模超 100 个版，集结了采编、新媒体等多部门力量，精心策划、采编、设计，逐一确定版面规模、报道主题、参与记者、采访路线。特刊以"开天辟地、改天换地、翻天覆地、顶天立地"为统领，展现革命领袖叱咤风云的光辉岁月，讲述时代楷模勇搏激流的卓越风采，气势宏大，全方位、多视角展示了中国共产党波澜壮阔、艰苦曲折、百折不挠的百年征程。

第二，专刊的专栏应体现出服务性、参与性，实现专刊与读者互动。有贴近才会有交流，有交流才能互动。随着现代大众传播的发展，受众在传播过程中的地位已越来越受到重视，"从读者角度办报"成为越来越响亮的口号。吸引读者参与，是专刊专栏设置的重要原则之一。

第三，专刊的专栏应独具特色，树立个性。专栏若要在一个很长的时间内不断吸引读者，必须有自己的特色。专栏的经营之道在于不断强化特色，没有特色，就会流于平庸。

3. 精心设计专刊的版面

版面是一个专刊的脸。如同一个人，有一张俊俏的脸总是吸引人的、令人愉悦的。一个专刊的版式策划就是为这个专刊贴上有特色的标签。随着报纸改革的推进，报纸编排上的陈规越来越多地被打破，版面的式样越来越灵活多变。过去那种排版线条通栏被视为大忌、大字号被视为有压迫感、文与文间隔大一点会被认为是浪费版面等，如今却被编辑们统统打破且被广泛地采用，而且效果还不错，很有冲击力。加上电脑排版技术的普遍运用，专刊的版式越来越丰富多样。版面内容一定要有相应的版式语言来表现，无论照片、插图，还是字体以及色彩、线条的运用，既要体现特色，又要求新求变，给版面增色，给内容添彩，使平面资源动起来、活起来、站起来。版式在专刊中的作用可以说是为一道大餐的"味"与"香"添上"色"的包装。形式独特、美观和谐的版式，是对策划和最终完成并取得良好效果起相当关键作用的一环。

《北京日报》2021 年 6 月 25 日特刊《砥柱》

然而，自由度的扩大并非意味着没有一定之规。总的说来，专刊的版式应该与其内容相称。理论专刊就应庄重些，而旅游专刊就可能活泼些，生活感悟类的专刊就清秀些，而开心类的专刊则可能夸张些。与一些报纸理论专刊中严肃的面孔不同，《人民政协报·健康周刊》常常采用漫画插图，将健康新闻和知识科普融入图像，为阅读增添了趣味。

《人民政协报·健康周刊》版面

四、专题的策划

目前媒体众多,新闻海量,国内外发生的重大新闻几乎可以实现同步传送,但是人们对此并不满足,每当这些即时新闻出现之后,读者就希望读到有关这些新闻的各方面的信息,他们希望知道这些新闻背后发生的故事、揭示的问题、引起人们的思考等,新闻专题由此而兴起。

新闻专题报道,是指传媒在相对集中的时间和版块里,运用广视角、大容量、深层次、多手法的报道形式,对某一新闻事件或某一特殊人物或某一现象或某一问题进行的专门内容主题的揭示或研究报道。根据报道的特性和内容来分,大致有事业成就的专题报道、人物事件典型的专题报道、政策措施的阐释专题报道、批评揭露的监督专题报道、问题现象的研究专题报道、方便读者的服务性专题报道、节假日和特定日活动的纪念专题报道等。在报道上大多采用消息、通讯、评论、图片、漫画等多种方式相配合。在新闻实践中大家经常说的深度报道、连续报道、追踪报道、系列报道等,一般来说,都可划入专题报道的范畴。

特别是对一些重大政策走向、现实生活中的难点、热点的分析,更是专题报道的专长。

(一) 专题的策划思路

专题报道策划,是新闻资源集约化开掘的一种强有力手段,在本质上说来是一种从理性到操作的全方位的谋略。从广度上看，经过高水平的策划，许多未曾考虑的选题可以展现亮点；从深度上看，经过认真开掘，许多一般的选题可以挖掘出给人以启迪并引人思考的东西。这里，我们就新闻专题报道策划思路作简单探讨。

1. 在释疑解惑中体现主题

在人们的日常生活中，到处充斥着难点和疑点。因为难，了解的人就少，人们的求知欲就更强；因为疑，人们处于十字路口，不知何去何从，需要有人指点迷津。难点是复杂事物的本质体现。社会难点问题，不仅是政府工作中的重点，往往也是新闻舆论引导中的重点。这种难，体现在一时众说纷纭，是非难以决断；体现在关注者多，看法不一，公说公有理，婆说婆有理；体现在积重难返，一时难以解决，记者不好把握其分寸。在社会转型期，新老体制的摩擦、新旧观念的交锋，必然会带来一系列的社会矛盾。这些矛盾集中在一起，就形成了社会难点。难点报道的策划需要谨慎。报道的目的不是激化矛盾，不是强化对立，而是寻找解决问题的途径和方法。因此要特别注意时机和突破口的选择。范长江认为："新闻，就是广大群众欲知、应知、而未知的重要事实。"[①]

疑点报道的策划就是努力寻找政府工作的关注点、群众的迷惑点，选准典型，通过舆论引导，形成双方沟通的交叉点，通过入情入理的分析，讲清道理，从而达到为受众释疑解惑的目的。抓住难点和疑点做文章，要透过丰富多彩的表面现象，进行反复深入的理性探索，报道事情发展的全过程，以求得最真最实的答案。专题报道成功解读难点、疑点可以起到由此及彼的示范效应。

2. 注意把握热点和冷点的两个方面

热点和冷点是两个对应的概念。热点新闻，是高价值新闻、深层次新闻，它的受众层面大，社会关切程度高。把热点报道策划好，是提高报纸可读性与权威性的重要依托。对于热点问题的报道，不能人云亦云，见风使舵。将热点适当冷凝，对热点新闻资源进行冷静的思考，才能准确把握住事件的性质和发展方向。为此，一定要吃透有关政策、情况，避免片面，要冷静、客观地综合分析群众的呼声和要求。坚持从正面报道入手，从而激发人们的信心，不怨天尤人，避免矛盾激化，做到多帮忙、不添乱。与热点相反，冷点新闻是报道前还不为受众和社会特别关注的新闻事实和现象。冷点新闻，是一种需要下大力气进行深度挖掘的新闻资源。"冰层"越厚，挖掘的力度越大，所引起的社会反响也就越强烈。要使冰点"起波"，关键在于找准结冰的征候，破冰而入直探深水，只要精心策划深入采访，起波的"暗流"就会破冰而出，使冷点向热点转化。

3. 运用正向和逆向的思维方法

对于一些常规性报道，不按公认的套路走，而是换一个角度，从侧面或反面予以表现，从而使报道标新立异，可读性较强。对于"正题反做"或"正题歪做"的文章，在创新的同时，要注意把握"度"的标准，表现形式最终要服务于本质内容。

---

① 转引自蒋钦挥. 新闻角度与选择[M]. 北京：新华出版社，1998：59.

(二)专题的主题确定

专题报道策划除了上述基本要求，还要选择一个好的主题。一个主题的好坏关系到整个专题报道的成败，在具体策划时，可从以下几个方面入手。

1. 客观全面，选题求实

专题报道在很大程度上是对复杂事实的综合演绎。为了把新闻事实在最短时间内多方位、多层次、多角度地反映出来，往往需要派出多组记者，进行分头采访。报道围绕同一个新闻事实，采取平行、对比、递进、立体交叉等多种形式将有关文章进行组合，通过叠加式积累，产生强势传播效果。

2021年"七一"庆祝活动举行后，《北京晚报》在当天及次日连续推出17个版的"党的盛典，人民的节日"专题报道，包括《"巍巍巨轮"领航中国行稳致远》《四位领诵员是如何被选上的》《"这盛世，我替您看到了!"》等多篇报道，从不同角度、不同人群、不同环节全景式展现了中国共产党成立100周年庆祝活动的现场图景，将这一重大历史时刻及时、细致、全面地呈现于受众面前。

2. 说理透彻，选题求深

专题报道是以其揭示问题的深刻而见长的，这种深刻性首先表现在思想性和理论性上。但是，这种思想性和理论性不是通过空洞的说教和理论的演绎来表现的，它需要的是既能感动人又能使人在感动之后悟出深刻道理的生动素材并对这些素材的精心取舍和整合。

扫描二维码查看湖南广播电视台视频《为有牺牲》

湖南广播电视台的新闻专题《为有牺牲》是庆祝建党百年的特别节目，其采访制作历时3个月，11个采访组深度挖掘湖湘大地上感天动地、鲜为人知的牺牲故事。《为有牺牲·711矿：地下功勋》是该专题的代表作，讲述60多年前2500多名天南地北的建设者肩负国家使命，秘密汇聚山高林密、荆棘丛生的湖南郴州许家洞金银寨，干惊天动地事、做隐姓埋名人的故事。在找铀采铀的艰辛历程中，在防护条件极差、设备极其落后的情况下，711矿500多人献出了宝贵的生命，他们以超常的付出，将生命融入使命，浇筑出一座艰苦奋斗、舍身为国的"精神富矿"。该专题报道将故事线、情感线、思想线交织融会，把英雄事迹与精神旨归、重大时刻与永恒意义有机结合，富有吸引力、冲击力、感染力，引发广泛而真切的共鸣，获得第三十二届中国新闻奖二等奖。

3. 超前思维，选题求新

当今的媒体已经进入一个"同题竞争"的时代。每天，大大小小几个热点，几乎在所有报纸上都能找到，甚至安排的位置都不谋而合。然而，"同题竞争"更见水平的高下，新闻价值的开掘和表现仍能分出"先手"与"后手"，仍有"视角"与"观点"的独家。在这种"同题竞争"中，他们依靠策划，依靠群体智慧，领先思维的超前性，屡屡抢得"先手"，屡屡找到"独家"的感觉。

4. 发散思维，选题求变

在专题报道的策划中，我们经常会遇到这样的情况，同一类型的事件或大致相同的情况会连续不断地周而复始地运动和发展着，它给我们的专题报道者出了一个难题：按照同一种方法表现，读者会有似曾相识的感觉，没有新鲜感，此类选题不好报道；但是，对于不断变换的读者来说，仍然需要知晓，每次发生的情况不会完全一致，仍然需要报道。这就要求我们，对于同一或类似的选题，在不同时间进行报道时，需要不断地变换报道手法。

专题报道是对一类问题、现象的分析研究，大多属于策划的报道。这就要求在报道时，应以新闻为本，突出新问题。但是，一张新闻纸不同于杂志或书籍，只是做一些纯理论的研究，而是将新闻，事件作为专题报道的基础，在专题报道中可以看到新闻人对新闻事件的关注。所以记者即使在研究问题，也必须始终以新闻事实为依据，而且要讲究时效性。

(三) 各类专题报道的策划

专题报道的内容并没有特殊的指定，只要是社会上发生、受众关注、传媒有能力做的报道均可纳入其中。一般来说，新闻单位在做专题报道时常有以下几种题材。

1. 重大成就专题报道的策划

成就报道是专题报道中一项重要内容，新闻媒体在长期的实践中总结了各具特色的报道思路和方法。例如中央电视台曾提出一系列的办台思路和方法：史诗风格——成就报道的高境界；推出精品——成就报道的生命力；宣传鼓动——成就报道的使命感；独家新闻——成就报道的新突破。为了改进电视新闻成就报道，中央电视台认为，其一，电视的"同期声"采访应该更加真实、自然，减少人为的成分；其二，记者的现场报道不能仅仅是"表演"或"作秀"，应增大信息量；其三，一般化的"万能镜头"要避免重复使用；其四，在报道成就时要讲究辩证法，不要过于拔高，要留有余地，以免造成浮夸。

在广播新闻成就报道中，要尽可能地提高报道艺术水准和质量。就切入点而言，务小勿大，务近勿远；就受众感觉而言，务实勿虚；就手法而言，务形象勿直白；就写作而言，务生动勿生硬。在对照中显出立意之高，在平实中突显与众不同。尤其要注意宣传策划有新点，节目内容有亮点，制作方法有特点。要使成就报道做得有声有色，必须策划时，立足整体策划，立足创新策划，立足效果策划；制作时，推崇立体效果，推崇冲击效果，推崇情景效果。为此，策划应立足广播特点，采访应突出情景音响，制作应彰显声音效果，这样才能真正提高报道艺术水准和质量。

纸质媒体一直都十分重视对重大成就的报道，在新的形势下不少报纸总结了自身的经验。如《浙江日报》提出，找准受众关心的受益点、兴趣点，"欲知"才能"喜知"；找准受众接受的"叙述"形式，"引知"才能"愿知"；找准传播效果的有效渠道，"传知"才能"广知"。《安徽日报》认为，为了正确把握成就，要找准报道的着眼点和切入口，在宣传内容和报道方式上不断改进和创新。他们提出，注重客观，强化一个"实"字；立足发展，抓住一个"新"字；比较优势，展现一个"亮"字；挖掘深度，讲求一个"引"字；形成声势，注重一个"重"字，等等。这些经验之谈是值得新闻媒体在策划成就报道时借鉴的。①

---

① 《中国记者》2002 年第 7 期曾推出"成就报道再探"专题。

2. 重大事件专题报道的策划

重大事件的报道要关注社会各界了解全局的需要，策划要考虑报道的深度。在重大事件的报道策划中，新闻工作者要从宏观上把握和反映，站在全局的高度观察问题；将新闻事件放在整个社会大系统中，从它的各个要素及其时间与空间的统一耦合中进行研究，从新闻事件局部与局部、局部与整体之间的关系中找出它们的本质联系，使新闻报道分析透彻，满足受众探知的欲望。

对于涉及全国甚至全世界关注的大事件，其过程、历史是一家地方报纸很难"独家"和"领先"的。但是，通过版面语言，通过对大量已知信息的精心取舍来体现自己的编辑意图，特别是充分发挥评论的功能，把专题报道做大做好，这是可以的，也是应该朝着这一方向努力的。

3. 时事形势专题报道的策划

时事形势专题报道是对一个时期内某个地区或某个地域突然发生或突出表现的事件、事物、现象等问题的分析、研究与描述，其目的是帮助受众认清自己所处的外部环境，正确地把握自己的工作、学习和生活过程。

时事形势专题报道需要有较强的声势，采取连续报道的方法，为群众释疑解惑，增强报道的贴近性和群众性，发挥新闻的宣传效益。

时事形势发展往往是机遇与挑战并存。全面认识形势，就不能回避社会热点、难点问题。这些问题可能不是形势发展的主流，但是却是群众较为关心或是与群众利益直接联系的问题。只有看清问题发展的方向才能在相互沟通、化解矛盾的同时，鼓舞和增强群众的信心与勇气，达到报道的目的。①

中国正处于经济发展的转型时期，转型期国家政策的改变使不同阶层的人们对经济形势的判断产生了非常不一样甚至是对立的看法。媒体同样在解决这一问题上肩负着巨大的责任。

2020 年 9 月，中国在联合国大会上向世界宣布了 2030 年之前实现碳达峰、2060 年之前实现碳中和的战略目标。在此背景下，林业碳汇作为当前应对气候变化最经济、最现实的手段，在实现碳中和的过程中，发挥着重要作用。2021 年，安徽省林业碳汇交易第一单在宣城市签约，迈出了探索林业碳汇交易的第一步。安徽广播电视台的专题新闻《老唐卖"碳"记》以直接经办该项工作的宣城市林业局工作人员老唐为切入点，用讲故事的方式回顾了全省林业碳汇第一单的探索过程，由此获得第三十二届中国新闻奖一等奖。

4. 服务性专题报道的策划

服务性报道是传播媒介出现商业化倾向之后的产物。在西方新闻界，19 世纪 30 年代《便士报》的成功，为服务性报道开辟了道路。19 世纪末，服务性报道开始受到重视。1892 年奥克斯买进《纽约时报》后，就因为增加了若干服务性专栏，使报纸发行量大增。而服务性报道的繁荣与发展则是 20 世纪 60 年代以后的事。我国于 20 世纪 80 年代末期才逐渐对服务性报道产生重视，时至今日，各大报社、电台、电视台都加大了服务性报道的

---

① 刘刚. 形势报道与受众需求[J]. 中国记者，2001(6)：8-10.

力度。由此，服务性报道的专题也应运而兴。

服务性报道是多方面的，下面主要介绍两类：一是政策服务报道，二是生活服务报道。

(1)政策服务报道。一段时间内，国家或地方政府都要出台一些涉及老百姓的各项政策。这些政策关乎百姓的政治经济文化或衣食住行等方方面面。这些政策的含义是什么，在执行中有哪些问题，这些都是老百姓关心的，也是政策的发布者所关心的。而且政策的产生本身有其规律，它最大的特点就是涵盖广阔地域和行业的内容，包容性、原则性强。政策话语的行文方式无不高度浓缩和概括，也正因为这一特点，细化采访是非常有必要的。

如2021年6月2日召开的全国深化"放管服"改革着力培育和激发市场主体活力电视电话会议，其中减税降费备受关注，有关部门出台了新的减税举措。6月6日，《经济日报》推出专题"确保纳税人感受到减税降费温度"，采访了相关专家，详细解读如何进一步优化和落实好减税降费。

而在房价高涨不下之时，中央的每一次限购政策，都引来媒体的专题报道，主要集中在对政策的详细解读，为读者做好政策服务报道。

(2)生活服务报道的策划。政策服务报道主要是指媒体对国家在某一个或者一类问题上的相关决策进行报道；而生活服务报道，一般来说是对人们日常生活服务的报道。

服务性报道是一种具有直接可用价值的报道。在美国，服务性报道被形象地称为"菜篮子新闻"，在日本则被称为"实用记事"。这说明服务性专题报道必须以有效服务为基本特征。搞好服务性专题报道，要注意两点，其一是报道者的立场情感要与消费者站在一起。只有从消费者的利益出发，才可能把报道做到他们心坎里去。其二是事实准确，知识科学，政策有效。服务性报道必须提供准确无误的事实，在时间、地点、数字、专有名词等方面，也不能有丝毫差错；在解释这些问题时，必须运用科学的技术和知识，让受众以科学为根本去认识和辨别正误；所举政策，必须符合国家或地方性法规，使受众依法处事。这样才能依法服务，而依法搞好服务，同时也就依法保护了自己。

新华社联合腾讯新闻的融媒专题
"'十四五'之青年宝藏"

(四)专题的组合艺术

专题报道由于占用了相对多的时间和版面，采用了广视角、大容量、深层次、多手法的报道形式，因而更要注意报道中的组合艺术，包括人员的组合和报道方式上的组合。

1. 人员的组合

2021年，提请十三届全国人大四次会议审查的"十四五"规划和2035年远景目标纲要草案，受到广泛关注。3月7日，新华社国内部与腾讯新闻独家合作推出的"十四五之青年宝藏"专题系列创意融媒报道开始上线，融合音视频、文字、图片、动漫等多种表达形式，创新解读"十四五"规划纲要草案，《养老"新姿势"，你 get 了吗?》《想要诗和远方?就在这样的村庄!》《"健康礼包"拿走不谢》《快看，这里藏着"选专业秘笈"》《我和职场焦虑和解了》等创意融媒报道做得"走心""贴心"，很快在腾讯新闻客户端占据首页大图位置。新华社与腾讯新闻的合作集合了中央媒体和网络媒体两方人员的生产力量，而且汇聚了不同赛道的创意风格，推动了产品形态创新，也拓展了专题的宣发渠道，使更多人看到了这份可读性高、趣味性强的融媒专题新闻产品。

专题报道中的人员组合，要考虑两个因素，第一，满足报道的需要。不同的报道对人员的要求是不同的。由于人员的要求不同，人员的安排也不一样。这是首先要明确的。不分任务的轻重缓急，一律机械地平均地安排人员是不妥的。第二，从本单位人员的实际情况出发。任何良好的愿望都必须符合实际，否则便是空想。如果要将空想用于实践，必定会闹笑话。要根据本单位的人员实际和设备实际，作出实事求是的选择。在具体人员的安排上，要扬其所长，避其所短，这样才能全面地调动人员的积极性。

2. 报道方式的组合

在专题报道中，有以下几种内容和版面的组合形式：

(1)相关组合。它是指把空间或时间等要素相接近的新闻组合在一起，或就某一新闻现象组织读者参与讨论，与读者一起思考，引起读者共鸣。如在昆虫专题策划中，为给读者呈现一个真实、美丽而又对生活有深刻影响的昆虫社会，编辑可对昆虫世界进行组合报道，组织《昆虫：地球第一大家族》和《如果地球上没有昆虫》等稿件，为我们展示一个人类并不完全了解的精彩世界。可以通过阅读《蚱蝉的羽化》《昆虫的婚恋》《金蝉脱壳》等文章，了解昆虫世界精彩美妙的一面，以及千百年来人类与昆虫共同演绎的许多美丽故事。通过陈述一系列科学证据，在阐述昆虫对人类有害和有益的方面的同时，启发人们如何看待昆虫，如何与昆虫和谐相处。

(2)系列组合。对一些时空跨度大的重大题材，需要较多的内容才能全面反映它的一个侧面，可采用系列报道的方式。

2021年，新就业形态劳动者已达7800万，成为我国劳动力大军的重要组成部分，其权益保障问题日益凸显。《工人日报》在2021年10—11月刊发"新就业形态劳动者生存实录"主题系列报道，聚焦新就业形态劳动者的实际生存现状，通过新闻调查的形式，客观地反映他们的权益保障缺失问题，以期进一步引起社会共鸣。

带着"为我们送餐，他们自己在哪里吃饭? 帮我们把东西送到家，他们的家在哪里? 没有医保、工伤保险，他们的病痛只能自己扛? 他们何时能不被'算法'驱赶?"等问题，记者赴北京、深圳、成都、杭州、沈阳、青岛、南昌等13个地方，走访、体验、追踪采访了20多位新就业形态劳动者，讲述了16个新闻故事，围绕"新就业形态劳动者生存实录"主题形成了6组、21篇(幅)"调查性报道+新闻图片+评论"的系列报道。该系列报道前4组报道分别对应新就业形态劳动者在吃、住、行、医方面存在的困难，第 5 组主题是大货车司机特殊的权益问题，第 6 组直指他们共同的困境——"算法"驱赶。"新就业形态劳动者生存实录"主题系列报道回归新闻叙事，以客观、白描的叙述，呈现出新就业形态劳动者权益保障的难点、堵点，同时配以分析性评论文章，对如何加强这部分群体的权益保障加以评析、提出建议，阐明采编思想——建构社会公平，维护新就业形态劳动者权益。

（3）追踪组合。这是一种对读者关注的正在发展过程中的新闻现象的进行式动态报道，具有很强的阶段性。它不断从新角度反映新闻过程的发展及其在社会上引起的反响，以引起读者的兴趣。如对一些新闻事件的追踪报道，对一些老典型地区、典型企业、典型事件和典型人物目前的状况进行报道，能满足读者的心理需求，并使他们从中受到教育，得到启发。

（4）版面组合。这里讲的是专题报道中在版面上的组合艺术，它包括运用消息、通讯、评论、理论、图片、漫画以及标题、线条等版面语言来宣传和突出本专题的主题思想。版面的组合，虽然是最后一道工序，但它的好坏却直接关系到整个报道的成败。有时，专题的操作就是从最后的版面需要出发而事先安排的。

如《经济日报》的《数据》，往往每期聚焦一个专题，以图表、数据、文图等巧妙组合的方式来报道。2021 年底，随着虎年即将到

《经济日报》2021 年 12 月 18 日《数据》版面

来，虎元素相关的各类文创产品上市热销，《经济日报》联合京东推出专版数据报道《生肖元素掀起消费热》，包含文创产品评论、"虎"元素商品和日历成交额增长率、文创产品垂类占比、文创日历受欢迎人群分布等多种内容。

◎ **思考题**

1. 什么是新闻专栏报道，它兴起的原因是什么？
2. 专版报道策划的思路有哪些？试谈谈你的认识。
3. 在确定专刊报道主题时，要注意哪些问题？
4. 在专题报道的策划中，如何处理好人员组合与内容组合的关系？

◎ **实践题**

对你所在城市报纸的最近一次成功系列专题报道策划进行评点。

第十二章
新闻摄影、漫画、版面的策划

随着互联网和多媒体技术的发展，传统的传播方式和媒体格局发生了巨大的变化，再加上现代人生活节奏的加快，受众对报纸的阅读方式也从传统的精读过渡到速读方式。传统的新闻已经难以满足人们的阅读需求。为了适应数字化时代，各类媒体纷纷推出形式多样的融合新闻。融合新闻利用多媒体技术将文字、声音、图片、图像和 Flash 等集于一体，因此在视觉传达上将更加丰富多样、形象生动。其中，新闻摄影图片、新闻漫画均在融合新闻中得到了更普遍的运用，新闻版面也焕然一新。

2022 年 10 月 15 日，为迎接党的二十大，《广州日报》推出特别报道《笑脸里的中国》，用新闻摄影图片展示了众多绽放在祖国大江南北的美好笑容。"王亚平凯旋时的粲然一笑、苏炳添冲线后的仰天而笑、石拔三定格在湘西大山的质朴微笑、张忠德蕴藏在口罩下的生命奋战之笑、陈贝儿逐梦湾区走读全国的且行且笑、江梦南考取清华博士时的一笑生花……"《广州日报》用 12 个版面记录了笑脸里的中国：第 T2 版，笑里有仁心大爱，笑里有风雨同舟；第 T3 版，笑里有春天故事，笑里有梦想花开；

2022 年 10 月 15 日《广州日报》第 T11 版

第 T4 版，笑里有铁血军魂，笑里有星辰大海；第 T5 版，笑里有绿水青山，笑里有美丽家园；第 T6 版，笑里有人间奇迹，笑里有富庶安康；第 T7 版，笑里有更快更强，笑里有拼搏张扬；第 T8 版，笑里有文化自信，笑里有中国精神；第 T9 版，笑里有同气连枝，笑里有沧海云帆；第 T10 版，笑里有岁月静好，笑里有幸福绵长；第 T11 版，笑里有凡人微笑，笑里有奋斗铿锵。①

---

① 来源：广州日报公众号，https://mp.weixin.qq.com/s/27KTuc-J6mJRdj0ri-UsFg。

在中国共产党第二十次全国代表大会即将召开之际，《广州日报》的策划并没有落入俗套，而是独辟蹊径——用笑脸来展示中国的发展。千万张盈盈笑脸，都是一页页中国封面。在笑脸里，我们看到一个自信的中国，笑是自信注解，笑是鲜活明证；一个幸福的中国，笑是幸福宣言，笑是最美诠释；一个奋斗的中国，笑是奋斗号角，笑是追梦写照。对于《广州日报》的这一创意之举，微博上一片赞扬之声。网友们纷纷转发评论"笑脸里的中国，人民有信仰，民族有希望"；"脸上的笑容，是幸福在照耀"；"国泰民安，笑容常伴"。一张张笑脸倾诉着脱贫困、奔小康、谋振兴的喜悦；一张张笑脸记录了亿万人民在党的领导下告别千年绝对贫困，全面建成小康社会，全面推进乡村振兴，扎实迈向共同富裕的历程。《广州日报》用多张笑脸拼接成中国携手致富道路上的最美标识，展现了今日之中国，笑脸竞相绽放，笑声慷慨如歌。

新闻摄影是报纸传播和宣传的重要一翼，特别是改革开放 40 多年来，广大受众、作者、记者和报社的领导们越来越重视对摄影照片的运用和新闻摄影的策划。不少的报纸原来没有摄影部，只有摄影记者或摄影组。现在，不仅成立了摄影部，而且摄影器材设备也今非昔比了。广大读者对报纸上刊发的新闻照片提出了更高的要求，新闻工作者的素质在不断地提高，新闻和宣传部门的负责人已经开始重视新闻照片在报纸上的运用。在这种情况下，新闻从业人员，特别是从事摄影工作的记者和有关方面负责人，必须高度重视对新闻摄影的认识和策划。

一、新闻摄影策划

历史进入 21 世纪，中国和世界的新闻摄影一样，都发生了翻天覆地的变化。综合新闻摄影专家蒋铎、蔡惠中和刘卫兵先生的意见，我们可以看到我国的新闻摄影和报纸版面发生了以下变化：

（一）按新闻规律办事，图片报道呈现多元化

有一段时间，在"左"倾思想的影响下，新闻摄影报道规律遭到了践踏。"大跃进"年代，新闻摄影变成了一些不切实际的政治口号的宣传机器，致使报纸上出现不少虚假浮夸的照片，新闻摄影报道严重失实。党的十一届三中全会重新确立了实事求是的正确思想路线，实现了中华人民共和国成立以来党的历史上具有重大现实意义的伟大转折。这是新闻摄影能够从多彩的生活实际出发，按新闻摄影规律办事的理论依据和根本保障。

阅览当今报纸上的图片，读者感受最深的莫过于内容的丰富和形式的多样。过去那种单一化、图解式的图片越来越少，取而代之的是内容充实、形象生动、可视性强的图片。其报道内容涉及国内、国际、历史、现代；既有社会热点焦点，又有凡人琐事；既有宣传教育，又有批评鞭挞，许多图片勾勒出当今社会变革与发展的多彩画卷。新闻图片已经开始或正在改变过去那种以政治教育为单一功能的模式，代之以尊重新闻规律为前提，用"事实说话"，让"图片形象说话"，使新闻摄影真正发挥其记录历史、反映现实的作用。如获得第三十一届中国新闻奖二等奖的新闻摄影图片《跃·悦》（《湖南日报》2020 年 7 月 9

日刊载)。2020 年 7 月 8 日，湖南省长沙市第一中学高考考生罗子欣在高考结束后飞奔出考场大门，完成了两个健美操"一字马"动作，记者抓拍到罗子欣高高跃起的瞬间，充分展示了学子们考试结束后的愉悦心情。这张照片有强烈的视觉冲击力，形象生动、可视性强，记者抓拍高考考生既聚焦了社会焦点、热点，又突出了凡人琐事。图片经过报纸和新媒体传播后，"开心到劈叉"的罗子欣火了，《人民日报》、新华社、光明网、《中国青年报》等多家媒体转载，引起社会关注，成为当天的传播热点。

《跃·悦》①

新闻照片和新闻图解的出现，不仅使版面变得生动、多样，而且能够直观地反映新闻的内容。

(二)讲究新闻的真实性，以抓拍为主

新闻照片的拍摄到底应以抓拍为主还是以摆拍为主，这个本来不成问题的问题，在我国新闻摄影界却争论了几十年！1958 年前后出现的高指标、浮夸风，致使一个比一个玄乎的"高产卫星"相继问世，报纸上充斥着摆拍的虚假照片。那时，有同志明确提出："政治挂帅，该摆就摆"，"事实为政治服务，不摆行么"？因此形成了不摆布就拍不出照片的可悲局面。

随着时代的发展，记者拍照片、编辑选照片的审美眼光在逐渐变化，更讲究真实而不是表面的漂亮，许多明显摆布的照片被拒之门外，许多看来并"不漂亮"但却感人的抓拍照片，今天被理直气壮地登在版面上。以获得第三十二届中国新闻奖二等奖的新闻摄影图片《除夕，打通百姓的回家路》为例，2021 年 2 月 10 日，春节前夕，新疆伊犁山区连降暴

———————

① 2020 年 7 月 8 日，长沙市第一中学考点，高考最后一门考试结束后，考生罗子欣跨出一个漂亮的"一字马"，庆祝考试结束(来源：中国记协网，http://www.zgjx.cn/2021-10/29/c_1310277537_2.htm)。

雪，导致道路被积雪封堵，为确保辖区牧民春节期间正常通行，伊犁边境 30 余名民警采取铲、挖等方式，连续奋战打通了百姓回家的路。该照片用定格画面生动地记录了边疆地区"人民警察为人民"的温情一幕，虽然铁锹铲雪的细节有些模糊，但是却恰恰展现了照片的真实性，展现了人民警察服务人民的力量和能量。

《除夕，打通百姓的回家路》，2021 年 2 月 16 日，《中国移民管理报》

（三）以人为主，充分展示人与社会的关系

人为万物之本。我们的一切工作，目的都是为人民谋幸福。我们所有任务的完成又都必须依赖人民群众同心协力的奋斗，但多少年来许多照片中却见物不见人。在那假话、空话、大话盛行的年代，有关编辑审查照片时，见有人穿补丁衣服、牛拉犁而不予通过，说这有损社会主义形象。至于反映民间疾苦，那就更谈不到了。现在不同了，我们党以科学的态度宣布：当前中国仍处在社会主义初级阶段。帮助低收入同胞解决温饱、摆脱贫困，已成为全党 20 世纪末的一项战略任务。目前，城市里大量下岗、失业人员的生活困难，引起党、政府和社会各界的高度重视。这就为新闻摄影打破了又一个禁区，关注困难者命运的新闻摄影作品应运而生。

解海龙拍摄的《希望工程》在我国已家喻户晓，是关注贫困农村儿童读书问题拍摄最成功、影响最广泛的系列照片。可以毫不夸张地说，世界上从来没有一

《一起看夕阳》

幅照片能像《希望工程》中的"大眼睛"那样，与上亿读者见面，让亿万人感动。

2020 年 9 月 8 日，《湖北日报》刊发了新闻摄影图片《一起看夕阳》(作者：甘俊超，第三十一届中国新闻奖二等奖作品)。这张图片成为疫情期间具有历史意义的标志性影像。2020 年 3 月 5 日晚，武汉大学医院光谷院区，上海复旦大学附属中学医院援鄂医疗队成员刘凯医生，在护送患者做 CT 的途中停下来，让已经住院近一个月的 87 岁的老先生欣赏了一次久违的日落。这张照片在呈现落日余晖大气磅礴的同时，展现了疫情期间医患携手战疫、最打动人心的一幕，给人以信心和希望，彰显了人民至上、生命至上的武汉时刻。

(四)高新技术大量运用，传播速度增快

在资讯日益发达的今天，摄影记者的数字化装备也日趋完善，一般而言，它包括：智能手机、专业数码相机、笔记本电脑、便携式光盘刻录机或移动硬盘、CF 卡、无线传真卡、海事卫星电话等。

高科技的运用，使得信息的传播速度加快。如数码传真，就是把视觉的光谱影像，经过电脑的处理，把影像的模拟信号转换成数字信号，然后通过调制解调器经通信线路实行异地传输。再如数码影像技术从画面的摄取、存盘、输入电脑，再通过调解器和通信线路，传送到接收的总部，这个过程只需要几分钟。这比以前采用的照片或底片传真，速度提高了几十倍，影像质量也提高了几十倍。

新闻摄影的生命力在于时间，而数码影像技术给了新闻摄影第二次生命。其中，数码相机可使记者拍到编辑部截稿前的最后几分钟的新闻。这使新闻摄影的拍摄、传送、传播进入以往无法达到的境界。毋庸置疑，数码影像技术快速简捷的特点，大大提高了报纸在新闻传播业中的地位和竞争力，使报纸在争时间、抢新闻方面大有可为。

数码影像系统的出现，也简化了新闻图片的档案管理。以往，新闻照片的分类、保管、检索都是手工操作的。但照片、底片受温度、湿度等影响，一般难以永久保存，且随着时日的递增，资料库存越来越大，手工检索难以迅速准确，既费时又费力。而数码影像技术的出现，为解决落后的照片资料管理开创了新的纪元。采用数码系统全自动检索照片可以迅速、准确地查找。它可以分别根据时间、内容、作者姓名检索，工作效率自然比人工查找快许多。

数码影像技术不仅给新闻摄影带来极大的便捷，同时也给照片的后期制作提供了巨大的舞台。但是，恰恰是可以随心所欲的电脑特技，为"假新闻照片"提供了制作上的便利，对新闻的真实性造成了冲击和威胁。现时的电脑影像处理软件可谓"电子暗房"，这些软件可对图像的亮度、反差、锐度、色彩等参数作调整，而且可像画家修改画稿一样，对画面内容作随意的增减、修改、移位、合成。像这样移花接木的手段，对于"电子暗房"来说是并不困难的，而且还有很多"花招"。这些技术若随意应用在新闻摄影中会很危险，且将使新闻摄影界面临新的问题。

(五)开阔眼界，国际新闻图片增多

随着时代的进步，"全球化"已不仅是经济、文化等领域的概念了，还直接表现在大

众传媒领域，即人们已不满足对国内新闻的关注，还要将目光投向世界的其他地方。就像亚洲经济危机，身受其害的不仅是亚洲国家而且波及世界，所以从一开始就为包括我国在内的亚洲和世界各国媒体所关注。在传媒方面，文字报道固然可以将事件的来龙去脉详尽叙述，电视则更以其快速、视听同步的优势赢得了更多观众的注意力。即便如此，新闻图片的功用仍是两者所难以取代的。它一方面弥补了文字视觉形象上的不足，另一方面又使电子传媒转瞬即逝的报道凝固成为永恒。这正是新闻摄影以其独特的功能所显示的无可比拟的想象力所在。报纸上大量采用国际新闻图片，增加了新闻报道的信息量，满足了人们对当今世界变化的求知欲望，同时也标志着中国传媒在新闻观念及报道思想上的更新和变化。

（六）斑斓绚丽，彩色图片粉墨登场

随着电视新闻和多媒体网络的发展，古老的报业承受着越来越大的压力，一些报纸无法抵御来自各方面的竞争，发行量急剧下降甚至倒闭。为了增强竞争力，赢得更多的读者市场，许多报纸一方面加强报道内容，提升可读性；另一方面改头换面，纷纷以彩色印刷纸的形式吸引读者，而彩报的核心便是彩色新闻图片的使用。大量使用彩色新闻图片，既提高了新闻报道的真实性和可视性，也增强了报纸的装饰性和艺术性，在一定程度上起到了美化版面、吸引读者的作用。

（七）简单便捷，大众参与新闻摄影

新闻摄影从以往的专业领域迈入大众领域后，普通民众可以利用手机直接进行拍摄，尤其是在突发性新闻事件中，第一时间出现在现场的目击者可以通过手机获取现场图片，随即将图片通过社交平台、新闻网站发布出去。这不仅使新闻信息的时效性得以保证，而且为还原新闻现场提供了有力的证据。越来越多第一时间出现在新闻现场的目击民众利用手机进行拍摄记录，参与到新闻信息的生产和传播当中。手机以其强大的拍照功能、上网功能、普及功能等优势，使广大民众成为新闻摄影的生产者成为现实。如《人民日报》在2019年发起了能一个全国精品照片的征集活动——"人民日报期待你的好照片"，面向全体公民来征集各类图片。①

二、加强策划，使摄影报道更新更强

现在，读者越来越重视新闻照片，大多数读者喜欢大幅照片而且认为刊登新闻照片的数量以多为宜；读者对新闻照片的要求逐渐提高，使得读者评价新闻照片的标准也在更新。20世纪80年代，人们只是喜欢看美化版面的文字配插图。而现在有更多的人喜爱单幅的、大幅的、组合的、新闻性强的照片；对照片的文字说明提出了更高的要

---

① 谷进. 浅谈数字时代报纸新闻摄影的变化[J/OL]. 中国报业，2022(2)：50-51. DOI：10.13854/j.cnki.cni.2022.02.025；邓丽雯. 浅析融媒体时代新闻摄影的发展变化[J]. 大众文艺，2022(2)：116-118.

求，等等。近年来，我国的报纸由单纯的注重文字报道向图文并重转变，这是大的趋势。为了更好地让摄影这一翼硬起来，加强摄影报道的策划，提高摄影表现技术和技巧是十分重要的。

(一)新闻摄影报道中的深度报道

所谓深度报道，就是通过对报道对象经过的描述和反映，使受众能够更深刻地接受传播者想要表达的意思。要想使报道有深度，作为报道者必须具备深厚的学识，同时还要有高超的报道技巧。

新闻摄影报道中的深度报道主要有以下几种：

1. 和新闻背景具有内在联系的深度报道

深度报道离不开具体的人物和事件的画面，否则也就不是新闻摄影了。但是，仅有现实的画面还不能很好地反映一种意见、表达一种思想，这时就需要用背景资料来补充和衬托现实画面所要反映的意思。如要反映"保护知识产权，中国拒绝霸权主义"这一重大主题，有的报纸用的就是国家领导人与科学院院士的合影、交谈的画面，而背景照片则是公安部门以实际行动保护知识产权，捣毁造假黑窝的画面。两者相结合，就使报道有了深度。

2. 反映人们关心的热点的摄影深度报道

这一类的报道比较多，如关于人身安全和保障的报道、城市交通混乱和改善的报道、环境污染和治理的报道、领导官员腐败和惩治的报道，等等。每年"3·15"消费者权益保护日来临时，这一类的报道就更多了。

3. 重大新闻事件的系列深度报道

这里有两种情况比较常见：对一件事情进行追踪；对重大事件连续做摄影深度报道。如《湖北画报》专栏《高峡出平湖》推出系列专题报道，共有"三峡移民第一村""三峡工程进展神速""三峡截流纪实"等十多组报道。

(二)新闻摄影报道中的对比报道

所谓对比报道，就是指在报道中运用画面中不同的人物、现象和经过所反映的强烈差距，给人们以视角的冲击，产生喜怒哀乐的感觉或深深的思考。

时间对比摄影是节假日报道中常用的一种，这种方式能够引起人们的纵向对比，报道的效果更具历史的跨度和深度。

对比报道可以反映一个人、一户人、一群人经过历史的变迁而发生的变化，突出一个主题；也可以通过一个村庄、一家工厂、一条街道的变化，揭示时代的进步。拍摄的角度可以从全局着眼，也可以从局部入手；可以用单幅，也可以用组照。形式方法可多种多样，但要注意辩证法，不可片面。第一，要理直气壮地宣传时代的进步。通过对比摄影，我们可以很好地反映我们的人民、我们的社会确确实实向前发展了、进步了。不能因为还存在这样或那样的不足，就在成绩面前缩手缩脚。第二，在选取对比摄影报道的材料中，要注意有代表性、普遍性、时代性，使报道能最广泛地说服人，而不能脱离实际或通过摆布造假来达到某种目的。同时，不能以对比摄影中的成绩取代对问题的揭露。

(三)新闻摄影报道中的战役性报道

战役性报道主要指在一段时间内集中人力和版面就一个或几个主题进行集中报道，形成规模，造成气势，更加有力地反映和引导社会舆论。特别是对于一些有活动画面的事件或运用画面能更好地反映事物特征的报道更需要发挥摄影照片的作用了。如战争、灾难、赛事、成就、舆论监督等，常采用战役性报道的方式。

新闻摄影报道中的战役性报道往往有一个主题，策划时，一切拍摄活动都必须服务和服从于这个主题。如碰到其他好的选题，可以拍摄，但不可分散精力；在人员安排上，一定要有有经验的记者带队，作为采访骨干，同时也可适当安排年轻同志在实践中提高采访拍摄水平；在版面安排上，要保证突出的位置，以形成一定的气势，表现策划者的主题；在画面的处理上，组照和单幅照要相互搭配，既考虑版面的需要，更要从照片的实际效果出发；要注意报道的整体性，即要善于用提纲挈领的主标题配以精当的文字说明。

三、新闻摄影者的素质要求

从事新闻摄影，除了和其他新闻工作的要求一样外，还有摄影专业的特殊要求，特别是要从事有新意的策划摄影报道。

(一)注重新闻发现

新闻记者要注重新闻发现，没有发现，也就没有新闻报道。对于摄影记者来说，新闻发现或许更加重要。因为，文字记者如果一时漏掉了新闻或许还可以事后弥补，而摄影记者如果漏掉了某个瞬间，就很难再现。

《别怕 我们救你来了》，2019 年 2 月 25 日，《江南都市报》，许南平　摄

以《江南都市报》拍摄的《别怕 我们救你来了》为例。2019 年 2 月 24 日，南昌西湖区坝口巷一栋老楼突然坍塌，4 名居民被埋压，一场时间与生命的赛跑迅速拉开。公安、消防、120 等救援人员紧急赶到现场救援处置。在救援现场，一名救援人员正伏在地上与被困人员进行交流。记者定格救援人员与被困居民用手指互动、交流的瞬间，用最简洁的画面刻画出人间大爱，打动无数人的心。镜头直击现场，虽然只是一个简洁、凝练的画面，却富有强烈的故事性和情节性。该图片透出大量的信息，展示了突发灾难事件中的温情瞬间，既有影像张力，也交代了事件的发展。画面真实生动地反映了救援现场的情况，引领读者感受灾难的无情和救援人员的大爱，令人印象深刻。

法国雕塑大师罗丹说过，生活中不是缺少美，而是缺少发现美的眼睛。对于新闻摄影来说也是这样。大家可能都有一部或几部相机，但有的记者能够拍出好的照片，而有的记者到了现场却一无所获，问题的关键就在于我们的记者能否发现新闻。

事实告诉我们，要发现新闻，第一，必须深入生活。生活是丰富多彩、不断变化的，当记者的，只有深入生活，朋友才多，信息渠道才可能畅通，才可能随时掌握具有很高新闻价值的素材并拍摄成功。深入生活，不仅是生活在大城市从事专业摄影记者的事，就是生活在基层的业余作者，也要努力去做到。第二，必须用心学习。当今时代，知识骤增，不用说从事摄影的记者们跟不上时代的变化，就是某些专业工作者如果稍微放松一下学习，也可能掉队。摄影记者除了应学习本专业的知识外，若有可能，还应更多地掌握一些新知识，包括一些边缘科学、软科学、新兴科学知识。在突击采访某一领域时，尽可能找一些这方面的资料看看，临时抱佛脚有时也能起作用。第三，转变观念。时代变了，生活变了，观念也得跟着变。用过时的眼光看发展了的生活，如同"刻舟求剑"，不但发现不了新闻，甚至会产生厌烦情绪。旧式的农民装束与当代农民的装束相比，有天壤之别。用旧眼光、旧观念寻找心目中的"农民形象"，简直找不到！现在到工厂车间去看，热火朝天的场面很难见到，都是靠电脑，偌大的厂房，冷冷清清，没几个工人，而这冷清的背后却是科技进步和生产力的大提高，关键是用什么眼光看。第四，细心观察，注意细节。发现新闻与观察的粗细有密切关系。大而化之地粗粗看一眼，可能看不出什么问题，或只能看到很表层、很一般的东西，若看得细一些，可能就会有新发现。

(二)培养创新意识

摄影记者同文字记者一样，时刻需要更新自己的思维方式，培养创新意识，多设几盏灯，多选一个角度，才可能拍出好片子。获得第二十九届中国新闻奖三等奖的摄影作品《握手成交》，展现了首届中国国际进口博览会上，一位好奇的观众握住了德国雄克公司的仿生机械手。此前，这只仿生机械手还与德国总理默克尔握过手，记者深感这是一个有故事的镜头。这张照片构图精巧，摄影者将镜头聚焦在首届进口博览会上一位观众的手与一只灵巧无比的机械手相握的瞬间，创造性地赋予机械手以人的情感，展示了作者的创新思想。两只手相握可以让人产生很多联想，展现了科技与人类关系的具象化。

《握手成交》，2018 年 11 月 6 日，《新民晚报》，萧君玮　摄

在融媒体时代，摄影记者来到新闻现场，如何既拍照片又拍视频，是我们面临的新问题。鱼与熊掌也可兼得：巧用第一视角机位，这是《湖北日报》记者柯皓的实践体会。

2020 年新冠疫情暴发期间，柯皓在武汉市肺科医院采访，正在介绍情况的胡明强医生突然接到一个电话，刚说了两句他就转身走开。出于记者的职业敏感，摄影记者立刻举起相机，切换模式开始拍摄 4K 视频。之后记者采访胡明，才知道是他的一位医生朋友在抢救患者过程中，不幸感染了新冠肺炎，已经病危。胡明强说："我们每天都在从死神手里抢病人，却往往保护不了自己最亲的人。"疫情期间，很多医护人员的亲人和朋友也感染了，生死未卜。但作为医生，他们依然坚守岗位，没有一个人选择后退，擦干眼泪继续战斗。当天，这段视频素材被制作成 20 秒短视频《哭泣的医生》（视频链接 https://v.douyin.com/BFWFq3t/），在《湖北日报》官方抖音号发布后，播放达到 1 亿 5 千万次，点赞 862 万次，留言评论 40 多万条。网友们纷纷为"白衣战士"点赞。而《湖北日报》纸媒以及客户端上刊发的新闻图片就是来自这段视频中的一帧截屏，被中国国家博物馆收藏。一次几十秒的拍摄，照片和视频均得以完整呈现，实现了鱼和熊掌兼得。

媒体上的很多图片除了记者拍摄的，还有很多是通讯员提供的精美作品，《长江日报》的老通讯员郭贤乐就是这样一位佼佼者。

《司机结婚不坐车》　　　　　　　　　　《菜比命贵》

郭贤乐从 1972 年一张反映农村宣传计划生育的照片首次在《长江日报》见报，至今，已在各类报刊发表照片 4200 多张。让他成名的一张照片是 1983 年在《长江日报》发表的《司机结婚不坐车》，图片生动地表现了汉南农场汽车队司机王小平步行接新娘的情景。图片主题突出，格调明快，具有鲜明的乡村生活特色，获得了全国好新闻摄影三等奖。2005 年，郭贤乐在东西湖一蔬菜农场采风，忽然看到一辆农用车满载一车蔬菜从身边驶过。他迅速将相机对着农用车按下了快门。照片中，一辆正在行驶的农用车满载着新鲜蔬菜，车顶上坐的 4 个人中，其中一人在打瞌睡；放下来的后厢挡板上坐的 4 个人，其中 3 个人像是睡着了。没打瞌睡的，看上去也都疲劳困乏，而车厢内一筐筐豆角青翠欲滴。这张题为《菜比命贵》照片先后获得 2006 年中国摄影家协会华中大拜年摄影擂台赛银奖，并入选《2007 年全国摄影艺术作品荟萃》画册。2008 年，郭贤乐被中国摄影家协会吸收为会员，担任武汉市摄影家协会副主席。"我生在农村，长在农村，一辈子拍农村!"郭贤乐说。如今郭贤乐已退休十多年了，但他仍不停拍，不停在报刊发照片。他的照片在法国、尼泊尔和中国香港参加过展览，《长江日报》对他的事迹也作过大篇幅的文字和图片报道。

(三) 提高审美情趣

以第三十届中国新闻奖二等奖获奖作品《追科技之星》为例。2019 年 9 月 16 日，袁隆平院士出席湖南农业大学 2019 级本科新生开学典礼，得知院士要来，不少学生自发在路边等候，现场"人山人海"。袁隆平院士挥手时的从容洒脱，追星人群的兴奋喜悦和激情澎湃都定格在了这难忘的瞬间中。这张摄影照片使用广角镜头结像，袁隆平是作品的中心，营造了现场热烈的气氛。这张照片还传达了深刻的理念，在娱乐明星受追捧的当下，这种追科技明星的场景是稀少的，但却具备穿透社会共识、"反转"受众普遍认知心理的颠覆力量，让人们重新审视当代年轻人群体积极进取的正面向上力量。作品弘扬了主旋律，传播了正能量，对全社会形成讲科学、爱科学、学科学、用科学的良好氛围，起到了积极引导作用。

《追科技之星》，2019 年 9 月 17 日，《湖南日报》，辜鹏博 摄

　　新闻摄影虽然不是美术创作，但是，追求美的情趣却是题中之义。新闻摄影的艺术性早已被人们认同，但是在 150 多年摄影的发展史上，其艺术价值始终受到绘画美学标准的影响。近年来，主张新闻摄影从绘画美学的束缚中解脱出来的呼声越来越高。有人主张不能生搬硬套地用绘画造型构图上的形式法则来评判新闻照片的艺术价值，而应该从新闻摄影的创作实践出发，重新确立适合于新闻摄影独特个性的美学标准。我们在从事新闻摄影作品创作和评价新闻照片艺术价值的时候，应以作品的内容结构为审美价值（艺术性）的第一标准，这个标准就是新闻摄影的美学标准。这一观念的正确性正在被越来越丰富的新闻摄影实践证实。国内外历届获奖的优秀新闻照片，都是冲破绘画美学标准的束缚，按照新闻摄影自身美学规律拍出来的。

　　以第 56 届荷赛当代热点类单幅一等奖的获奖作品《垃圾堆上的阅读》为例，画面是肯尼亚首都内罗毕著名的丹罗拉垃圾场，一位拾荒的妇女坐在装有垃圾的袋子上静静地读书，嘴角露出微微笑意。显然那一刻，她已经忘记肮脏的环境以及贫困艰辛的生活，沉浸在书中的世界，周身充溢着幸福。这一瞬间被美国摄影师迈卡·阿尔伯特捕捉到，他的理念是生活再贫困、再艰辛，其中也有美好的东西，不要放弃你的追求和希望。荷赛评委 Anne Wilkes Tucker 评论："这是一张极好的照片，因为它充满着希望，而这在新闻照片中并不多见。"正是摄影者自身的审美情趣，使他能发现这个场景中的美。①

――――――――――――――――

　　① 郑晓群. 新闻照片如何讲个好故事——亲历第 56 届荷赛奖摄影师作品交流会的感悟［J］. 中国记者，2013（9）：122-123.

《垃圾堆上的阅读》，迈卡·阿尔伯特 摄

　　怎样才能提高摄影记者的审美情趣，拍出既有美学价值，又能让最广泛的读者喜欢的新闻照片呢？著名美学家朱光潜教授有一句话，可以对此作出透彻的解释，他认为："创造和欣赏的成功与否，就看能否把'距离的矛盾'安排妥当，'距离'太远了，结果是不可了解；'距离'太近了，结果又不免让实用的动机压倒美感，'不即不离'是艺术的一个最好的理想。"①新闻照片的这种美感信息，就是新闻摄影美学标准的最高层次。当然，一张毫无美感信息量的作品是不会对读者产生什么震撼力的。新闻摄影照片的新颖程度和可理解程度是辩证的反比关系，对读者来说，新闻照片的新颖度越高，信息量也就越大，而可理解度则越小，即越不易被人理解和接受；反之，可理解度越大，新颖度越低，自然，信息量也就越小。如果完全可以理解，那意味着信息是陈旧的，毫无价值，信息量等于零。也就是说，人们对完全不可知、不易懂的信息，会采取置之不理的态度；对一目了然、全知都懂的信息，更是不屑一顾。可见，提高审美情趣，拍出最受读者欢迎的照片，其关键在于使作品的新颖度和读者的可理解度达到最优化的结合，即"不即不离"是新颖度和可理解度的最佳结合点。用这种美学标准衡量我们有些新闻照片，不难发现，它们不是距离太远，就是距离太近，照片形象画面直来直去，一览无余，没有使人回味的余地，甚至令人望而生厌，更谈不上有美感信息了。因此，新闻摄影要创新，要突破呆板的模式，就应该在画面形象的可理解度和新颖度的巧妙而恰当的结合上下功夫，这是提高新闻摄影作品审美信息量的有效途径。

(四)加强文学修养

　　一幅成功的新闻摄影作品绝非仅仅取决于镜头前的景物，还取决于镜头后面记者的功力，这些功力除了对事实认识的深刻性外，还在于记者的文学修养。文学修养不仅给记者提供了大量的知识和间接表象，而更为深刻的意义还在于，其能综合记者内在的理性的熏

---

① 朱光潜. 朱光潜美学文学论文选集[C]. 长沙：湖南人民出版社，1980：61.

陶、情感的熏陶、美学的熏陶。虽然这些有时并不外露于新闻摄影中，但对新闻摄影的质量和格调，即它的高低、精粗、文野发生着巨大的影响。

新华通讯社在 2020 年 4 月 21 日的中文对外专线版面上刊载了一张新闻摄影图片，图片名称是《习近平在陕西省平利县考察脱贫攻坚情况》，该摄影作品获得第三十一届中国新闻奖一等奖。图片内容是习近平总书记在陕西省安康市平利县老县镇一家茶园考察的时候，面带微笑向茶农们迎面走来的一个瞬间，在他身后是陕西省委书记、安康市委书记、平利县委书记、蒋家坪村党支部书记。整幅作品构思十分精巧，照片记录了珍贵而意蕴深远的瞬间，从"总书记"到"村支书""五级书记"，同时出现在产业扶贫第一线，习近平总书记带领大家层层压实责任，共抓脱贫攻坚，兑现对人民郑重的承诺。新华社配文《第一观察：从党中央到小村庄，"五级书记"同框大有文章》。照片忠实记录了习近平总书记在陕西省考察时的精彩瞬间，生动、丰满地表现了习近平总书记心怀人民、运筹帷幄的形象，彰显了大国领袖的情怀。"五级书记"同框，这一瞬间的定格既有一定的巧合因素，也离不开作者把新闻现场放在疫情防控、脱贫攻坚两大主题背景下进行的深入思考，画面中五位书记神态分明、主次分明、环境描写和前景人群恰当地衬托了主体人物，显示了作者的抓拍和构图功力以及作者对国家政策背景的深入思考。

新闻照片的文字说明，具体包含着标题与解释性说明两大部分。一般说来，读者看文字新闻，总是先看标题，后看正文具体报道。因此，醒目引人、提纲挈领是文字新闻标题第一位的要求。对新闻照片，读者每每是先看画面形象，后看标题和解释说明。因此，照片的标题就应起画龙点睛，揭示画面形象所包含的主要内容的作用。这就要求照片标题做到题图一致、开门见山、简短生动。

成功的优秀的文字说明，对画面形象不仅仅是补白、解说，而应对新闻形象有所升华。既不随意游离画面，又不单纯复述画面，而是要有所充实丰富，或揭示内涵，或深化主题，或开拓意境。这就要求我们把摄影的造型技艺与文字表达的才能融为一体，把动与静、实与虚、形与声巧妙地结合起来，使照片形象与文字文采交相辉映。

现在大多报社对照片的操作方式是，由摄影记者写出简单的文字说明，当夜班的编辑再笔下生花。这样可以在一定程度上弥补摄影记者在文字功夫上的不足，这是好的一方面；另一方面，由于夜班编辑不知道画面上当时的背景、记者的感受等，可能越俎代庖，也可能产生虚假信息。更为重要的是，这样做会使摄影记者在文字功夫的锻炼上有所依赖，可能会影响他们的长进。所以，摄影记者必须有紧迫感、危机感，抓紧时间加强自己的文学修养，争取在自己手上实现"图文并茂"。

(五) 恪守职业道德

新闻记者要讲究职业道德，这是毋庸置疑的。但是，对于摄影记者来说，可能会有特殊的更高的要求。这是因为，摄影是在瞬间完成的，它反映的是人物或事物的形象。

摄影记者恪守职业道德，首先要做的是坚守报道的真实性。《湖南日报》辜鹏博所拍摄的作品《守护生命》，获得了第三十二届中国新闻奖三等奖。该单幅照片以 2021 年河南暴雨为背景，摆脱了以往抢险救灾中激奋动态的表象追求，在看似随意的具象中捕捉真实瞬间,并传达特殊的意义。图片以转运婴幼儿为主题,其中医护人员情绪微现焦虑但状态和缓,而如水纹等环境元素也能很好地在传达医护运动状态的同时,传递出他们在转运婴幼时的小心翼翼,加之画面中婴儿的安然,反而更能体现出一种与救灾之中踏浪呐喊画面迥异的韵味,直抵人心。

《守护生命》

新闻摄影报道中的失实现象有两种,一种是有意作假、摆布,造成失实;另一种是采访调查不深入或道听途说想当然而成。不论哪一种失误,都会对新闻记者和新闻单位造成一定的损失。摄影记者的工作虽然是"咔嚓"之间便可以完成,但在"咔嚓"之前和"咔嚓"之后却是需要做很多工作的,千万马虎不得。

在新闻摄影报道中,记者还必须增强法律意识,注意保护采访对象的名誉权、肖像权和隐私权。有些当事人因所涉及事件的性质,可能会有名誉受损害的情况。出于人道主义考虑,应该隐去或不拍摄形象。如不满 16 周岁的少年犯,在使用照片时应该用黑线条"蒙"上其眼睛,对其进行名誉保护,有利于其重新做人。又如遭歹徒侮辱的妇女,将其形象曝光,会损害其名誉,给她以后的生活带来消极影响。对此,拍摄时的角度或事后照片处理时,一定要有意识地保护这些特殊人群的名誉。

根据我国的法律规定,公民拥有自己肖像的权利:有权决定同意或反对他人以各种方式使用自己的肖像;有权禁止毁损、恶意玷污自己肖像的行为;有权在自己的肖像受侵害时,请求司法保护并得到损失赔偿。同样,死亡的公民仍具有肖像权,因为他们仅仅丧失其使用民事权利的能力,其生前已经获得的民事权利仍受法律保护,只是他们的肖像权的行使由其亲属代理。摄影记者要按此规定行事。

尊重新闻人物的隐私权,也是摄影记者要注意的一个问题。所谓隐私权,又称私生活秘密权,是禁止他人干涉的一种公民人格权。摄影记者未经当事人许可,拍摄时所站的位置不是公共场所,或者尽管身处公共场所,但使用了不得当的拍摄手段,在这种情形下拍摄照片并加以传播,即侵犯了公民隐私权。

2015 年，全国摄影工作会议召开，与会代表对协会提交的《摄影工作者自律公约（征求意见稿）》进行了认真讨论。随后，中国摄影家协会于 2015 年 11 月 6 日正式发布了《摄影工作者自律公约》。该公约共提出了 16 条摄影工作者应该遵守的拍摄行为规范，其中既有"坚定立场""牢记使命""服务人民"等宏观指导方面的规定，也有"反对跟风模仿，千图一面""尊重被摄对象的肖像权、隐私权和名誉权""遵守新闻、纪实类摄影中的真实性原则，反对在新闻现场干涉被摄对象、组织加工和策划事实等行为；恰当使用图像软件和后期处理技术""在创作中自觉爱护生态环境和公共设施，不要因为拍摄而人为改变自然景观""尊重拍摄对象，反对只顾拍摄而无视被摄者感受的无德行为"等具体的规定，具有极强的可操作性。《摄影工作者自律公约》的发布是行业自我教育、自我约束、自我维护、自我发展、良性竞争、走向成熟的又一个标志性措施。

新闻摄影以快取胜，以新取胜，这种成功有时也表现记者对摄影事业不停止的追求和坚守中。《长江日报》摄影记者李永刚，是一位北京科技大学毕业的"工科男"，他以自己20 年新闻摄影的经历告诉我们：认真坚持是专业精神的硬核。他讲了一张获第二十九届中国新闻奖作品产生的故事——

我个人性格中比较明显的一个特点就是认真并且坚持，不论是在生活中还是在工作中，我常常用"当你坚持不下去的时候，再坚持一下"这样的想法来激励自己。

几年前我刚搬到武汉市金银湖居住的时候，从家里洗手间的窗户可以看到飞机飞往天河机场的降落过程，也曾经试着拍过飞机夜间降落时，飞机灯光拉出来的航线，但是因为效果不好，一时也找不到更好的办法，就没有继续拍了。

2018 年 5 月初的一个傍晚，短时暴雨后，我看到西边天空的云彩很漂亮，但是我家窗户上的角度不好，我就跑到旁边的楼顶上去拍，正好看到一架飞机从云层间飞过。观察了一会儿，我发现飞机可能和太阳交叉。接下来的一段时间，每天傍晚前后，我都会在窗户旁观察。但是，要么是没有飞机，要么是天气不好看不到太阳。2018 年 8 月 11 日是周六，当天下午我在家，突然想起傍晚有日偏食。于是查询了日偏食出现的准确时间，再次来到我之前曾多次守候的一栋居民楼楼顶来拍摄。开始的时候一大片云层把太阳遮住了，而且当天没有风，看起来似乎也是拍不到了。不过我还是坚持耐心地等着，过了十几分钟，云层突然从中间裂开，太阳一下子就露了出来。然后一架飞机飞过来，但是在太阳下面，距离有点远。过了 3 分多钟，又一架飞机飞过来，根据飞机的线路，我预感它很可能穿过太阳。当飞机临近太阳的时候，我用高速连拍一口气拍了 20 多张照片。拍完后，我非常兴奋，但是我还是继续坚持了一会儿，等到第三架飞机飞过来，不过飞机已经在太阳上方较远的位置。后来发现那么多张照片中只有一张，飞机在太阳的正中间，也就是后来获奖的那一张，获第二十九届中国新闻奖三等奖。

李永刚认为，认真坚持，才能养成专业的精神，成为专业的匠人，这就是一种硬核！

《武汉上空定格奇景》，2018 年 8 月 12 日，《长江日报》，李永刚 摄

四、新闻漫画策划

漫画原指讽刺性的文字、图画，其义是："夸张或者极度夸张，一种特殊的技巧，使用简练的表达方式进行暗示。"1980 年上海辞书出版社出版的《辞海》对漫画的定义是：一种具有强烈的讽刺性或幽默性的绘画。画家从政治事件和生活现象中取材，通过夸张、比喻、象征、寓意等手法，表现为幽默、诙谐的画面，借以讽刺、批评或歌颂某些人和事，它是政治斗争和思想斗争的一种工具。另一种是指画风精致写实，内容宽泛，风格各异，运用分镜式手法来表达一个完整故事的多幅绘画作品。新闻漫画本身就是伴随着新闻报刊的产生发展而发展起来的，而区别于报刊上刊登的幽默漫画，以漫画的形式对最新发生的事件进行报道或评论，这种形式的漫画多年来在国内外报刊上亦被称为政治漫画、评论漫画、社论漫画、时事漫画、时政漫画、政治讽刺漫画等，直至近年，我国新闻学术界才统一将其定名为新闻漫画。刘一丁从狭义的角度给出了新闻漫画的定义。他认为"新闻漫画是一种在报刊等特定新闻报道载体上，运用夸张和幽默的造型语言，专门反映国内外新近发生的时事、社会问题的绘画"①。总而言之，新闻漫画就是以漫画为载体来表现新闻的一种创作形式。新闻漫画被认为是重要的非语言交流手段之一，是视觉成分和语义成分的复杂结合体。通过视觉概念图像，漫画家可以传达自身观点，发表对局势的看法，表达对所描绘事件和人物的态度并阐释现象背后的本质。19 世纪法国画家杜米埃批判现实主义绘画中的诸多作品，可谓塑造了西方漫画的雏形。20 世纪早期，《文学周报》连载丰子恺的画作，并称之为"漫画"，此举被学界视为中国现代漫画的诞生，丰子恺先生也被誉为"中国现代漫画的鼻祖"。

---

① 刘一丁. 论新闻漫画的四大功能[J]. 新闻实践，2003(7)：68.

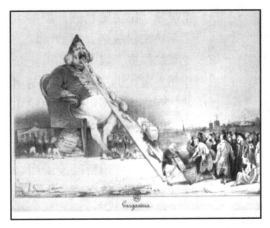

杜米埃《高康大》（*Gaugantua*），讽刺路易菲利普搜刮民脂民膏，1832 年

丰子恺，《最后的吻》

目前中国新闻史上可查的第一幅新闻漫画是 1898 年刊登在香港《辅仁文社社刊》上谢缵泰的作品《时局全图》，反映的是帝国主义瓜分中国的态势。清朝末年到辛亥革命时期，是中国新闻漫画逐渐兴起并走向普及的阶段，出现了第一份专门刊登新闻漫画的期刊《上海泼克》。五四运动前后，我们不断引进国外的先进技术，这一时期新闻漫画的印刷质量和印刷数量都得到了极大的提升。大革命时期和土地革命时期，新闻漫画也都发挥了巨大的作用，还出现了中国历史上第一个漫画家团体——漫画会。这段时期，也涌现了众多优秀的新闻漫画，新闻漫画的地位日趋重要，也因其自身优势成为一种重要的新闻体裁。抗

《时局全图》①，谢缵泰 绘

日战争时期、解放战争时期，新闻漫画都体现着其追求进步、民主的精神。新中国成立后，新闻漫画获得了新的发展机遇。而 20 世纪 90 年代以来，随着传媒变革的推进，媒体更加关注新闻漫画在新闻报道中的作用，漫画也从美化版面的附属物逐渐成为报刊、网站、新媒体中不可缺少的独立组成部分。1987 年，中国新闻漫画研究会在北京成立，2001 年，中国新闻漫画研究会与中国日报网合作创办了中国第一家专业漫画网站——中国新闻漫画网。新时期的新闻漫画，受到社会发展与传媒变革的影响，呈现出不同的面貌。

进入移动互联网时代，传播方式不断更替，新闻漫画在这种高速率、碎片化的传播方式中，重新呈现出鲜活的生命力。图文并茂的新闻更直观、更富有感染力，新闻漫画既包含现实的针对性，又具备深刻的思想性，这种报道形式越发受到受众的关注和青睐。善用漫画，让新闻变得更加生动、有趣，能起到"此处无声胜有声，于无声处听惊雷"的效果。新闻漫画以其独特的视觉语言，能够增强新闻活力，释放新闻张力，呈现新闻美学，让受众通过感官的直观加强新闻的观赏度，用漫画为新闻点睛增趣。

《轿子没了"老爷"仍在》②，2019 年 3 月 8 日，孙德民 绘

---

① 马倩，艾则孜·阿布都热依木. 浅析我国新闻漫画的叙事特征——以中国新闻奖获奖作品为例[J/OL]. 新闻世界，2022(8):31-36.DOI:10.19497/j.cnki.1005-5932.2022.08.014.
② 2019 年，在河南省漫画家协会、郑州市文物考古研究院主办的第五届"天地之中杯"廉政暨文化遗产漫画大赛中，该作品被评委会一致推选为廉政组金奖，随后在《人民日报》漫画增刊《讽刺与幽默》发表。"天地之中杯"廉政暨文化遗产漫画大赛于党的十八大之后设立，多年来推出了一批高质量廉政漫画作品，奖金规模居全球同类赛事之首，吸引了 20 多个国家和地区的 5200 人次漫画家参赛，已成为全国最具影响力、规模最大、参赛人员最广的国际漫画赛事。

（一）生动形象，视觉效果明显

新闻漫画诉诸简单易懂的图像，具有生动形象的视觉效果，有助于加深受众印象，实现观点的传播与落地。如获得第三十届中国新闻奖二等奖的新闻漫画《轿子没了"老爷"仍在》。众所周知，我们的干部是人民群众的公仆，但在一些场合、处理一些具体问题，有些人头脑中还存在着"官老爷"的思想。此作品用极致的漫画语言，辛辣地讽刺了少数官员头脑中的封建主义思想。作品语言简单，但是画风犀利，生动形象，视觉效果明显。

（二）多元解读，信息不易失真

当前，信息传播受到多种因素的影响，体现在传播过程中多级传播、多种传播渠道交织，人际传播、群体传播、组织传播、大众传播杂糅。受众在信息传播和接收的过程中能动性大大增强，受众在信息接收的同时，往往一键分享、转发，同时对信息进行再加工，或对信息进行删减增加，或加入自己的评论，在此过程中，信息失真的现象层出不穷。而新闻漫画由于其表现形式集中且单一，在传播过程中反而可以保留其内容的完整性，不容易出现失真或者被受众断章取义的现象，适合在复杂的新媒体环境中进行国际传播、跨文化传播。

如获得第三十一届中国新闻奖三等奖的新闻漫画作品《飒爽英姿》。漫画构思巧妙，将花木兰和女医务人员相互映衬，古有花木兰手持红缨枪上战场为国杀敌，今有可敬可爱的医护人员，手握注射器逆行而上。攻坚克难之时，谁说女子不如男！这幅画用古今人物做对比，形象生动地诠释了疫情下医护人员的担当和勇往直前，画面构图背景简洁明快，更加突出人物的英姿飒爽，使人很快明白漫画的寓意。

同样获得第三十一届中国新闻奖三等奖的新闻漫画作品《拔毒务尽》也紧扣主题，立意鲜明。黑社会团伙是和谐社会的一个毒瘤，给人民的生命财产安全带来了极大的危害，也影响到社会的繁荣和稳定。漫画创作于 2020 年 3 月，2020 年是扫黑除恶斗争收官之年和决胜之年，漫画体现了有关部门在扫黑除恶斗争中咬定目标不放松，"打伞破网""打财断血"，有黑必扫、除恶务尽，为取得扫黑除恶斗争全面胜利，交出一份满意答卷。漫画语言表达准确、生动，立意鲜明，主题突出，紧扣文章主题，反映现实，能够让读者一眼看出漫画主旨，不易失真。

《飒爽英姿》（《讽刺与幽默》
2020 年 12 月 4 日，孙宝欣）

《拔毒务尽》(《法治日报》2020 年 3 月 29 日，高岳)

(三)融合国际形势，表明中国立场

当前，中国对世界的影响长远而深刻，世界对中国的关注广泛而深切，因而向广大民众介绍当前的国内国际形势，表明中国的立场显得尤为重要。而新闻漫画在融合国际国内形势，明确中国立场方面，有着天然的优势。新闻漫画作品可以其独特的方式对于新近国际事件进行评论，易引起广大受众的共鸣；而在数字时代，漫画作品便于传播，可以达到"病毒式"传播效果，向国内外民众表明中国立场。以作品《香港国安法：自家装"防盗锁"，岂容他人指手画脚？》为例，漫画把《中华人民共和国香港特别行政区维护国家安全法》①(简称《国安法》)比喻成一把锁，以此来防范以美国为首的别有用心的一些外部势力

《香港国安法：自家装"防盗锁"，岂容他人指手画脚？》(2020 年 6 月 26 日，中央广播电视总台，张志洁)

---

① 该新闻漫画获得第三十一届中国新闻奖三等奖。

的渗透，展示出《国安法》对于维护香港安全和稳定的重要意义，也讽刺了美国在中国香港问题上妄图破坏中国稳定的政治目的。针对西方媒体对《国安法》出台所做的一些负面评论，该漫画通过恰当的类比，用《国安法》这把"锁"锁好自家家门，将"贼"挡在门外，保护家的安全，直观且通俗易懂地表达了《国安法》的重要意义，也表明了中国鲜明的立场。该漫画在 CGTV 官网、客户端、脸书、推特、微博平台和 CGTV 评论部 T-house 海外社交平台发布，获得全球阅读量 95.1 万，互动 9931 次。在海外社交平台积极正面的反馈居多，有网友评论称"十分生动形象"，"这就是为什么需要国安法的原因"。

再如获得第三十届中国新闻奖二等奖的新闻漫画作品《炮弹》，漫画上象征美国的山姆大叔，不惜拿本国消费者、农民与公司的利益当牺牲品，作为贸易战中打向中国的"炮弹"。漫画寓意对华发起贸易战只会给美国自身造成更严重的损害，深刻讽刺了美国的卑劣行为。该漫画不仅讽刺深刻，而且幽默生动，展现了中国鲜明的立场。

《炮弹》(《中国日报》，2019 年 5 月 22 日，罗杰)

(四)舆论引导，发挥社会监督作用

新闻漫画不是一幅单纯的事件还原图，在承载新闻事实的同时，鲜明的评论性更是新闻漫画实现价值升华的关键。与新闻评论一样，新闻漫画在向读者阐述事实的同时，又通过生动活泼、风趣幽默的表现形式来引导读者对事物做出判断，通过明确的新闻观点对事件进行深度剖析，使读者得到启示。鲜明的观点和态度是新闻漫画的独特魅力所在，它能利用巧妙的构思让人有意想不到的顿悟，引导读者对社会、对生活、对事件进行思考。知其然，还要知其所以然，新闻漫画带给读者的是双重传递。新闻漫画在新闻报道中如同一把利剑，直指现象问题本身，其发声往往是尖锐的、猛烈的，从而能够引起读者的高度关注和认同。①

───────────────

① 高岳. 新闻漫画在新媒体时代的发展与探索[J]. 新闻研究导刊，2022，13(5)：97-99.

以获得第三十一届中国新闻奖二等奖的新闻漫画《孔夫子"失业"》为例。近年来，校外培训的大量出现已经成为全社会关注的焦点。学校、教师、家长、学生，在很大程度上被校外培训机构绑架，家长产生焦虑情绪、跟风心理，孩子失去童年、失去自主，背上超重负担。这种现象已经影响到了孩子和家庭的长远幸福，甚至将影响到国家发展、民族前途。《沈阳日报》发布的漫画作品《孔夫子"失业"》，通过孔子的弟子纷纷离开杏坛，前往各个补课机构的比喻，辛辣地讽刺了校外补课机构泛滥、教育偏离的现象。该漫画切中时弊，发人深省，有很强的社会意义。

《孔夫子"失业"》（《沈阳日报》，2020 年 12 月 31 日，刘克军）

《海南日报》于 2019 年 12 月 26 日刊发的漫画作品《瞧！我已经上了很多锁》（获第三十届中国新闻奖三等奖），聚焦制约和监督权力运行中存在的形式主义突出的问题。该漫画深刻刻画了有些干部不情愿"把权力关进笼"接受制度的束缚的形象，虽然象征性地把权力关进笼子，并上了很多把锁，但事实上却是弄虚作假，这种"关而不锁"流于形式、

《瞧！我已经上了很多锁》，李英挺 绘

形同虚设，使得制约和监督起不到应有的作用，导致权力失去制约和监督。该漫画想象力丰富，富有幽默感，构思简洁，直指要害，紧扣时政脉搏，监督流于形式的状况令人一目了然。

（五）把握创作规律，提高漫画水平

新闻漫画中的"漫画"，属于绘画的范畴，一幅画作，要符合美学的基本定义（对审美经验的科学概指），其中包含画面构图、色彩、线条、文字等各元素之间的统一协调，以及所产生的艺术美感。这有助于读者接受新闻信息，还能促使其与作者之间产生思想和情感的共鸣。漫画家在创作过程中，以新闻事实为基础，运用漫画表现手法，或含蓄隐晦地表达，或直白清晰地描绘，将观点或用户的预设立场展现出来。漫画的表现手法多样，各种绘画技法都能包含其中，好的新闻漫画作品，展现出画家的奇思妙想、幽默诙谐，进而引导读者思考，与读者取得共鸣。漫画的表达可以是坦白的、直接的，与读者做正面的激烈碰撞；也可以是含蓄的、智慧的，让读者产生自发的认同。

《大活人"自证活着"是何方规矩》（《新华日报》，2015 年 9 月 28 日，曹一）

原《长江日报》美术编辑、青年漫画家曹一，常年为人民日报社、新华社、新华日报社等多家媒体绘制新闻漫画，曾获第二十六届中国新闻奖漫画类一等奖。他在与媒体的长期接触和交流中把握了漫画的生产规律——版面编辑通常会在近日权威媒体的新闻报道中，挑出几条作为新闻漫画备选选题，由部门上报到采编会。采编会在对上报选题讨论比较后决定漫画选题，由责任编辑转发给漫画家，并协助完成漫画稿。绘制好的新闻漫画，再经过三审三校，由部门主任、值班总编辑确认签发后，才会在所属媒体上刊发。其间，漫画作品会经历反复修改"打磨"。

如曹一创作的漫画作品《年轻干部切莫信奉"不洗不破"》，其选题来自人民资讯《让"躺平"的新型"老干部"起而行之》，文章批评"老干部"心态。"老干部"原指体制内年纪

较大、资格较老的干部，但现实中却有一些年龄并不大、心态却变老的中青年基层干部时常以"老干部"自居，他们对待工作缺乏动力和热情，遇到任务躲着走，表现出无欲无求的"躺平"状态。

曹一结合选题文章中的"老干部"、中青年基层干部、"躺平"等关键要素，进行创作。漫画着重表现"对待工作缺乏动力和热情，遇到任务躲着走"的状态，将其转化为漫画语言，运用"比喻"和"象征"手法，将基层工作比喻成"洗碗"。在水槽的一端摆放着许多碗碟，等待着清洗，而水槽的另一端，一位年轻干部手拿红布，开着水龙头，做出细致洗碗的模样。碗碟象征"基层日复一日的基础工作"；红布象征"基层权利"；流水象征"资源"；青年干部做出洗碗的动作，象征着作风漂浮、工作不实、走过场、摆样子。文案"不洗不破，不做不错"则直接点出年轻"老干部"心态。他们信奉"洗的碗多打的碗也多"那一套，遇事能推则推，对工作缺乏热情。在浪费大量资源的同时，问题却得不到解决。漫画通过幽默风趣的方式，含蓄地表达出对"年轻'老干部'现象"的批评，读者在领会其中含义后，会心一笑。漫画刊发引发社会关注，多家权威媒体进行转载报道，受到广泛好评，入围第三十二届中国新闻奖。

时代在不断发展变化，新闻与漫画的融合，充分发挥了评说现实、引导思考的作用，特别在网络时代必将重焕生机，蓬勃发展。

五、新闻版面策划

版面是各类稿件在报纸上编排布局的整体产物，是读者第一接触到的对象。版面是艺术，是"脸面"。版面是通过稿件的编排、字体字号的使用、新闻图片的运用、美化设计的张弛有度等呈现出来的新闻宣传语言。一个好的版面是政治性、专业性和艺术的完美结合。版面里有立场、有观点、有导向、有服务。当前大多纸媒的版面显得千篇一律，没有特色，并不符合飞速发展的当下人们对阅读的高需求、高要求。刻板的文字、单一的视角，再搭配上非黑即白的印刷风格，如此下来，纸媒的读者越来越少。在新媒体蓬勃发展的当下，传统媒体尤其是纸媒的发展遭遇到越来越多的挑战，如何在困境中变危为机、逆势而上，站稳传统媒体的主流地位，发挥出更大的新闻宣传作用，是当下对传统纸媒的一个巨大挑战。

(一) 坚持内容为王，突出版面主题

一份引人关注的报纸，离不开一篇篇抓人眼球的报道；一个好的版面，势必有一个集中的阅读看点。版面编排不是稿件的单纯技术排列，而是报道思想、编者的认识和感情的能动体现。一份好的报纸版面，不仅要有好的内容，还要有集中的主题。

新闻版面创新，要让每个版面的主题都集中突出，对同一主题的报道进行集纳式编排，加大新闻策划力度，让读者形成阅读优势。如获得第三十一届中国新闻奖三等奖的《人民日报》2020 年 1 月 2 日要闻 2 版。2020 年是具有里程碑意义的一年，新年前夕，习近平总书记发表新年贺词强调，"我们将全面建成小康社会，实现第一个百年奋斗目

标"，"冲锋号已经吹响"。为深入贯彻习近平总书记的精神，激励全国各族人民紧紧团结在以习近平同志为核心的党中央周围齐心协力、攻坚克难，《人民日报》迅速反应，于贺词发表后的第三天，在要闻 2 版以数据可视化形式重磅刊发专版《全面小康　冲锋号已经吹响》。该版面是中央媒体第一个全面梳理全面小康收官之年阶段性成果的新闻版面，以大气、灵动的视觉表达，充分呈现了全面小康征程上的伟大历史成就。"全面小康"意味着什么？版面从习近平主席新年贺词的重要讲话、"十三五"规划等重要文件中理清破题思路，选择群众获得感突出的领域，将全面小康解构为可观可感的经济发展、创新驱动、民生福祉和资源环境四个方面共计 30 多项目标要求，用一个个具体的动态数据、成就数据，直观回答了"什么是全面小康"的问题。该版面聚焦全面小康的目标，重点突出，取得了良好的传播效果。

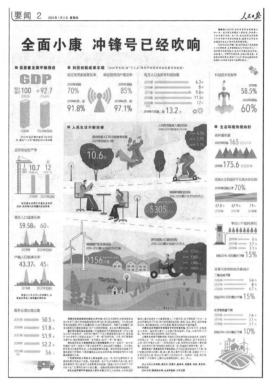

2020 年 1 月 2 日，《人民日报》要闻 2 版

(二)运用版面要素，创新版面设计

较早时期的报纸版面，讲究稿件交叉咬合，如，不能横通、竖通、碰题等。随着时代的发展和读者阅读习惯的变化，新闻版面开始走创新之路，众多报纸纷纷抛弃繁文缛节，不再拘泥于条条框框，积极调动编排手段，一切以简洁、方便、醒目为主，大胆采用粗线条、大标题、大图片、大留白等方式，进行模块化编排。版面是艺术，新媒体时代要让版面更活、让版面更美、让版面对用户更有吸引力。如《人民日报》在端庄严肃的原有风格之外，积极探索创新，寻求生动灵活的版面，积极运用色彩、线条、色块、图表等各种元素，实现版面的美观。

《浙江日报》2020 年 11 月 23 日 6~7 版，版面以打通版的形式聚焦互联网之光博览会，以"窗"为主题，将习近平总书记赋予浙江"重要窗口"的新使命新要求，同乌镇水乡的独特元素"窗棂"相结合。透过"窗"看到的是乌镇街景和互联网之光博览会，使得版面有了古今交融的历史纵深感。主标题"透过这扇窗，看见未来"，既呼应了版面主题，也契合消息稿主旨，一语双关。此外，版面运用的 CPU 和电路图等互联网科技设计元素，提升了版面的现代感。这两个版面站位高远、创意独特、布局合理，使用文字、图表、时间轴、设计图片、手绘等多种元素，丰富了版面语言，提高了版面的可读性和艺术性，受到了业内外的广泛关注。同时，版面还通过二维码链接视频新闻，形成融媒体立体化传播格局。

2020 年 11 月 23 日 《浙江日报》6~7 版①

(三)借力媒体融合,加强与读者互动

在新媒体迅速发展的当下,传统媒体唯有不断向新媒体转型方能在新媒体格局下生存,习近平总书记多次在新闻宣传工作中就媒体融合作出重要指示,媒体融合是大势所趋。媒体融合,传统媒体和新媒体要做到"你中有我,我中有你"。传统媒体在转型发展的过程中,要紧抓媒体融合的机遇,充分利用新媒体资源助力自身发展,新闻版面的创新也要顺应时代发展趋势,借力媒体融合,加强与读者的互动。例如,当下众多新闻报纸重视二维码的刊发,通过二维码链接相关的视频或相关的稿件,读者用手机扫描二维码即可观看。这种方法无疑丰富了读者的阅读体验,加强了与读者的互动。新媒体手段的融入,让新闻报道更加多元化、立体化、可视化,让新闻版面更出彩,让新闻版面活起来,让新闻版面焕然一新。

大兴国际机场一直是国内外关注的焦点,如何清晰、直观地全方位展现新机场,突出其功能性和科技感,这一难题在信息图表面前迎刃而解。2019 年 9 月 25 日,《中国日报》在新机场投入使用的当天,在其要闻 6~7 版用国际上最流行的信息图表的形式,推出跨版报道。信息图表是国际主流媒体在新闻报道中最流行的呈现形式,丰富的信息内容,通过可视化形式直观地呈现,有效提升了可读性和传播效果。为了更好地突出大兴机场之"新"和"美",版面设计者还使用 3D 软件进行建模渲染,充分展现其外立面的优美曲线和典型寓意。读者通过透视图可以直观地掌握机场的功能区分布,版面还配以机场建成时间表、与世界各大机场情况对比等信息,使报道更加完整。

———————————————

① 该版面获第三十一届中国新闻奖二等奖。

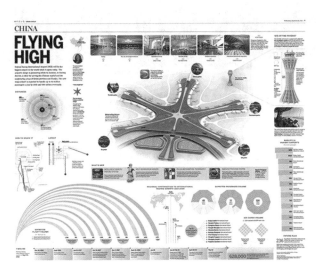

《中国日报》2019 年 9 月 25 日 要闻 6~7 版

(四) 版面编排准确，科技创新版面

新时代下，要想做好、做优每一个版面，新闻版面编排就要时刻把握好准确的原则，要坚持选准新闻、放准位置、做准标题。新闻出版，选准新闻稿件是基础。每个版面都有自己的重点和特色，什么稿件适合什么版面，只有选准了稿件，版面才有主体、有灵魂，才能体现版面的特色，才能受到读者的青睐。新闻版面，放准新闻稿件位置是关键。哪篇稿件放在哪个版面，放在哪个位置才能吸引读者关注，才能体现报纸思想、新闻导向，对报纸的策划人员而言是一项挑战。对于日常的稿件，报社内部首先应该进行筛选分类，从稿件的内容、价值等多方面进行梳理判断，其次根据报纸版面的特点来确定稿件的位置。新闻报道，找准新闻标题是灵魂。标题是新闻的"眼睛"，也是新闻版面的主要构件之一，新闻标题的重要性不言而喻。在信息爆炸的当下，读者大多习惯于碎片化阅读，因此新闻标题要有力地呈现新闻事实。

以获得第三十届中国新闻奖一等奖的《科技日报》2019 年 10 月 1 日 6~7 版为例，该版做到了编排准确、版面创新的要求。版面采用打通六七版的二连版处理形式，从新中国成立 70 年取得的科技成就中选取了最具代表性的 10 个典型进行报道，包括超算、中微子、量子通信、FAST、两弹一星、结晶牛胰岛素、青蒿素、杂交水稻、高温超导、太空探索等，集中反映了我国科技在党的带领下逐渐由羸弱走向强大。版面选取的稿件都是 70 年来中国取得的巨大成就，突出了新中国成立 70 年的主题，同时稿件契合《科技日报》科技的特色，稿件选取十分准确。这两个版面作为庆祝新中国成立 70 周年的特刊版面，前一版精心选取了 7 幅科技创新最具代表性的图片进行组合，后一版选取了"两弹一星"、太空探索等最具代表性的 10 个典型进行报道，每个典型均以关键词和详细报道的形式推出，整体版面紧紧围绕 70 周年的重大主题，编排得当。同时还配发二维码，可同步观看科技创新"70 年浓缩 24 小时"的视频，体现了媒体融合的思路。

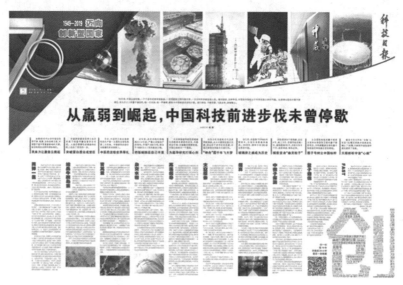

2019 年 10 月 1 日 《科技日报》6~7 版

获得第三十届中国新闻奖三等奖的报纸版面——《陕西日报》2019 年 4 月 6 日 4~5 版以高大苍翠、傲然屹立的黄帝手植柏为主图来凸显主题，彰显了中华文化自信之雄姿，评论、通讯、链接等配稿丰富。版面题材重大，意义深远，大气庄严，视觉冲击力强，并充满了张力。远中近层次丰富，标题、文图布局新颖、合理有序，可称得上题材厚重、版面精美、内容和形式相得益彰的好版面。

《陕西日报》2019 年 4 月 6 日 4~5 版

（五）顺应形势发展，满足受众需求

在新媒体时代，各种电子设备加快了信息的传播速度，为人们获取信息提供了更便捷的方式，传统报纸逐渐淡出人们的视野。面对新媒体的挤压，报纸工作者要对报纸版面设计进行创新，吸引或留住更多读者，让报纸在激烈的市场竞争中占据一席之地。报纸工作者在设计新闻版面时，不能天马行空、毫无章法，一定要遵循一定的原则，保证阅读者的舒适度。设计者在对报纸进行版面设计时要从读者的角度去考虑，让报纸版面符合读者的阅读需求，提升读者对报纸的认可度。无法吸引读者、无法给读者新奇体验、亲切感受的新闻版面不是好版面。这就要求版面设计者在设计版面之前，要调查读者的阅读需求。比如，随着生活水平的提高，人们对食品安全问题更加重视、对精神需求更加重视、对环境保护更加重视等，报纸版面设计者需要将这些问题纳入考虑。同时，版面设计时，要改变传统的相对枯燥的排版形式，运用各种元素对报纸版面进行优化，吸引年轻化的受众，给老一代报纸读者新奇的阅读体验，但又不可堆砌元素，造成版面的冗余，要减少不必要的图案，让读者在阅读中既感到新奇又感到舒适。因此，设计者需要掌握好设计版面的度。①

比如《中国妇女报》2020 年 10 月 23 日纪念中国人民志愿军抗美援朝出国作战 70 周年特别报道 2~3 版，版面获得第三十一届中国新闻奖三等奖。该版面以一个特殊视角表达纪念抗美援朝战争的重大主题，独辟蹊径，从女性视角出发，图文并茂地回顾了广大妇女为保山河无恙，积极参与抗美援朝战争的事迹和卓越的历史贡献。整个版面以红色铺底，搭配黑白图片，疏朗大气又不失历史厚重感，版面编排层次分明，色彩图片运用简洁，简约协调却具有强烈的视觉冲击力。

2020 年 10 月 23 日《中国妇女报》特别报道 2~3 版

再如获得第三十届中国新闻奖二等奖的报纸版面《新华日报》2019 年 12 月 23 日 T1~T4 版。在习近平总书记提出建设"强富美高"新江苏 5 周年之际，《新华日报》推出四联版长卷，尝试通过新闻报道的视觉化、艺术化探索，实现重大主题报道的创新表达。在版面

① 刘岩. 新媒体时代报纸版面设计创新思考. [J]. 中国报业，2022(1)：90-91.

中，新闻插画和重大新闻主题报道实现了创新融合，版面通过手绘插画，构建江南园林语境，凸显江苏韵味，将"强富美高"大写意一笔一笔绘成精谨细腻的工笔画。版面构思精巧，巧妙运用了富含江南园林元素的新闻插画，实现了重大主题报道的艺术化呈现，吸引了不同的群体阅读收藏。

《新华日报》2019 年 12 月 23 日 T1～T4 版

年终盘点报道是党媒的常规动作，又是重头戏码，虽不是当下的新闻，却要做出新意。除了盘点的内容必须精彩，版面设计出新出彩，很大程度上决定了盘点报道质量的高低。将网络传播视效融入版面设计，可以在保证报纸整体风格一致的前提下，凸显版面独特性设计，同时更适合融媒时代的受众阅读习惯。自 2022 年 12 月 21 日起，《湖北日报》推出"进中提质 回眸 2022"系列报道，尝试将网络传播视效融入版面设计，既新意十足，又和谐统一。该系列版面有以下几个特点：

用纵向网络化思路设计报纸版面。 报纸读者的阅读习惯是横向为主，从左到右，再从上到下，而且报纸容量有限，读者从上到下读完后，往往还会回看。习惯了手机等媒介的读者阅读习惯是纵向为主，从上往下刷，可以一直刷下去，很少回看。

该系列报道版面借鉴了新媒体等网络传播方式，把版心划分为统一尺寸的网格，通过分栏把文字与图片安排于其中。版面中独立的内容多采用纵向结构进行设计，从而快速有效地把相对零散的信息有序排列，以适应融媒时代受众的阅读习惯。

独特性设计，增强版面的冲击力。 在融媒传播时代，人们对纯文字表达的兴趣不断下降，对平庸的图片和平面设计也提不起劲来。报纸版面要吸引人，必须用独特的设计元素来增强冲击力。

2022 年 12 月 23 日，"进中提质 回眸 2022"的主题是"武汉集结战略科技力量新矩阵"，版面需要表现出网络时代的科技感，显然，传统的设计手法很难达到效果。该组报道版面在设计中选用了具有科技感与数码感的二维图形，与版心主体图片进行融合，在视觉上给人以科幻的神秘感，起到了强化版面主题的作用。

版式艺术化，"玩转"图片体现创意。 优秀报纸版面体现创意的一个重要手段就是发挥图片的作用，运用好设计方法和技巧，使版面达到"吸睛"的视觉效果。

2022 年 12 月 30 日的"进中提质 回眸 2022"版面，主体版式没有依循常规的图片处理方法，而是大胆地将绿地高楼的远景，与工人在斜坡屋顶施工作业的近景进行对比构图，体现了一年来取得的各项成就与全省人民的不懈努力密不可分。经过技术处理的这一图片，成为整个版面的串接线索，在不着痕迹间完成了形式与内容的统一。

2022 年 9 月 29 日《湖北日报》的"'郧县人'3 号头骨发掘记"版面，也很好地发挥了图片的作用。全版通过一张发掘现场大图和一张未完全出土的"郧县人"头骨化石图片来整合整个版面，用图片引出关键数据信息，表达版面创意。

《湖北日报》2022 年 12 月 30 日版面　　　《湖北日报》2022 年 9 月 29 日版面

新闻版面的编排没有永恒不变的原则，没有统一的标准，只有不断地顺应时代的发展，不断地突破原有的局限，不断地适应和满足受众的需求，方能在时代洪流中逆势而上，永葆生命力。

◎ **思考题**

1. 进入新时代，我国的新闻摄影发生了哪些变化？
2. 进入新时代，我国的新闻漫画发生了哪些变化？
3. 进入新时代，我国的报纸版面发生了哪些变化？
4. 选择一幅印象深刻的新闻摄影、漫画和报纸版面予以点评。

◎ **实践题**

请为你所在城市当年国庆节，拟定一个有 4 个摄影专版的策划文案。

第十三章
广播电视新闻报道策划

策划上质量，策划出精品，策划在广播电视新闻报道实践中屡建奇功，已成为令业内人士关注的热点。那么，什么是广播电视新闻策划？什么样的人才能成为广播电视策划人？广播电视节目及广播电视栏目在策划中又要注意什么？应遵循哪些基本原则？本章将围绕这几个问题进行探讨和研究。

2020年春节前后，新冠疫情悄然无声地在神州大地上流传开来，面对突如其来的疫情，为全景式记录波澜壮阔、艰苦卓绝的抗疫斗争，展现中国人民从磨难中奋起的巨大勇气、鏖战历程，中宣部、中央广播电视总台联合制作了纪录片《同心战"疫"》。

该纪录片创作团队从2020年2月下旬开始投入工作，素材一方面来自央视在武汉前方摄制团队的拍摄内容，另一方面来自海量的新媒体素材。与多数纪录片制作有所区别的是，《同心战"疫"》是在"战时"状态下诞生的。纪录片前、后方的团队都像在"打仗"一样，全国的疫情防控形势都很严峻，团队一边要做好疫情防控，一边要马不停蹄、一轮一轮地修改脚本、编辑画面。

《同心战"疫"》通过大量珍贵影像，回望这场惊心动魄的抗疫搏杀，6集纪录片就像6个"同心圆"一样叠合在剧集的构图中释放着各自的焦点、智慧、力量和光华，让广大观众从不同的视角去感受这场伟大战役的历史考量、文化定力与时代脚步。纪录片通篇贯穿了纪实的画面、现场的采访、确凿的数据以及清晰的声光音响，把每一个"同心圆"的武汉故事、湖北故事和中国故事精准地予以记述与表达，直观地让观众又一次产生走进九省通衢的大街小巷、走进伟大祖国的山山水水的"观片效应"，重温战"疫"的亲身经历，领略战"疫"的大战略大格局所释放出来的浩然正气；始终坚持以实事说话，以实录的现场场景叙事，以情感人，以理服人，以镜头倾诉心志真情，以视角形象传递思想。

《同心战"疫"》于央视综合频道黄金时段推出，随后湖南卫视、东方卫视、北京卫视等一线卫视均在黄金时段跟进播出，并覆盖腾讯视频、芒果TV等网络平台。该纪录片整合了全媒体端最佳播出资源，传播过程中形成了规模效应，上线仅一周，播放量便突破500万次，用户纷纷留言"感动、感恩、感谢""中国加油""致敬英雄"等。同时，《同心战"疫"》推出了多语种版本，在中央广播电视总台CGTN各外语频道播出，覆盖160多个国家和地区，完成了一次中国抗疫故事的全球表达。为此，该片获第三十一届中国新闻奖特别奖。

央视新闻客户端

6集纪录片《同心战"疫"》在整体立意和表达上，具有大视野、大格局、大气势的特点，纪录片尽力实现"主流价值与主流观众的统一"，通过当事人物、现实场景、鲜活故事和细节充实论点，较好地把握了宣传规律和艺术规律。通过前期策划、中期制作、后期传播，这部纪录片在宏观上紧紧把握住党中央带领全国人民抗疫的主题，从中央到地方、中国与世界两大方向建构抗疫图景；在微观上通过细节还原一线情况，并通过英雄事迹和感人故事进行情感勾描；在后期传播上多个卫视联动，扩大了传播效果。

2021年，国家广播电视总局发布了《2021年全国广播电视行业统计公报》。2021年，全国制作广播节目时间812.71万小时，播出时间1589.49万小时；制作电视节目时间305.96万小时，播出时间为2013.99万小时。截至2021年年底，全国开展广播电视和网络视听业务的机构约6万家。其中，广播电台、电视台、广播电视台等播出机构2542家，持证及备案网络视听机构675家，超过2000家县级融媒体中心取得网络视听节目许可证，从事广播电视节目制作经营机构超过5万家(来源：国家广电总局)。在这么丰富的广播电视频道资源中，要想从中脱颖而出得到关注，就必须做好广播电视新闻报道策划。

广播电视是面向公众的事业，一个显著的特点是对象的广泛性和无契约性。它和受众之间既无金钱的约束，也无法律的控制，遥控器的发明更是大大扩张了广播电视和受众之间的"隔阂"。因此广播电视节目的质量是其市场生存、发展的基准。美国时代华纳总裁特纳有一个著名的"传播≠传通"的理论，其意为："传播只是单向信号的输出行为，而传通才算达到传者和受众之间的信息共享与沟通，才算完成了传播的目的。"基于这一理论，优秀的、严谨的，切实可行的策划无疑是广播电视生产、制作和竞争不可或缺的手段与方式。

一、怎样做好广播电视报道策划人

策划人的身份不是单一的。他们不同于普通广播电视新闻行业中的尖兵，仅仅去实践去打造广播电视节目，而不进行其他方面的研究。策划人是精明的战略家。策划本身就是讲谋略重安排，身处媒介竞争激烈的中国，面对千千万万的广播电视同行，如何最大限度地使用可利用资源，以最高效的方法做出最夺人眼球最好销售的广播电视节目，是广播电视策划人最基本的战略课题。策划战略的制定，通常是一个靠人指挥的推理计算过程，通常分为三大步骤：(1)节目的目标受众是谁？这个问题是解决节目的定位问题。(2)目标受众有什么需求和潜在的需求？这是节目内容的问题。(3)如何满足目标受众的需求和潜在需求？这是节目表现形式的问题。策划人作为一个战略家时，必须小心翼翼，步步为营，来不得半点马虎，这三个基本步骤都要考虑通透。

策划人是左右逢源的社交家，其社交能力的高低，在一定程度上体现了心态与行为开放的程度。社交能力较强的策划人，常常与社会接触，形成自己的社交圈，通过各种社会渠道树立自己的品牌，能吸引更多的企业、个人与之保持联系，并从中获得大量的可利用资源，譬如资金、人才、思路、信息等。经常与他人来往的人，往往充满机智，应变能力强，跟着时代的发展潮流的演变而不断更新自己的思路。

我国的广播电视新闻策划，不论是策划机制还是策划队伍都处于正在发展待成熟阶段。因此，一方面，我们应该尽快建立一套能对新闻策划进行有效调查、监督、评估、控制和优化的体系，从而把新闻策划建立在科学的基础之上，并及时根据情况的变化进行修正和提升；另一方面，我们要积极造就和挖掘思维敏捷、知识渊博、业务熟练的有全面综合素质的策划人才。只有如此，才能最大限度地提升广播电视新闻策划的正效应。

那么，怎样做好全面的策划人，才能适应广播电视事业的发展需要呢？

(一) 相关的知识积累

1. 广播电视知识

广播电视知识是行业从业者必备的相关背景知识。什么是广播电视的采写编评，广播电视节目分哪几种，广播电视靠什么盈利，如何运营，等等，都是基础知识。另外，如何进行广播电视节目剪辑，针对不同的栏目如何选取广播电视叙事结构，也是非常重要的。

2. 媒介管理知识

策划人很少直接从事广播电视节目的采、写、编、评工作，而是更多地从事广播电视台经营方面的策划项目。一个广播电视台经营情况的好坏，与其内部的管理状况与水平是成正比的，掌握媒介管理的知识，有利于策划人了解广播电视台的运作，以帮助其更好地策划有价值的广播电视节目。在当今我国广播电视台大力推进制度创新的时代，不断更新的制度要求不断更新的管理理念和管理模式，这样才能适应广播电视行业运作日益市场化的需求。

3. 市场营销知识

为广播电视台策划，主要是为了提高节目的收视率，提升广播电视台的知名度和影响力，这些都涉及经营的问题，因而对于策划人来说，市场营销的知识也是需要掌握的基础知识，它能帮助策划人开阔视野，提高策划能力。

4. 广告学知识

众所周知，广播电视台之类的媒体，很大程度上靠广告创收。另外，做出好的节目，或做出好的自我宣传的广告，对于广播电视台的知名度和美誉度都有不同程度的提高。策划人在策划广播电视节目和广播电视频道定位的同时，也在衡量着与广播电视台品位相符合的广告情况，有时候策划人为企业的广告提供一句绝佳的广告词，都能为广播电视台带来可观的品牌效益、经济效益和社会效益。

5. 公共关系学知识

这是每个企业都很看重的，广播电视台也是如此。为了推广广播电视台的品牌形象和产品节目，策划人必须提出一些公共关系的策略或一些有意义的活动方案。这些都要求策划人对公共关系的知识十分了解，对此类活动有比较丰富的实践经验，以提高策划方案的可行性。

(二) 创新思维培养

节目策划不是闭门造车，凭借策划人一己对于生活的观察和体悟，思路毕竟流于狭窄。在信息高度密集的今天，一个优秀的策划人必须善于利用各种信息来源，并加以分析提炼。

对于各种信息源的巧妙利用，成就了节目策划人的"三头六臂"：

第一，广泛收集各方面信息。报纸、杂志、网络，乃至广播电视本身，都是节目策划人获取信息最直接有力的来源。从大众媒介获取信息提炼选题的优势在于，大众媒介信息量大，覆盖面广，更新速度快；而不同的大众媒介又具有不同的媒介特色，这些又是节目策划人可以借鉴的。

面对其他大众媒体，广播电视节目策划人需要结合自身优势具体条件进行创造性的改造，而非简单的复制克隆。广播电视节目需要将文字的抽象的素材，变成画面的具象的影像。做到这一点，对大众媒体的妙用就能让节目策划人如虎添翼。

第二，从信息的收集中获取灵感。学习也是一个创造的过程，在这个过程中不应照搬别人的一切，而是要从学习中产生新的灵感，产生属于自己的新创造。

对于尚未饱和的节目题材，策划人可充分予以考察并在相关题材上进行开掘，各个广播电视台有各自不同的资源优势和受众特征，这为开发同类题材广播电视节目提供了广阔空间。

如获得第三十二届中国新闻奖二等奖作品《百炼成钢·党史上的今天》就是一篇打破常规、创新立意的重大主题报道。该节目由湖南广播电视台推出，是一档全国最早推出、持续时间最长的党史节目，贯穿于2021年全年。该节目打破了传统线性叙事方式，以"党史上的今天"曾经发生过的重要事件为切入点，以每集几分钟的轻体量，用接地气的方式和语态，让党史故事深入人心，为党史学习教育探索了新路径。节目视觉呈现极致，珍贵史料、历史现场实拍、虚拟现场还原；节目讲述阵容空前，新闻主播、知名艺术家、奥运冠军、科学家、青年学者先后出镜讲述，推动党史故事破圈传播；节目在新媒体平台推出创新互动H5"观众变导演，党史我来拍"，观众可以在虚拟演播室担当电视导演，挑选自己喜欢的主持人或者艺人担任党史讲述人，匹配最合适的党史选题或场景进行云录制，通过参与者将节目成品晒到朋友圈，推动党史故事的扩散传播。《百炼成钢·党史上的今天》节目打破传统报道套路，创新党史故事的叙述，创新性地运用新元素，为党史故事的传播开创了新路径。对于同类题材的开掘，剑走偏锋，出奇制胜是从已有的广播电视节目中获取灵感的另一种方式。

第三，广交朋友，借助外脑。一个优秀的广播电视节目策划人，还应该是个杰出的交际好手。

广播电视节目的特征决定了它的题材来源应该是开放的，广泛多样化的社交圈能为广播电视策划人提供多元化的视角，当题材涉及一些专业问题时，也能使策划人获得快速准确的解答。

政界、商界、学者、专家乃至市井小民，镜头所向，都将是广播电视节目策划人目光所指。当然这并不意味着策划人需要去和形形色色的人交上朋友，毕竟一个人的精力还是非常有限的，然而多去参加各种论坛、集会、派对等，对于策划人的创意思路必然是有帮助的。

二、广播电视新闻报道策划原则

(一) 客观原则

新闻的客观原则，是指新闻事实不能随策划人的意志而改变。策划人可以最大限度地拓展自己的思维活动空间和实践活动空间，但是绝对不能扭曲事实和虚构新闻。事实在前，报道在后，这是新闻最一般的常识。新闻策划是关于采访报道方式、方法和技巧的策划，而不是策划新闻事实，即无视新闻的客观规律去策划新闻、编造新闻。广播电视新闻报道策划的首要原则，就是遵循客观规律，反映客观现实。

比如，中央电视台《挑战不可能》栏目，就是通过呈现一个个普通选手在舞台上进行超越常人极限的挑战，向受众展示了一个个镜头里的客观世界。《挑战不可能》第一季创办于 2015 年，节目是以人类自身为对象的一次探索之旅，是对生命潜能的开掘，是对平凡生命超越自我的礼赞。《挑战不可能》系列节目以真实的镜头展示平凡生命的极致表现。来到这里的可能只是以为瘦弱的妇女，却能在水中与危险的鲨鱼沟通交流，可能只是一位原始部落的村民，却能肉眼看清十公里外的动物，可能只是一个孩子，却能爬上高耸入云的山峰，节目通过真实的镜头，来向人们展现一个个平凡生命的不平凡之处，从人类最原始的"勇敢"出发，展现了平凡个人挑战自我的勇气和精神。

(二) 导向原则

在中国，广播电视是党和政府的喉舌，它不仅承载着传播信息的功能，还有舆论监督功能，这就决定了正确的导向是好策划的首要原则。

为造就有利于改革开放的、稳定的广播电视舆论态势，策划人应保持清醒的政治头脑，要吃透党和国家的大政方针，掌握实际工作情况和人民群众的愿望和要求。在国家法律、社会伦理和政治原则允许的前提下进行节目策划，不仅能给受众提供正确的舆论引导，同时也要满足受众的需要。

比如江苏省广播电视总台 2020 年 7 月 21 日刊播的《第一书记种瓜记》，聚焦江苏连云港张兴村第一书记丁先锋，通过讲述他和老党员带领村民种瓜增加村集体收入，以此改善低收入户生活的故事，反映了决战决胜脱贫攻坚、全面建设小康社会征途中，基层党员干部务实为先、冲锋在前的精神面貌。该报道用纪实的手法记录下丁先锋遇见困难及解决困难的经过，真实的细节让故事更为生动灵活，专题结构巧妙、制作新颖，通过戏剧化转变，增强可看性。该报道及其带来的"长尾效应"展现了党和国家对扶贫工作的真切关怀，也展现了群众积极向上、奋发进取的精神面貌。该报道主题突出，导向正确，编排精细，真人真事，情节感人，是不可多得的高质量节目作品。

《第一书记种瓜记》视频截图，中国记协网

又如中央电视台的《今日说法》栏目，其宗旨是重在普法、监督执法、促进立法。其中的新闻案例新鲜，时效性强，争论也精彩。加之专家评说，受众参与，让法律走进生活，让受众了解法律，自然赢得了受众和社会的好评。而大型科技板块节目《走近科学》，虽然采用的都是时效性较弱的新闻事件，但由于这些新闻事件具有一定代表性和典型性，经过该档栏目的深度挖掘后，成为有利于提高全民族科学文化素质，树立"学科学、讲科学、爱科学、用科学"的良好社会风尚，又有利于指导人们生活实践的好栏目。

《今日说法》网络首页，央视网

实际上，受众的需求与导向在许多情况下一致。中央广播电视台曾经做过一个权威的调查，了解到中国受众看广播电视的三大目的：了解事实、娱乐消遣、增长知识。基于这一社会调查，中央广播电视台制作了大批知名度较高、老百姓拍手叫好的节目，如《焦点访谈》《今日说法》《新闻调查》《东方时空》等，这些栏目既对黑暗腐败现象始终坚持无情揭露，代表了社会的正义和良知，同时大张旗鼓地运用个案宣传党的路线、方针、政策，反响很好。

(三)心理原则

并非所有的广播电视节目都如同《焦点访谈》那样具有强大的"兼容性"，而《新闻联播》全面覆盖的节目特征更是其他栏目复制不来的。从本质上讲，广播电视新闻策划就是针对受众的需求而策划，为使受众满意而设计。在报道选题、报道内容、报道手法上多出创造性意见，把新闻做得真实、生动、精彩，让广大受众喜闻乐见。不同的广播电视节目有不同的受众细分，在目标受众确定之后，策划就需要针对这一特定人群，分析受众心理，适度把握节目的整体协调性和内容选材，以使其吻合目标受众的心理特征。

针对城市白领、居家女性推出的《生活》，采用了栏目受众关注的新闻事件和新闻选题，具有城市和现代气息，极浓厚的生活氛围；《夕阳红》以其恬淡、自然的节目风格，赢得了老年受众的厚爱。受众心理并非单单取决于年龄，各种差别需要节目策划人具备丰富的心理学知识并加以灵活运用。

《夕阳红》官网截图，央视网

只有巧妙地迎合受众心理，广播电视新闻节目才能获得强大的魅力，留住受众的视线。

(四)效益原则

好的广播电视新闻节目要同时兼顾市场效益和社会效益，充分发挥广播电视图、文、声、像并茂的优势。哪些地方可用图表、文字，哪些地方用前导、后导，哪些地方用现场直播或同期声表现，都要周密策划，讲究效益，把节目做得好看。市场效益是检验广播电视新闻节目能否得到广大群众喜爱的试金石，而社会效益则是对广播电视新闻节目的本质要求，是媒体领导舆论健康发展的必需，也是对社会健康发展的保证之一。

如安徽广播电视台 2020 年 7 月 10 日刊播的广播新闻专题《新闻特写：延期的高考，不延期的梦想》，该作品获得第三十一届中国新闻奖二等奖。2020 年，安徽多地遭遇历史罕见的严重洪涝灾害，2182 名黄山歙县高考考生是其中一个特殊的受灾群体。暴雨洪灾导致高考延迟，这一新闻事件备受关注，牵动人心。如何把灾害负面影响降到最低？当地相关部门快速反应、审慎研判、密切组织、全方位保障延期高考的平稳有序，交出了一份考验社会治理体系和治理能力的合格答卷，更是"人民至上、生命至上"执政理念的有力彰显。该稿件紧扣这一核心新闻价值，以细节生动的现场、清晰紧密的事实、深刻有力的述评，场景化推进式报道，现场感极强，富有感染力。值得一提的是，该作品为创作团队连夜赶制，高考结束次日早间新闻播出，不仅在时效上"率先发声"，而且因完整、生动的报道内容获得各界的肯定与好评。该稿件时效性极强，及时解答了群众的疑惑，回应社会关切，取得了良好的新闻传播效果和社会影响力。报道团队克服洪涝灾害对采写工作的不利影响，报道及时、素材生动、逻辑清晰、全媒传播，弘扬社会正能量，获得了多方好评。

要独树一帜，不要哗众取宠；要锐意创新，不要标新立异。没有市场效益节目必然无法长久，然而为了取悦受众而一味走媚俗路线，这样的节目也势必无法长存。寻求市场效益和社会效益的契合点是策划人进行节目策划时必须深思熟虑的，一个好的创意点，同时也一定就是市场效益和社会效益的契合点。

(五) 受众为上

广播电视是大众传播媒介，因此策划时必须对受众心怀诚意，以受众为中心。受众具有如下特点：一是众多。二是差异。三教九流，众口难调。三是分散。既有时间的，也有空间的。四是流动。固定只是相对的。五是隐匿。广播电视台只能根据反馈来大致把握受众的特性。六是喜新厌旧。受众永远追求新鲜的信息，也从来不会对传媒矢志不渝。

传媒策划的理论界有一个著名的"皮下注射论"，意为传播就像给受众注射，要一针见效。要达到这一目的难度较大，因为受众正日趋成熟，欣赏口味日渐多元化，欣赏水平也日渐提高。加之前面所提及的受众特点迥异，因此，围绕"受众为中心"的策划自然也无法面面俱到，关键是把握哪些节目最受受众注意，哪些内容受众最热心，哪些招人疼，哪些招人恨，然后再有的放矢。

以受众为中心的广播电视策划不能仅掌握受众的特点，还应该了解到受众的反馈意见。广播电视受众的信息反馈，是指对播出节目的反应。广播电视台通过这种反馈，检验播出效果。对于策划而言，反馈的意义在于分析和判断受众新的需求，以便对症下药。受众的反馈是策划的重要依据。频道的总体布局，节目的构成比例和编排，节目或栏目的扩张或下马，节目的定位(包括对象、内容、形态的定位)，节目的走向、节目的改版更新、特别节目的创制等，都可以从反馈中获得信息，从而调整策划思路和方案。

(六) 重在创新

创新是策划者想象力的发挥、创造欲的行动、灵感的迸发，以及对项目目标好奇探索的行为，也是知识的升华。没有创新，节目将失去其市场；没有创新，策划将失去其价值。

广播电视策划的创新没有固定的法则，但有规律可循。

(1) 从最简单处着手。中央电视台《东方时空》的《生活空间》，其设置的初衷是一个服务生活型板块，两个女主持人就一些日常生活话题娓娓而谈，像两个生活顾问。由于其无新可言，故在相当一段时间内无声无息。后来新任制片人在几番冥思苦想后灵光一现，发明了一句经典的口号——"讲述老百姓自己的故事"，全新地确定了这个节目板块的基本特性，从而一炮而红。

(2) 从其他行业借鉴。广播电视的栏目人化就是从平面媒体及广播电视台借鉴来的，曾经红极一时的广播电视小品，借用的就是戏剧学院课堂教学的手段。

(3) 在生活中寻找灵感。曾经为广播电视台赢得过数亿英镑回报的广播电视体育节目——《夺标》就是一个成功的范例。广播电视编导的灵感源于英国农村每年收割后的庆祝活动，稍加改造搬上荧屏便迅速走红。

(4) 逆向思维。就是标新立异，打破常规，不循常理。凤凰卫视运作的"柯受良飞越黄河"正是敢于标新立异，才在全国造成轰动效应。

总之，创新是一种突围，有时需要打破传统知识结构和思维习惯，不受经验的羁绊。正因为它是一种特殊的创造行为，故无定法，亦无止境。

三、广播电视新闻栏目策划

随着广播电视竞争的日趋激烈，广播电视节目策划应该告别过去分散、单一、小气、盲目的窠臼，认真总结提炼，促使策划升级提高，日臻成熟。

(一) 策划知己知彼，出奇制胜

广播电视产业化的今天，广播电视节目早已商品化，如同企业策划一样，广播电视节目策划同样要寻找卖点。因为卖点是价值的商业体现，是一个项目对于广播电视传媒机构本身的价值，即项目能给媒体带来怎样的影响。

找卖点要知己知彼，避实就虚，挖掘市场缝隙。只有对市场、对受众、对消费者、对竞争对手都了如指掌，做到"人无我有，人有我新，人新我活，人慢我快"，找出来的卖点才会胜人一筹，最终成为策划制胜的"法宝"。

成功的广播电视节目都会深入挖掘受众喜爱的卖点，如中央人民广播电台的《海阳现场秀》，它是国内知名的广播娱乐脱口秀节目。它另辟蹊径，定位于移动人群，以"下班路上的快乐陪驾"为口号，节目在定位之时就已树立多重"独特"的属性。与其他常态娱乐节目不同，《海阳现场秀》将美式脱口秀的结构、中国传统曲艺的叙述方式以及舞台戏剧表演的技巧相融合，将新闻内容与娱乐形态有机融合，取得了强烈的富有批判精神的喜剧效果。节目一反广播电视节目对时事报道的手法，而是运用幽默的手法对最近发生的时事进行串讲，在嬉笑中传递主流价值观；同时节目充分运用了脱口秀节目通行的策略——嘲弄与自嘲，配上一些特别有趣的声音片段，以增添其趣味性。

广播电视节目策划者在思考、研究其节目卖点时不妨参考以下几点：一是节目是否有新意，从内容、形式到包装是否能给人耳目一新的感觉；二是仔细研究同一播出时间内其他节目的"软肋"，趋利避害，以强击弱；三是正确评估自身的实力水平，投入和制作量体裁衣，恰到好处。

(二)万事俱备，还借东风

节目的卖点找好后，还需适时适地地借一借"东风"。这个"东风"，也就是"势"。首先是造势。所谓造势，就是烘云托月，借日生辉；就是扬长避短，趋利避害；就是全面出击，独领风骚。

不同的媒体之间虽然彼此存在竞争，但也不排除彼此借势的可能。比如报纸与广播电视，按常规思维定势，可能还是先形成一个经常性的传播链，以一定时段或版面的宣传互换来达到共同宣传的目的；而实际上，还可以有更大胆更具挑战性的操作。再如新生的媒体网络，以其互动多媒体的特性吸引了众多网虫，就目前广电系统推出的诸多网站、网页而言，其开放性尚待研究，它们完全可以拓宽思路，大大加强与报界以及门户网站的联动，这对母媒体本身有百利而无一害。如 2020 年 11 月 24 日中央广播电视总台播出的广播新闻现场直播节目《中国之声　嫦娥五号探测任务特别直播〈嫦娥再探月〉》(该作品获第三十一届中国新闻奖二等奖)。直播中有专家现场解说、记者连线及录音报道，在中国之声凌晨特辟时段播出。节目播出的同时，央广网、云听同步直播，除被各地方台转播外，还被包括喜马拉雅、蜻蜓 FM 等商业门户网站广泛转载，实现了多媒体互动。

其次是避势。避势，顾名思义，就是避开其他媒体或成名栏目的强劲势头，扬长避短。如今的广播电视台越来越多，节目内容与形式的雷同已到了考验受众的忍耐力的程度。在市场化程度日益加剧、竞争日趋激烈的情势下，如何另辟蹊径，无疑是节目生存下来的重中之重。在某些节目已成名牌之时，遵循广电市场开放之初的"拿来主义"，显然已行不通。避开名牌栏目的强势，并借助这些名牌的效应，从节目的内容、形式、选题上，琢磨出它们的前点和后点，这样才能真正站在它们的"肩膀"上，看得更远，以获得更好的传播效果。

(三)集思广益，择善而从

随着广播电视节目制作环节的细化，在各公司、各栏目成立节目策划机构的同时，一批节目策划公司也陆续发展壮大，成为广播电视界的一个节目策划"智囊团"。目前在我国广播电视业已经开始运用这些智囊团，与本单位的策划人才密切配合，不断给节目补充新鲜的元素，争取效益双收。最典型的例子是《实话实说》。《实话实说》栏目于 1997 年 3 月开播，虽然 2009 年 9 月在央视改版中停播了，但很多观众仍然对它印象深刻。早期的

《实话实说》之所以成功，有一个很重要的因素就是它有很好的策划班子。这个策划班子直接由崔永元担纲领衔，同时聘请了几位不同年龄、经历、专业、性别的"外脑"一起出谋划策。社会学家杨东平、学医学出身而后从事广播事业的赵西苑、学影视的赵一工、学生物的严明、军人出身的海啸以及少数民族的乌尔汗等。他们专门负责节目选题的策划，与节目制作的编导、导演、主持一起精心策划每一期节目。一般程序是先由一两个策划提出选题，然后总策划和其他策划、总导演、导演及主持人开会讨论丰富和完善这个选题，然后策划再根据讨论结果写出详细提纲，再由导演、主持人、策划和执行策划细加酝酿，拿出细节性方案，最后分工实施。这种管理方式把选题与采编科学地划分，各司其职，采编从传统的一人统包前后期的困扰当中解脱出来，围绕一个主题，分工合作，实现了对人的最优管理。

四、电视评论栏目策划

电视一直被视为"感性的媒体"，大量充斥着的是画面等感性的东西，而从业人员对言论的认识不足，在一定程度上加重了"评论弱"的弊端。鉴于这种考虑，央视新闻频道开办了一系列电视新闻评论节目。例如，《新闻1+1》《焦点访谈》《央视网评》《漫画评论》等。但是，数字技术驱动下的媒体环境正在进行结构化调整与改变，随着新技术的不断涌现，传统电视用户的数量持续减少。本节探讨在新媒体环境下，如何认识和把握新闻评论的根本属性，如何办好电视评论栏目。

（一）电视新闻评论面临新形势

随着新媒体的异军突起，传统新闻媒体面临前所未有的困境，身处传统媒体之下的电视新闻评论节目也不能幸免。当下，电视新闻评论节目面临着话语垄断权力被极大削弱、收视率日渐低迷、传播互动差、时效滞后、受众流失等一系列困局。

1. 话语垄断权被削弱，权威性受到挑战

在过去，传统媒体具有不可挑战的权威性，它们是社会上的意见领袖，在议程设置、解读信息、舆论导向上起着举足轻重的作用。但是，随着互联网的发展与普及，民众拥有了话语权，可以通过各种渠道发表自己的见解，与主流媒体争夺话语权。民众的个人意识不断增强，"大众语态"成为主流。在权威话语屡受挑战之时，如何通过电视评论更好地完成话语构建和情感表达，就成为电视媒体传播主流价值观、消解舆论"噪音"必须面对的问题。

2. 时效性差，受众关注度持续降低

新闻评论和新闻消息一样需要注重事件的时效性，尤其是在快节奏的今天，人们的注意力会被不断涌现的新闻热点吸引。但是，电视新闻评论节目受到其运作方式的限制，从选题、立案、收集信息、选嘉宾、录播、送审到固定时间段播出，相较于新媒体新闻评论节目，其在时效性上将大打折扣。电视新闻评论节目在同新媒体新闻评论节目的对弈中，日渐式微。

3. 同质化严重，节目形式单调

当下，电视新闻评论节目往往遵循着一套常规的节目形式，缺乏创意，节目同质化严重。一直以来，各大卫视以央视作为标杆进行学习，在电视新闻评论节目领域亦是如此。这就带来了节目同质化严重、形式单调的问题。例如，2020 年年初央视 CCTV-4 制作并推出了节目《中国舆论场》，不久，有地方电视台也推出了相似栏目，也是融媒体新闻评论节目，也有着类似的舆情榜单，也设置了虚拟观众席，且内容与央视节目十分类似。

4. 节目互动性差，受众参与度低

互动是新媒体时代的一大特征，但传统电视新闻评论节目由于其技术、形式的限制，互动形式仅限于节目播出后的来信、来电，受众的参与度较低，与双向互动的新媒体相比自然就落入下风，电视新闻评论节目在策划时还需要特别注意其与受众的互动创新。

（二）电视新闻评论节目策划策略

1. 依托受众，拓宽评论视角

要想长久地保持电视新闻评论节目对于受众的吸引力就要全面提升评论的广度、深度、新颖度。节目主持人、专家、嘉宾的重要性不言而喻，但是在新媒体背景下，受众的参与度大大提升，电视新闻评论节目应该重视受众以及受众生产的内容。在某些特定情况下，受众生产的内容往往更受人们的喜爱。电视新闻评论节目的权威性和公信力要远胜于新媒体，但新媒体也凭借着自身的优势吸引着众多的受众，因此也成为重要的信息源。电视新闻评论节目在策划过程中应该将受众及其生成内容考虑入内，注重对于受众生产力的挖掘。例如，在节目中可以直接设置观众席，在节目过程中邀请受众发表自己的见解，反映民意。此外，节目策划中还可以运用新兴技术来挖掘受众评论，利用三维技术模拟剧院，每位观众都可以通过手机微信来获得虚拟座位，获得座位后其微信头像出现在大屏幕上，可以和主持人和嘉宾进行互动。

2. 坚持创新，凸显节目特色

电视新闻评论节目历经多年的发展，已经进入相对成熟的阶段，形成了一套稳定的策划体系，但同时也有着同质化的隐忧。因此，电视新闻评论节目在前期策划时应该充分考虑其个性化特色，坚持创新发展，创建节目特色，细分市场。

《长江评论》是湖北广播电视台重点打造的电视时评品牌。2021 年春节期间，《长江评论》推出了一组 4 期小剧场形态的系列时评《新春·知味》。春节是中国的传统佳节，谈吃，既契合节日氛围，又为群众喜闻乐见。4 期节目，四种食物，无论是热干面里的精气神，还是腊肉里的小家大家，无论是"始终保持炽热"的火锅，还是一杯茶里的大国气度，这些凝结在"味道"中的精神内核，在 2020 年过去的分分秒秒都能找到印记。

评论员团队从过去一年数以千计的新闻故事和数据中，精心遴选，既讲求大立意，又聚焦小切口，力求在 4 分钟的篇幅内达到有笑有泪、余音绕梁的效果。如《读懂这碗面》，在分享了 2020 年与热干面有关的几个城市重生的故事之后，把论点集中到面条本身："面条是怎么做成的？精细成粉，与水相融，进而凝结成一个整体，摔打、搓揉，变得越来越结实，搭把手，拉一把，便可成形，在赴汤蹈火中翻滚、成熟。"借用热干面的品位、品性，借喻了武汉人、湖北人、中国人在对抗新冠疫情时展现的精神面貌，既抒发了赞美之情，又升华了主题。该节目形式新颖，创建了自己的特色，取得了很好的传播效果。

系列时评《新春·知味》海报

3. 全网直播，加强互动

传统的电视新闻评论节目大部分是录播，这就往往导致节目的时效性滞后，常常错过热点话题。新技术的发展给传统电视新闻节目带来挑战的同时，也让传统媒体迎来了新的发展契机。互联网的发展催生了直播技术，如今的电视新闻评论节目为了增强时效性可以运用直播技术。例如，《新闻1+1》节目，采用直播形式对当天最热、最新的话题进行分析。再如央视《中国舆论场》电视新闻评论节目就借助5G技术创新节目传播方式，每周日19:30—20:30，在节目官方微信视频号上进行视频直播。每期节目的主播由记者和一位专家评论员组成，结合直播现场实时滚动的舆论热点和观众进行互动讨论、交流。《中国舆论场》将直播与评论结合，有效避免了传统电视新闻评论节目时效性滞后的缺点，同时还切实加强了与受众的互动交流，提升了电视新闻评论节目的影响力和关注度。

2022年12月7日，《中国舆论场》
官方微信视频号截图

4. 周密策划，推陈出新

融媒体环境下电视新闻评论节目的发展任重而道远，要求新闻工作人员尤其是节目的策划人员勇挑重担、守正创新，进行周密的策划，不断在评论的形式、内容上推陈出新。

对于电视评论来说，需要多个岗位的人员互相配合，策划方案必须周密。如中央电视台的评论栏目《新闻1+1》，一般在周一至周五中午12:00左右进行选题论证，以保证当晚节目议论的是当天最新鲜最热门的话题。15:00，栏目组开始进入实际操作阶段：联系采访对象、找资料，准备直播PPT。主持人会在18:00前赶到中央电视台，了解策划方案，对节目稿提出意见，并自己写解说词。节目在21:30开始直播。30多人的团队，需要对节目的每一步进行周密安排，制片人、主持人、评论员、责编、导播、摄像师等都需要沟通协调。

　　《新闻1+1》2022年1月21日播出的节目《疫情下的"春运"，今年有何不同？》。2022年春节假期，新冠疫情还未结束，此时的"春运"情况颇受大众关注。在春节即将来临之际，有人选择就地过年，也有人选择回老家过年。节目以新闻事件介绍和白岩松的评价为主线，内容策划非常丰富：节目在介绍新闻事件时，从当年春运的人流量及交通方式分析到各地的差异化疫情防控政策，穿插交通运输部人员介绍情况以及对外地返乡人员的采访，全面且有说服力；在对事件进行评价分析时，除了白岩松的意见表达，节目还连线了国铁集团客运部客运管理处处长宁斐和华中科技大学公共卫生学院教授尹平，共同为大众解读疫情下的"春运"。所有上述内容，都要确保在节目直播中无一缺漏、环环相扣，节目的成功播出也显示其前期策划、安排的周密性。

2022年1月21日，《新闻1+1》节目截图

五、《电视问政》节目策划

　　近年来，各级政府政务公开力度日益加大，以治庸问责为主题的电视问政类节目也在全国各地风生水起，相继出现于甘肃、湖北、湖南、江西、广东、河南、安徽、浙江、黑龙江等多个省份，成为当地电视节目的收视热点和关注焦点。各级政府也愿意通过电视问政这种形式，推动政府官员和群众之间坦诚沟通，促使职能部门改进工作作风，切实解决一些事关民生的实际问题。当下，在全媒体时代，在新的形势下，如何看待电视问政节目，如何按新闻规律办好此类电视节目，电视问政类节目在策划过程中需要注意哪些问

题，是我们面对的一些新课题。

(一)认识《电视问政》

现行模式的"武汉电视问政"从2011年开始至今已经走过了十多年，如今已经成为中国的一个电视品牌，引来国内众多电视台、纪律监察、宣传部门的学习和效仿，新闻媒体作了大量报道。笔者以特邀评论员的身份参加了武汉市治庸办主办，武汉电视台承办的以"治庸问责，优化环境"(2011年、2012年)和"转变作风，优化环境"(2013年)为主题"十个突出问题"电视问政的点评活动。在三年间，笔者参与多场点评，接受过多家国内媒体的采访，也接受过英国广播公司(BBC)、新加坡等国记者的访问。他们问得最多的问题就是"怎样看待电视问政，它效果如何?"笔者的回答是——

《电视问政》是武汉广播电视台2011年首创的一档大型舆论监督类访谈节目，其形式是普通民众当场质问政府官员关于社会安全、食品安全、关乎民生的问题。

《电视问政》是一档电视节目，必须按新闻规律和电视规律办事。《电视问政》开播以来，受到广大电视观众的喜爱，播出当晚大有"万人空巷"之势，收视率创新高，这是一件好事情。为了做好这档节目，电视台全体同仁，以建设者的姿态群策群力，开拓创新，做出了让同行们称赞的业绩! 每场问政都是先展示成效，再揭露问题，符合新闻的平稳原则;从场景、灯光、色彩、音乐的设置和调配，到问政内容的丰富，更注重话题内涵的挖掘。

《电视问政》同时也是一个政府的工作平台，必须按行政管理规律办事。"干部们在台上的表现如何"，这也是大家问得最多的问题。笔者的回答是:"年年有进步，还需再提高。"台上嘉宾也在逐渐适应电视规律应对提问，表达意见，水平渐长。在这里，要搞清楚电视问政不是什么——不是报告会，不是汇报会，不是演讲会;而是——履行职责的督察会、检查承诺的问责会、政府与民众沟通的交流会。作为政府的一个工作平台，它要通过电视问政以达到治庸问责、奖优罚劣、提高素质、提高效率之目的。既是工作平台，就要看台上官员态度是否真诚，措施是否得力，是否接受民众的评判。

《电视问政》更是一个民众与政府沟通的政治平台，必须按政治民主的程序办事。如党的十八大报告特别强调:"发展更加广泛、更加充分、更加健全的人民民主。"对此，《电视问政》作出了积极的探索和创新。该节目广泛邀请人大代表、政协委员、党风廉政建设志愿者、治庸问责督察员、布衣参事、市民代表、外国友人、专家、评论员、新闻记者、新闻当事人等，新增媒体和现场观众提问环节，通过微博让场外观众现场参与提问。在节目中，市民考评团通过按表决器，对承诺整改单位的工作和嘉宾表现进行评判，让民意表达更加科学直观。政府官员向市民报告、检讨工作，民众面对官员询问、质疑政府工作，这种双向的交流与沟通有助于改善干群关系，促进城市和谐。要把台上的"表演"和台下的表现结合起来，把投票结果和对官员问责结合起来，取信于民。①

---

① 赵振宇. 认识和参与电视问政[J]. 新闻战线，2013(9)：88-90.

英国广播公司（BBC）编辑采访《电视问政》相关问题　　　　　　中央电视台报道现场点评

（二）用好新媒体，电视问政更精彩

新媒体时代，电视问政类节目既面临着机遇，亦面临着挑战。如何在新媒体环境下办好电视问政类节目，是当前电视制作人员需要考虑的一大问题。随着新媒体的兴起，传统媒体的垄断地位被打破，新媒体不断分流传统媒体的用户群体，挤压传统媒体的生存空间。在此种背景之下，利用新媒体渠道，扩大电视节目影响力已经成为电视节目创新的内在需求。电视问政与新媒体联动可以突破电视问政的时空限制，将问政话题置于"全媒体"的舆论场域之下，将媒体、群众和政府部门声音有机结合，增强电视问政的公众参与性和互动性，以体现电视栏目创新创优的效果，进而让电视问政更好地服务于当地经济和社会发展的大局。

1. 精选焦点，巧设主题

全媒体时代，电视节目在策划选题时，要充分利用多媒体渠道，搜集话题，倾听民意，抓住民生问题，选择问政的主题内容。民生问题是电视问政节目的主要焦点，也应该是《电视问政》贯穿始终的主线。节目策划选题时可以开通电话热线、群众来信、微博、微信公众号等渠道来征集民意，抑或是直接建立一个问政话题搜集平台。此举不仅可以征集真正反映群众心声的问政内容，亦可以为节目制作提供丰富的内容。

2. 媒体联动，扩大传播

《电视问政》节目影响力的扩大，离不开众多媒体联动实现的"二次传播"。新媒体时代，传播内容可以实现在多渠道分发，以达到病毒式传播的效果。通过其他媒体的二次传播，可以推动电视问政节目走进千家万户，被更多的人知晓。在武汉电视台《电视问政》节目开播之际，2011 年 11 月 23 日，中央电视台新闻频道《东方时空》栏目就聚焦了首场《电视问政》。2011 年 11 月 24 日，《人民日报》也对首场《电视问政》进行了报道，11 月 27 日，新华网也刊发了时评进行报道。进入新时代，《电视问政》更是广泛利用网站、微博、微信、抖音平台进行二次传播，以扩大其传播效果。

2022 年《电视问政》第四场节目

（三）正确策划，实现品牌建构

打造"品牌化"节目，是国内诸多电视频道的重心所在，在当前，电视问政类节目如何实现品牌建构？如何吸引更多受众的关注？以下通过武汉电视台的《电视问政》节目进行分析，探究电视问政栏目品牌建构的策略和途径。

电视问政能让官员意识到，自己是被监督的对象，应该对老百姓负责。一路走来，武汉台《电视问政》从一年两次到每周一次，到 2023 年全新改版的月度问政，始终坚持舆论监督和正面宣传相统一，坚持守正创新，坚持与时俱进。

1. 坚持正确的导向价值

电视节目本质上也是进行舆论引导，因此电视问政类节目必须考虑自身的导向价值。导向价值是我们进行新闻策划时首要考虑的基本前提，新闻策划的导向价值常包含着两方面的内容，即新闻价值和宣传价值。新闻价值侧重的是向人们传达信息的分量，宣传价值侧重于节目播出后产生的社会影响力，即是否起到服务、控制等作用的社会效果。《电视问政》常常涉及与民众密切相关的问题，因此，不仅需要较强的新闻价值，同时应该兼具较高的宣传价值，这要求有较强的时效性，并且秉承积极的舆论导向。《电视问政》采取直播的形式进行，当面就市民代表提出的问责问政热点话题进行一一解答，与录播相比，其信息传达的新闻价值得以提升。"兑现承诺、转变作风、优化环境"主题的确立，鲜明地传达了问政的价值之处，确保了其导向的正确。

电视问政类节目的设计跳不开电视节目本身的目标设计，目标设计就是对节目的社会效益和社会功能的设计，是对节目在社会中扮演何种社会角色、完成何种社会功能的设计。武汉电视台《电视问政》历经"问作风、问执法、问服务、问管理、问环境"的五场交锋，围绕"十大突出问题整改"的总关注点进行层层推进。将群众最关心、最直接、最现实，与群众生活最密切相关的问题作为问政的主要内容，由此产生了广泛的社会影响。

2. 联系群众，真实传达

电视问政类节目的成果如何，受众的满意度是一个重要的参考标准。电视问政类节目要走品牌化道路，就要坚持观众至上的原则。因为在传播的过程中，只有准确把握了受众的心理，才有可能获得成功。对于电视节目而言，得观众者得天下，失观众者则将失去生存的基础。

作为政务类电视节目的《电视问政》，其受众定位于广大的市民，节目利用多种形式邀请受众参与，丰富其与受众的互动形式。除了现场提问，市民还可以通过拨打热线电话向现场官员提问，同时，部分网友通过微博进行的提问，在现场也可以展示。《电视问政》的各个环节均体现了真实的特色，提出了联系市民生活的真实问题，展示了记者调查的结果，以直播的形式真实直面地展现了政府的态度。①

3. 监督跟进，打造节目实效

电视问政类节目因为其自身的特殊性，承担了解决问题、消弭矛盾、增进和谐的多方期待。此类节目的品牌建构，离不开老百姓对节目的信任和依赖。推动电视问政中问题的实质性解决，让观众看到电视问政类节目给自己现实生活带来的实质性影响，才能提高观众对电视问政类节目的忠诚度和认可度，树立电视问政类节目在公众心中的品牌形象。在电视问政类节目的策划中也必须考虑到媒体、嘉宾、专家、政府等人如何在节目中互动：是相互捧场、一片叫好，还是充满冲突和质疑？电视台的制作人员在节目中应该以监督的方式使得互动得以真实呈现，有冲突质疑，也有叫好声，观众手中的哭脸牌和笑脸牌真实地告诉了现场所发生的一切。

《问政山东》网站首页，齐鲁网

2019年3月3日，由山东广播电视台融媒体资讯中心打造的大型问政节目《问政山东》正式开播，该节目以问题为导向动真碰硬，聚焦群众关心的热点、难点、堵点问题，通过舆论监督倒逼干部履职尽责，督促各部门担当作为，狠抓落实。节目通过山东广播电

① 梁建强. 网络传播时代政务类电视栏目的品牌建构——以武汉电视台的"电视问政"栏目为例[J]. 东南传播，2012(6)：151-153.

视台新闻频道、山东广播电视台交通广播、齐鲁网、闪电新闻客户端、山东广播电视台齐鲁频道、山东广播电视台卫星频道播出。《问政山东》播出期间，观众还可以登录齐鲁网、闪电新闻客户端问政专区进行留言互动。节目开播后，获得了众多的赞誉：2020 年 1 月，《问政山东》节目组获得中共山东省委、山东省人民政府"勇于创新奖"先进集体表彰；2020 年 7 月，入选国家广播电视总局办公厅 2019 年度广播电视创新创优节目名单；2020 年 11 月，由闪电新闻客户端发布，中国记协新媒体专委会报送的《病死猪田间乱丢知道吗……〈问政山东〉现场局长被 8 连问后语无伦次》获得中国新闻奖一等奖。

至 2022 年 3 月 3 日，《问政山东》节目已经走过 3 年。3 年间，131 场问政直播吸引着社会各界关注的目光；3 年间，60 多位省直部门、中央驻鲁单位、16 个市政府、有关功能区的主要负责同志走进演播室现场接受问政，110 多个县(市、区)的主要负责同志通过直播连线接受问政；3 年间，节目始终坚持问题导向、需求导向、目标导向、效果导向相统一，以确保每一个问题都整改见效。山东省委、省政府把新闻舆论监督和党委政府监督结合起来，建立完善了"督媒联动"工作机制。节目结束后，山东省委、省政府督查办公室对问题进行分类、转办、落实、反馈、公开，形成全流程跟进的工作闭环，做到件件有回音，事事能落实。山东省纪委监委紧密联动，把问题整改情况纳入日常监督范围，严肃查处节目曝光的不担当、不作为、乱作为和涉嫌违规违纪违法问题。

通过媒体公开监督指出问题、党委政府督查问责、各级部门整改落实，推动解决了一大批改革发展中的热点、难点、堵点、痛点问题。各部门把"就事论事改"和"举一反三治"结合起来，山东省委改革办及时梳理问政中发现的普遍问题并研究形成可复制的经验。3 年间，各部门累计出台 760 多份长期见效的通知、措施、意见，推进了山东改革发展的步伐；3 年间，《问政山东》节目在电视直播中反映并推动解决了 1910 多项具体问题，涉及道路出行问题 76 项，教育问题 58 项，医疗养老问题 47 项，食品药品安全问题 36 项，还包括 6 个村庄 4700 多户居民的吃水问题，50 多条河道的污染治理问题等。在网络问政平台累计受理并推动解决了 58200 多件具体问题，节目切实推动解决实际的民生问题，切实提升了广大人民群众的幸福感、安全感、获得感。①

◎ **思考题**

1. 什么是广播电视新闻策划？

2. 广播电视新闻策划在实践过程中需要把握什么原则？

3. 广播电视新闻节目策划和广播电视新闻评论策划各自的相同点和侧重点分别是什么？

◎ **实践题**

谈谈你对电视问政的看法和意见。

---

① 赵秋丽，李志臣. 直面问题　问出成效——《问政山东》三年间[N]. 光明日报，2022-03-21(10).

第十四章
融媒体报道策划

新媒体技术的发展为人类信息传播方式的变革注入了新的活力，也带来了媒介生态的显著变化。一方面，互联网的发展使得传统媒体面临受众减少和广告流失等生存压力；另一方面，互联网的技术特点又使得新闻报道以更加融合、创新的形态制作和传播。新媒体融合报道就是在媒体融合背景下产生的一种整合式的新闻传播新方式。在当下，借助互联网的技术手段、传播平台进行融合报道，是传统媒体的必行之路。而优秀的新媒体融合报道需要精心的策划，如何灵活地运用媒体融合报道的技巧，以获得更好的传播效果，是本章探讨的重点。

《2021，送你一张船票》是新华社 2021 年首个爆款产品，也是央媒首个庆祝建党百年的融媒体报道，该作品获得第三十二届中国新闻奖一等奖。作品创新以船票带入

《2021，送你一张船票》图片，2021 年 1 月 2 日，新华社

中国共产党的百年征程，以南湖红船为线索，将文字、国潮插画、闯关游戏、音乐、音频文献、纪念海报融合到 H5 之中。网民扫描二维码即可进入界面，领取"船票"，置身于中国共产党的领导下，中华民族走出黑暗、走向复兴的百年征程中，感受百年来翻天覆地的巨大变化；该融合报道精准传播以实现"同频共振"，每位网民都可以输入自己的出生年份，依据出生年份来显示网民和历史事件的关联；同时，用户通过答题闯关，可以"发射"神舟，可以挑选背景生成配有自己头像和唯一序号的建党百

年纪念海报。《2021，送你一张船票》已成为建党百年报道中"破圈刷屏"的现象级产品，产品总浏览量超过 5 亿次，"转评赞"117 万次，H5 用户平均停留时长 6 分 39 秒，H5 完播率高达 98.34%，8500 多万个独立设备生成分享海报。自 2021 年 1 月 2 日发布，形成了多轮传播热潮，报道传播周期长达 6 个月。

该融合报道作品以南湖红船为线索，综合运用手绘 H5、游戏、音视频、纪念海报等形式，再现了中国共产党波澜壮阔的百年历程，实现了重大主题和创新表达的统一。作品还实现了党史学习教育和个人命运讲述的交融；生成纪念海报，强调用户互动的同时，拓展社交空间形成裂变传播，多维发力构建传播矩阵；融合多种传播形式，线上与线下联动为用户奉上了一堂生动的"微党课"。作品一经上线，相关话题登上微博热搜，网民纷纷留言："新华社这个绝佳创意，既大气磅礴又精致有趣。""这张船票不仅有新鲜的体验，更承载着满满的感动。"

这张承载着百年历史的"船票"，通过海报、互动 H5、手绘长图、微博互动话题、专版文章、"百年红色之旅"抽奖等多种形态同步上线，在精确表达主题的同时，注重用户互动，通过答题闯关生成专属纪念海报，形成裂变传播，是一件优秀的融合报道作品。

一、融合报道概述

新媒体环境中的媒介产业、媒介技术、媒介组织的融合，直接催生了新闻报道形态的融合，即融合报道。融合报道的兴起对新闻媒体的报道理念、生产流程、组织结构、人才培养提出了新的要求和挑战，同时也为用户提供了更加丰富、互动、视觉化的新闻产品。

(一) 融合报道的发展历程

媒体融合或称媒介融合，由麻省理工学院的伊锡尔·索拉·普尔教授于 1983 年最先在其著作《自由的科技》中提出，指各种媒介呈现多功能一体化的趋势。一般认为，媒介融合包括技术融合、业务融合、平台和市场融合、机构融合以及产业融合等不同层面。[①]

论及媒体融合，绝大多数人会将 2014 年《关于推动传统媒体和新兴媒体融合发展的指导意见》的出台视作这一工程的起点。实际上，早在 20 世纪末，面对席卷全球的市场化浪潮与技术的频繁迭代更新，国内诸如广州日报报业集团、南方日报报业集团以及哈尔滨日报报业集团等媒体机构纷纷开始了所有权层面的融合。在所有权之外一些媒体开始了媒体形态层面的融合，主要包括门户网站的建设和内容数字化的转型，例如《神州学人》《人民日报》、新华社等纷纷创办了网络版。2013 年 8 月，习近平总书记在全国宣传思想工作会议上针对我国所面临的舆论格局，指出"宣传思想工作创新，重点要抓好理念创新、手段创新、基层创新"，同年 11 月，"整合新闻媒体资源，推动传统媒体和新兴媒体融合发展"被写入党的中央全会公报。至此，媒体融合这一概念正式出现在官方表述中。这是媒

---

① 彭兰. 网络传播概论[M]. 北京：中国人民大学出版社，2017：23.

体融合的第一个阶段，即从行业自主探索到国家战略规划的融合奠基阶段。

2014 年 8 月 18 日，中央全面深化改革领导小组第四次会议审议通过了《关于推动传统媒体和新兴媒体融合发展的指导意见》。这是中央关于媒体融合的首个指导性文件，意见指出要着力打造一批形态多样、手段先进、具有竞争力的新型主流媒体，建成几家拥有强大实力和传播力、公信力、影响力的新型主流媒体集团，形成立体多样、融合发展的现代传播体系。自此，媒体融合工程正式在国家顶层设计层面被确立为一项重大战略部署。这标志着我国媒体融合进程进入第二个阶段，即从物理叠加到化学相融的全面推进阶段。

2019 年 10 月 31 日，党的十九届四中全会审议通过了《中共中央关于坚持和完善中国特色社会主义制度　推进国家治理体系和治理能力现代化若干重大问题的决定》，明确将媒体融合的目标描述为"建立以内容建设为根本、先进技术为支撑、创新管理为保障的全媒体传播体系"。2020 年 6 月 30 日，中共中央审议通过的《关于加快推进媒体深度融合发展的指导意见》成为引领媒体融合加速迈向纵深的最新纲领性文件。自此，我国的媒体融合开始在体制机制变革、全媒体人才培养等规划和设计下不断提质增效，正式进入从融合媒体到全媒体的纵深加速阶段。[1]

过去 30 多年来，媒体融合在中国纵深发展，既从行业方面引发了传统新闻业的历史性变革、推动了传统媒体的数字化，也从技术层面真正实现了文字、图片、音频、视频等的形态融合，融合报道也就因此兴起。

纵观互联网新闻业的发展，大体经历了三个阶段。伴随这三个阶段，融合报道也在不断发生变化。

第一，Web1.0 阶段。以新闻网站为代表，融合报道实现了图文并茂的传播效果。

第二，Web2.0 阶段。以博客的兴起为代表，公民新闻逐渐兴起，融合报道中越来越多地融入微视频、交互图标、信息可视化、数据新闻等产品形式。

第三，Web3.0 阶段。适逢移动互联网时代，大数据、物联网技术兴起。这时，融合报道的形态中出现了更多的数据新闻，其传播载体也更加移动化、个性化。[2]

(二)融合报道的含义

融合新闻又称多样化新闻，主要指利用多媒体手段进行新闻传播活动。不同的媒体例如报纸、电台、电视台和网站及手机等，集中在一个信息操作平台上，运用文字、图片、音频、视频、H5、数据、图标等进行统一策划、相互协调、取长补短，并根据各自媒体和受众的特点对信息进行分类加工，发挥各自优势。但是融合新闻不等于全媒体新闻，它并不是多种媒介报道形式的组合堆砌。融合新闻报道是基于互联网为核心报道平台，根据新闻内容的特点，融合使用最合适的媒介手段来呈现新闻的报道形式。

---

① 胡正荣，李荃. 融合十年：2012—2022 年媒体融合历程回顾与前景展望[J]. 现代视听，2022
(9)：5-10.

② 丁柏铨. 新闻采访与写作[M]. 北京：高等教育出版社，2019.

　　总之，融合新闻报道突破技术的限制，实现了新闻报道内容和新闻呈现形式之间的协调和匹配。①

二、融合报道的呈现策略

　　在媒体融合时代，无论是传播主体的身份界限还是媒体形态的技术边界都在朝着融合的方向转变。融合报道是媒体积极改变自身角色、适应媒介环境变化的有益尝试，也是媒体在信源多元、渠道丰富、技术融合、需求增多的现实情境中不断应对挑战，为自身发展赢得机会的契机。精彩的融合报道必然需要前期精心的策划，一般来说，策划的过程中应从选题、形态和渠道中进行创新。

(一) 融合报道的选题策划

　　相对于传统新闻的选题策划，融合新闻的选题必然意味着选题智慧与技术逻辑的深度融合。碎片化时代，新闻生产的生命周期及其时间逻辑发生了变化，如果说传统新闻的选题主要是基于信息含量的多少，那么融合新闻的选题价值则侧重于信息基础上的流量。融合新闻选题策划的关键就是要明确社会问题的藏身之所。哪儿有社会问题，哪儿就有选题。一般来说，我们可以从三个方向来把握融合新闻的选题策划思路，即从社会痛点中找选题、从重大议题中找选题、从大数据中找选题。

　　1. 从社会痛点中找选题

　　今天的时代，能在媒体中产生传播引爆力的话题，往往能够击中人们内心的敏感处或痛点。所谓社会痛点，就是与多数人利益相关的话题，常常是公众的敏感点。例如，涉及国家民族利益、政治或经济改革、腐败、民生、贫富分化、弱势群体等话题的内容，这些内容更多的是由各种复杂原因长期积累造成的，短期内无法根除，会给社会和公众带来持续性疼痛感。

　　人情味浓的话题，特别是故事性强的内容，也容易触及人们的内心；公益性的话题，诸如寻人、帮人、救人、捐助等方面的信息，往往也可以唤起人们的共鸣。当然，公众的敏感处和痛点，并不是一成不变的，只有善于洞察这些变化，内容的吸引力才能得以持续保障。

　　而在社会"疼痛"、公众敏感面前，融合新闻策划的关键就是要通过可视化的新闻语言，重新建立人们关于现实世界的认知体系，发现那些深层问题，从而为人们的行为决策提供帮助。以获得第三十二届中国新闻奖二等奖的融合新闻报道作品——《北京一处级干部当外卖小哥，12 小时仅赚 41 元："我觉得很委屈"》为例。该融合新闻既呈现了党员干部"深入普通群众"，也体现了平凡的劳动并不简单，利用身份的反差、对普通岗位和寻常劳动认知的反差，形成了关注点、讨论点、共鸣点，能够抓住受众的注意力。经过 3 个

---

① 丁柏铨. 新闻采访与写作[M]. 北京：高等教育出版社，2019.

小时的信息梳理、图文及视频稿件综合制作及审核，4 月 28 日 8 时 17 分，该文在北京日报微信公众号推送。8 时 43 分，北京日报微博推送该稿件，并申请话题进行投票、设置议题等综合传播。该条微信放在第三条推送，阅读量达 25.5 万，同时被《人民日报》、新华社、央视等多家央媒和数百家新媒体账号原文转载，全网阅读量近 10 亿。三大央媒多次、多种形式、多篇评论跟进报道。该作品引发热烈讨论后，继续设置投票、反响、评论等多条互动传播内容，将话题进一步引入更深、更广的传播，在微博、微信朋友圈"刷屏"，成为现象级传播内容。该融合报道引发全网点赞副处长创新的工作方式，并衍生众多关注平凡劳动的话题，也积极有力地推动了互联网平台经济的健康发展、可持续发展。美团与饿了么一天后相继正式回应，明确表示取消对"骑士"逐单处罚等做法，迅速对骑士 App 做出相关升级改进，并继续努力提升骑士工作环境。

该作品主题鲜明、内涵丰富、导向积极，既生动呈现了党员干部深入群众的优良作风，又推动了社会问题的解决。该作品充分体现了民生、官民、贫富分化、弱势群体等社会敏感点、社会痛点，往往能够击中人们的内心，这样的选题也往往能够吸引人们的注意力。同时，该作品充分发挥融合报道优势，精准把脉社会关切，敏锐聚焦价值内容，通过标题反差设置、精心选点编辑和多维互动，形成了现象级传播效应。

2. 从重大议题中找选题

重大议题是一段时间之内国家重点关注的话题，其具有得天独厚的重要性和显著性的新闻价值，因而具有天然的社会关注度。媒体在进行融合新闻选题时，从重大议题入手，编织重大议题的融合报道图景，是其不得不面对的问题。例如，近几年的重大议题："一带一路"、中国梦、讲好中国故事、乡村振兴、精准扶贫、改革开放 40 年、恢复高考 40 年、新中国成立 70 年、建党 100 年等。媒体要从重大社会议题中，积极寻找并发现选题，回应社会关切。

在重大议题面前，融合新闻策划的关键就是要通过新兴的技术语言和形态创新，实现宏大叙事与微观体验的积极对接，实现硬新闻的"软着陆"，实现深度报道的浅度生存。

2021 年 7 月 20 日，河南遭遇特大暴雨灾害引发网友关注，"河南大雨""郑州地铁 4 号线成水帘洞"等多个话题登上微博热搜。此次强降雨给河南造成了严重损失，多处房屋倒塌、围墙倒塌、农作物受灾，2021 年 8 月 2 日下午，第十场"河南省防汛救灾"新闻发布会召开。由于此次强降雨事件给国家、人民带来了严重的损失，也牵动着亿万中国人民的心，网民对此给予了高度的关注，各大媒体也对此进行了全面的报道。

2021 年 7 月 20 日 17 时 39 分，央视新闻率先以慢直播的方式关注灾情，随后开启近 50 小时不间断直播，先后接入超百场移动直播及连线，全景式呈现以满足网友的信息刚需：以灾情一线及救援现场为核心，统筹近 20 路百余人前方报道团队，联动应急管理部、中央气象台、地方媒体等多方力量，及时发布权威信息，对话暴雨亲历者和相关领域专家。以救援直播为传播基座，推出全景式报道矩阵，通过快讯、视频、图文等形式实时发布动态；移动直播、微视频、海报、紧急互助平台等产品兼顾信息性、科普性、情绪性内容，多角度展现国人在危难时刻的勇敢坚毅、无私奉献、守望相助。紧急互助平台还形成了从线上搜集、核实信息,到转交河南省市两级应急部门核查、安排力量进行救援,再到新闻追踪报道的传播闭环。针对备受关注的 7 月 21 日河南省防汛应急新闻发布会,央视新闻新媒体第一时间对接直播,并实现电视与新媒体内容融合共享,新媒体直播信号同步在新闻频道并机播出。

央视新闻客户端的《郑州"7·20"特大暴雨灾害救援》作品是聚焦突发事件的融合报道,它聚焦人民群众关注的重大社会事件;从新闻报道到公益救援,充分延伸了媒体职能。在报道进程中,前期直播报道重点关注受灾情况、救援进展与相关服务信息,后期增加暖心现场、灾后恢复与保障等正能量内容,在报道时注重及时回应舆论热点和网友关注。该报道将事实报道与情绪传播融合,有效引导了舆论。

3. 从大数据中找选题

网络时代,人们有了另一种生存方式,那就是数据化生存。当下,数据不仅是公众思想与见解的记录,也是公众的行为记录。数据的背后,往往储藏着某种关于现实世界运行的规律,而大数据方法的引入,则有助于我们发现潜藏在现实世界的现象和规律。因此,利用大数据技术来发现选题,已经成为融合新闻选题策划的重要思路。媒体在进行融合新闻选题策划时,一方面,通过大数据技术挖掘和分析公众的新闻偏好和关注热点,来提高新闻选题的针对性;另一方面,通过深挖大数据,来发现其中潜藏在社会现象背后的新闻线索和独家新闻。

2020 年新冠疫情暴发以来,"最美逆行者"一度引发网民热议。《南方都市报》App 于2020 年 2 月 20 日刊发"最美逆行者"系列融媒报道,系列作品获得第三十一届中国新闻奖一等奖。2020 年 2 月 5 日,《南方都市报》摄影记者钟锐钧跟随广东省第二批援助湖北医疗队进入武汉,蹲守"重灾区里的重灾区"汉口医院隔离病房,抢拍出最早一批前方医护人员的肖像特写照片——口罩和护目镜留下的印痕、疲惫中的昂然和淡定,直抵人心。《南方都市报》党委书记、总裁梅志清,《南方都市报》党委副书记、总编辑戎明昌亲自谋划,带领团队设计制作了一组极富视觉冲击力和感染力的海报,命名为"最美逆行者"。从 2 月 13 日起,《南方都市报》在同一主题下,推出多种融媒体报道,包括海报《你们摘掉口罩的样子,很美!》、长图《印?记》、图文报道《千言万语尽在脸上》、H5"疫痕"在线照相馆等,报道引发广泛共鸣,被人民日报社、央视新闻、新华网、今日头条、腾讯、新浪等 160 多个平台广泛转载,一时"刷屏"。

对于这样一个真实而有情感穿透力的典型案例,如何实现传播效果的最大化和最优化?在广东省委宣传部指导下,2 月 17 日晚《南方都市报》在广州塔、猎德大桥等城市地标率先开启"为最美逆行者亮灯"致敬行动,随后广东其余 20 个地级市积极响应。抗疫一线医务人员巨幅海报在广东地标建筑 1000 多块 LED 屏滚动播放,一时关于致敬英雄的话题"燃爆"全省。

从"刷屏"到"刷楼"(登上城市地标)再到"刷城"(全城亮灯致敬)、从线上到线下再到线上,《南方都市报》"最美逆行者"系列融媒报道,在国家面临重大战役的紧急关头、在抗疫斗争陷入焦灼的关键时刻,主动担当、积极作为,充分发挥主流媒体引导正确舆论、传播主流价值的作用，让直抵人心的报道实现最大化传播，在更大范围唱响了主旋律、凝聚起正能量。

南方都市报 App 报道"最美逆行者"

(二) 融合报道的形态策划

融合报道不是各种形式新闻素材的简单堆积，而是对各种新闻手段的优势、弱势进行综合分析和权衡的基础上做出的一种信息资源配置。它不仅要充分发挥每一种手段的长处，而且要使得各种不同形式的新闻之间相互呼应、相互沟通，形成一种合力，给受众带来丰富的信息和全新的体验。要实现融合新闻的策划，就要对每一种信息手段的作用有透彻的了解。

1. 文字

在融合新闻报道中，文字仍然是不可或缺的。在融合新闻中，文字的作用主要为：及时、全面传递信息，进行深度分析，承载各种评论，在各个素材之间进行黏合，提供背景与知识等。

在融合新闻报道中，文字要和其他形态无缝结合，利用网络把故事讲活。史蒂夫·杜内斯说："我们想办法让读者跟着叙事流、在文字与多媒体内容间自然前行，不让他们感觉是在文字与图片间跳来跳去。既让他们有所惊喜，但又能体会到一切都是水到渠成。"①

2. 图片

在融合新闻报道中，可以利用的新闻图片越来越多元化，除了新闻图片、信息图表，还有漫画、记者的图片、资料图片、报纸版面图片等。在融合新闻报道中，图片可以传达现场感、烘托现场气氛、补充其他新闻信息、美化版面等；但是，图片的运用也要考虑到其分量和运用方式，不能无谓地堆积图片，一定要适量、适度，在报道策划初期阶段就要对图片进行认真筛选。

---

① 纽约时报网站在"雪从天降"报道中的文字与多媒体融合 [EB/OL]. [2023-10-28]. http://yjy.people.com.cn/n/2013/0116/c245079-20224698.html.

以获得第三十二届中国新闻奖三等奖的融媒体新闻作品《有"棚"自远方来》为例，作品由大众日报客户端于 2021 年 12 月 30 日发布。2021 年 7 月，中共中央总书记、国家主席、中央军委主席习近平在西藏考察时指出，推动西藏高质量发展，要坚持所有发展都要赋予民族团结进步的意义，都要赋予改善民生、凝聚人心的意义，都要有利于提升各族群众获得感、幸福感、安全感。援藏干部们决心一张蓝图绘到底，一批一批接着干，踏着孔繁森的脚印，扎根雪域高原，将这一棚棚"幸福菜"一直种下去。记者进藏采访一个多月，深入田间地头、农牧民家里、大型蔬菜产业基地，和援藏干部、菜农、蔬菜公司经营者、大学生创业者面对面心贴心交谈，并采访到了九批援藏干部，听他们讲述了藏族群众从没见过菜到种上菜、吃上菜再到大棚蔬菜产业化的过程。创作团队精心策划，确定制作一款创意互动产品，从"精心筹划、把臂传授、脱贫致富、星夜运苗、以技促行、提质增效、共同富裕"这 7 个方面创作了近 30 幅手绘图画，并将图画串成一整件作品。制作团队技术攻关奋战 2 个月，反复雕琢、反复修改调试，生动再现了山东援藏干部助力西藏发展大棚蔬菜的艰苦历程。

《有"棚"自远方来》将 30 幅手绘图画串成一整件作品，并结合动漫与视频，注意运用新媒体传播方式，增强了主题报道的生动性，同时拓展了作品的社交传播空间。

《有"棚"自远方来》，中国记协网

3. 音频

融合新闻报道中经常用到的音频资料一般包括相关的录音、背景音乐等，音频的运用主要是为了补充信息、渲染现场气氛、增强真实性、传达报道基调等。

2021 年 7 月 1 日，中国科技网发布短视频作品《放大音量！听百年最硬核声音》。该作品筛选神舟十二号载人飞船、天和核心舱、天问一号等火箭发射穿云破日声；山东号航母下海、奋斗者号深潜声、三峡工程开闸放水声；原子弹、氢弹爆炸声；天眼之父南仁东、天问一号总设计师张荣桥、袁隆平院士、屠呦呦采访原声等十余个中国科技创新"最硬核"的声音，以视频快剪形式，呈现在党的领导下将困难当阶梯的中国科技奋斗史。视频发布后微博阅读量迅速达到300万，被媒体和机构大量转发分享。作品非常巧妙地融合了视频和音频两种形态，节奏明快、激荡人心。尤其是音频的剪辑使用，较有特点。在内容方面，汇集了中国百年科技史上极具代表性的十余个事件、人物的珍贵音频资料，说服力强，让人过耳难忘。

4. 视频

融合新闻报道中的视频资料一般是相关的视频新闻、视频资料等，视频素材在融合新闻中往往兼具图片、音频、动画的运用，运用得当可以获得很好的效果，但是堆积过多则可能增加用户的负担。在视频运用的过程中，视频素材的使用一定要谨慎，不能滥用。①

例如，2021年3月川观新闻推出以《我怎么这么好看(三星堆文物版)》MV为主体内容的融合报道《三星堆国宝大型蹦迪现场！3000年电音乐队太上头！》，引发全网关注。该作品内容表达有新意，将三星堆文物原创手绘动画与最新发掘现场视频结合，搭配有幽默四川方言的电音神曲，融入赛博朋克特效，多元素融合反差，让古蜀文物在互联网上"活"了、火了。其中，视频采用AE、Animate等专业软件制作骨骼绑定动画，借助C4D制作出超清粒子效果，让文物在受众眼中更突出三维立体的效果。

(三) 融合报道的渠道策划

融合新闻策划的过程中还需要注重报道传播维度的渠道融合。渠道融合追求的是同一新闻议题在不同渠道的智能发布，打造全媒体矩阵，不同渠道协同作战。在当前媒体融合的大背景下，策划工作人员应该熟知每一种渠道的特点，以便在融合新闻报道时选择合适的多媒体渠道去进行发布。例如，微博擅长社交生态中的简讯发布；短视频迎合了视觉时代的文本形式变换；H5新闻拥有更强的互动性、趣味性以及社交性；VR新闻有助于创设一种沉浸式的认知体验；数据新闻则擅长通过可视化的方式来呈现新闻世界的数据关系；新闻游戏可以通过游戏的程序修辞来讲述新闻故事，等等。例如在新冠疫情的系列报道中，媒体生产了多样化、差异化的新闻作品，并结合各种渠道的特点进行分发，有效地发挥了媒体的作用。

在新媒体环境下，融合报道应该加强渠道的策划，结合各种渠道的优势进行传播。②2020年年初，一场新冠疫情突如其来，广大医护人员义无反顾冲在战"疫"一线，谱写了无数感人至深的"疫"线故事。2月2日下午，新湖南客户端新媒体产品策划小组收到前方摄影记者发回的一组医护人员摘下口罩后"面目全非"的新闻特写镜头，医护人员脸上一道道被口罩勒出的印痕令人震撼，更令人心疼。一张照片就是一个故事，如何将这样一组故事讲得生动又有温度？用新闻事实说话！策划小组经过巧妙构思、精心策划，决定独辟蹊径，以新闻图片为核心要素，设计制作创意海报，用最真实的新闻图片讲述最鲜活的故

---

① 彭兰. 网络传播概论[M]. 北京：中国人民大学出版社，2017.

② 喻国明，焦建，张鑫，弋利佳，梁霄. 从传媒"渠道失灵"的破局到"平台型媒体"的建构——兼论传统媒体转型的路径与关键[J]. 北方传媒研究，2017，(4)：4-13.

事！当晚，一款新媒体创意海报《这些痕迹，刻在你脸上，痛在我心里》诞生了：9 张特写镜头，以一线医护人员摘取口罩后的勒痕为主线，采用面部特写，放大细节，通过他们脸上深深浅浅的勒痕、坚毅温柔的眼神、略显疲惫的微笑，表达敬意，传递温暖和信心，直击受众心灵，引发了受众强烈的情感共鸣。

作品于 2020 年 2 月 2 日晚间在新湖南客户端首发，24 小时内点击量超过 342 万。同时，新湖南抖音号将其改编成短视频发布，阅读量超 80 万，点赞超过 15 万。2 月 3 日，该产品被《人民日报》、新华社等主流媒体以《这些刻在我们脸上的印痕，会成为永恒的记忆》为题转载，再次引发二次传播热潮。其中，新华社微信公众号发布 4 小时点击量 10 万+。截至 2 月 3 日 19 时，新湖南客户端点击量 3425680 次，新华社客户端点击量 832296 次。据不完全统计，全网传播超 5000 万次。该产品通过新媒体的交互、跟评、点赞等功能，传递"战疫"时刻的人间温情，感动着手机、电脑屏幕前的众多网友。网友评论说："英雄的样子真美！""加油，最美的人。我们一定可以战胜困难。""痕迹，在他们身上写就了最动人、最美好的抗疫故事！！！！"众多网友写下留言表达敬意，"向前线医务工作者们致敬，你们辛苦了！""这些才是真正的白衣天使！"网友们纷纷加油鼓劲，彼此线上传递信心，"刻在你们脸上，痛在我们心里。加油，最美的人。我们一定可以战胜困难。"其中，"再强大的国家在黑夜中也要依靠每一颗星星的闪光，辛苦了！"的留言收到网友点赞 2562 次。[①]

该作品首先以创造性的新闻创意海报形式，为人们留下了抗疫斗争中富标志性的历史画面。再通过众多主流媒体转载，引发二次传播热潮，做好了融合报道时代的渠道策划，引发了传播热潮。

三、融合报道的样态类型

(一) 数据新闻

在今天的网络媒体中，数据新闻开始得到广泛应用。尽管数据新闻这一概念近年来才开始变得热门起来，但是多数研究者认为，数据新闻的"前身"可以追溯到 20 世纪中期在美国兴起的精确新闻报道，而真正意义上的数据新闻的产生则与"大数据"的出现有密切关系。当前，数据新闻越来越多地建立在可以免费获得的开放的互联网数据基础上。维基百科对数据新闻的定义是：数据新闻指对大规模的数据进行分析、过滤与加工，在此基础上形成的新闻报道。

大数据时代，个体有了另一种生存方式，那就是数据化生存，数据成了个体的映射和化身。个人、群体、企业等生产了大量的数据，对这些数据进行提取、转换、整合、挖掘，往往可以获得各种出人意料的信息。媒体的数据新闻就是通过数据来分析事件的原因

---

① 创意海报丨这些痕迹，刻在你脸上，痛在我心里[EB/OL]．[2021-05-20]．https://hunan.voc.com.cn/article/202105/202105201138381363.html.

和深层意义。

要完成数据新闻或使得数据可视化，其前提是获得有用的、可靠的数据，然后在此基础上进行数据的加工与分析。研究者保罗·布拉德肖（Paul Bradshaw）曾提出数据新闻的倒金字塔结构。这个结构概括了数据新闻所需要的几个步骤。

（1）数据的收集（Compile）：通过各种途径收集相关数据。

（2）数据的清洗（Clean）：通常包括两个方面，即去除人为的错误，以及对数据格式进行转换以便进行相应处理。

（3）了解数据的背景（Context）：就像对待其他信息一样，对于数据，我们也需要了解数据是由什么人在什么时间什么样的情况下采集的，数据收集的方法是什么。此外，也需要了解与数据有关的术语，清楚数据的含义。在这一前提下，还需要了解此数据的背景数据，以便在更广阔的背景下进行分析。

（4）数据的结合（Combine）：将两个不同系列的数据结合起来，往往可以发现更多深层问题。例如，当一个数据系列与地图这样的数据结合时，会使得基于空间的数据分布规律将变得一目了然。

经过以上四个步骤，数据里的杂质会变得越来越少，所以从数据量来看，这是一个倒金字塔式的结构。如下图所示：

数据新闻的倒金字塔结构

（二）短视频

短视频新闻是指在移动端发布的短视频新闻作品（含纪录片），其要求为时效性强，新闻价值大，立意深刻；现场感强，音质效果好，信息含量丰富；剪辑精心，短小精悍。短视频新闻报道自出现以来其定义以及要求一直在不断调整。第二十八届中国新闻奖媒体融合奖项首次设立短视频新闻项目，要求短视频不超过 10 分钟；第二十九届中国新闻奖要求不超过 8 分钟；第三十届中国新闻奖将短视频奖项分为"短视频现场新闻"和"短视频专题报道"，其要求短视频现场新闻不超过 3 分钟，短视频专题报道不超过 8 分钟；第三十一届中国新闻奖评选短视频奖项的表述为，短视频专题报道是指移动端首发对新闻事件或人物较深入的视频专题报道，含微纪录片，并要求新闻价值大，内容有深度，呈现方式新，社会反响好，时长不超过 8 分钟。①

短视频新闻是契合了媒体融合时代可视化、碎片化、移动性和社交性传播特点的重要新闻形态，是移动互联网运用可视化手段迅速报道事实的融合新闻体裁。在视觉传播时代，新闻工作人员需要注重短视频新闻的策划。

首先，短视频新闻策划中要注重主题的突出，主题永远是采访报道和创作首要考虑的指向。主题在短视频中的呈现要适应碎片化语境的"短、燃、极致"。第一，短视频创作中要有一个明确清晰的主题。主题是新闻的魂，短视频策划应围绕主题来提炼和聚焦。第二，短视频要有极致的手法。极致化地使用影像手段和叙事符号，可以获得以一当十的效果，进而促进强势主题和观点的输出。第三，短视频创作中应注意转折。

其次，短视频新闻创作中要转变语态。媒体在短视频策划的过程中要立足于信息传播新生态，要契合新语境下的新动向，要深入广大网民的语境，巧立亲民人设，借力传播。

最后，短视频新闻策划中要注重视听表达。作为新媒体的主要新闻体裁，短视频创作的长短、大小、虚实、藏露、断续要辩证统一，这主要体现在视听表达上。

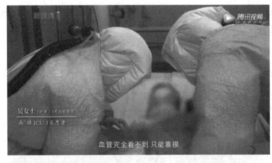

《生死金银潭》片段

人民日报客户端于 2020 年 3 月 31 日刊播的短视频专题报道《生死金银潭》获得第三十一届中国新闻奖特别奖。在追求快速、简短、煽情的短视频潮流中，《生死金银潭》显现其超越性。作品选题精准，从"风暴之眼"的金银潭医院入手，新闻价值大，连续性跟拍

① 曾祥敏. 融媒体新闻这样做：中国新闻奖媒体融合奖项获奖作品解析[M]. 北京：人民日报出版社，2002：3-29.

让作品内容扎实、细节丰富、情感饱满。作品立意高远，客观、平实而又生动地勾勒出武汉乃至全国的抗疫图景。记者和摄影师驻守医院，深入"红区"连续跟拍 36 个日夜，这部作品也是全国最早深度报道武汉定点医院隔离"红区"的纪录片。疫情初期，坊间流传一句话："世界看中国，中国看湖北，湖北看武汉，武汉看金银潭。"此片聚焦收治了大批危重症患者的金银潭医院。每天武汉前方记者和摄影师拍完素材，传给北京后方。到了深夜，北京的编辑团队再和前方沟通下一步拍摄。制作团队前后共花费近两个月时间，夜以继日，每天如此。拍摄记录了大量珍贵的一线画面，仅独家原创视频素材量就高达 2TB，具有独特的新闻价值和史料价值。2020 年 3 月 31 日一经推出，"引爆"网络，社会反响热烈，并产生了强烈的国际影响。

《生死金银潭》获得人民日报社 2020 年 3—4 月好新闻一等奖、2020 人民日报社新媒体视频创新大赛专业创新奖，并入围第十届中国纪录片学院奖等奖项。览毕全片，让人更深刻理解何为"人民至上、生命至上"的中国抗疫理念。这也启发当代新闻从业者：深入新闻现场，用心、专心，才能用镜头讲好反映时代、打动人心的中国故事。

（三）H5

H5 指的是 HTML5.0 版标准（Hypertext Makeup Language，超文本标记语言）。利用它可以实现丰富的多媒体效果，能生成灵活的动画特效，可以形成强大的交互应用和数据分析功能，可以对页面传播效果进行跟踪、分析。H5 页面还特别适合移动终端，在社交平台上传播非常方便。H5 是通过 HTML5 语言的代码来实现的，但现在有很多在线制作工具可以让人们不了解代码也可以制作出来 H5 页面，例如，国内的在线平台，意派、易企秀、兔展、人人秀、最酷、iH5、70 度等，这些平台可以完成 H5 页面的制作，还可以完成页面的投放、传播等。

H5 页面为新闻创新提供了新可能，H5 的一大优势便是其与用户的互动，因此在 H5 页面的制作过程中，策划人员应该注重 H5 页面的互动元素构造。H5 页面大多是通过移动终端上的社会化媒体来传播的，所以其需要贴近用户所在的社交平台环境，将用户熟悉的场景特别是社交场景作为基本载体，来创造用户的代入感。

2017 年两会期间，《人民日报》新媒体部推出了 H5 专题《两会喊你加入群聊》。整个专题以微信朋友圈为依托场景专题开头模仿"面对面建群"的页面，读者需要输入 0305 这一密码才能进群，这个数字正是两会开幕的日子。进入群聊页面后，时任国务院总理李克强、十二届全国人大五次会议新闻发言人傅莹、全国政协十二届五次会议新闻发言人王国庆以及各位部长、人大代表在两会期间的讲话、重要观点，通过群聊的方式不断被 @ 出来，这更使人产生了一种进入感。当微信群模拟李克强总理发出一个"要让人民过上好日子"的红包时，用户点击红包就可以进入一个类似于朋友圈的界面，这一界面将 2016 年国家发展的重点数据及公众关心的几大核心问题集成在一起。这样一种互动的创意，意在将普通公众也拉入两会的氛围。它为稍显"坚硬"的时政新闻提供了一种软性包装方式。由此，对时政新闻不感兴趣的年轻用户可能也会受到吸引，对其中的一些信息要点产生一定的印象。

2017 年 7 月 29 日，为庆祝中国人民解放军建军 90 周年，人民日报客户端借助人脸识别、融合成像等技术，制作互动作品《"军装照"H5》，帮助网友生成自己的虚拟"军装照"，共同表达对人民军队的喜爱之情。该作品一时间疯狂刷屏朋友圈，真正成为一款"现象级新媒体作品"。亿万网友纷纷通过这个新媒体作品，生产、展示自己的虚拟"军装照"，表达对人民解放军的向往、崇敬与热爱。情感的传递与"军装照"游戏的合理设计，突破以往重大节日点宣传工作的窠臼，创新互联网时代新媒体作品的传播思路。这一 H5 作品既是把爱国主义植入现象级融媒体作品的创新力作，也是融合报道的经典成功案例。①

（四）VR 新闻

信息技术及互联网的快速发展，催生了虚拟现实（Virtual Reality，VR），为新闻传播业的发展带来了巨大契机。VR 是一种可以创建和体验虚拟世界的计算机仿真系统，它提供一种多源性信息融合的交互式三维动态视景，使用户沉浸其中，带来一种身临其境的感觉；VR 新闻，则指运用 VR 技术进行新闻报道的一种新闻形式。VR 技术颠覆了传统新闻报道的线性叙事，它以 360°甚至是 720°全景成像和多感官、运动追踪等技术，还原和重现新闻现场，使受众以数字化方式身临其境。VR 新闻呈现了一种新型的新闻叙事模式，通过计算机对现实环境的模拟，将新闻事件置于更加广阔的非线性交互环境中，为受众提供全景式解读。相较于传统媒体中将语言文字作为主要传达信息的载体不同，VR 新闻中的文字只是起到一种辅助说明的作用。VR 新闻打破了传统媒介的局限，不仅丰富了新闻报道的形式，还从新闻生产方式、新闻呈现形式、新闻传受关系等方面重塑了新闻传播业态。

融媒体时代，如何做好 VR 新闻报道呢？首先，VR 新闻适用于新闻纪实、娱乐、体育赛事或现场复制难的新闻事件报道，总的来说，适合画面感强、有视觉冲击力的新闻报道。其次，VR 新闻的核心特征在于沉浸式体验，因此，VR 新闻在前期策划时，要增强新闻传播的互动性、参与性，让新闻变得立体可感，给予用户全新体验。最后，VR 新闻在设备选择上，便携易操作的拍摄工具是首选，轻巧的 VR 视频拍摄设备更符合新闻报道的场景多样性要求，便于携带、移动以及实时响应。

以浙江新闻客户端栏目《"跑"遍浙江》为例，这是一档主打运动的栏目，旨在让用户透过运动体验浙江的风土人情、特色文化。该栏目多次采用 VR 拍摄的手法，用户观看时，仿佛"低头看到自己的跑鞋，抬头看见远处的风景"，零距离感受速度与激情，"打卡"大美浙江。该系列 VR 报道收获了不错的阅读量，形成了较好的传播效果。

以获得第三十一届中国新闻奖二等奖的新闻作品《独家 VR 互动视频！身临其境，海陆空全景围观平潭海峡公铁大桥》为例，该作品采用 VR 视频方式对平潭海峡公铁大桥这一祖国大陆离台湾最近的跨海公铁两用大桥进行报道，使观众产生身临其境的多角度观赏

---

① 曾祥敏. 融媒体新闻这样做：中国新闻奖媒体融合奖项获奖作品解析［M］. 北京：人民日报出版社，2002：211-213.

体验。作品的 VR 报道视角丰富，从海、陆、空、高铁四个场景，从机长、船长、动车司机等角色代入，为读者提供了对大桥全貌的全景式、差异化观赏体验，报道手法新颖，作品互动性强，传播效果良好。

平潭海峡公铁大桥于 2020 年 12 月 26 日正式通车，这条祖国大陆离台湾最近的铁路的通车，意义非凡！该大桥不仅是中国第一座公铁两用跨海大桥，也是世界最长的跨海公铁两用大桥，创造了许多工程奇迹。为了让公众能够身临其境体验大桥的雄伟以及了解大桥的建设难度，主创团队提前策划准备，联系了海事局、南昌铁路局等有关部门，在动车驾驶室、轮船甲板上、航拍机上以及小汽车车顶上安装了 VR 全景摄像机，通过第一视角，从海、陆、空、高铁四个场景 720° 全景记录了大桥的全貌。用户通过 H5 制作的 VR 视频互动，可以身临其境体验一次机长、船长、动车司机……感受大桥英姿和建设难度，体验感强，趣味性十足。

四、融合报道策划原则

(一) 内容为王

在融合报道的语境下，也应树立"内容为王"的理念，策划过程中不仅仅注重全媒体形态，更应该将生产内容作为特色核心，只有回归内容，才能赢得广大受众的长期青睐。融合新闻策划中要坚持内容和形式并重，实现"内容为王，形态制胜"。

以央视新闻在 2021 年末推出的时政融合创新微视频《为谁辛苦为谁忙》[①]为例，该融合新闻回顾了习近平总书记一年的考察足迹。通过一条视频串联梳理了习近平总书记的一年足迹，以一年足迹汇十年牵挂，以十年牵挂见百姓初心。同时该报道还融合混剪、MV等多种短视频元素，全景化呈现了习近平总书记浓浓的人民情怀。该作品结合时代背景对习近平总书记的新闻报道进行再加工再传播，帮助大家从新的角度，学习体会习近平总书记的所思所想。作品主题宏大、技法朴实、内容精当、画面讲究，通过对大家耳熟能详的新闻报道进行再思考、再编辑，成功地将短视频的碎片化传播和情绪传播手法代入时政视频的话语体系，做到了"内容为王，形态制胜"，并运用新的传播平台取得了新的传播效果，是一篇用心用情之作。

(二) 物尽其用

每一种信息手段都有各自的优势，在融合新闻的报道中，首先要根据每种信息手段的特点来考虑它们在整体报道中的作用和位置，要使得每一种素材的作用得到相应的发挥，而不是让它们成为摆设甚至是累赘。

---

① 作品链接：https://content-static.cctvnews.cctv.com/snow-book/index.html? t = 1639952481757&toc_style_id = feeds _ default&share _ to = copy _ url&track _ id = D1B347FE-37AF-433C-8421-DC166F208FC7 _ 674282658751&item_id=8910885886963045540.

2021 年 6 月 30 日，人民日报微信公众号发布的融合报道《复兴大道 100 号》①获得第三十二届中国新闻奖一等奖。该融合报道融合了文字、画面、声音、动画、AI 交互等多项网络信息技术，创造沉浸式体验，以丰富多元的场景和细节，记录了中国共产党的百年征程。长图 H5 体现出高度的纪实风格，大到历史事件，小到墙体上的标语、字体，以及不同时代人物的着装都有据可查；对动态化细节做好多帧绘制处理，嵌入了丰富的声效，着重打磨 H5 中的 AI 交互技术应用，优化用户体验，并创新互动，运用动画长廊、水幕影像、裸眼 3D 视频等新技术，带用户"走入"历史。

该融合新闻报道以具有代表意义的历史事件和场景为依托，以纪实长图为载体，融合了 H5、动图、AI 交互等新技术手段，遵循物尽其用的原则，生动立体地呈现了中国共产党的百年历程。

(三) 有机融合

一篇好的融合新闻报道，不应该是各种单媒体手段的简单堆积，而应将这些手段结合在一起，使其成为一个有机整体，相互交融。就像合唱一样，不同信息手段扮演着不同的声部，有着自己独特的"音色"，但任何一个声部都不是突兀的、孤立的，而是与其他声部相互配合，浑然一体。

《你的眼睛》截图，江苏网

习近平总书记指出，扶贫先扶智，让贫困地区的孩子们接受良好的教育，是扶贫开发的重要任务，也是阻断贫困代际传递的重要途径。2021 年 12 月 28 日，新江苏客户端发布的融合报道《你的眼睛》②获得第三十二届中国新闻奖三等奖，作品以全新视角展现了脱贫攻坚和乡村振兴的时代大主题。自 2014 年起，江苏苏州摄影志愿者在云贵川 3 省建立了 7 个摄影创作基地，送去 110 多台相机，指导山里的孩子们创作照片，记录生活、记录成长、记录变化。采访组收集了 8 年来 150 多位孩子拍摄的 10 万余幅照片，感受孩子记录的家乡巨变。同时，该作品实现了视频、手绘画、音频、图文稿的有机融合，由点及面，层层递进，开篇视频构思巧妙，直接产生沉浸式观感；手绘画彰显山区特色，紧扣公益行动主题，设计精美，动静结合。

小眼睛放飞大梦想，小相机记录大变化。该作品透过孩子们纯真的眼睛看山乡巨变，以孩子们质朴自然的摄影作品为叙事线索，融视频、音频、图片、文字等各类元素为一体，视角独特，形式新颖，有机融合，是一篇创作精良的融媒体报道。

① 作品链接：https://c.h5in.net/year100/。
② 作品链接：https://m.jschina.com.cn/v3/waparticles/12/a2mLmWouel1ysOmk/1。

再如获得第三十二届中国新闻奖三等奖的新闻作品《一条红线穿百年》①，该作品以"牢记和践行为中国人民谋幸福、为中华民族谋复兴的初心使命，是贯穿我们党百年奋斗史的一条红线"为创作原点，生动鲜活地展示了百年党史。湖北广播电视台在百年党史的重要节点上选择湖北在全国最具标志性的事件、典型性场景和代表性文字，精选与场景对应的原声音频音效，运用 flash 技术捕捉跟踪红线轨迹：一条奋勇向前的红线将"手绘+动画+音频+海报+文字"元素有机融合，寓意着从过去走到现在的历程，简单勾勒却起到一图胜千言的表达效果。同时，场景绘制栩栩如生，原声音频的嵌入升华了主题，是一个丰富立体、有机融合的多媒体创意作品。

(四) 手段适度

融合新闻报道在多媒体手段的使用方面，需要注意适度问题。

不少融合新闻为了追求形式，过度堆砌多媒体技术，可能会陷入任正非先生所说的"炫耀锄头而忘了种地"的尴尬境地。技术的使用应该是为内容服务的，如果形式和内容没有关联，就可能让人产生游离感，过多的内容有时也会让用户产生审美疲劳。同时，多媒体内容的增加可能会使得页面的加载速度变慢，而在今天，人们等待一个页面打开的耐心是有限的，其时间可能只有几秒。因此，与内容无关的媒体形式就应该果断抛弃。

以获得第三十二届中国新闻奖二等奖的作品《H5 动态纪实长卷：稻子熟了》②为例，作品由津云客户端在 2021 年 9 月 23 日第四个中国农民丰收节之际推出。作品以手绘长图+H5 互动+短视频的融合报道形式，展现了袁隆平院士为杂交水稻奉献毕生精力的感人故事。作品采用 H5 的动态创意框架，以木版画风格手绘长图为基础，插入短视频、音频。所有的媒体形式都恰到好处，制作精良，给网友带来了极好的用户体验。

(五) 互动方便

互动是当前融合新闻报道的特色之一，但是，不由分说地加上各种互动，让浏览融合新闻的过程成为一个不断挑战人们耐心和智力的过程也并非好事。除非能带来内容和体验的提升，否则应该避免互动，以减少对人们阅读的干扰。

对于必不可少的互动元素，其在前期策划时也应该注重用户体验，要让人们快速发现互动入口，将互动时的用户成本控制到最小。

例如获得第三十一届中国新闻奖一等奖的新闻作品《一张照片背后的这七年》，作品聚焦"精准扶贫"首倡地湖南湘西十八洞村，以 H5 创意互动的形式，展现了七年来十八洞村发生的翻天覆地的变化。作品以"照片+文字+视频+音乐"的创意互动形式，将十八洞村的七年变迁融入一个简洁生动的 H5 报道。照片和视频内容鲜活生动，细节丰富，饱含感情，"照片+文字+视频+音乐"的创意互动形式简明清晰，体验流畅，让用户能够在简单的互动之中，了解"精准扶贫"重要论述给十八洞村脱贫工作，乃至整个中国扶贫事业带来

---

① 作品链接：http://m.hbtv.com.cn/p/2205067.html。

② 作品链接：https://file4993c1740801.v4.h5sys.cn/play/IhajrA0g。

了巨大的指引作用。

五、融合报道中的主流媒体

在今天的全媒体时代，人人都有麦克风，信息海量化、碎片化，舆论场上泥沙俱下，众声喧哗。主流媒体的声音往往被其他声音掩盖，塑造新型主流媒体，正确传播党和国家的声音是当下的迫切任务。

党的二十大报告提出："加强全媒体传播体系建设，塑造主流舆论新格局。"这充分体现了党中央对推进媒体深度融合发展的高度重视，对加快融合转型步伐、巩固壮大奋进新时代的主流思想舆论提出了新的更高要求。在新征程中，我们要牢牢掌握党对意识形态工作的领导权，推动媒体融合向纵深发展，不断提升新闻舆论传播力、引导力、影响力、公信力，在构建全媒体传播体系上下足功夫，加快建成一批高水平新型主流媒体，让党的声音传得更开、传得更广、传得更深入。①

(一)实现文化转基因 促进语态转变

面对媒体格局、传播方式和舆论生态的深刻变化，做强新型主流媒体，亟待深入把握全媒体时代发展新趋势，以推进媒体深度融合为抓手，全面提高内容生产力、公共服务力、情感共鸣力。同时，随着网民数量的不断增加，人们所接收到的信息也越来越碎片化、快速化，各种社交媒体短视频平台层出不穷，逐渐占据了传播媒体的半壁江山。在此背景下，新型主流媒体新闻主播如何转变话语形态，成为重要研究课题。

中央广播电视总台《新闻联播》节目，在坚持"台网并重、先网后台、移动优先"的融合策略前提下，通过转变新闻语态，生产出创新信息融合型产品《主播说联播》，节目传播速度快，受众互动体验感强，并受到广泛关注。《新闻联播》自1978年1月1日开播以来，一直在新闻界占据主流位置，它的每一步变革都起着重要的作用，具有很强的借鉴意义。2019年7月26日，《新闻联播》刷新了人们对它的印象。主播康辉针对"中美贸易战"事件，运用"怨妇心态""令人喷饭"等网络语言表达了观点，这使"新闻联播"迅速出圈，连上三天微博热搜榜单，话题讨论量超过3亿。仅3天之后，央视新闻部又在抖音、快手、微博、微信等平台通过《新闻联播》的官方账号推出了新闻短视频节目《主播说联播》，实现语态转变，迅速"出圈"。②

(二)释放人才活力 能力素质再提升

新媒介技术的迅猛发展，不但塑造了新的社交网络，也极大地改变了人们的生活，同时促进了新媒体的发展。媒体深度融合对媒体的发展提出了新的要求，媒体融合的背景需

① 刘会敏. 在融媒创新实践中塑造主流舆论新格局[J]. 新闻战线，2023(2)：64-67.
② 杨晨，季峰. 融媒体背景下主流媒体新闻语态的转变研究——以《主播说联播》节目为例[J]. 传媒观察，2020，(12)：35-42.

要媒体行业培养更多的全媒体人才，党的二十大报告也提出，"人才是第一资源、创新是第一动力"，要"全面提高人才自主培养质量，着力造就拔尖创新人才"。

全媒体时代，传统媒体受到新媒体的冲击，内容生产、服务模式、行业格局等方面在不断地改变，必须进行变革，而打造全媒体人才是其中的关键，全媒体人才需要具备全面的业务技能、全方位的融合思维、更强的创意。培养适合于全媒体发展的专业技术人才是当务之急，只有拥有新技术的人才，并熟悉新媒体的操作过程，才能使新媒体的传播模式与现有的资源进行整合。①

人才是媒体发展的关键。新技术、新业态等为媒体发展变革带来了重要机遇，媒体深度融合也迎来了更多发展可能和升级空间，要实现媒体融合向更高质量、更深层次发展，扎实的人才队伍支撑必不可少。因此，要注重人才支撑，培育新型传播队伍。我们应进一步开拓人力资源成长通道，打破编制、级别、身份限制，重点培养扶持"优秀融媒人才、优秀融媒经理人、优秀融媒制片人、优秀融媒创意创新人才、优秀融媒技术人才"，建立这5类人才库，实行动态管理，推动完善人才激励机制，激发人才创新创造活力，激发干事创业热情，加快打造智媒时代集团军。②

如何追上网络热点，《云南日报》以《丁真的兄弟姐妹在云南》的落地报道进行了一次成功策划。2020年11月，一位摄影师准备拍摄丁真的弟弟，丁真意外入镜，他洒脱地走向镜头，脸上的纯真微笑被摄影师捕捉，发到视频社交平台后一夜走红，播放量达到200万。随后，"藏族康巴汉子有多帅"迅速成为微博热门话题，一段7秒的小视频播放量迅速突破1200万。

起初，网友们看到丁真的装扮和视频里的景色，纷纷感叹："好想去西藏呀!"随后，"以为丁真在西藏"的话题也上了网络热搜。就在全国官媒都在借助丁真宣传各地文旅时，云南日报全媒体编辑中心·云报客户端编辑部迅速做出反应，以丁真的姓氏"丁"为切口，巧用"天干"代表云南的26个少数民族，打造出《丁真的兄弟姐妹在云南》系列策划，如将云南世居少数民族"假想"为"丁真"的佤族姐姐甲真、普米族姐姐乙真、彝族姐姐丙真、水族妹妹戊真、景颇族弟弟己真……以此类推，让该策划的重心回归到丁真究竟有多少个兄弟姐妹? 答案是：56个。"全面小康一个都不能少"的宏大主题，让网友在嬉笑过后有所深思。据悉，"丁真效应"让文旅行业迎来新的热潮。

在融媒传播环境下如何捕捉热点?《云南日报》同仁们认为，巧妙追上热点，让策划"出圈破圈"，是编辑必备的技能。在丁真成为微博热门话题之后，《云南日报》新媒体编辑迅速捕捉了热点，并结合云南的民族风情，自然风光，及时编辑了《虽然丁真是四川人，但，他的妹妹和哥哥在云南……》，该作品图文并茂，把云南多姿多彩的人文风情，民族故事，绚丽的自然风光，借助"丁真"效应，及时有效地进行了二次创新与传播，并取得了较好的传播效果。

他们认为，在融媒传播环境下，"二次创新"与"自主创新"并不矛盾。及时捕捉热点，

① 李建宁. 媒体深度融合背景下全媒体人才的培养理念及路径[J]. 记者观察，2022(29)：58-60.
② 刘会敏. 在融媒创新实践中塑造主流舆论新格局[J]. 新闻战线，2023(2)：64-67.

结合各地的实际,有效地嫁接相关元素,借助热点效应"快速反应",确实能有效地让融媒产品"出圈破圈"。他们将一个本不属于自己的网络热点落地当地,并把网友的视角从"表层"文旅带入"深层"脱贫攻坚、全面小康、民族团结等角度,贴紧网络的同时,站稳了党报立场,深化了主题思想。

该案例让我们看到,主流媒体策划应当"有为又有位"。案例引发网友热烈关注的同时受到当晚央视新闻联播点赞点评——"云南在攀亲戚",同时受到《人民日报》点评推荐,并引发全省多家媒体官微的转载推荐,在云南日报微信号上总阅读量超过 3.5 万次,评论数超过 100 条。这一案例为云南脱贫攻坚工作、文旅事业发展注入了网络正能量。

(三)打造主流平台 破解渠道失灵

互联网如同新时代的"操作系统"正在全方位地重构社会生活,由此带来的社会重组

央视频界面

与赋权、传播领域的种种"新常态",给传媒机构带来了一系列新的机遇和挑战。著名媒体人喻国明曾说过,当下传统媒体的颓势根源在传统传播渠道的"中断"或"失灵",如何破局解决渠道失灵问题便成为传媒领域进行互联网转型进程中的第一要务。[1]

当下,手机已经成为人们获取信息的"第一媒体"。换言之,以手机为代表的移动终端已经成为人们与外部世界建立连接的主要信息通路。而在这个平台上,人们已经不是传统意义上通过选择传统媒介的方式来获取信息。目前很多传统传播媒介在检讨自身传播效应下降的时候,总认为是内容的问题,这的确是必须升级换代的问题之一。但在"互联网+"的时代,传统传播渠道的"失灵"与"中断"则是关键所在和当务之急,由于"渠道失灵",传统媒体普遍陷入影响力下降的困境。[2] 尽管众多主流媒体顺应潮流在微博、微信、抖音等平台上设立了自己的官方账号,但毕竟没有自身的平台。2019年,中央广播电视总台上线总台综合性视听新媒体旗舰平台央视频 App,推出了大量的高品质内容,实现了流量聚集,是传统媒体努力的一个方向。

① 喻国明,焦建,张鑫,弋利佳,梁霄. 从传媒"渠道失灵"的破局到"平台型媒体"的建构——兼论传统媒体转型的路径与关键[J]. 北方传媒研究,2017,(4):4-13.

② 秦绍德,等. 舆论生态与主流媒体建设——兼谈走、转、改[M]. 上海:复旦大学出版社,2021:314.

（四）深化媒体融合 体制机制求创新

媒体，尤其是主流媒体，其之于社会就如神经系统之于生命体，在社会平稳、流畅运转过程中扮演着重要的角色。时下，信息传播在数字技术的赋能下得以突破时空界限，信息的无远弗届正日益成为可能，并引发了传播生态与舆论环境的巨大变化。在此背景下，加快推进媒体深度融合发展、建设全媒体成为各级主流媒体应对时代挑战的一项紧迫任务和课题。囿于工业时代所形成的条块分割、缺乏联系的传统媒体思维和惯性逻辑，现阶段主流媒体自身的体制机制已然成为其推进全媒体转向、重塑旧有传播体系的桎梏与阻碍。①

2020 年 6 月 30 日，中共中央审议通过了《关于加快推进媒体深度融合发展的指导意见》，就这一问题对下一步的工作给予了具有指导意义的方案和进路，即集中力量于体制机制改革的深化和全媒体人才的培育，并在此基础上切实推进新型主流媒体和全媒体传播体系的建设。由此可见，在融合实践迈向纵深的过程中，相比于生产流程的调整、业务部门的整合及技术平台的建设这些外显形态的融合，体制机制改革作为推进媒体融合迈向纵深的内在动能源泉，在确保系统统一性和协调性的同时，充分赋予和凸显各个组成部分的自由度。②

面对形势的发展，主流媒体该如何进行体制机制改革呢？应主要把握以下两个方面的问题：

一是体制层面，主要指媒体机构的属性、媒体结构体系以及媒体监管体系等。首先是主流媒体的属性界定，特别是媒体融合后的新型主流媒体的属性界定。从媒体融合的现实来看，媒体务必要增强服务功能，才能满足社会需求。因此，媒体不可能只有纯粹的公益服务，而不进行必要的市场运营与经济效益的获取。其次是主流媒体的结构体系，需要适时进行结构性创新与升级。媒体融合应该尝试媒体的跨区域横向融合，或者跨行业横向融合，或者从央媒到基层的垂直融合，同行业、同领域的垂直融合，从而真正搭建有影响力的新型全媒体综合平台和全媒体垂直平台。

二是机制层面，主要是指主流媒体机构的内部组织设置、业务流程以及管理体系等。在可以深化改革的方面，首先，内部组织设置，即由中心制、频道制，逐步转向项目制或者产品事业部制。其次，业务流程打通。新闻业务已经基于中央厨房类系统打通了策采编评发流程，急需将非新闻类产品与服务的流程打通，上游与下游、网上通过文化与艺术、技术、渠道的多重融合，在众多的流量节目中杀出重围，与网下、内容与运营融合。最后，在内部管理体系上，以扁平化为基础，以用户为驱动，以各类服务为面向等来配置人财物资源。③

---

①　黄楚新，邵赛男. 跨越与突破：媒体融合纵深发展的路径[J]. 中国编辑，2021(3)：4-9.

②　胡正荣，李荃. 深化体制机制改革：主流媒体纵深融合的内在动能源泉[J]. 青年记者，2022(10)：15-17.

③　胡正荣. 主流媒体如何进行体制机制改革？[J]. 中国广播，2020，(10)：79.

在精品力作上下功夫，塑造主流舆论新格局，是媒体融合的新追求。传播产品化，产品要破介(媒介介质)"破圈"，全平台传播，主题宣传、正面报道能引来大流量，这在《长江日报》特稿中心爆款产品实践中作了很好的说明。该报特稿中心诞生于 2021 年 7 月，人员构成涵盖医卫、商业、高校、城区、驻京记者，新媒体中心，群英荟萃，团队运作。部门每周召开选题策划会，所有任务由负责人分解，确保工作全部落实到具体的人，按节点打卡推进。

《长江日报》特稿中心在不到两年的时间内，爆款连连、佳作迭出：11 件作品获湖北新闻奖，其中一等奖 1 件、二等奖 5 件、三等奖 5 件；1 件作品推荐参评中国新闻奖；2 件作品分别获中国晚报工作者协会特等奖、一等奖；2 件作品获中国报业协会党报分会奖，其中一等奖 1 件、二等奖 1 件；1 件作品获中国传媒经济协会中国经济新闻大赛二等奖。该报策划的报道《九旬教授状告知网维权》，在全国产生重大社会影响，促使国家市场监管总局和网络安全审查办公室介入调查，促使知网直面问题并积极进行整改。2022 年毕业季播发的《大凉山彝族小伙毕业论文 6000 余字致谢》独家报道，在全国形成热搜刷屏效应，后续又不断跟进，持续引领舆论，中宣部新闻阅评给予肯定。①

长期以来，河南卫视一直以本土文化为依托，积极探索传统文化节目的新颖表现方式，实现了传统文化的创新化表达，唤醒了传统文化的崭新生命力。2022 年《元宵奇妙夜》中，隋唐洛阳城、清明上河园以及河南博物院等河南多地影像穿插其中，让观众深感传统文化的魅力以及河南当地厚重的文化底蕴。《端午奇妙游》和《中秋奇妙游》结合传统节日特色，将节日习俗、饮食文化、中医药等传统文化等以艺术的方式呈现出来，其中民乐节目《豫见》融合了河南豫剧流水、河南越调乱弹、河南曲剧慢踩等极具特色的河南本土元素，唢呐、筚篥、笛箫、古筝等乐器齐上阵，氛围感十足。用现代科技 XR 虚拟场景的变化应用动态呈现出传统文化的薪火相传，带领观众走入一场由现代科技与传统民乐共同打造的视听大戏。而《2023 元宵奇妙游》延续中国节日奇妙游系列"网剧+网综"形式，以元宵节为主线，围绕"国风，剧情，舞蹈，传统文化"等多种元素，开启了一场国风与趣味、传统与新潮共存的奇妙游盛宴。《大戏登场》将豫剧与摇滚混搭，用潮流艺术碰撞

豫剧《大戏登场》截图

① 赵代君，朱波. 新机制新流程推动"硬核"新闻生产——长江日报特稿中心为何频出爆款[J]. 新闻前哨，2023(3)：14-15.

传统文化。节目通过剧情+水墨特效的方式诠释中国戏曲，将桌下腰、剑花、水袖等多种绝活轮番上演，再结合配乐、动捕动画技术以及表演者刚劲潇洒的动作，呈现出一幅戏曲百态图，拉开了整场晚会的序幕。在灯火舞台中追溯千百年来中国元宵的传承，古今共情，带领观众在元宇宙空间沉浸式感受中华传统文化之魅力。

◎ **思考题**

1. 什么是融媒体报道，它有什么积极意义？
2. 如何确定融合报道的选题？
3. 在融合报道中，要把握哪些策划原则？
4. 如何在融合报道中发挥主流媒体的作用？

◎ **实践题**

拟定一个大学毕业季的融媒体报道策划案。

第十五章
讲好中国故事策划

　　讲好中国故事是党的十八大以来以习近平同志为核心的党中央提出的重要任务。习近平总书记不仅是讲好中国故事的倡导者，更是讲好中国故事的实践者。在他的带动下，越来越多的热心者加入讲中国故事的队伍，越来越多的中国故事被挖掘出来，也有越来越多的听众、观众、读者喜欢上了中国故事。

　　2013年12月30日，习近平总书记在主持中共中央政治局第十二次集体学习时强调，中国梦意味着中国人民和中华民族的价值体认和价值追求，意味着全面建成小康社会、实现中华民族伟大复兴，意味着每一个人都能在为中国梦的奋斗中实现自己的梦想，意味着中华民族团结奋斗的最大公约数，意味着中华民族为人类和平与发展作出更大贡献的真诚意愿。这一思想，顺应了全体中华儿女创造美好生活的热切期盼，顺应了当今中国的发展大势，顺应了世界历史的发展潮流。在中国梦的激励下，越来越多的人以自己的辛勤努力追梦、圆梦，争取人生出彩的机会。

　　同时，中国梦也成为国际社会认识当代中国的一把钥匙。2021年5月31日，习近平总书记在中央政治局就加强我国国际传播能力建设第三十次集体学习时，提出"要注重把握好基调，既开放自信也谦逊谦和，努力塑造可信、可爱、可敬的中国形象"①。可信、可爱、可敬的中国形象体现了中国大国形象建构目标的新视角。此前，习近平总书记强调要重点展示文明大国形象、东方大国形象、负责任大国形象、社会主义大国形象这四种形象。这四种形象分别对应中国形象的文化层面、社会层面、外交层面和制度层面，体现了中国形象的丰富维度。②

一、"好记者讲好故事"解读

　　2014年8月，由中宣部、国家互联网信息办公室、国家新闻出版广电总局、中国记协主办的首届"好记者讲好故事"演讲活动在全国新闻战线展开。10月15—21日，由全国各省、自治区、直辖市、新疆生产建设兵团，中央主要新闻单位和中国产业报协会推选的131名优秀记者，在北京集中参加演讲比赛选拔赛，经过两轮紧张激烈的角逐，最后由评审专家推选出10名选手，参加了11月4日在中央电视台举行的《好记者讲好故事——

---

　　① 习近平谈治国理政(第四卷)[M].北京：外文出版社，2022：317.
　　② 钟新，蒋贤成.完善全民国际传播体系，构建可信、可爱、可敬的中国形象[J].中国记者，2021(7)：38-43.

2014 年中国记者节特别节目》录制。从 12 月 21 日至 27 日，3 组巡讲团成员分赴辽宁、上海、浙江、江西、河南、广东、广西、贵州、陕西等地，为当地新闻单位编辑记者和高校新闻院系师生作巡回报告。2021 年 7 月，全国新闻战线组织开展第八届"好记者讲好故事"活动。各地各新闻单位按照主办单位统一部署，加大创新力度、选拔力度、支持力度，知名度和影响力不断提高，得到新闻战线和社会各界的一致好评。截至 2021 年 11 月 8 日，《好记者讲好故事》系列特别节目在电视端相关节目及新闻宣传观众触达人次达 1.49 亿次，新媒体端总阅读播放量 1.83 亿次。"好记者讲好故事"主题词在各新媒体平台总阅读量达 8.53 亿次、话题讨论量达 1.87 亿次。①

《好记者讲好故事——2021 中国记者节特别节目》录制现场

　　由中宣部等部门组织的"好记者讲好故事"是一个由专业记者群体向国人和世界"讲好中国故事"的伟大实践，受到社会各界人士的广泛好评。按照举办方的要求，此项活动的宗旨是：推动新闻战线深化马克思主义新闻观教育，弘扬新闻工作优良传统，加强新闻队伍建设。据了解，目前活动组织者正在总结经验，计划将此活动进行深化和延展。这个举措赋予了"好记者讲好故事"活动新的使命和内涵，对于向全社会弘扬社会主义核心价值观，重塑记者在公众中的形象，更好地报道和传播华夏儿女实现中国梦的伟大实践和经验，让中国走向世界，让世界更好更全面地认识中国，具有重要的价值。

　　笔者曾应邀担任此项活动的评委，与参赛选手就演讲稿的撰写和现场演讲进行过交流和探讨，也学习过一些选手的演讲和他们的心得体会，颇有收益。为了让此项活动向着更加科学有效的方向发展，本书特对"好记者讲好故事"这一主题作些解读，供组织策划者和参与者思考和探讨。

---

　　① 　见 2021 年第 11 期《三项学习教育通讯》。

(一)"好记者"是讲好故事的主体

新闻记者以报道传播正在、新近发生或发现的有价值的事实及意义的信息为己任,是发现故事和讲好故事的特殊群体。选拔优秀记者参赛是上述活动的一个亮点,它不仅要求选手在舞台上讲得好,更要求他们在实践中做得好。参赛选手是在重大新闻事件报道中取得突出成绩、得到社会各界广泛认可的优秀记者。他们中既有传统媒体记者,也有新媒体记者;既有茁壮成长的年轻记者,也有经验丰富的资深记者、老记者;既有长年工作在演播室的播音员、主持人,也有扎根新闻一线的记者和长年夜班的组稿编辑;既有将新闻事实、数据、典型予以描述的各战线记者,也有在故事中将判断、解读、评论融为一体的评论员。

随着"走转改"的深入和时代的发展,新形势对"好记者"提出了新的要求。因此,锻造全媒型专家型人才,要更多地到一线、循规律、出佳作。到一线,就是到新闻发生地,到可以发掘新闻的地方;循规律,即遵循社会发展规律和新闻报道规律;出佳作,指报道必须客观、真实、全面,鞭笞邪恶、弘扬正气,有利于推动问题解决和促进社会和谐健康发展。[①]

"好记者"作为讲好故事的主体,是上述活动与其他行业讲故事的区别所在,"好记者"参加大赛,要在演讲中体现职业特征和在故事里凸显专业素养。

首先,在故事中要有"我"的存在和表现。哲学家说世界上没有两片完全相同的树叶,人不能两次踏进同一条河流,揭示的是瞬息万变的物质存在。参赛选手讲述自己与故事中人物、事件的相互关系,展示出新闻人的职业特性,可以让受众在接受"这一个"的故事中感受到与他人不一样的传播效果。有"我"在,要求故事因"我"的参与、报道、感悟和讲述而产生与他人演讲不同的"这一个"效应,让受众知晓新闻人的工作性质、程序、技术、技巧和付出。这种互动有利于揭开记者的"神秘"面纱,加强传播和受众双方的理解与沟通,促进新闻传播正常和有效进行;有"我"在,并不是在故事中只有"我"和突出"我","我"是讲述者,讲述的典型人物和事件才是故事的主体,这是须臾不可忘记的。

其次,在故事中展现新闻记者的职业特性和专长。形势的发展和变化对新闻人提出了更新更高的要求,我们的社会需要具有这样特质的新闻人——以新闻的敏锐和智慧发现故事,以新闻的视角和手段描述和评论故事,以新闻的威力和魅力促使故事在有利于大众和社会的轨道上完善和圆满。随着科技进步和媒体的发展,今天的故事也与传统和历史有着太多太大的差别。报纸、广播、电视和新媒体的生产过程不同,消息、通讯、特写、专访和评论的报道方式也不一样。运用不一样的方式讲好不同的故事,用新闻人的"工匠精神"打磨曾经的故事,也是张扬选手个性风采,重塑和提升记者形象的有效途径。

(二)"好故事"是大赛的主题

既然是"好故事"大赛,当然离不开故事的存在。在近年开展的"好记者讲好故事"活

---

① 2016年2月24日,《人民日报》报道《担负起巩固壮大主流思想舆论的责任——习近平总书记在党的新闻舆论工作座谈会上的重要讲话》引起强烈反响。

动中，我们听到越来越多的好故事：我们看到了带着幼童和丈夫一起进藏支教女教师的奉献和大爱；我们看到了中国赴南苏丹维和部队为执行任务英勇献身战士表达的不舍和敬意；我们看到了港珠澳大桥建设者为谱写"现代世界七大奇迹"之一的创造和璀璨；我们看到了长年坚守国界卧冰饮雪戍边官兵令人震撼和景仰的家国情怀；我们看到了一个大国公民和记者的责任，他们将采访材料整理成翔实的中英文双语稿件，驳斥了在南海问题上国际仲裁庭罗列的不公正观点……

正是这样一个又一个的好故事，感动了大家，同时也教育着演讲者——

"从演讲中回望自己亲身经历的众多新闻故事，对自己的职业有了更深一度的思考。"

"参加演讲大赛。对我来说不仅是业务学习的提升，更是一次职业价值的升华。"

"记者是一份平凡而崇高的职业，正是这些平凡人，给予我无限的力量，让我在新闻之路上前行。"

"我庆幸自己能够从事记者这份职业，让我有机会去记录这个时代的变迁和精彩，让我可以去触摸到真实的冷暖人生。未来，我依然会坚持站在离新闻最近的地方，去感受它的温度！"

"习近平总书记说过，讲中国故事是时代命题，讲好中国故事是时代使命。我相信，不论传播方式如何改变，讲好故事都为这个社会和时代所需要。"

一年接一年的大赛持续不断，一个又一个的优秀记者在讲述。新闻工作者讲述新闻工作者亲历亲见亲为的精彩故事，展示了各条战线、各个领域的可喜变化，展示了新闻战线在过去时间里重大新闻事件中取得的丰硕成果和新闻工作者履职尽责的良好形象。新闻战线举办的这场演讲大赛，是新闻人从新闻传播学的视野向民众和社会传播中国过去时光取得的成就和发展历程，它是实现中国梦，"讲好中国故事"的重要组成部分。

华夏五千年文明源远流长，中华儿女传承经典荡气回肠。在近代百年中国人民寻梦、追梦、圆梦的历史进程中，我们已经走过"雄关漫道真如铁"的昨天，正在经历"人间正道是沧桑"的今天，翘首展望"长风破浪会有时"的明天。读一篇好故事犹同品茗，酽香四溢，听一篇好故事宛如饮酒，心醉神往。用美好故事抖落浮躁的尘埃，用动人声音传续璀璨的文明，用文化之光照亮复兴之路，用软实力展现国家魅力。一个个独特的故事，经过作者的加工和传播，可以超越文化藩篱、摆脱偏见局限，在人们心中萌芽生长、孕育光明。而好故事不易得，能观得一纸好文是读者之喜，能闻得一席佳话则是听者之幸。那些用笔尖和声线记录、传播文化的人，那些对好故事心怀执念的人，那些愿意在阳光和思想共同照耀之处挥洒才智的人，更是这个异彩纷呈、前途无限的时代构建者。是思想的勃发造就了语言的丰满，是生命的炽热成全了表达的欲望，只要讲故事的人有勇气、有自信、讲科学，故事就有感染力和说服力。

如何确定一个选题，这里有个价值取向问题，也是选题的价值前提。

所谓选题的价值前提，说的是我们确定一个选题的意义、目的或目标是什么，也就是我们通常说的这个选题该不该做、值不值得做的问题。该不该做，讲的是是与非的问题，是一个原则问题，它决定我们在一个选题面前是动手还是不动手的问题；而值不值得做，是一个意义大小或投入多少的问题。

价值取向一般来说有两个，一是新闻价值，一是社会价值。

所谓新闻价值，讲的是故事中可能给人们的信息量的大小，包括故事中的人物、事件和该故事体现的观点和思想。一个故事给人们的信息量大，它的价值就大，反之就小。信息量大的选题才是我们要确定的主题，一切都要围绕它组织展开。这里说的是选题必须遵循新闻规律。

所谓社会价值，讲的是故事传播后对社会的影响力和震撼力，也就是我们常说的社会效果。讲故事是一种意见表达，提倡什么，反对什么，歌颂什么，批评什么，作者通过讲故事表达了自己的意愿和对社会产生影响。一篇故事一个演讲，只求个人情感的宣泄而不顾及它是否会引起社会的过度震荡和人们的强烈不安，对解决问题和促使政府工作有没有好处，这样的故事和演讲显然是不成功的。这里讲的是选题必须遵循事物发展的规律。

为了选好题，一般来说应把握以下几点：（1）贴近实际，与时俱进，促进社会协调发展。把回答和解决实践提出的课题作为我们选择故事的一个重要方面，使所讲故事更加具体实在、扎实深入。（2）贴近生活，服务生活，引导受众积极向上。人们对美好生活的向往是执政党的奋斗目标。我们演讲的故事要关注人们朴素平凡的生活细节，聚焦丰富多彩的生活场景，从现实生活的生动事例中剖析深刻的道理，展示未来生活的美好前景，给人民以鼓舞。（3）贴近群众，反映群众，代表群众的根本利益。记者深深扎根于群众之中，想群众之所想，急群众之所急，盼群众之所盼，充分体现群众意愿，满足群众需求。在故事中把握群众脉搏，说群众想说而说不出的话，讲群众能懂的而又喜欢听的话。以群众满意不满意、高兴不高兴、赞成不赞成、答应不答应作为我们选择故事选题的出发点和落脚点。

（三）"讲好"故事是取胜之宝

"好记者讲好故事"不是新闻报道的战役总结，不是年度考核的工作汇报，更不是沽名钓誉的作秀和炫耀，而是记者对自己亲身所见、所闻新闻事实有选择性的一次再梳理和再思考。这种梳理和思考是通过演讲的形式来实现和完成的，所以，如何把故事"讲好"就是参赛选手不得不认真研究的问题了。

首届"好记者讲好故事"演讲活动对选手"讲好"故事提出了要求：要围绕主题、真实可信，表达准确、语言生动，具有较强的吸引力感染力；演讲时间控制在 8 分钟以内；演讲时脱稿、使用普通话，语音清晰，语调节奏切合演讲内容；适当选配 PPT、音视频、背景音乐等。因为是在舞台上演讲，还要求选手们服装大方得体，精神饱满、感情充沛；适当使用肢体语言，举止表情自然；遵守比赛纪律，尊重观众、评委和其他选手。这些统一要求需要选手们认真领会并体现在自己的演讲中。除此之外，再讲两点意见与参赛选手交流。

其一，用真实情感讲述客观故事。故事都是选手们自己亲身经历的，很熟悉，但熟悉的东西并不是其他人都能听得很明白很有意义。这里需要用大家听得懂的故事、情节、词语，包括数据、事例、引文和权威出处等要讲清楚、讲明白，还要注意书面语言和口语表达的不同。有关演讲与口才的书很多，这里仅就故事的开头和结尾的语言、情感、动作设计谈点意见。

心理学上有种效应叫首因效应，说的是人们在最初接触到的信息所形成的印象，也称第一印象。尽管第一印象不是那么准确和科学，仅凭此就给一个人和一篇演讲下结论也是不妥当的。但是，人们根据最初获得的信息所形成的印象不易改变，它的确会影响以后我们对一个人行为活动的评价，甚至会左右对后来获得新信息的理解。所以，对于一个选手来说，登台的前几分钟、开场白的几句话尤为重要。给观众和评委留下良好的第一印象是选手取胜的重要前提。

心理学上还有一种效应叫近因效应，说的是人们识记一系列事物时对末尾部分、最近发生信息的记忆效果优于中间和开头部分信息的现象。近因效应与首因效应相反，是指人们交往中最后一次见面、最近一个信息给对方留下的印象，这个印象在对方的脑海中也会存留很长时间，甚至会影响首因效应的结论而作出新的判断和结论。这在比赛中也是常见的，本是不错的选手，却因即将告别舞台的最后几句话没讲好，而失去了获奖或失去了获好名次的机会；相反，有的选手由于最后结尾时的精彩表现，改变了评委的看法而获得好成绩。

其二，运用判断、推理和论证来揭示故事中蕴藏的真理。所谓故事，是对过去发生的事实或事件的回忆与讲述。"讲好"故事，不仅要求选手用真情表白打动人，更需要用故事中蕴藏的观点、理论、思想来征服人。

成都的一位新闻人讲述了这样一个故事：她到外地采访，时常会碰到有人说："你们那儿的人，从早到晚都在打麻将，羡慕啊。""少不入川！成都不适合年轻人创业发展，你们应该到北上广闯闯。"面对这样的质疑，新闻人讲述了她采访几位年轻创业者的故事，在此基础上发表评论。最后结尾时她说："一个好记者，必须遵循客观事实，为事实真相而发声！今天，我要拿着话筒，对那些时至今日还认为'少不入川'的人说——这话，现在得改变了！今天的成都，绝不是一个让人懈怠的城市。相反，它已经成为国内推动创业的重要城市，是一座为年轻人提供无限机遇的城市。成都正在变成为一座创业之城、圆梦之都，它敞开环抱，值得你一生相托。"①

有学者研究恐怖事件中西方媒体报道中存在的"傲慢与偏见"，我们应该采取的应对策略是：一要主动出击，发布权威信息，积极引导西方大众舆论；二要积极关注网络坊间舆论，主动发挥论坛的作用；三要建立后续发布机制，在连续报道中揭示真相，澄清西方媒体的不实报道。②

这些强调的都是评论的作用。所谓新闻评论是传者借用大众传播工具或载体，对正

---

① 杨乾鑫. 少不入川，这话该改改了[J]. 新闻之友，2016(3)：117.
② 薛涛，张荣美. 西方媒体涉华报道中的"傲慢与偏见"[J]. 现代传播(中国传媒大学学报)，2017：163-165.

在、新近发生或发现的新闻事实、问题、现象直接表达自己意愿的一种有理性有思想有知识的论说形式。新闻评论在报纸、广播、电视和网络等媒体上有不同的表现方式，或文字、或声音、或音像结合、或图文并茂，在新闻传播中发挥着重要作用。① 在"讲好"故事中，选择和运用故事除了借以抒发作者的情感外，也要考虑如何能较好地为整篇文章的立论和论述起着铺垫和渲染的作用。"讲好"故事有多种形式，但是，评论记者"讲好"故事有着自己特殊的要求——所有的讲述都是为论证服务的，也就是说，我们所选择和讲述的故事都要发挥事实论据的作用，要成为支撑观点的有力助手。

时下，新闻评论越来越受到媒体和大众的关注，这是因为，改革发展中越来越多的问题需要评论者出来阐明解读，释疑解惑，在与世界的交往中越来越多的事件和纷争需要揭示真相，明辨是非，所有这些都少不了新闻评论者的关注和投入。综观近年来开展的演讲大赛，动情讲故事的多，而能够将故事的事实、数据、描述与判断、解读、评论融为一体的少，这是我们需要改进的一个方面。

(四)精心组织策划，扩大品牌效应

(1)精心组织活动，展现记者风采。2021 年，第八届"好记者讲好故事"活动启动，各地各新闻单位认真组织初评，从上万名参赛记者中选拔出 133 名优秀选手。新华网 9 月 15 日起在首页开设"第八届好记者讲好故事"专题，通过记者风采、专家点评、我的 Vlog 等板块展示优秀记者事迹，978 万名网友为他们投票点赞。10 月 12—18 日，第八届"好记者讲好故事"活动选拔赛在北京举行。经过两轮推选，评选出 20 名优胜选手和 10 名最佳选手。中央广播电视总台记者洪玫讲述了庆祝中国共产党成立 100 周年大会直播中两个经典镜头背后的故事；西藏山南市措美县融媒体中心记者旦珠是翻身农奴的后代，她采访和记录了许多西藏群众的生活变化……这些优秀记者的精彩讲述，涉及报道建党百年、采访脱贫攻坚、国际舆论斗争、增强"四力"教育实践等主题，集中展现了广大新闻工作者在近年来重大新闻事件中的优异表现，揭示了中国故事及其背后的精神力量。

(2)加强编排策划，提高节目质量。为做好特别节目制作，充分展示 10 名优秀记者的精彩故事，中央广播电视总台和中国记协提前介入、精心策划。

(3)有序宣传报道，营造良好氛围。2021 年 11 月初，新华社播发通稿《"好记者讲好故事"2021 中国记者节特别节目播出》，《人民日报》《光明日报》等刊发报道评论推介，光明网、观察者网、参考消息等 540 余家主流媒体在微博发布讨论。特别节目播出当晚，央视新闻《夜读》栏目发布文章《原来这才是记者》，许多记者纷纷转发，转发量迅速突破 44 万，成为记者节一大亮点。

(4)拓展传播渠道，扩大品牌影响。2021 年 11 月 7 日，"好记者讲好故事"话题在新浪微博热搜置顶，新华网、央视新闻等在新浪微博开设的第八届"好记者讲好故事"等主话题 5 次登上微博热搜榜。

---

① 赵振宇. 现代新闻评论[M]. 武汉：武汉大学出版社，2024：117.

二、"讲好中国故事"创意传播大赛

中国日益走近世界舞台中央，国际社会前所未有地聚焦中国发展、关注中国信息、期待中国声音。中国故事每一刻都在发生，而讲故事是国际传播的最佳方式、话语创新的最好载体。如何聚焦重点内容讲故事、创新手段形式讲故事、保持温度深度讲故事，贴近中国发展实际和国外关切，成为新时代各行各业的新课题。"讲好中国故事"创意传播大赛是以"讲好新时代中国故事"为主旨，面向国内外社会公众公开征集各领域中国故事、传播中国好声音、树立中国良好国际形象的年度官方品牌活动。

大赛由国务院新闻办公室指导，中国外文局主办，当代中国与世界研究院、中国互联网新闻中心承办，华中科技大学为学术支持单位。每年大赛在全国各地开展地方分站赛，邀请、组织、发动包括学界、业界、社会各界在内共同参与发现故事、讲述故事、传播故事，让社会公众都来参与发现、讲述、传播中国故事，进而让国际社会视野中的中国形象更加真实、立体、全面，这也是"讲好中国故事"创意传播大赛的初衷。

中国故事创意传播研究院由中国外文局与华中科技大学共建，2019 年 11 月 13 日正式成立。研究院充分整合和发挥了中国外文局的政府资源、国际传播、讲好中国故事实践优势以及华中科技大学在新闻传播、公共关系、公共管理、对外翻译等跨学科领域的人才、科研、成果等优势。目前，研究院主要承担"讲好中国故事"创意传播大赛的全国故事作品评审、中国好故事评价指标体系研究、中国好故事人才队伍培训，以及湖北分站赛的组织承办和评审等工作。今后将重点围绕中国故事创意传播的理论研究、人才培养、社会服务和智库建设，积极开展"讲好中国故事，传播好中国声音"与提升中国国际话语权和文化软实力的相关研究和成果转化。

什么样的故事才是中国好故事？选择依据和评价标准是什么？什么样的中国故事才能真实反映中国的本来面貌？什么样的中国话语才能揭示中国奇迹的核心密码？如何建构两者的叙事关系才能传播好中国声音，塑造好中国形象？这些问题一直是外宣实践部门面临的工作难题，也是持续开展"讲好中国故事创意传播大赛"必须解决的问题。习近平总书记明确提出了讲好中国故事的总要求，即向世界展现一个"真实、立体、全面"的中国形象，因此，围绕总目标、总要求来建构中国好故事的评价指标体系，具有极其重大的理论意义和非常迫切的现实意义。

中国好故事评价指标体系主要围绕"选故事—写故事—讲故事"三个实践环节来构建。第一层次为选故事指标层，即中国好故事的选择性指标；第二层次为写故事指标层，即中国好故事的生产性指标；第三层为讲故事指标层，即讲好中国故事的叙事性指标。通过这三个层次来科学评价中国好故事的内容生产水平，为讲好中国故事的全民动员和参与提供基本遵循。具体来说，中国好故事评价指标体系包括 10 个一级指标：真实性、时代性、人民性、代表性、思想性、创新性、艺术性、对外性、叙事性和"IP"性。

首届"讲好中国故事"创意传播大赛于 2017 年成功举办，共征集到来自全国 32 个省、自治区、直辖市机构和个人提交的 720 多件故事作品，引起社会各界的广泛关注，特别是在大学生群体中反响尤为强烈。

2022 年是党的二十大召开之年，2022 中国故事国际传播高峰论坛于 5 月 14—15 日在华中科技大学召开。鉴于国内疫情防控需要，论坛以线上与线下结合的形式召开。来自中国外文局、清华大学、中国人民大学、浙江大学、香港城市大学、武汉大学、华中科技大学等 53 家高校、政府机构、智库的领导、专家、学者、研究生围绕主题"大变局下的中国故事讲述之道"，聚焦中国故事国际传播的时代背景、价值意义、知识体系、公共实践等议题展开了深入热烈的研讨。

三、向世界讲好中国故事的两个视角

2021 年新年伊始，习近平总书记在中央党校就我国进入新发展阶段、贯彻新发展理念、构建新发展格局，向全国省部级主要领导干部讲了新年"第一课"。他指出，当今世界正经历百年未有之大变局，但时与势在我们一边，这是我们定力和底气所在，也是我们的决心和信心所在。他提出，全党必须继续谦虚谨慎、艰苦奋斗，调动一切可以调动的积极因素，团结一切可以团结的力量，全力办好自己的事，锲而不舍地实现我们的既定目标。

2020 年，全国 823 个贫困县退出贫困县序列，标志我国脱贫攻坚目标任务已经完成，实现了中国第一个百年奋斗梦。2021 年，是个不寻常的年份：中国共产党百年华诞，承上启下，我们恰逢"十四五"规划开局之年，中国将开启全面建设社会主义现代化国家新征程，为实现第二个百年梦想而奋斗。在这个饱经沧桑、创造辉煌的岁月里，中国人民在中国共产党的正确领导下，向世界展现出我们的智慧和力量，交出了一份令世人赞誉的胜利答卷。面向未来，我们需要更加坚守科学精神，把握大势，抢抓时机，向世界讲好中国故事。

(一)把握大势，据势行事，以事成势

80 多年前，毛泽东在《论反对日本帝国主义的策略》一文中说："我们中华民族有同自己的敌人血战到底的气概，有在自力更生的基础上光复旧物的决心，有自立于世界民族之林的能力。"[1]他在《沁园春·雪》中为我们留下了"俱往矣，数风流人物，还看今朝"的千古名句。这种自信来源于对中华民族精神的认识和对当时形势大局的把握，这种自信无论是过去、现在和将来，都是我们国家和民族自立于世界民族之林的精神动力。今天，当我们站在世界局势变幻莫测、人类社会面临百年不遇的考验之际，更要把握世界大势，全力办好自己的事。为此，中国人以自己特有的方式向世界交上了一份胜利的答卷。

摆脱贫困，走向富裕，是一个世界性的难题。党的十八大以来，党中央团结带领全党全国各族人民，把脱贫攻坚摆在治国理政突出位置，充分发挥党的领导和我国社会主义制度的政治优势，采取了许多具有原创性、独特性的重大举措，组织实施了人类历史上规模

---

① 毛泽东选集(第 1 卷)[M]. 北京：人民出版社，1991：161.

最大、力度最强的脱贫攻坚战。经过 8 年持续奋斗，我们如期完成了新时代脱贫攻坚目标任务，现行标准下农村贫困人口全部脱贫，贫困县全部摘帽，消除了绝对贫困和区域性整体贫困，近 1 亿贫困人口实现脱贫，取得了令全世界瞩目的重大胜利，为世界性的脱贫致富提供了一份可资学习借鉴的中国成功思路和案例。

面对反腐败这个世界性难题，我们党和政府出台了一系列法规举措，历经艰难曲折，反腐败斗争取得压倒性胜利，全面从严治党取得了重大成果。2021 年 1 月 4 日，新年第一个工作日，中央纪委国家监委网站同时发布重庆市原副市长邓恢林等四"虎"同时被"开"，再次传递出惩治腐败零容忍、不放松的强烈信号。1 月 22 日，十九届中央纪委第五次全体会议召开，中央纪委国家监委和地方各级纪检监察机关以一体推进不敢腐、不能腐、不想腐的理念、思路和方法深化标本兼治，不断巩固反腐败斗争压倒性胜利的成果，促使治理腐败效能进一步提高。

2021 年，中国共产党成立 100 周年，全面建成小康社会目标实现；同时，也开启了为实现第二个百年梦想，实施"十四五"规划，全面建设社会主义现代化国家的新征程。这就是举国上下最大的形势。

所谓势，是指一切事物力量表现出来的整体特性和趋向，形势反映的是事物发展的当下状况和特征，趋势则是反映事物发展的未来去向和走势。它们的性质是由该系统诸事物运动的规律和本质所决定的。在事物发展过程中，我们要认真研究"事"与"势"的辩证法，把握事物运动、发展、变化过程中个别与整体、具体与抽象、偶然与必然、当下与长远的相互关系。我们要在社会实践中，认真对待每一件具体事情，促使它形成气势。在"行事"的过程中，达到什么程度才能称为"成势"？对此，我们须认真研究。客观事物的发展变化是纷繁复杂的，如果诸多事物的重点已经显示出来，基本环节已被抓住，本质特征已经流露，主流趋势已经呈现，此刻，我们就有根据判定该一类或该一事物"基本上"是什么什么。① 在反映客观事物的过程中，这种判断形式是极其重要的，它告诉我们着重考虑事物的重点、主流、本质和趋势，等等。只有"基本上"是什么了，才能说达到"成势"的基本要求。但是，行事至此还不够。因为，此刻该事物发展的重点还没有突出，基本环节还没有抓得很稳，本质特征还没有完全摊开，主流趋势还没有浩大起来。此时，我们还须在实践中不断努力，调整我们的行动方向和方法，排除事物内外部的不利因素，促使事物向着完全"成势"的方向发展。

2016 年 6 月 28 日，习近平总书记在中央政治局第三十三次集体学习讲话时指出，当前，严肃党内政治生活、净化党内政治生态虽然有了"起势"，但还没有形成"定势"；许多方面已经取得了"优势"，但还没有达到"胜势"。② 这里揭示的是事物发展由量变到质变的运动过程。在我们行事的过程中，虽然经过努力，事物有了"起势"，即工作有了起色，效率有了提高，但是还没有形成决定事物发展方向和进程的"定势"；虽然在众多事

① 金岳霖，汪奠基，沈有鼎，等. 逻辑通俗读本[M]. 北京：中国青年出版社，1962：44.
② 为什么全面从严治党首先要从党内政治生活严起[EB/OL].［2017-07-24］. http://theory.people.com.cn/n1/2017/0724/c40531-29423819.html.

物的系统里，一事物与他事物比较中，崭露头角、出类拔萃，形成了"优势"，但是，该事物的现状还没有达到势不可挡、压倒一切的"胜势"。在这里，习近平总书记又将"成势"的不同情形进行了细致深入的阐述，指导我们在"成势"的发展中不断做好基础和转化的工作，这是十分重要的。各级政府和社会组织，只有从国家和宏观的大事大势着眼，才能干好眼前每天的所谓小事和具体事。同时，只有干好小事，胸怀大局，干今日实事，想明天远景，才能聚成大事形成气势，最终达到"胜势"之目的。孟子说："虽有智慧，不如乘势。"在干好小事，聚成大势的基础上，还须借势而作、顺势而上，只有这样才能取得事半功倍、势如破竹的"定势"和"胜势"的大好局面。

党的十八大以来，党中央以前所未有的决心和力度带领全国人民冲破思想观念的束缚，突破利益固化的藩篱，坚决破除各方面体制机制弊端，积极应对外部环境变化带来的风险挑战，开启了气势如虹、波澜壮阔的改革进程。许多领域实现历史性变革、系统性重塑、整体性重构，为推动形成系统完备、科学规范、运行有效的制度体系，使各方面制度更加成熟更加定型奠定了坚实基础，全面深化改革取得历史性伟大成就。我们要用"据势""行事"与"成势""胜势"的辩证法讲好中国故事，向世界展现一个"真实、立体、全面的中国"。

(二)抢抓时机，只争朝夕，全力办好自己的事

时间是物质存在的一种客观形式，一切事物的发展变化都离不开时间，实现中国梦更是如此。党的十九大报告提出："全党一定要保持艰苦奋斗、戒骄戒躁的作风，以时不我待、只争朝夕的精神，奋力走好新时代的长征路。"[①]2018年10月24日，在改革开放40周年之际，习近平总书记来到了深圳，在"时间就是金钱，效率就是生命"这幅著名的标语面前，他开宗明义地说，时间是最忠实的记录者，也是最客观的见证者。2020年1月23日，习近平总书记在春节团拜会上向全国人民发出呼唤："时间不等人！历史不等人！时间属于奋进者！历史属于奋进者！为了实现中华民族伟大复兴的中国梦，我们必须同时间赛跑、同历史并进。"[②]今天，当我们迎来中国共产党成立100周年，站在完成第一个百年梦想，进入第二个百年梦想的新发展阶段，须臾不可忘却对时间的重视和珍惜，40年前深圳人对时间的认识和践行，仍是我们今天走好新长征路的首要前提。[③]

所谓认识时间，说的是如何正确地从理论上、思想上掌握时间的本质和特性，从价值前提上把握时间的真谛。之所以要深刻认识时间，是因为我们的一切创造都离不开时间，"只争朝夕"将是中国人民新长征中的一种常态。

所谓珍惜时间，说的是在认识时间的基础上，如何在行动上珍视它、爱惜它、节省它。信息社会资源是宝贵的，抢抓时机、节约时间往往可以产生意想不到的增值效益，而

① 习近平著作选读(第二卷)[M]. 北京：人民出版社，2023：57.
② 习近平：在2020年新春团拜会上的讲话[EB/OL]. [2024-03-24]. http://www.moj.gov.cn/pub/sfbgw/gwxw/ttxg/202003/t2020313_168774.html.
③ 赵振宇. 要把握好"中国时间"和"中国效率"[N]. 光明日报，2013-08-15.

这一切都是对人力资源、财力资源和信息资源的最大节约。

所谓恪守时间，说的是在人们的生产运动和日常生活行为举止中，要遵守时间的规定性，即在一定的时间要求内完成某项规定性的工作、任务或约定。今天，面对世界正经历百年未有之大变局，尽管时与势在我们一边，但是，我们须臾不可松懈。要在新发展阶段中，开展"认识时间、珍惜时间、恪守时间"的普及教育，大力传播、促进、提高全民的时间文明意识，让"识时、惜时、守时"的传统美德在新的历史时期成为全体民众的亮丽风采！

办好自己的事要把握时间，讲好中国故事，需要"时度效"的统一。

"时"的要求便是"适宜"，即在合适的时候、在合适的地方、对合适的人群、讲合适的故事，这样才能传播人、感染人、信服人，受到人们的青睐和欢迎。

"度"，即把握好事物发展过程中量变与质变的关系。强调的是系统中各个要素之间的相互关系，和谐是其最佳状态，而"适度"则是达此目标的行动原则。讲好中国故事，要坚持正确舆论导向，把握有效的报道技巧，在这里，把握科学程序十分重要。

"效"，讲的是"效率"和"效果"，它们是对讲好中国故事过程和结果的最终检验。效率是对投入和产出的反映，即在有限的人力、物力、财力前提下，最大限度地调动人的积极性和创造性，在最短的时间内产生最大的报道和宣传影响力。效果说的是在故事中讲事实、讲细节、讲数据、讲真相，使其真切感知身边发生的新闻事实，同时又通过理性解读和辨析事实，帮助国人和世界正确认知和信服中国。这是讲好中国故事的历史使命和职业担当。

中国 14 亿人民所开创的伟业，不是舒舒服服、一蹴而就的，而在艰难曲折、不懈努力中取得的。今天，华夏儿女已经踏上全面建设社会主义现代化强国的新征程，我们有责任有义务将中国故事有效地向世界传播，以促进全球政治、经济、文化和社会一体化的全面健康发展！

四、讲好脱贫故事的成功实践

2020 年 11 月 8 日，是第 21 个中国记者节。在记者节到来之际，由中国记协国内部和《中国记者》杂志社合作推出了一部来自中央和地方媒体的精品力作"脱贫攻坚优秀新闻作品采访记"54 篇（2020 年第 11 期）。这次征稿的组织策划，站在脱贫攻坚即将迎来全面胜利的历史节点上，展现了党的十八大以来我国媒体广大新闻工作者为打赢这场脱贫攻坚战所作的出色贡献。它是历史记载，值得典藏；它是实践范本，可供学习研究。

脱贫攻坚是一场具有中国特色、世界意义的大事，它造福中国，有利世界，是中国故事中不可或缺的华丽篇章。

（一）高度重视，整体动员，成效显著

在中央统一部署下，全国新闻媒体和新闻人积极行动，在以往脱贫致富报道的基础上，走上了报道脱贫攻坚的新时代征程。

新华社领导直接主持策划、组织指挥，由总社和 7 个分社中 13 名记者参与调研 14 个连片特困区，经过一年时间的采访、后期精心编辑，推出了万字通讯《中国反贫困斗争的伟大决战》，并荣获第二十八届中国新闻奖特别奖。通讯全景展示和讴歌了我党领导脱贫攻坚取得的伟大胜利，彰显了与党中央治国理政相适应的新闻人的精神风貌和新闻作品的宏大力量。

《人民日报》记者顾仲阳从事扶贫报道 15 年，他的多篇报道受到中央领导的肯定和批示，推动了健康扶贫、保险扶贫、高校农村贫困生专项招生计划等政策的出台和完善。2017 年 6 月 5 日，他写的《驻村三记》一文，受到习近平总书记的肯定并引用到在深度扶贫地区脱贫攻坚座谈会上的讲话中。他的体会是：多花苦功夫、笨功夫，耐得住寂寞，才能抓得住机遇；多访"贫"，更懂"贫"，"下接地气，上接天线"，才能叫好叫座；更了解乡土中国，更好新闻扶贫，必须身近心也近。

中央人民广播电台总台山西记者站康维佳在脱贫的路上写了几十篇相关报道。他在 2016 年 6 月 22 日发表的述评《脱贫攻坚摆不得半点花架子》获第二十七届中国新闻奖二等奖。他在启示中写道："'吃透两头'，这是党的新闻事业在长期实践发展中，总结出来的带有规律性的做法，很管用，也很实用。所谓'吃透两头'就是吃透'上头'和'下头'，吃透就是深刻全面准确领会中央的精神，要考虑中央的所思所想；就是要搞清楚事情在实际情况中间是个什么样子。"①

2020 年的湖北遭遇疫情、汛情叠加影响，各地脱贫进展怎么样？农民朋友有哪些期盼？自 2020 年 8 月起，《湖北日报》推出全媒体系列报道《夜宿农家话脱贫》，一批记者走进农家，吃农家饭、住农家屋、算农家账。截至 10 月底，该专栏已推出报道近 20 期。记者陈会君写了一篇《贫困户成了"豆腐王"》。她在来稿中对这组报道的短视频全媒体表达方式进行了介绍，在纸媒上刊发文字、二维码，图文、视频在报社的新闻客户端综合呈现。他们在进行文字采访时录制短视频，是一次传统媒体转型、融合发展的现场练兵。作为写了十多年的文字记者，这是她第一次为视频配音。一篇千字文，她录了近 10 次。她在体会中写道，从相加到相融，从"你中有我，我中有你"到"你就是我，我就是你"，融合发展，有很多需要磨合的细节，唯有继续努力攀登。

汤婧，广西广播电视台新闻中心记者，30 岁。她和同事们一起参加了电视专题《"时代楷模"黄文秀：风雨兼程新长征 初心无悔永芳华》的采访和报道。她在征稿题记中写道："同是 30 岁，我还可以享受青春，而文秀却没能来得及好好说一声再见。我能做的，就是让更多人知道她的故事。"2020 年 7 月 2 日，广西台推出了这个专题报道，荣获第三十届中国新闻奖一等奖。一位 30 岁的女记者采访了同样 30 岁的女英雄事迹，引起了她的无限感慨：作为一个宣传战线上的一名战士，黄文秀的精神激励着她在今后的工作中不怕困难，勇于拼搏。在新闻路上，将坚定初心，践履笃行，不负芳华。

50 多篇脱贫攻坚故事讲述了中国大地上史无前例的新时代创举，所有参与者都在深

---

① 康维佳. 用心讲述"脱贫攻坚"的故事——从广播述评《脱贫攻坚摆不得半点花架子》谈起［J］. 中国记者，2020（11）：35.

入采访调研报道的实践过程中，提高了新闻思想和业务素养！

（二）遵循新闻规律，提高报道策划水平

习近平总书记指出："新闻宣传是否善于创新，是否能够做到常做常新，是其发展壮大、保持强大生命力的关键。"①创新是需要策划的。农村贫穷是困扰中国成百上千年的老话题，而精准扶贫、脱贫攻坚却是新时代的新课题。新闻媒体要在以往和他人报道的基础上做出自家媒体的特色和新意，却是需要新闻从业者大动一番脑筋的。在此次征稿中，有以下几个创意策划值得肯定：

（1）从历史发展的纵深中找好选题。江西瑞金是红色故都、共和国的摇篮，是中华苏维埃临时中央政府的诞生地。瑞金的脱贫具有特殊的历史意义。来自《江西日报》的同行们首先学习了毛泽东同志写的《关心群众生活，注意工作方法》。80 多年前共产党人的所思所想和当下的脱贫攻坚是一脉相承的，在邀请党史专家、扶贫办以及相关部委办的同志座谈后，加深认识到中国共产党是怎样走过来的，我们党为什么要消灭贫困，于是他们将"初心不变"提炼为这一报道的主题。正是从这样的高度采访调研写作，使新闻作品《红都脱贫记》呈现出具有厚重感的史诗气质，并荣获第二十九届中国新闻奖二等奖。

（2）到"扶贫第一村"找选题。福建广播影视集团制作的广播专题《中国扶贫第一村脱贫之后》，获第二十八届中国新闻奖二等奖。"中国扶贫第一村"的名字叫宁德畲族赤溪村。1984 年 6 月 24 日，《人民日报》头版刊登了一封《穷山村希望实行特殊政策治穷致富》的来信并配发评论员文章，引起中央高度重视。当年 9 月，党中央、国务院发出《关于帮助贫困地区尽快改变面貌的通知》，拉开了新时期扶贫开发工作的序幕，赤溪村也因此被称作"中国扶贫第一村"。近 40 年前的中央媒体的一篇报道，成为今日再访赤溪村的由头。赤溪村的扶贫经历了三个阶段，从"输血"到"换血"再到"造血"，最终靠"旅游+产业"脱贫摘帽。他们在专题的结尾提出，希望赤溪村以后不要再挂"中国扶贫第一村"的牌子，而要建成中国自强第一村、中国文明第一村，由此提升了报道的主题。

（3）由"回访报道"找选题。《河南日报》2018 年 6 月 6 日的一篇《咱家的麦子能做面包了"》（获第二十九届中国新闻奖二等奖）是由该报 4 年前的一次报道而产生。4 年前，习近平总书记到河南尉氏县沈家村考察粮食生产。看到小麦长势很好，他十分高兴，说："今年的馍能吃上了。"当年 6 月 6 日报纸在一版发表了《今年的馍能吃上了》。4 年后，2018 年"三夏"时节，记者进行了"一次早有预谋的采访"，再次到了沈家村。通过采访农户、村支书、农机手，与粮食相关的生意人、农业专家后完成了这篇报道。4 年时间，从"能吃上馍"到"能做面包"是农业生产产品结构的调整和质量提高，而从新闻生产上来说，这种方式却属于"回访报道"，是"我国老一辈新闻人经常使用的一种报道方式"。

《浙江日报》老摄影记者徐永辉从新中国成立后的 1950 年第一个春天，到嘉兴七星乡遇见农民叶根土一家 5 口，到后来 1959 年、1990 年、2008 年、2019 年……70 年的岁月

---

① 习近平. 干在实处走在前列——推进浙江新发展的思考与实践[M]. 北京：中共中央党校出版社，2006：311.

里，他用手中的镜头，记录下这一家四代人的生活。2019 年 9 期《求是》杂志刊发了已经 90 高龄的徐永辉口述《一个摄影记者和一户人家的 70 年》。对于一些历史悠久的传统媒体（对新媒体也适用），对于一个以新闻为职业的新闻人来说，在历史的记载里有许许多多"老题翻新"的话题可以精心策划出佳作。我们要保持这种持恒的新闻理念，更要建立本媒体的选题策划资料库，与时俱进，为时代讴歌，为时代鼓与呼。

（4）在不经意中发现选题。《中国青年报》记者李强讲了这样一件事：2019 年 7 月下旬，他去宁夏采访，从固原市一位老村干部口中得知"借牛骗补"的事。编辑听后有些兴奋，提着嗓门说："这才是真正的新闻!"这句话被重复了好几遍。总编辑也通过了这个选题，并决定派他去采访调研。一次不经意的业务闲聊，闲聊中有高手识宝，更有领导高瞻远瞩，当然也少不了记者的认真深入调查。9 月，记者回到北京，又用一个月的时间打磨稿件，最终在 11 月 13 日，一篇舆论监督的稿件《活在表格里的牛》①发表了。见报当天，这篇报道在当地引起了轰动，固原市和宁夏回族自治区宣传部向记者表示："舆论监督是推进工作的重要方式"，"感谢你们的监督报道，帮助我们发现深层次的问题"。

世上常有这样的事：有心栽花花不开，无心插柳柳成荫。其实，这个"有心"和"无心"也是讲究的。说有心栽花花不开，是因为有心者力不足或不懂知识不懂方法或时间、地点也不对；而无心者有高手指点，豁然开朗，力量、方法又科学又有效，终成正果。

（5）"胜利，就在坚持一下的努力之中。"笔者曾到《长江日报》参加好稿评审会，听到这样一件事——2020 年 7 月 11 日，正值长江汛期，一则"因涨水货船无法通过武汉长江大桥"的谣言甚嚣尘上。接到这个线索后，《长江日报》记者徐佳和范芃决定立即出发，赶往汉口江滩现场，一探究竟。实际情况是，并未看到网传的"货船卡在桥下"场景，那么此时开始直播，至少初步证明了网上的那一场景不是此时的实情，"辟谣"任务完成。但是，记者没有撤离现场，而是耐心等待，看同等体量大小的货船到底能否通过？起初，镜头里只有小型船只在江中行走，不够具有说服力，那么大型货船呢？静静守候 30 分钟后，突然听到武汉关码头一声货船汽笛声响起，一艘满载货物的大货船出发，这时，记者赶紧调整机位，镜头紧紧跟随，并调整景别，远景中景特写切换，既体现长江环境，更突出大船通过桥下的细节。后方视频编辑立即把现场小视频和谣言视频剪拼在一起对比呈现，孰真孰假一目了然。短短 30 分钟内，直播全网传播量达百万+，网友纷纷评论"原来是个谣言，幸好幸好!"这一迅速粉碎谣言的直播，在长江汛情紧张时期给心系武汉的网友们吃了一颗妥妥的"定心丸"。由于记者的"胜利，就在坚持一下的努力之中"，现场报道《直播辟谣》经专家投票获得一等奖。

（三）加重评论分量，以理性视角讲好故事

在上述征稿活动中，有评论员参与、文中运用评论的稿件不多，但也有可圈可点之作。这次的稿样大多是在新闻版面上刊发的，多为消息和通讯报道，也有在专刊专版上刊发的评论作品。

---

① 这篇稿件获第三十届中国新闻奖一等奖。

2017 年 6 月，《人民日报》在"新农村周刊"上开辟了"蹲点手记"的评论专栏，发表了系列评论。"基层跑多了，跑透了，我们的本领就会大起来"，这样写出来的评论沾泥土、接地气，叫好又叫座。据作者顾仲阳介绍，其中，《扶贫干部少些文山会海》一文，1100 字既有基层干部一年开 280 多场会、同一主题会开四遍的鲜活事例，又有基层干部忙于开会填表，谁来打通政策"最后一公里"的思考。文章见报几个小时，在人民日报客户端的阅读量就超过 100 万人次，跟进的评论 2000 多条，多家媒体和平台转载。

这次征稿刊登的唯一也是最后一篇来稿是来自新疆《伊犁日报》记者刘冰对自己经历一年多的时间才完成一篇网络评论《"一口水也没有喝上"的扶贫问题出在哪儿?》(获第二十八届中国新闻奖三等奖)的思考。他在文章中写道：思想是评论的灵魂，认识的高度决定文章的高度。通过撰写这篇评论，我的思想认识有了进一步飞跃，更深刻地认识到，脱贫攻坚是难啃的"硬骨头"，不可能一蹴而就，广大干部要带着感情、责任和使命，时时刻刻把贫困群众放在自己心里。一篇评论"写了"一年多，没有这样的理想与情怀是不可能做到的。

2018 年 5 月 31 日，《光明日报》一版辟专栏刊发《滴水穿石三十年——福建宁德脱贫纪事》(获第三十九届中国新闻奖二等奖)和评论员文章《闽东事 天下理》。2018 年 4 月，《光明日报》总编辑张政率评论员刘文嘉和当地驻站记者高建进深入福建宁德地区，用了三天时间在山间隧道中穿行，每天乘车 6 小时，集中走访了 3 个村庄、采访了干部群众 20 多人，阅读相关文字材料 14 万字，加上驻站记者的长期采访所得，最终写出了这篇调研报告。6 月 1 日，新华社以通稿形式播发这篇报道和评论。6 月 2 日，《人民日报》等中央媒体与 23 家地方党报转载，新闻网站和新闻客户端纷纷在双首页转发，央视《新闻联播》播发，腾讯新闻在微信插件重要位置推送。24 小时内，仅腾讯的跟帖热评就超过四万条；一周之内，各地扶贫干部、脱贫群众等相关领域研究者的热情评介源源不断地反馈至《光明日报》。当年由习近平总书记开启闽东脱贫史，30 年后仍然能引发巨大的和声。

附录
经典策划案例

案例一　穿越海峡的新春祝福

两岸关系牵动人心。农历壬寅年前夕（2022 年 1 月 25 日），由中国人民大学新闻学院部分师生策划，两岸新闻学泰斗方汉奇与李瞻先生云端互拜，迅速"破圈"，引发两岸及港澳各界人士效仿，汇成"云端大拜年"的新媒体景观。该活动传递两岸一家亲的和谐信息，有效争取台港澳青年一代人心。新华社、中央广播电视总台、中新社、《人民日报》《光明日报》《经济日报》《中国青年报》等国内主流媒体均转发报道，新浪微博相关热门话题 #穿越海峡的新春祝福# 阅读量超 2 亿。

一、策划起因

海峡难隔人心，亲情血浓于水。当前台海两岸虽政治对立，但党和政府始终高举推进两岸关系和平发展、融合发展的大旗。2021 年 10 月 9 日，在纪念辛亥革命 110 周年大会上，习近平总书记表示："以和平方式实现祖国统一，最符合包括台湾同胞在内的中华民族整体利益。我们坚持'和平统一、一国两制'的基本方针，坚持一个中国原则和'九二共识'，推动两岸关系和平发展。"

而台湾方面，民进党上台以来，不断挑拨两岸矛盾，扰动两岸人心。2021 年，民进党当局继续煽动两岸对立、推动"倚美谋独"，迎合利用美国打"台独牌"，操弄"台独"国际"能见度"。同时，蔡英文当局在两岸舆论场建构"台独"话语，妄图遮蔽两岸人民企盼统一的愿望。

2022 年年初，中国人民大学新闻学院教授、北京市政协委员王润泽，在北京市政协会议上，注意到一位台商的发言。她进而思考如何依靠新媒体手段，在农历春节这一特殊时间点，唤起两岸一家亲的情感，以企盼团圆的春风，驱散"台独"的薄雾。王润泽回顾了当时情景：

> 在发言中，该名台商表达了在当前台海形势下，对和平统一的期待，对民间一些"武统"言论氛围的忧心。听完他的发言，我也想起前几年两岸交流顺畅时，结识的很多台湾学界的朋友，他们真诚、热情，对大陆同胞的情谊令人感动，我相信人心是相通的，大家彼此之间一定会有共同的感觉。我想和那些朋友说，虽然几年见面很少，但很想念大家，很怀念和大家一起学术交流、一起聊天谈心，一起喝茶喝酒的时

候。在看望导师方汉奇先生的时候，也说起这件事情，聊起共同的师友。方先生说，也保持着和李瞻先生的联系。

方汉奇先生是大陆新闻史泰斗，与台湾新闻史泰斗李瞻先生一直保持联系。维系两位百岁老人情谊的不仅是学术志趣，更是同属中国人的身份认同。

有了这层关系，加之年关将近，方汉奇原本就要给李瞻先生拜年。方先生提议，可以录一段拜年视频给李瞻先生。这种拜年方式亲切且有趣。于是，王润泽给方先生初步录制10分钟左右的视频。为适合当下新媒体视频平台，王润泽将视频剪辑至3分钟左右。视频一经播出，引发大家共鸣，后续两岸拜年视频络绎不绝。

二、操作过程

（一）第一阶段：拜年短视频迅速破圈

2022年1月25日（北方农历小年），王润泽以"润泽无声""润泽先之"等网名，先后在微博、快手、抖音、微信视频等各大新媒体平台发布名为《世纪老人方汉奇先生和李瞻先生拜年》的短视频，并附上文字："过年被这条视频暖到，96岁大陆新闻学泰斗方汉奇先生和岛内98岁新闻学泰斗李瞻先生（祖籍山东寿光）拜年，祝各位师友虎年吉祥如意。"

视频一经发出，仿佛掷入水中的鹅卵石，在两岸舆论场引起层层涟漪。拜年视频发布后，立即发挥排头兵效应。紧随其后，昆曲演员俞玖林、87岁的台湾老兵高秉涵、98岁"诗词女神"叶嘉莹等，陆续在网端发布拜年视频，向海峡对岸的亲人朋友致以真心祝福。

在这样的规模效应下，两岸的相思情谊随着年关将近，一下子被勾起，全网网友互动骤然升温。而随着李瞻、白先勇等先生的陆续回信，人民日报社、新华社、央视新闻等央媒及时跟进，两岸民众跨越海峡互寄相思的情谊彻底被点燃。

1月29日（农历腊月二十七），98岁高龄的李瞻委托女儿李世宁隔海回拜，并相约百年聚首。这则视频同样由王润泽在前述社交媒体上发布。

这则跨越海峡的学界佳话，迅速"破圈"，在社交媒体激起极大的反响。有网友说，这是"世纪老人间的对话"，也有网友有感而发写了一句诗"海峡难隔鸿雁，岁月不改人心"。"感动""致敬"，成为评论区的高频词。

抖音视频发布截图

至此，这波穿越海峡的拜年，彻底"刷屏"。无论是在拜年环节，还是回拜环节，方汉奇和李瞻的拜年视频，均发挥了示范效应，引领着两岸同过中国年的氛围走向高潮。

（二）第二阶段：主流媒体介入，引发两岸拜年高潮

穿越海峡的拜年，在社交媒体引起的巨大反响，也及时被主流媒体所捕捉。澎湃新闻第一时间在网页端开辟"穿越海峡的新春祝福"专题，同时还在微博设置"穿越海峡的新春祝福"热门话题。

从1月25日开始，澎湃对此展开跟踪报道。由此，从自媒体端发酵，进而被主流媒体所捕捉的两岸民间拜年活动，开始发挥叠加效应，彻底进入主流媒体的视野。《人民日报》、央视新闻客户端、新华社、中新社、《中国青年报》等中央级媒体、通讯社参与到相关内容的报道或评论中，其中，方汉奇与李瞻的世纪友谊，自然是焦点中的焦点。以下摘录部分以两位世纪老人为直接报道或评论对象的媒体文章：

2022年1月30日，人民日报客户端及"学习强国"App首屏截图

2022年1月25日，澎湃新闻，《大陆新闻学泰斗方汉奇向台湾新闻学泰斗李瞻拜年，网友：被暖到》

2022年1月29日，澎湃新闻，《马上评 | 乡愁50载再谱新佳话：相期以茶，百岁聚首》

2022年1月30日，人民日报客户端，《这一波穿越海峡的拜年，为什么能刷屏》

2022年1月31日，中国青年报客户端，《九旬先生的"知音情"，跨越了时间与海峡》

2022年1月31日，央视新闻客户端，《台湾新闻学泰斗李瞻委托女儿回拜大陆学者方汉奇：望百岁再相聚》

2022年2月4日，《人民日报》（第2版），《两岸同胞"云端"互致祝福 同庆新春 共盼团圆》

王润泽与上述媒体积极展开合作，不仅提供原视频素材，还协助联系采访，解释新闻背景，以将传播效果最大化。如1月31日，中国青年报客户端发表题为《九旬先生的"知音情"，跨越了时间与海峡》一文。该文细致记述了方、李二人的情谊，以及李瞻对大陆新闻发展的贡献。该报道主要采访对象由王润泽协调。

由社交媒体平台发酵，主流媒体捕获、放大、设置议程，再到社交媒体继续热议……在这样的良性循环中，两位世纪老人的事迹受到充分关注，并占据各大央媒首屏的显著位置。

在此背景下，截至2月1日，微博热门话题"穿越海峡的新春祝福"总浏览量已达到1亿次。这场由民间发起的线上拜年活动，伴着辞旧迎新的祥和欢乐气氛，至此达到第一个高潮。

(三)第三阶段：内地(大陆)及互动,迎来第二波高潮

农历新年前夕,海峡两岸的云端祝福,将两岸血浓于水的亲情烘托到新高度。随着虎年到来,热度持续,在互联网空间,越来越多的平凡人加入港澳台这场新春家庭聚会。

2022年恰逢北京冬奥,大批在内地求学的台港澳青年学子因参与冬奥志愿者服务,而未能回家团圆。一封封出于真情实感的视频家书,发挥用武之地。

2月1日(大年初一),就读于清华大学法学院的台湾学子苏雍竣,用闽南话给家人拍了一段"新春家书"。

台湾学子苏雍竣视频截图

澳门女孩马琬雯就读于中央财经大学,因加入冬奥志愿者团队无法回家过年。在志愿服务现场,她为在澳门的亲友录制了拜年视频。

此类从"家书"自媒体发酵,到被媒体报道的事例,不胜枚举。而各地青年齐心协力、共济冬奥,则从体育文化和志愿者文化层面,再次诠释了海峡两岸一家亲的事实,也有效争取了港澳台青年一代的人心。

而87岁台湾老兵高秉涵接受香港《大公报》采访,更将年后的温暖推至高潮。高秉涵在采访中表示:"因为新冠疫情,今年春节没能回大陆老家过年,我现在年纪也大了,但愿余生还能回山东家乡过年,与大陆的亲人们相见。"

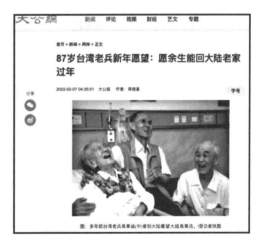

《大公报》相关报道截图

可以说,横跨整个农历春节的"云端"拜年活动,都是在方汉奇与李瞻拜年视频的影响下形成的:从文化名人间的君子之风,到平凡人之间的浓浓亲情,从海峡两岸的云端祝福,到全国各地的心心相印。

方、李两位老先生的拜年视频,构成了"云端"拜年的元传播模型。不止于此,随着春节步入尾声,云端拜年亦逐渐褪去热度,此时正是巩固传播效果的时机。多家主流媒体及相关通讯社发布综述文章或回顾性评论。如:

2022 年 2 月 14 日,《经济日报》(第 11 版),《"云端"传祝福 亲情越海峡》

2022 年 2 月 15 日,《人民日报》(第 4 版),《同根同源 共盼团圆》

2022 年 2 月 15 日,《光明日报》(第 2 版),《月是今夜圆 两岸共良宵》

2022 年 2 月 15 日,中新社,《穿越海峡的新春祝福何以形成热潮?》

2022 年 2 月 16 日,福建卫视、海峡卫视,《视频 | 穿越海峡的新春祝福》

《经济日报》版面

其中,《经济日报》是在整个周期后半程较早做回顾性报道的央媒,相关综述则是在王润泽指导下由团队成员撰写而成。这就是策划者主动介入新闻生产、扩大传播效果的表现。

三、传播效果及社会反响

(一)两亿人"云端"传真情

这波由方、李两位大先生"云端"拜年所引发的感动浪潮,从社交媒体自发传播,形成规模效应,到主流媒体介入传播,吸引更多社交媒体用户参与其中,形成了一种循环上升的良性传播模式,最终发展成数亿用户同过中国年的网络景观。与此同时,两位先生云端视频互拜的样式,也成为后续云端拜年的元传播模式。

截至 2 月 9 日,新浪微博平台"穿越海峡的新春祝福"话题阅读量即已超过 1.7 亿。而随着春节假期的逐渐远去,该话题仍有余温。截至 3 月 15 日,该话题阅读量超过 2 亿。

而在主流媒体方面,《人民日报》、新华社、中央广播电视总台、中新社、《光明日报》《经济日报》《中国青年报》等均转发报道,引起了强烈的社会反响。

(二)学校口碑锦上添花

在视频发酵的同时,社交媒体端许多非网友纷纷留下此类评论——"人大大先生""人大的宝藏老人"。方汉奇先生是中国人民大学名誉一级教授,曾在中国人民大学新闻学院任教多年,至今以高龄指导博士生。

同时,中国新闻史学会的美誉度也得到提升。方汉奇是中国新闻史学会创会会长、名誉会长。而李瞻先生则是原台湾政治大学新闻研究所所长,现担任中国新闻史学会学术顾问。联结两位世纪老人的,不仅是深厚友谊,还是学术上的志趣相投。

(三)传递两岸一家亲的正能量

方李两位世纪老人的友谊,不仅成为学术界的佳话,更传递了两岸一家亲的正能量。大批网友直抒胸臆。"两岸一家亲""真是两岸一家人,同是华夏龙""欢迎台湾的兄弟姐妹回家"等评价大量涌现。

两岸网友的部分评价截图

2022年2月4日,《人民日报》刊发报道:

> 方汉奇和李瞻两位先生通过视频隔海回首往事,细数超过七十载的情谊,共约百岁再聚首,让广大网友深受感动,纷纷点赞、转发,并留言:"被暖到!""数十载情谊,跨越海峡,感动哭了!""两位先生友谊地久天长,两岸同胞亲情血浓于水!"
> ……
> 春节是中华民族最重要的传统节日,也是两岸中华儿女同庆佳节、共话团圆、互致祝福的美好时刻。这一段段祝福、一声声问候穿越海峡,温暖人心。"穿越海峡的新春祝福"话题,还在持续升温。

在2月15日的"收官"评论中,《人民日报》文章在综述方汉奇、李瞻两位大先生为代表的云端拜年时,也给予高度评价:

> 两岸一家亲,佳节盼团圆。中国人对于团圆的期盼,总是在传统佳节之际更加浓烈。两岸同胞同根同源、同文同种,中华文化是两岸同胞心灵的根脉和归属。包括春节、元宵节等在内的传统节日,承载着两岸同胞共同的历史记忆,是两岸同胞心灵契合的重要桥梁和纽带。两岸的新春灯会和穿越海峡的新春祝福再一次证明,一湾浅浅的海峡隔不断两岸同胞血浓于水的兄弟亲情,挡不住两岸同胞对家人团聚的热切盼

望。两岸同胞在同庆佳节、共盼团圆的交流交往中，共同传承中华优秀传统文化，不断加深"两岸一家亲"的深厚情感，促进两岸同胞心灵契合。

(四)有效争取港澳台青年一代人心

在两位"大师"世纪真情的感染下，大批海峡两岸与港澳的青年人亦通过这种方式与亲朋好友致以祝福、家书。一方面，两位先生的相交，成为青年人交往的示范与楷模；另一方面，正是在青年一代的主动表达中，尤其是海峡两岸之间的青年，彼此印证了"两岸一家人"的共识与情感基本面。尤其值得一提的是，由于冬奥缘故，不少港澳台学子因参与志愿活动而无法归家。他们在云端(社交媒体)向家人致以祝福的同时，更揭示了青年学子共同投身祖国盛事的联结性。在此背景下，云端祝福对港澳台青年一代形成感召效应，并有效地争取其对祖国的认同与感情。

附：方汉奇先生和李瞻先生相互拜年视频(二维码)

(王润泽、刘洋、柴君柔)

案例二　庆祝新中国成立 70 周年主题微电影《头条里的青春中国》

1965 年，氢弹理论研究取得新突破，于敏拨通了邓稼先的电话，用"打松鼠"的暗号，传递了这一重大机密。

1970 年，通海大地震，袁隆平不顾危险，冲进即将倒塌的房子内，抢出了珍贵的稻种。

……

2019 年国庆前夕，这一个个关于"头条人物"的动人青春故事，通过微电影《头条里的青春中国》的重新演绎，刷爆了各大社交和视频平台，在新中国成立 70 周年之际，让青年网友透过屏幕感受到 70 年间中国青年的精神与力量。

这部微电影由共青团中央与中国青年报·中青在线联合打造，上线仅三天，总点击量就突破 7.5 亿。

新中国成立 70 周年是 2019 年重大主题报道的重中之重，能在激烈的同题竞争中脱颖而出，《头条里的青春中国》成功背后，凝聚着创制团队长达 5 个月的心血。

用 7 个典型人物故事，点亮 70 年发展历程

在新中国成立 70 周年这一重大节点，让青年真正了解国家的发展成就，展现一代代青年为实现中华民族伟大复兴的中国梦不懈奋斗的力量，是主创团队的初心，也是这部微

电影的核心。

经过多番"头脑风暴"，团队最终决定摒弃传统宣传片大事件梳理的形式，而是以《中国青年报》头条报道中的典型人物故事为主体，串联起70年来新中国的苦难辉煌。

团队依据不同时期的中国青年精神与特质，在近百位典型人物中选定了梁军、邓稼先、袁隆平、张海迪、张瑞敏、王中美、杨祥国，作为影片的"头条人物"。他们中，既有大家耳熟能详的科学家、精神领袖、企业家，也有各行各业的普通青年。相同的是，他们都用自己的方式，为新中国的不断发展壮大贡献着青春力量。他们就是不同时代奋斗青年的缩影。

老人新故事，拒绝千人一面

在典型人物故事的选择上，主创团队别出心裁地采用"老人新故事"的创作思路，竭尽所能挖掘这些"头条人物"背后鲜为人知的动人细节。

为了确保人物故事细节的丰富和真实，团队翻阅了近70年的报纸，查阅了大量传记资料。影片仅是脚本创作就历经3个月，前后打磨、修改了30余次。

新中国第一位女拖拉机手梁军第一次开"开火犁"、于敏和邓稼先的"打松鼠"暗号、袁隆平地震中抢救稻种、张海迪克服病痛后再患癌、企业家张瑞敏怒砸不合格冰箱……这些最终呈现在影片中的故事，并不为大众所熟知，却恰恰最能体现这些青年榜样金子般的精神品质，也使影片的人物刻画更加饱满，让故事主角更贴近观众。

以小见大，记录时代，鼓舞人心

《头条里的青春中国》浓缩了新中国成立后，各个时期不同行业青年的奋斗故事，涉及时间跨度长达70年。那么如何在短短7分钟，将这些故事相互串联呢？

于是，一个不可或缺的角色——记者被确定下来。最终的影片中，由周冬雨扮演的《中国青年报》记者作为"历史的记录者"，成为该片的人物主线，通过记者的文字、镜头，将社会主义建设时期、改革开放时期和新时代的故事有效连接在一起，也将梁军、邓稼先、袁隆平这些"头条人物"的动人故事记录在报纸头条，写进70年新中国的发展历程中。

因此，在影片最后，当梁军、邓稼先、袁隆平、张海迪……这些人物的身影再次出现，观众所看到的，不仅仅是这些青年典型人物本身，而是他们身后千千万万个奋斗的中国青年，以及他们共同谱写出的，70年来新中国从"站起来""富起来"到"强起来"的光辉历程。也由此，激励更多新时代青年继续不忘初心、砥砺奋斗。

（中青在线　高天昱）

案例三　河南广播电视台《总书记的回信》策划案

按照中共河南省委宣传部关于"做好中共二十大宣传报道"的要求，为展现习近平新时代中国特色社会主义思想的精深以及和人民之间的鱼水情谊，河南广播电视台特策划二十大系列微纪录片《总书记的回信》，每期时长8分半左右，通过小切口引出宏阔主题，用创新性方法讲好领袖故事、中国故事。

一、项目主旨

习近平总书记指出："江山就是人民、人民就是江山。"这次策划的主题，聚焦于习近平总书记在2013—2022年这十年间给不同领域人民群众的回信，每期节目选取当年的一封回信，展现那一年领袖与人民群众之间的书信往来。见信如面，写信、回信、读信，就是一次最简单但又最隆重的心灵交流。

二、项目内容

每封信背后都有一个温暖的故事，十年回信，是中国复兴路上的珍贵坐标。"质朴"和"用情"是此次策划的重要特质，这既符合习近平总书记回信的语言文风，也容易被最广泛的受众理解。

习近平总书记的回信精选典型人群：考古工作者、垦荒工作者、测绘人员、在大陆工作的台湾青年、戍守边疆的战士、疫情中的劳动者、在中国生活的外国人、少数民族同胞、香港同胞等。他们的年龄段有少年、青年、老年，地域从内陆到边疆。这些人群拼接起来，成为一个叫作"人民"的更大群体，在这个过程中构建起一个人和一群人，领袖和人民之间的对话空间，传达出"人民领袖人民爱，人民领袖爱人民"的主题思想。

三、每期内容

（1）《库尔班大叔的孩子们》　习近平总书记给库尔班大叔后代的回信：该片讲述了新疆于田县的库尔班·吐鲁木家族，从最初的 6 口人，发展到现在 109 口人，重点拍摄库尔班的曾外孙女如克亚木的变化。她从一位从未走出沙漠的女孩，到辽宁舰上担任一名女兵，再到回家乡后从事的宣传工作，通过写信、回信，将他们的幸福生活讲给更多的人听。

（2）《重回地球之巅》　习近平总书记给国测一大队的回信：该片讲述了 1975 年，国测一大队 8 名队员攀登珠穆朗玛峰测量"珠峰身高"的故事，进而讲述了全国一代代测绘人员用汗水甚至生命，丈量祖国河山的种种印记。故事的后半部分讲述了 2020 年国测队员再次向珠峰进发，测量最新高程的经历。

（3）《大陈岛激情岁月》　习近平总书记给大陈岛垦荒员后代回信：该片讲述了六一儿童节前夕，浙江省台州市大陈岛垦荒队员的后代之一张婧怡，在爷爷奶奶的影响下，汇报他们牢记爷爷奶奶当年的奋斗精神，表达了好好学习、报效祖国的决心。片子从 60 多年前，467 名青年志愿者远离家乡，奔赴大陈岛垦荒，铸就"艰苦创业、奋发图强、无私奉献、开拓创新"的垦荒精神讲起，重点展示大陈岛经过三代人的不懈努力，从曾经荒无人烟的死岛，到如今的"东海明珠"。

（4）《穿越时间的年轻人》　习近平总书记给北京大学考古文博院的回信：该片讲述了北京大学 2009 级考古文博院的几十名学生，在陕西周公庙田野考古后，写信汇报他们对考古的心得体会，毕业后这些学生大多选择考古方面工作。该片重点拍摄了再造隋唐洛阳城的卢亚辉、挖掘三星堆的徐斐宏的故事，最终展现中国考古对中国传统文化的发扬所做的努力。

（5）《平凡英雄》　习近平总书记给郑州圆方集团的回信：该片拍摄了几位普通的劳动者，如蜘蛛人、保洁人员、保安的工作，通过蜘蛛人胡涛的讲述，展示 2020 年武汉疫情他们的抗疫故事，以及同事王花和集团老总薛荣三年来的变化，最终聚焦平凡岗位上的不平凡故事。

（6）《老潘"不见外"》　习近平总书记给厦门大学教授潘维廉的回信：该片拍摄记录了潘教授几天的上课、工作、活动和日常生活，讲述了这位在中国生活 30 多年的美国人，一直通过写书写信，向全世界介绍中国故事。通过他的故事讲述，消除了部分外国人对中国的误解，并通过他 1994 年和 2019 年的两次中国自由行，以一位外国人的视角，亲眼见证了中国的巨大变化。

（7）《故乡的云》　习近平总书记给参加海峡青年论坛的台湾青年回信：该片讲述了在大陆学习打拼的台湾青年人，他们通过海峡青年论坛和大陆结缘，以及这些年的发展变化。该片重点拍摄了台湾青年范姜锋，2009 年来大陆创业，然后创办专门为台湾青年提供创业服务的公司，并日益壮大的故事，从而引出更多台湾青年的创业故事。

（8）《狮子山下的少年》　习近平总书记给香港少年警讯的回信：该片讲述了香港少年警讯班的少年代表郭宏晞，制作寄送新年贺卡和收到回信的故事。片子重点拍摄郭宏晞五年来，从一名小学生到高中生的成长变化，以及香港回归 25 年以来，香港警察总部少年警讯班开展的爱国教育，以此展示香港青少年的未来规划和爱国爱港热情。

（9）《戍边 5592》　习近平总书记给"高原戍边模范营"的回信：该片关注共和国海拔最高的 5592 哨所，讲述了"高原戍边模范营"岗巴营全体官兵，在喜马拉雅山北麓极端恶劣条件下，守卫祖国河山的故事。片子重点拍摄在此驻扎 12 年的老兵卢周扬，以及连长王旭的经历，突出岗巴营生活条件的变化和不变的守边固防的决心。

四、目标效果

《总书记的回信》栏目组从 2022 年 3—4 月即展开调研，拍摄周期长，投入人员多，团队奔赴全国多地进行拍摄，在 10 月 16 日开始播出。

第一季上线 24 小时即有三个原创话题登上微博全国热搜榜第一。在党的二十大开幕前夕，微博原创话题率先登榜全国热搜第一，是全台唯一荣登二十大策划全国热搜第一的节目，总浏览量突破 16.8 亿。该系列被列入国家广电总局党的二十大重点策划"我和我的新时代"子单元，在全国 30 多家卫视陆续播出。

视频二维码

《总书记的回信》系列注重故事的巧妙讲述，通过群众第一视角，把小人物的故事和领袖的故事完美地统一在一起，将个人与时代相织相融，实现了重大主题与微观纪录相统一。

（河南广播电视台　刘寅、陈鹏）

案例四　偶然中的必然
——功勋人物张富清发现报道记

张富清是湖北日报传媒集团独家发现的重大人物典型，《湖北日报》和《楚天都市报》首发了张富清的事迹，并持续进行跟踪和挖掘报道。精心写作的报告文学《你是一座山》被评选为 2019 全国报纸副刊年度精品一等奖第一名，并收入中国报纸副刊作品集萃，同时获评中国新闻奖二等奖。经过媒体的报道，老英雄张富清的故事在全国家喻户晓，他两度受到习近平总书记接见，并获得"共和国勋章"。

张富清这一重大典型的发现有其偶然性，但老人身上深邃的社会价值与现实意义却一直是社会的需求并富有强烈的时代性和典型性，是社会所呼唤的主流精神。他是隐藏在社会洪流中的一块真"金子"，被发现是必然的。在半年之内，他从一个隐于深山默默无闻的邻家大爷到全国家喻户晓的共和国勋章获得者，这就证明了他身上丰富而伟大的精神价值极大地满足了社会与时代的需求。这也是新闻界空前成功的报道实践。本案例从新闻策划的角度，对其发现与报道过程进行梳理与回顾。

一、发现：同学聚会敏锐捕捉

我的老家来凤县百福司镇，位居湖北省西南角，是湖北省最偏远的地区，有一脚踏三省(湘鄂渝)之称。20 世纪 70 年代，百福司镇叫卯洞公社。在那儿我生活了 16 年，也就是在那 16 年里，我结识了张富清的小女儿张健荣、小儿子张健全，我们成了初中和高中同学，同住在一条街上，他们住在公社院子里，他们的父亲张富清是公社副主任。

2018 年 12 月中旬的一天，健全打电话给我，聊到工作和生活琐事，无意中说起在退役军人普查登记时才发现父亲竟然是战斗英雄，有军功章和立功证书。我们从小到现在，从来没有听说老爷子有这样的经历呀！我经常去健全家，他的父母我也是伯父伯母叫着的，平时也从没听老人说过打仗立功的事。所以，健全电话里这样一说，作为一种职业敏感，我感到这里面可能有故事。我首先想到是不是真的？立功受奖是什么规格？值不值得报道？当下有什么现实意义？因为有这一连串的疑问，我便告诉健全：你把老爷子的"宝贝"保管好，等我春节回老家，确认一下真实性、准确性。我们约好春节回老家了详细说。

腊月二十九，我从武汉回到了来凤，和健全约定正月初三相见。那天也是同学聚会，相互问候家人以后，他把老爷子的"宝贝"拿给我看，我们确认了其真实性和准确性。这下我震撼了！我从泛黄的登记表上看到张富清在西北野战军 4 次立功的经过：

一、1948 年 6 月，他作为十四团六连战士，在壶梯山战役中任突击组长，攻下敌人碉堡一个、打死敌人两名、缴获机枪一挺，并巩固了阵地，使后边部队顺利前进，获师一等功。

二、1948 年 7 月，他带领突击组 6 人，在东马村消灭外围守敌，占领敌人碉堡，为后续部队打开缺口，自己负伤不下火线，继续战斗，获团一等功。

三、1948 年 9 月，他作为十四团六连班长，在临皋执行搜索任务，发现敌人后即刻占领外围制高点，压制了敌人封锁火力，完成了截击敌人任务，迅速消灭了敌人，获师二等功。

四、1948 年 10 月，他在永丰战役中带突击组，夜间上城，夺取了敌人碉堡两个，缴机枪两挺，打退敌人数次反扑，坚持到天明，获军一等功。

张富清因为作战英勇，荣立二次军一等功，并赢得战斗英雄称号。1948 年 12 月，一封落款是西北野战军兼政委彭德怀的报功书被送到张富清的家里。日后，他还获得了"人民功臣"和"特等功臣"的奖章。

我被老人的故事和精神感动了，凭多年的新闻职业敏感判断：这是一个重大典型，必须有好的新闻策划捧出精品，才能将这位无私老者的形象传播社会，感动大众！

A08 人物 2019.2.15 星期五 责编 张明泉 美编 成妍 电话 86777777 楚天都市报

老人在解放战争年代获得的立功证书和军功章

在战火中出生入死,泛黄的立功登记表记录他曾攻下敌人 4 座碉堡

战斗英雄深藏功名六十四载

从未向子女同事提及当年勇,有关部门在信息采集时才意外发现

□楚天都市报记者 胡成 刘俊华 湖北日报全媒记者 张欧亚 通讯员 秦叙常 邱克权

【中国建设银行来凤支行的离休干部张富清,今年 95 岁了。在熟人和子女眼里,他是一位温和慈祥的长者。去年底,来凤县退役军人事务局在进行退役军人信息采集时,老人出示了一张泛黄的《立功登记表》。上面记录着他在解放战争时期荣立一等功 3 次,二等功 1 次,攻占摧毁敌人碉堡 4 座,多次充当突击队员在战火中九死一生。直到这时,人们才知道,这是一位功勋卓著的战斗英雄。】

1 参加突击队英勇攻下多座碉堡

张富清的档案显示,他 1924 年出生于陕西汉中洋县,1948 年参加解放军西北野战军,1955 年转业到恩施来凤县,先后在县粮食局、三胡区、卯洞公社、外贸局、县建行工作,1985 年在县建行副行长岗位上离休。

去年11月,来凤县退役军人事务局采集退役军人信息。张富清出示一张《立功登记表》、一张报功书、多枚军功章等原始资料,顿时让家人和工作人员震惊。泛黄的登记表上记录着老人在西北野战军4次立功经过:1948年6月,他作为十四团六连战士,在壶梯山战役中任突击组长,攻下敌人碉堡一座、打死敌人两名、缴机枪一挺,并巩固了阵地,使后边部队顺利前进,荣立师一等功;1948年7月,他作为十四团六连战士,在东马村带突击组六人,扫清消灭外围守敌,占领敌人一座碉堡,给后续部队打开缺口,负伤不下火线继续战斗,立团一等功;1948年9月,他作为十四团六连班长,在临皋执行搜索任务,发现敌人即刻占领外围制高点,压制了敌人封锁火力,迅速消灭敌人,立师二等功;1948年10月,他作为十四团六连班长,在永丰战役中带突击组,夜间上城,夺取了敌人碉堡两座,缴机枪两挺,打退敌人数次反扑,坚持到天明,获军一等功。

张健全是张富清的小儿子,今年 57 岁,曾任来凤县政法委常务副书记。看到父亲私人收藏的历史资料,他非常惊奇,数十年来,他只知父亲是一名退伍军人,却从未听他说起过这些赫赫战功。

2 冲锋陷阵时子弹擦着头皮飞过

记者偶然获悉这个消息,联系到张健全表示想采访他的父亲,他感到有些为难,不确定老父亲是否愿接受采访。后来他对老人称“省里有人想来看望,了解一下过去战争的情况”,老人勉强答应和记者聊一聊。

张富清老人和老伴孙玉兰,住在上世纪 80 年代建成的一间简陋两居室里。他听力不佳,需要靠 84 岁的老伴转述。在记者的请求下,老人从箱底翻出一个盒子,从里面拿出立功证书、报功书和军人登记证,这些都是 1948- 1951 年间的原始资料,显示当时西北野战军的司令员兼政委是彭德怀。

老人告诉记者,他 1948 年 3 月参加解放军,当时白天黑夜战火正猛,他记不清打了多少仗,但记忆最深的是永丰城那一仗。那天拂晓,他和另两名战友组成突击组,率先攀上永丰城墙。他第一个跳下城墙,冲进敌群中展开近身混战,也不知道战友去哪里了。他端着冲锋枪朝敌群猛扫,突然感到头顶仿佛被人重重锤了一下,缓过神来继续战斗。后来又感觉血流到脸上,用手一摸头顶,一块头皮都翻了起来,他才意识到一颗子弹擦着头皮飞过,在头顶留下一道浅沟。

击退外围敌人后,张富清冲到一座碉堡下,刨出一个土坑,将捆在一起的 8 颗手榴弹和一个炸药包码在一起,拉下手榴弹的拉环。手榴弹和炸药包一起炸响,将碉堡炸毁。这场战斗一直打到天明,他炸毁了两座碉堡,缴获两挺机枪。战斗结束,他死里逃生,而突击组的另两名战友后被证实牺牲了。

张富清说,他多次参加突击组打头阵,当年他的身体其实很瘦弱,他打仗的秘诀是不怕死。“一冲上阵地,满脑子是怎么消灭敌人,决定胜败的关键是信仰和意志。”张富清老人说。

因为打仗勇猛,彭德怀到连队视察鼓劲的时候,多次接见张富清和突击组战士。永丰战役后,彭德怀握着他的手说:“你在永丰战役表现突出、立下了大功。”还亲手给他授功。

3 转业后依然保持突击队员本色

1955年,张富清转业到来凤县。

今年68岁的田洪立,曾与张富清在来凤县卯洞公社共事4年多。当时田洪立是公社副书记,张富清是公社革委会副主任。

昨日,记者问起田洪立是否知道张富清是战斗英雄,他感到非常意外。他回忆说,张老为人正派,从不夸夸其谈,工作中总是挑最困难的上,但从未听他讲打仗的经历。

田洪立记得当年公社班子成员分配片区,张老先选了最偏远的高洞片,那里不通路不通电,是全公社最困难的片区。

今年70岁的刘万照老人,是当年卯洞公社班子成员,也不知张富清曾经的战功。他记得那时组织上规定,干部家属要从单位里精简出来,张富清率先说服妻子从供销社岗位上回家。

在建行来凤支行,许多人知道这位离休的副行长,但都没听说他的战斗英雄事迹。33岁的年轻行长李甘霖告诉记者,去年11月得知张老要去武汉做白内障手术,需植入人工晶体,他嘱咐老人:“您是离休老革命,可以选好一点的晶体,保证效果。”后来老人做完手术回来,李甘霖发现老人选了3000多元最便宜的晶体。

张富清说:“我90多岁了,不能再为国家做贡献。医生给我推荐7000多元到2万多元的晶体,我听到同病房一个农民只选了3000多元的,我也选了跟他一样的。”

张富清虽然从未向同事讲过自己在战争年代中当突击队员的经历,但他一直奉行着当年突击队员的标准。

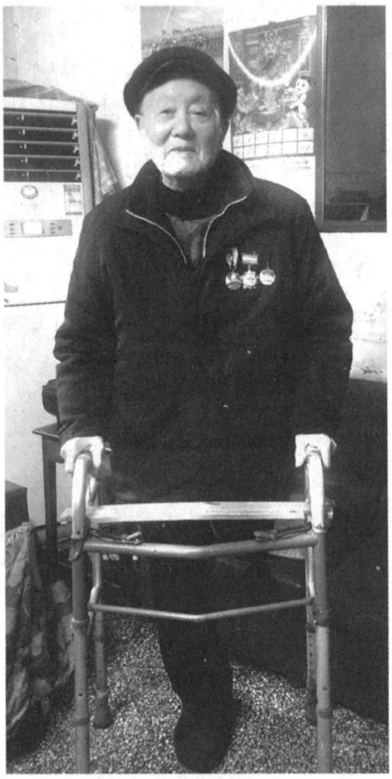

张富清老人6 年前左腿因病截肢,后一直借助支架行走

4 深藏功名数十载连子女都没讲

因退役军人信息采集,张健全无意中知道父亲战斗英雄的身份。最近一次,趁着陪父亲在医院看病,他试着询问父亲一些战场的经历。老人向他展示了两处伤口,一处是右边腋下,是在战斗中被敌人的燃烧弹灼伤,一处就是头顶的子弹擦伤。

记者问,这么英勇的事迹为什么从来不讲呢?老人说:“这些往事,组织上已经给了我证书和勋章,我没必要再拿出来四处显摆。”

来凤县退役军人事务局的领导在上门探望时,询问张富清老人有什么要求。他动情地说:“当年和我并肩战斗的那些战友,好多都牺牲了,还有一些整连整排牺牲的战友,他们根本没机会提任何要求。比起他们,我今天吃的住的已经好很多倍了。我有什么资格居功自傲,给党找麻烦提要求?”

张富清老人欣慰地告诉记者,他一家四代人,如今有 6 名党员,后辈们都兢兢业业工作,子孝孙贤,是他晚年最满足的事。

二、采访：迅速组织多方佐证

正月初七我回到报社上班。当时我已不在新闻采访一线，担任湖北日报传媒集团特别关注传媒公司的常务副总编辑。所以就约了任《楚天都市报》常务副总编辑时的同事、高级记者胡成和《湖北日报》高级记者张欧亚，第二天上午来我办公室商量这个重大新闻线索。

当时我们对报道张富清的价值评估做了分析：第一，他的老部队是西北野战军359旅，可谓根红苗正。第二，他获军功章多，且规格高，被授予人民功臣，获奖证书有彭德怀的亲笔签名，可谓厥功至伟。第三，2018年下半年国家刚刚组建退役军人事务部。在7000多万退役军人中，急需一个不图名不图利、讲奉献、不计索取，报效祖国的退役军人典型代表，这是时代的呼唤与需求，可谓正逢其时。第四，从新中国成立到2019年整整70年里，他隐藏功名，默默奉献，一辈子都奉献给了人民解放和社会主义建设事业，巨大的功名与默默的无名形成强烈的反差，具有极大的新闻性与神秘感，这是一个富有重大新闻价值、社会价值和时代属性的重大典型！

我们一致认为这是一个好题材并是独家线索，但还需到现场采访。若由《湖北日报》《楚天都市报》首发，再推及中央各大媒体，相信这个典型能走向全国！意见统一后，便由胡成、张欧亚带《楚天都市报》宜昌站负责人刘俊华第二天即赴来凤采访。

2月13日（正月初九）一大早，春运还没结束，他们一行挤上前往恩施的动车，踏上寻访英雄之旅。朴实的张健全告诉记者，父亲已经95岁了，一方面不愿意向别人讲述过去的经历，另一方面老人有听力障碍沟通不畅，可能无法接受采访。在记者请求下，通过老英雄的老伴现场"翻译"，终于让他敞开了尘封已久的心扉。老英雄的讲述记忆清晰、逻辑严密、情真意切，将记者带回到烽烟滚滚的岁月。更可贵的是，老人不仅九死一生、战功卓著，而且在转业后淡泊名利、继续在平凡岗位上默默奉献。

一桩桩、一件件感人的事迹，就这样一点点在记者的采访中被发现和挖掘出来；张富清这样一位一辈子不忘本色的英雄人物，在记者的头脑中凸显出来。当晚，记者怀着激动的心情写就《从不提当年勇，直到退役军人信息采集时才发现——95岁老人是功勋卓著的战斗英雄》《在战火中出生入死，泛黄的立功登记表记录他曾攻下敌人4座碉堡　战斗英雄深藏功名六十四载》的报道，分别在《湖北日报》和《楚天都市报》刊发，一则引发全国关注的典型报道就此产生，一位不忘初心、牢记使命、不讲名利、甘于奉献的无名英雄被我们首先报道出来。

三、推送：各方配合影响全国

在融媒体时代，加强信息交流和共享十分重要。稿子见报以后，除了本集团新媒体各平台推送以外，当天我们还推送给了央视湖北站、人民日报社湖北分社、新华社湖北分社等央级媒体。一时间央视和人民日报客户端迅速以十万加速度点击，全国400多家媒体网站客户端转发。老英雄张富清的故事便在全国家喻户晓！

如何让这个典型深入人心？湖北日报传媒集团党委高度重视，再次精心策划，决定多角度多形式多媒体地立体再现老英雄的光辉形象。抽调精兵强将，组建报道专班，再赴鄂西来凤、陕西渭南和汉中等老人工作、战斗过的地方，对老人以及他的亲友、同事进行深入的全媒体采访，并持续推出深度报道、反响报道、系列述评等，加大报道力度，增强了传播效果。

特别是派出精干的采访队伍辗转鄂陕两省，纵横三千多公里，深入张富清老人工作地、出生地、战斗地、所在部队，写成全方位、立体报道张富清重大事迹的文字作品《你是一座山》，以其大开大合的视角，全景式的呈现方式、富于艺术性的表达，通过历史与现实的巧妙对接，生动展现了一个深藏功名、坚守初心，却又有血有肉、有情有义的英雄形象。在《湖北日报》头版推出后，被人民网、新华网、中国军网等 100 多家媒体转载。作为代表作被收入人民日报出版社出版发行的《深藏功名坚守初心：95 岁老英雄张富清的本色人生》一书中，被一些专家誉为"张富清报道扛鼎之作"，产生强烈社会反响，受到各界高度评价，打动了千千万万人。一些读者评价此文"催人泪下""打动人心"。

四、反响：领导批示规模宣传

2019 年 5 月 24 日，新华社播发：习近平总书记对张富清同志先进事迹作出重要指示："老英雄张富清 60 多年深藏功名，一辈子坚守初心、不改本色，事迹感人。在部队，他保家卫国；到地方，他为民造福。他用自己的朴实纯粹、淡泊名利书写了精彩人生，是广大部队官兵和退役军人学习的榜样。要积极弘扬奉献精神，凝聚起万众一心奋斗新时代的强大力量。"

随后在中宣部的统一领导与指挥下，从中央到地方各级媒体对张富清又进行了集中式规模式的采访与报道，更让这一典型深入人心，并成为"不忘初心、牢记使命"主题教育的主体材料。同时，一些文艺团体也敏锐地捕捉到这是重大艺术创作的好题材，纷纷前往张富清工作生活地来凤县进行采访采风，对老英雄事迹进行艺术化加工并呈现，相继有歌剧、话剧、地方剧南剧、音乐剧、电视剧、纪录片和报告文学、长篇诗歌等艺术形式展示老英雄的风采。

五、殊荣：走进北京名至巅峰

2019 年 7 月 26 日，中共中央总书记、国家主席、中央军委主席习近平在京会见全国退役军人工作会议全体代表。看到 95 岁的老英雄张富清，习近平总书记俯下身，双手紧握住老人的手，同他亲切交谈，并致以诚挚问候。

张富清激动地说："感谢总书记，感谢党中央。我是党培养的，我要跟紧党走，做一名党的好战士。"习近平总书记说："你都做到了。你是全党全国人民的楷模！保重身体，健康长寿。"

张富清的事迹通过媒体的宣传，传遍了神州大地，感动了国人。2019 年上半年，多项奖励也如潮涌来。

2019 年 5 月，张富清入选中国好人榜——敬业奉献好人。

6 月 17 日，为贯彻落实习近平总书记重要指示精神，中央宣传部在湖北省来凤县向全社会公开发布张富清的先进事迹，授予他"时代楷模"称号。

6 月 27 日，《中共中央关于授予张富清同志"全国优秀共产党员"称号的决定》授予张富清同志"全国优秀共产党员"称号。

7 月 2 日，为认真学习贯彻习近平总书记重要指示精神，经中央领导同志同意，中央组织部、中央宣传部、退役军人事务部、中央军委政治工作部联合印发《关于开展向张富清同志学习的通知》。

此后记者持续追踪，跟访张富清时隔 60 多年后他前来北京参加全国退役军人工作会议，受到习近平总书记的亲切会见。7 月 24 日，95 岁的张富清在北京度过了"这一生最幸福、最开心的一天"。

作为退役军人的杰出代表，70 周年国庆前夕，他又来到北京，获颁"共和国勋章"，这是我国最高的国家奖励！正如我们初期的设想：国庆观礼，他登上了天安门城楼！这是令人感动的一幕：10 月 1 日，张富清受邀观看国庆 70 周年庆典。这是他最幸福最激动最难忘的时刻，他登上了天安门城楼亲眼见证了国庆大典，盛世繁华！

而这一天的到来，在几个月前，正是我们策划设计和力求宣传达到的最高境界。作为最先发现并作出价值判断，进行新闻策划与采访报道的实施者、推动者和见证者，我们感到非常荣光与自豪，也是我们新闻职业生涯里辉煌精彩的一笔！

(《湖北日报》高级记者　张孺海)

案例五　让万物发声
——"深晚有声报"策划案

2021 年 12 月 28 日，《深圳晚报》以跨媒介融合的方式推出"深晚有声报"，把传统报纸的读者延伸到互联网音频用户，带来一种全新的新闻体验，让人眼前一亮、耳目一新。这份全国首创的"深晚有声报"，内容丰富生动，版面设计精心，用户体验新颖，创意感十足，吸睛又悦耳，推出一周后，在深圳晚报融媒体矩阵和其他互联网分发平台的收听量（点击量）达到 1000 万+人次，大大超过了传统报纸读者所触达的受众规模，得到社会各界人士的高度赞赏和肯定。

这份"中国最具互联网长相的报纸"，再次以"网红"的形式惊艳出圈，与《深圳晚报》长期以来勇于"破圈"、主动拥抱互联网、构建声音生态圈等策略和举措密不可分。

破圈：融媒背景下的跨界尝试

自 2019 年携手喜马拉雅孵化深圳喜马拉雅以来，《深圳晚报》在融媒体转型的道路上不断地打破媒介壁垒，推出多款基于有声媒体的创意产品，2021 年 12 月 28 日出版的"深晚有声报"是《深圳晚报》的又一破圈尝试。

这份"深晚有声报"，全部版面都进行了精心的"有声化"处理，每一个版面上都附有

02 深圳晚报

2021年12月28日 星期二

责编 李鸿婷
视觉 黄 禧
责校 张万全

听,融合转型的嘹亮深音

听!

二〇二一温暖声音·深论

深晚有声报

西谐王

▶今日天气

与您风雨同路 冷暖相知

阴天阵风可达6级左右 相对湿度65%~95% 最大阵风7级左右 早晚体感寒冷 东北风3级~4级 沿海 高地和海区 空气质量指数(AQI):33~53

PM2.5均值:25 微克/立方米

深圳晚报
创刊于1994.01.01
深圳报业集团主管主办
深圳晚报社出版

▶社评

融合转型对深圳晚报而言不是一种选择,而是一种深植于"没有梦想,何必深晚"精神基因中的责任。创刊之始,深圳晚报如同一只春燕,飞入寻常百姓家,和这座城市一起幸福生长。

"居高声自远,非是藉秋风。"这是一个万物有声的时代,各行各业都在照随时代脉动和城市心跳发出自己的声音。今天,深圳晚报化身一张"有声报纸",以声音的方式与您相约,致敬深圳美好生活,声声入耳、心心相印。

与其说是全媒体时代一种大开脑洞的精心策划,不如说是深圳晚报在创意融接之路上步履不停的水到渠成。两年前,深圳晚报与喜马拉雅携手孵化的一个全新"物种"——《安心家书》有声专辑,"两优一先"大型巡礼报道《先声力量》,空中音乐会,政务电台……两年来,深圳喜马拉雅给以声音赋能城市,传递直抵人心的力量,让主线律更为"入耳入心"。

在报纸上听新闻!从"点"上看,深晚创新创意的因子在蓬勃涌动;从"面"上看,深晚的形态和面貌更加丰富多元。深圳晚报是什么?是报纸版面、是音频产品、是创意海报、是视频大片、是会展活动、是公益场景……深圳晚报人是谁?是新闻报道团队、创意策划团队、《创意设计团队、演艺活动团队、视频团队、音频团队、政务新媒体团队、公益社教团队、创意策展团队、党建创新传播团队……不断拓展媒体形态变化想象的答案,不断打破、重塑和构建身份的认知,生动而鲜明地彰显全媒体时代主流媒体的责任和担当。

随之而来的,深圳晚报基于内容的媒体核心功能和品牌价值愈发强化,持续夯实,经营新业态不断生成与可持续发展,"闯"出媒体经营的"无人区"。作为"中国最具互联网气质的报纸",深圳晚报守正创新,跨界融合聚力,就是为了更加关注人的价值,增强媒体与读者用户的多重情感链接,扩大主流价值的影响力版图,让主线律更为"破圈"聚粉;就是为了更深入讲好深圳故事、大湾区故事、中国故事,让深圳在思想聚光灯下更显魅力、动力、活力、创新力。

融合转型对深圳晚报而言不是一种选择,而是一种深植于"没有梦想,何必深晚"精神基因中的责任。创刊之始,深圳晚报如同一只春燕,飞入寻常百姓家,和这座城市一起幸福生长。当前,在深圳抢抓"双区"驱动、"双区"叠加、"双改"示范和建设中国特色社会主义法治先行示范城市、粤港澳大湾区高水平人才高地等重大国家战略机遇的形势下,在舆论生态、媒体格局、传播方式发生深刻变化的今天,深圳晚报守初心担使命,高擎创新创意大旗,持续突破传统业务藩篱,另开拓展改革创新新路径,全力打造广具影响力的创意型传播和最具活力的文化创意综合服务机构,已成为一只身变更轻盈娇健、叫声更响亮清脆的燕子,与读者用户的心连得更紧密,更加坚定地向着希望翱翔!

没有梦想,何必深晚。我们始终相信梦想的力量,相信奋斗的力量,相信"相信"的力量,动力,融合转型的嘹亮深音!

扫码聆听本版有声新闻

▶图说天下

冬捕忙 查干湖

12月26日,游客在查干湖冰面上近距离观看着冬捕盛况。

查干湖位于中国吉林省松原市前郭尔罗斯蒙古族自治县,渔产资源丰富,被誉为"中国北方最后的渔猎部落"。

新华社发

▶新闻眼

王伟中代理广东省省长

12月27日上午,广东省十三届人大常委会第三十八次会议在广州召开。会议经表决,任命王伟中为广东省人民政府副省长;会议决定接受马兴瑞辞去广东省人民政府省长职务的请求,王伟中代理广东省人民政府省长职务。

会议决定接受林克庆、郭永航辞去广东省人民政府副省长职务的请求;免去张爱军的广东省审计厅厅长职务。

(南方+)

驾驶人请注意,记分规则有重大调整

27日举行的公安部新闻发布会上,公安部交管局局长李江平介绍,为更好发挥交通违法记分教育引导作用,公安部独制定新的部门规章《道路交通安全违法行为记分管理办法》,将于2022年4月1日起实施,坚持宽严相济,强化教育引导,对记分管理制度进行了系统调整和完善,促进提升驾驶人安全文明意识。

(欣华)

西安:非疫情防控及民生保障车辆不得上路

西安市公安局27日发布通告称,12月27日0时起,西安进一步提升防控级别,实行最严格的社会面管控措施,非疫情防控及民生保障车辆不得上路,市民除参加核酸采样外,坚持不出户、不聚集。

通告指出,市民要保持24小时通信畅通,积极配合防疫、公安人员,落实入户采样、集中隔离、应急管控、现场管制等措施,如拒不配合,依照《中华人民共和国治安管理处罚法》,最可处行政拘留十日并处五百元罚款。

(欣华)

中国航天员将首次太空跨年

据中国载人航天工程办公室消息,北京时间2021年12月27日0时55分,经过约6小时,神舟十三号航天员乘组圆满完成第二次出舱全部既定任务,航天员翟志刚、航天员叶光富安全返回天和核心舱,出舱活动取得圆满成功。

后续,神舟十三号航天员乘组将投入下一阶段在轨工作任务,以"感觉良好"状态迎接新年到来,这也将是中国航天员首次在太空跨年。

(欣华)

外资准入负面清单进一步缩减

国家发展改革委、商务部27日发布《外商投资准入特别管理措施(负面清单)(2021年版)》和《自由贸易试验区外商投资准入特别管理措施(负面清单)(2021年版)》。2021年版全国和自贸试验区外资准入负面清单进一步缩减至31条、27条,压减比例分别为6.1%、10%。

据了解,本次修订中,在汽车制造领域,取消乘用车制造外资股比限制以及同一家外商可在国内建立两家及两家以下生产同类整车产品的合资企业的限制。

(欣华)

网络消费纠纷司法解释公开征求意见

最高人民法院27日发布公告,就《关于审理网络消费纠纷案件适用法律若干问题的规定(一)》(征求意见稿)向社会公开征求意见。征求意见稿共24条,分别就合同权利义务、网络消费欺诈、网络直播带货、外卖餐饮等作出一系列规定。

对于七日内无理由退货,征求意见稿规定,消费者因检查商品的必要对商品进行拆封查验且不影响商品完好,电子商务经营者以商品已拆封为由主张不适用消费者权益保护法第二十五条规定的无理由退货制度的,人民法院不予支持,但法律另有规定的除外。

(欣华)

新闻报料邮箱:baoliao@126.com 有困难,就有握手 深圳关爱热线:88885200 本报地址:深圳市福田区商报路2号 邮编:518034 本市每份零售价2元

印刷:深圳报业集团印务有限公司 广告许可证号:深工商广字03-3-0056 深圳报业集团廉政监督电话:83515516

声明:未经本报许可,不得转载、采用本报及本报网站刊载之内容 深圳新闻网:http://www.sznews.com

一个音频二维码，读者用户既可以以传统方式阅报，也可通过扫码在手机上听新闻。这份看似普通的传统纸质报纸，就像自带一个云端服务器，为读者用户带来声音内容服务。

"深晚有声报"的音频根据报道内容的不同进行规划和制作，既有主播播报新闻，也有新闻当事人采访同期声和背景原声等，拓展了新闻叙事的内涵和外延，为互联网端的新闻表达创造了具有高度沉浸和感染力的"氛围感"。例如，13、14 版的《在史海寻踪 迎烈士回家》独家报道了深圳市龙岗区多方合力确认曾海安烈士身份的详细过程和故事，该版面音频中，龙岗区退役军人事务局相关负责人讲述了调查的全过程，并从此次调查出发，解读退役军人工作的职能使命和意义。音频从不同的角度对文字报道进行补充，同时，当事人的娓娓道来为用户带来沉浸感和现场感。18 版的《向阳而生 四十筑梦——螺岭外国语实验学校四十岁啦》一文回顾了螺岭外国语实验学校 40 年的累累硕果，展望了以 40 为起点的辉煌新征程，该版面为读者用户提供了螺岭外国语实验学校校长薛端斌的口述音频内容，用户在第一人称的讲述中能更加真切地了解学校的前世今生。20 版的《聆听时光交响——深圳交响乐团诚挚奉献》一文预告了深圳交响乐团的 2022 新年音乐会，用户通过扫码即可收听收看深圳交响乐团的往期音乐会节目，来一场云听交响乐之旅。

"深晚有声报"在版式设计上也突出"听"的元素，头版"佳音云集 声声报喜"八字占据整版，夺人眼球，内版"听！二〇二一温暖声音·深晚有声报"竖排通版，形成版面强势，与音频二维码形成内在呼应。

08 深圳晚报
2021年12月28日 星期二
责编 王志阳
视觉 黄 福
责校 栾维明

深圳晚报记者 秦瑶

　　2021年已进入年末倒计时。这一年，有泪水也有欢笑，有彷徨也有奋斗，有曲折也孕育希望。在过去的360多个日与夜里，每个人都用自己的方式与城市不断前行。

　　这一年，深圳晚报一如既往地用文字与镜头见证、陪伴城市成长，推出了系列传播量破千万乃至破亿的作品，这一个个爆款，将2021年发生在我们身边的那些美好瞬间，串联成了一条光彩夺目的珍珠项链，见证了难忘的2021年。

　　现在，就让我们一起通过这些爆款，回顾即将过去的2021年。

听！

二〇二一温暖声音 深晚有声报

这些爆款，见证难忘二〇二一

扫码聆听本版有声新闻

① 《深圳暴雨夜，这顶"移动帐篷"火了》漫画海报。
② 《永不消逝的电波》新闻海报。
③ 《一张深圳人的微信运动图火了？百米距离竟走出41006步》新闻图片。
④ 《今日深圳》报道报纸版面截图。

难忘2021 致敬正能量

■《"留深过牛年"系列网络文化活动》
发布时间：2021年1月　全网阅读量：1000万
作品简介：在2021年春节前后，深圳晚报联合深圳发布、深圳摄影家协会发起"留深过牛年"系列网络文化活动，号召市民投稿，营造了浓郁的新春氛围。同时，收集整理投稿，定时更新，展示优质投稿内容，推出了多篇作品集纳推文，集中展示了深圳人过年的不同精神面貌。

■《盐防严守》
发布时间：2021年6月2日　全网阅读量：3亿
作品简介：2021年5月31日至6月1日，深圳盐田正紧张有序地开展第三轮全员核酸检测。深圳晚报视频团队从港口这条"外严防输入"的重要防疫作为切入口，第一时间推出"直击盐田的日与夜"视频，用充满人文关怀的镜头语言，记录了疫情之下，从清晨到日暮，盐田人最真实而柔软的一面。

■《一张深圳人的微信运动图火了：百米距离竟走出41006步！》
发布时间：2021年6月9日　全网阅读量：1.66亿
作品简介：该作品通过挖掘一张"刷屏"朋友圈的微信运动排行榜截图背后的故事，讲述了7位社区防疫一线基层干部、志愿者用脚步丈量防疫战线的动人事迹。展现出龙华人不畏艰难、积极抗疫的坚制精神，传递出满满的正能量，既鼓舞了人心，又团结汇聚起了源源不断的抗疫力量。

■《深圳抗疫干部凌晨遇查酒驾，交警一个动作让他朋友圈爆了》
发布时间：2021年6月20日　全网阅读量：1.08亿
作品简介：该作品以扎实深入的采访为基础，生动再现了6月20日凌晨深圳街头的动人一幕：刚收工的社区防疫干部向执勤交警问好，对方则在他驾车离开后，向他敬了个礼。报道呈现的这场温暖互动，打动了众多网友，传递出深圳这座城市的温情与美好。

■《深圳暴雨夜，这顶"移动帐篷"火了！》
发布时间：2021年6月22日　全网阅读量：2亿
作品简介：6月22日，深晚记者敏锐捕捉到龙华区社区干部面对突如其来的暴雨，用"移动帐篷"为核酸采样点市民遮风挡雨这一新闻点，推出仅13秒的"小场景"视频及相关报道，记录暴雨来袭，早已全身湿透的医务工作者仍然撑起"移动帐篷"并有条不紊地分批护送在场居民群众前往核酸采样现场的感人事件，引发广泛关注，凝聚起强大的抗疫力量。

■《永不消逝的电波》
发布时间：2021年7月1日　全网阅读量：1435万
作品简介：《永不消逝的电波》是一款互动型沉浸式H5。打开这个充满悬念的H5，一封"信函"便交到网友手里，七个"任务"等待完成，网友在解密过程中，重温红色经典瞬间，回顾百年党史。作品构思精巧，致敬了革命先辈和新中国的建设者，唤起了用户强烈的精神共鸣，表达了对党的真诚祝福。

■《这条路，9514.8万人在走！》
发布时间：2021年7月1日　全网阅读量：1.3亿
作品简介：该片选择了环卫工人、抗疫在一线的社区工作者、人民教师、科研人员以及扶贫干部，通过捕捉实拍几位共产党员在自己的工作路上的"必经路"，展现他们的奋斗、奉献、初心、责任和使命。

■《飞阅深圳》系列报道
发布时间：2021年8月26日　全网阅读量：6800万
作品简介：在深圳经济特区建立41周年之际，深圳晚报重磅推出11集航拍系列片《飞阅深圳》，每一篇章均以宏观鸟瞰的影像语言，展示深圳日新月异的城市面貌，带领观众从百米高空的角度看深圳。

■《今日深圳》
发布时间：2021年10月14日　全网阅读量：2亿
作品简介：2021年10月14日，是习近平总书记在深圳经济特区建立40周年庆祝大会上发表重要讲话一周年的日子。在这个特殊节点，深圳晚报策划推出大型慢直播《今日深圳》，携手全国58家媒体10小时不间断同步直播深圳，打卡深圳代表性地点，从10时到20时，用直播的形式，记录深圳具有特别意义的一天。

　　岁至年尾，我们不妨用片刻的回首，为每一个奋力拼搏过的你我他点赞，向每一份善意与温暖致敬，也替来年的扬帆起航积蓄能量。

出圈："会说话的报纸"延伸新闻传播触角

在人手一部甚至多部智能手机的当下，"深晚有声报"的内容、形式与手段创新，满足了移动互联网时代受众阅读新需求，"上班一族"在通勤、等车、餐饮休闲等不同场景下，扫码即可随时"听报"。这种创新探索，还能帮助有读报习惯的老年人、视障人群克服阅读不便，让伴随性的有声阅读成为可能，体现了主流媒体对于特殊人群的关爱。

更为重要的是，"深晚有声报"打破了内容的载体壁垒和固有的读者圈层壁垒，让报纸的传播触角从线下的读者延伸到云端的用户，受到更加广泛的关注和收听收看。据统计，"深晚有声报"推出一周后，在深圳晚报融媒体矩阵和其他互联网分发平台的总收听量（点击量）达到 1000 万+人次，大大超过了传统报纸读者所触达的受众规模。此外，喜马拉雅、网易新闻、深圳发布等媒体平台，以及一些垂直类新闻专业机构等对"深晚有声报"给予了关注和报道，引发了有关媒体融合新的讨论。

社会各界人士也对"深晚有声报"给予高度赞赏和肯定。喜马拉雅总编辑殷启明评价道："《深圳晚报》出品的有声报纸是媒体行业的一种崭新探索——它打破了内容的载体壁垒，帮助用户获得从看到听、音视一体的全新体验，为传统媒体探索转型拓展了新的方向。"深圳市总工会宣传教育和网络工作部负责人表示，有声报突破了传统报纸视觉媒介的特性，这样一来，报纸不仅可以看，而且可以听。在看文字的同时，扫码即可收听新闻，十分便捷，报纸仿佛变成了一个新型的广播电台。

"深晚有声报"推出当日，《深圳晚报》矩阵式推出有声版面集纳、《声活的诗意》视频、创意海报等一系列融媒体产品，并举办"美好声活大会"线下活动，立体化提升"深晚有声报"的传播力、影响力、美誉度，显示了主流媒体融合、转型发展的强大活力。

融圈：主动拥抱互联网

创新创意迭出的《深圳晚报》一直以来被业内称为"中国最具互联网长相的报纸"，从"无创意不头版"的深晚头版现象，到借船出海、与网易融合的"基因改组计划"，再到造船出海、与喜马拉雅创建利益与共的"声命共同体"，这份"网红"报纸一直在主动拥抱互联网，互联网基因早已深深根植在《深圳晚报》的血脉里。此次"深晚有声报"的出圈，正是在这种基因影响下的水到渠成。

在有声报的创新模式下，报纸不再是传统的纸媒，而是一个互联网产品，"读者"也转变为"用户"，优质内容的输出与用户服务并驾齐驱，无论是《想看脑机接口系统吗》具有热度的高交会报道、《寒潮里有温暖相伴》充满温度的生活类报道，还是《在史海寻踪，迎烈士回家》的独家报道、《相濡以沫 15 年 双警家庭有大爱》的典型报道，都是基于本地用户群体提供的优质内容，而用户在收听收看有声报的同时，还可以通过音频节目中的评论区进行留言互动，打破传统纸媒的"我说你听"模式，报纸不再是单向传播，实现了双向对话和互动，从而将读者的被动接受转变为用户的主动参与。

"深晚有声报"从策划、制作到出版，既涉及内容采访、创意写作、版面编辑等传统纸媒出版流程，又涉及音频采集、后期编辑、分众传播等有声产品制作和运营环节，需要

24 深圳晚报
2021年12月28日 星期二
责编 王志阳
视觉 黄 悟
责校 刘敬涛

面點王

面点王营养健康提示:食物多样 谷类为主 粗细搭配

特约
深晚悦读女郎

听!

二〇二一温暖声音·圳好

深晚有声报

孔稚桐

身份:深圳小学语文教师
毕业院校:深圳大学
籍贯:山东菏泽
身高:166cm
星座:处女座
兴趣爱好:旅游
最近喜欢的书籍:《第七天》
最近喜欢的电影:《本杰明巴顿奇事》
最喜欢的颜色:绿色
个人箴言:在涅贵不淄,暖暖内含光。

近期到过这些地方的请报备

深圳晚报讯 (记者 周倩) 12月26日,陕西省渭南市新增1例本土确诊病例,该病例于12月5日驾车前往西安,12月20日乘坐C192次列车从西安返回蒲城。12月27日,云南省西双版纳傣族自治州景洪市报告一名本土确诊病例。该病例于12月16日乘坐G2136次列车由湖南至广州,12月17日乘坐MU5738航班由广州经停昆明抵达景洪。为做好深圳疫情防控工作,深圳市疾控中心提醒市民,近期到过陕西渭南、云南西双版纳及乘坐过这些交通工具的请报备。

地铁3号线塘坑至双龙区段元旦期间停运

深圳晚报讯 (记者 董玉含 通讯员 徐畅) 12月27日,深晚记者从深圳地铁运营集团了解到,为配合大运枢纽施工改造,2022年1月1日~3日,深圳地铁3号线塘坑至双龙区段双方向临时停运,塘坑至福保区段维持正常服务,其他线路正常运营。停运期间,深圳地铁在受影响站点提供公交接驳服务,保障市民出行。

多家快递公司"春节不打烊"

深圳晚报讯 (记者 方舟) 12月27日,中通快递和韵达速递相继宣布"春节不打烊",以满足节日期间的寄递需求,保障防疫和民生物资的畅通运输。深晚记者了解到,此前德邦快递已率先宣布"春节不打烊"。

"深圳书城选书"公布12月书单

深圳晚报讯 (记者 李福莹) 近日,"深圳书城选书"公布2021年的最后一份月度书单——12月的十本好书,包括《公元1000年:全球化的开端》《公共卫生史》《十字路口的明朝》《张一南北大国文课》《未被摧毁的生活》《明暗之间:鲁迅传》《置身事内》《中世纪之美》《噪声》《那猫那人那城》。

扫码聆听本版有声新闻

整合新闻报道、产品制作、策划宣传等各种资源。在时间紧、任务重的情况下，记者团队、编辑团队、音频制作团队等多方协作，周全策划、紧密配合，以项目管理的形式来执行，将前线采访与音频录制相融，内容撰写与音频制作并进，在重重困难中突围，最终实现有声报纸面世。

后　记

　　本书自 2008 年首次出版、2015 年出版第二版，至今已多次开印。应出版社要求，根据形势之变对本书再次修订出版，与时俱进地对某些论述作了进一步的完善，补写了新的章节，更换了陈旧案例。

　　1982 年，我大学毕业后分配到中共武汉市委机关报《长江日报》工作。20 世纪 80 年代，改革开放的大潮汹涌澎湃，不仅引起社会经济的变化和发展，也促进人与社会关系的改善和进步，其间也出现一些新的问题和矛盾。为贯彻中央关于加强精神文明建设的决定，1987 年 1 月 23 日，报社适时推出了《人与社会》周刊，宗旨是：关心人、研究人，提高人的素质，培养"四有"新人。该版以新闻的敏锐发现问题，以理论的深刻研究问题，以多样的手法表现问题，以平等交流的态度与读者探讨。在 1988 年的全国好新闻奖（后改为中国新闻奖）评选中，《人与社会》的《社会中来》获全国唯一的好专栏一等奖。20 世纪 90 年代，由《长江日报》周刊部、武汉电视台经济部、武汉电台新闻部联合主办《热门话题纵横谈》专栏，于 1994 年 1 月 15 日推出第一期。武汉市三家新闻单位联成一体，发挥报纸、电视、广播的不同特点增强了报道的力度和整体优势，是一次融媒体合作的早期成功尝试。时任中宣部部长丁关根作了指示，表扬了这一专栏，并要求中宣部新闻局和中央电视台派人来武汉总结经验，向全国新闻单位宣传，促使新闻报道形成合力，《新闻战线》《新闻记者》等媒体介绍了这一做法。

　　在新闻报道的实践中，我开始了新闻策划的研究，较早出版了新著《新闻策划》（武汉出版社 2000 年出版）。调入大学后，在此基础上于 2008 年修订出版了《新闻报道策划》、被列入普通高等教育"十一五"国家级规划教材。本书提出，所谓新闻报道策划是新闻传播的主体，遵循事物发展和新闻传播的基本规律，围绕一定的目标，对已占有的信息进行去伪存真、去粗取精、由此及彼、由表及里的分析和研究，着眼现实，发掘已知，预测未来，制定和实施相应的政策和策略，以求最佳效果的创造性的策划活动。在上述"新闻报道策划"的定义中，关键词是：事物发展规律、新闻传播规律、最佳效果、创造性——这就是我们对新闻报道策划的一般的也是较科学的认识。本书入选国家级规划教材，是国家教育部门对一门新课程的认可。虽然此前不少学校已经开设这门课程或讲授有关报道策划的内容，但是作为国家级规划教材向全国推荐还是第一次。

　　本书先后邀请黄雅欣、王嘉祺同学和研究生黄莲丽、张莹、吴珊同学参与案例更新和编辑修订工作，为本书增添了青春亮色。相关媒体人士和大学老师为本书提供了策划方案、体会、视频和版面，青年漫画家曹一先生提供了有关漫画资料和他的获奖作品，使本书在理论与实践结合中做得更趋完美，在此一并表示深深的谢意。

　　大数据时代的到来，融合新闻媒体的发展带来了挑战也提供了机遇。不论是"内容为王"还是"渠道为王"，策划总是少不了的。正是在这个意义上，我们说"策划是媒体竞争取胜之宝"。但同时也提醒我们，一些不良策划时有发生，它们违反了社会发展的规律和新闻报道的规律，需要时时刻刻引起我们的注意。事物都是在运动中发展变化的，本书也愿意接受大家的批评指正，使其更加科学有效。

赵振宇

2024 年 7 月于武汉